Kathryn Schulz

Richtig irren

Von falschen Glaubenssätzen,
Denkfehlern, Fehlurteilen und der
kreativen Kraft unserer Fehlbarkeit

Aus dem Englischen
von Ursula Pesch

Die amerikanische Originalausgabe
erschien 2010 in den USA unter dem Titel »Being Wrong«
bei HarperCollins Publishers, New York.

Umwelthinweis
Das für dieses Buch aus 100 % Recyclingfasern hergestellte
und mit dem blauen Engel ausgezeichnete Papier *Top Recycling Pure*
von Lenzing Papier, Austria, liefert Carl Berberich.
Die Einschrumpffolie (zum Schutz vor Verschmutzung)
ist aus umweltfreundlicher und recyclingfähiger PE-Folie.

1. Auflage
Deutsche Erstausgabe
© 2011 der deutschsprachigen Ausgabe
Riemann Verlag, München
in der Verlagsgruppe Random House GmbH
© 2010 by Kathryn Schulz
Lektorat: Christina Knüllig
Satz: Barbara Rabus
Druck und Bindung: GGP Media GmbH, Pößneck
Printed in Germany
ISBN 978-3-570-50080-4

www.riemann-verlag.de

Für meine Familie,
die gegebene und die gewählte

Und für Michael und Amanda,
auf deren Kosten ich über das geschrieben habe,
was ich wusste

Vielleicht ist die Geschichte der Irrtümer der Menschheit doch nützlicher und interessanter als die ihrer Entdeckungen. Wahrheit ist unumstößlich; sie existiert ewig, und um sie zu erringen, ist nicht so sehr Aktivität als vielmehr eine passive Begabung der Seele ausschlaggebend. Irrtum hingegen tritt in unendlich vielen Formen auf; er hat keine Realität, sondern ist schlicht und einfach eine Schöpfung des Geistes. Hier hat die Seele Raum genug, sich zu entfalten, ihre grenzenlosen Fähigkeiten zu beweisen und all ihre wundervollen und interessanten Besonderheiten und Absurditäten offenzulegen.

Benjamin Franklin, *Report of Dr. Benjamin Franklin, and Other Commissioners, Charged by the King of France, with the Examination of the Animal Magnetism, as Now Practiced in Paris* (1784)

Mann: Du hast Marmorkuchen gesagt.

Frau: Ich habe nicht Marmorkuchen gesagt. Ich habe Streuselkuchen gesagt.

Mann: Du hast Marmorkuchen gesagt.

Frau: Erzähl mir nicht, was ich gesagt habe.

Mann: Du hast Marmorkuchen gesagt.

Frau: Ich habe Streuselkuchen gesagt.

Mann: Ich habe den Streuselkuchen gesehen, ihn aber nicht gekauft, weil du Marmorkuchen gesagt hast.

Frau: Ich habe Streuselkuchen gesagt.

Mann: Also, ich habe Marmorkuchen verstanden.

Frau: Dann hast du wohl nicht zugehört. Streuselkuchen klingt nicht einmal wie Marmorkuchen.

Mann: Vielleicht hast du ja aus Versehen Marmorkuchen gesagt.

Frau: Ich habe Streuselkuchen gesagt.

Mitgehört in der Grand Central Station am 13. November 2008

Inhalt

TEIL I

Die Idee des Irrtums

Kapitel 1

Irrtumsforschung

Es macht mich rasend, unrecht zu haben,
wenn ich weiß, dass ich recht habe.

Molière

Warum bereitet es solchen Spaß, recht zu haben? Wo es sich
doch im besten Fall um ein zweitrangiges Vergnügen handelt.
Im Unterschied zu vielen anderen Freuden des Lebens – Schokolade, Surfen, Küssen – hat das Rechthaben nicht unmittelbar etwas mit unserer Biochemie zu tun: mit unseren Gelüsten, unseren Nebennieren, dem limbischen System, unseren sich verzeh-
renden Herzen. Doch der Reiz, recht zu haben, lässt sich nicht
leugnen. Er ist universell und (was vielleicht am merkwürdigsten
ist) bei uns allen fast gleichermaßen ausgeprägt. Es ist für uns
kein Genuss, einfach irgendwen zu küssen, doch recht zu haben
bereitet uns, egal worum es geht, fast immer Freude. Dabei spielt
es keine Rolle, ob es sich um wichtige oder unwichtige Dinge
handelt. Bei einer Hundert-Dollar-Wette kommt natürlich mehr
Geld rum als bei einer Wette per Handschlag, bei der es nur ums
Rechthaben geht. Doch sie verschafft uns nicht unbedingt mehr
innere Genugtuung. Auch das Thema ist gar nicht so wichtig.
Wir können uns genauso darüber freuen, einen Orangefleck-
Waldsänger richtig identifiziert zu haben, wie darüber, die sexuelle Orientierung unseres Arbeitskollegen richtig eingeschätzt
zu haben.

   Und was noch seltsamer ist: Es verschafft uns sogar Genugtuung, auch bei unerfreulichen Dingen recht zu behalten: zum

Beispiel beim Kurseinbruch am Aktienmarkt oder dem Ende der Ehe eines Freundes oder mit der Tatsache, dass wir auf Drängen unseres Ehepartners gerade fünfzehn Minuten lang unseren Koffer in die unserem Hotel genau entgegengesetzte Richtung geschleppt haben.

Natürlich können wir nicht immer recht haben. Manchmal verlieren wir (oder finden das Hotel nicht). Und manchmal werden wir auch von Zweifeln über die richtige Antwort oder Vorgehensweise geplagt – eine Angst, die von der Dringlichkeit unseres Verlangens zeugt, recht zu haben. Doch davon abgesehen geht mit unserem Vergnügen, recht behalten zu haben, so gut wie immer die Überzeugung einher, auch tatsächlich im Recht zu *sein*. Manchmal tritt diese Überzeugung in den Vordergrund – wenn wir etwa argumentieren oder andere bekehren wollen, Vorhersagen machen oder Wetten abschließen. Oft jedoch bildet sie einfach nur den psychologischen Hintergrund. Die meisten von uns gehen mit der Annahme durchs Leben, dass sie im Grunde richtigliegen, eigentlich immer, bei allem: was ihre politischen und intellektuellen, ihre religiösen und moralischen Ansichten betrifft, ihre Einschätzung anderer, ihre Erinnerungen, ihr Verständnis von Tatsachen. So absurd es auch klingen mag: Wenn wir einmal darüber nachdenken, werden wir feststellen, dass wir unbewusst stets davon ausgehen, so gut wie allwissend zu sein.

Dieser ungetrübte Glaube daran, dass wir recht haben, ist oft gerechtfertigt. Schließlich bewältigen die meisten von uns das tägliche Leben ziemlich gut, was nahelegt, dass sie bei sehr vielen Dingen regelmäßig richtigliegen. Und manchmal haben wir nicht nur gewohnheitsmäßig, sondern auf spektakuläre Weise recht: z. B. hinsichtlich der Existenz von Atomen (Tausende von Jahren vor dem Aufkommen der modernen Chemie von Denkern der Antike postuliert); hinsichtlich der heilenden Eigenschaften von Aspirin (bekannt seit mindestens 3000 v. Chr.); damit, dass Sie diese Frau ausfindig gemacht haben, die Sie im Café angelächelt hat (und jetzt seit zwanzig Jahren mit Ihnen verheiratet ist). Zusammengenommen sind diese Momente des Rechthabens sowohl Höhepunkte des menschlichen Strebens als auch Quelle unzähliger kleiner Freuden. Sie bestätigen unser Gefühl, klug, kompetent, vertrauenswürdig und im Einklang mit unserer Umgebung zu sein. Wichtiger noch, sie erhalten uns am Leben. Unsere Existenz – ob die des Einzelnen oder des Kollektivs – hängt davon ab, zu exakten Schlussfolgerungen über die Welt zu gelangen, die uns umgibt. Kurz gesagt, die Erfahrung, recht zu haben, ist notwendig für unser Überleben, verschafft unserem Ego Genugtuung und gehört zu den preiswertesten und schönsten Dingen im Leben.

In diesem Buch geht es jedoch genau um das Gegenteil. Es handelt davon, unrecht zu haben: davon, wie wir in unserer Kultur über Irrtümer denken und wie wir als Individuen zurechtkommen, wenn unsere Überzeugungen völlig über den Haufen geworfen werden. Wenn wir es genießen und als ganz natürlich betrachten, recht zu haben, dann kann man sich leicht vorstellen, wie wir uns fühlen, wenn wir unrecht haben. Zum einen betrachten wir es gern als Ausnahme, ja als bizarr – eine unerklärliche Abweichung von der natürlichen Ordnung der Dinge. Zum anderen kommen wir uns wie Idioten vor und schämen uns. Unrecht zu haben lässt uns so erschrocken auf unserem Stuhl zusammensacken, als hätten wir unsere mit roter Tinte übersäte Semesterarbeit zurückbekommen. Uns verlässt der Mut, gleichzeitig aber werden wir wütend. Im besten Fall betrachten wir die Sache als ärgerlich, im schlechtesten Fall als Alptraum, doch in jedem Fall empfinden wir unsere Fehler – im Unterschied zu dem diebischen Vergnügen, recht zu haben – als erniedrigend und peinlich.

Und die Sache wird noch schlimmer. In unserer kollektiven Vorstellung wird Irrtum nicht nur mit Scham und Dummheit assoziiert, sondern auch mit Unwissenheit, Trägheit, psychischer Krankheit und moralischer Verderbtheit. All diese Assoziationen hat der Italiener Massimo Piattelli-Palmarini, Professor für Kognitionswissenschaften, elegant zusammengefasst, als er schrieb, dass wir uns (unter anderem) irren aufgrund von »Unaufmerksamkeit, Ablenkung, mangelndem Interesse, schlechter Vorbereitung, echter Dummheit, Zaghaftigkeit, Prahlerei, emotionaler Unausgeglichenheit... ideologischen, rassischen, sozialen oder chauvinistischen Vorurteilen wie auch aggressiven oder die Wahrheit verdrehenden Ansinnen«[1]. Dieser Ansicht zufolge – und sie ist die allgemein übliche – sind unsere Irrtümer der Beweis für unsere schlimmsten sozialen, intellektuellen und moralischen Mängel.

Auf einer Liste all der Dinge, bei denen wir falschliegen, würde diese Idee des Irrtums wohl ganz oben stehen. Sie ist unser Meta-Fehler: Wir irren uns mit der Bedeutung des Unrechthabens. Weit davon entfernt, ein Zeichen intellektueller Unterlegenheit zu sein, ist das Sich-Irren entscheidend für das Erkenntnisvermögen des Menschen. Weit davon entfernt, moralisch verwerflich zu sein, ist es untrennbar mit einigen unserer menschlichsten und ehrenwertesten Qualitäten verbunden: Einfühlungsvermögen, Optimismus, Vorstellungskraft, Überzeugung und Mut. Und weit davon entfernt, ein Zeichen für Gleichgültigkeit oder Intoleranz zu sein, ist es ein wichtiger Bestandteil unserer Lern- und Veränderungsfähigkeit. Dank des Irrtums können wir unser Selbstbild revidieren und unsere Vorstellungen über die Welt berichtigen.

Angesichts dieser zentralen Bedeutung für unsere intellektuelle und emotionale Entwicklung sollten Irrtümer uns nicht peinlich sein und auch nicht als Anomalie betrachtet werden. Im

Gegenteil: Wie Benjamin Franklin in dem diesem Buch vorange-
stellten Zitat bemerkte, verhelfen Irrtümer uns zu einem Einblick in die menschliche Natur, in unsere Fantasie, unser Können, unsere besonderen Seelen. Dieses Buch stützt sich auf die
Zuverlässigkeit folgender Beobachtung: dass es letztlich unsere
Irrtümer sind, die uns lehren können, wer wir sind, egal wie verwirrend, schwierig oder demütigend sie auch sein mögen.

Diese Ansicht ist nicht neu. Paradoxerweise leben wir in einer
Kultur, die Fehler verachtet und gleichzeitig darauf besteht, dass
sie für unser Leben von zentraler Bedeutung sind. Wir erkennen
diese zentrale Bedeutung durch die Art und Weise an, wie wir
über uns selbst sprechen – dadurch dass wir etwa, wenn wir Fehler machen, mit den Schultern zucken und sagen, dass Irren
menschlich sei. So wie Fledermäuse flattern und Schnecken
langsam sind, ist es für unsere eigene Spezies kennzeichnend,
Fehler zu machen. Dieser natürliche Hang, sich zu irren, wird
von praktisch jeder religiösen, philosophischen und wissenschaftlichen Abhandlung über das Menschsein bestätigt. Zwölfhundert Jahre vor René Descartes' berühmter Aussage: »Ich denke, also bin ich«, schrieb der Philosoph und Theologe (und
schließlich Heilige) Augustinus: »*Si enim fallor, sum.*«[2] Wenn ich
mich täusche, bin ich ja. Gemäß dieser Formulierung ist die Fähigkeit, sich zu irren, nicht nur Bestandteil unseres Lebens, sondern in gewissem Sinne auch sein Beweis. Für Augustinus wie
für Franklin ist das Sich-Irren nicht nur etwas, was wir tun. Es
macht geradezu unser Sein aus.

Und dennoch: Wenn Fehlbarkeit ein Wesensmerkmal des
Menschen ist, dann hat sie große Ähnlichkeit mit der Figur im
Schachtelteufel: theoretisch völlig vorhersagbar, praktisch immer eine unangenehme Überraschung. In dieser Hinsicht
gleicht die Fehlbarkeit der Sterblichkeit: noch ein Merkmal, das

im Wort »menschlich« impliziert ist. So wie das Sterben betrachten wir auch das Sich-Irren als etwas, das passiert, finden es aber weder gerechtfertigt noch wünschenswert. Dementsprechend verhalten wir uns, wenn Fehler passieren, normalerweise so, als seien sie gar nicht passiert, oder so, als hätten sie nicht passieren dürfen: Wir leugnen sie, fühlen uns durch sie in die Defensive gedrängt, ignorieren sie, spielen sie herunter oder geben jemand anderem dafür die Schuld.

Diese Abneigung, mit Fehlern zu rechnen, ist nicht nur ein individuelles Problem. Mit Ausnahme verschiedener Initiativen zur Fehlerprävention in risikoreichen Arbeitsfeldern wie der Luftfahrt und der Medizin hält unsere Kultur erstaunlich wenig Mittel bereit, um das Problem anzugehen, dass wir Menschen irren. Wenn wir moralisch fehlen, stehen uns erprobte Mittel zur Verfügung, damit fertig zu werden. Praktisch alle religiösen Traditionen kennen, nach dem Vorbild der Beichte im Katholizismus oder des Jom Kippur im Judentum, ein Reue- und Reinigungsritual. 10-Schritte-Programme raten dazu, »Gott, uns selbst und einem anderen Menschen Verfehlungen« einzugestehen. Selbst das Strafsystem – auch wenn es heutzutage weit davon entfernt ist, reformfreudig zu sein – wurzelt mit einem Fuß in einer Tradition der Reue und Wandlung. Im Gegensatz dazu stehen uns – ob wir nun mitten in einer Auseinandersetzung merken, dass wir falschliegen, oder, viel schwerwiegender, in der Mitte unseres Lebens erkennen, dass wir uns hinsichtlich unseres Glaubens, unserer politischen Orientierung, unserer eigenen Person, unseres Lebenspartners oder unseres Lebenswerks geirrt haben – keine deutlich erkennbaren Hilfen zur Verfügung, mit einem intellektuellen Irrtum umzugehen.

Wie konntest du nur? Als Kulturgemeinschaft beherrschen wir nicht einmal die Grundfertigkeit zu sagen: »Ich habe mich geirrt.« Das ist angesichts der Einfachheit des Satzes, der Allgegenwart des Irrtums und des ungeheuren Dienstes an der Allgemeinheit, den ein Eingeständnis von Fehlern bedeuten könnte, ein erstaunlicher Mangel. Stattdessen kennen wir nur zwei Weisen, unsere Fehler zuzugeben, was verdeutlicht, wie schwer wir uns damit tun. Bei der ersten geht es um einen kleinen, aber strategischen Nachtrag: »Ich habe mich geirrt, *aber* ... «, eine Leerstelle, die wir dann mit herrlich fantasievollen Erklärungen dafür füllen, warum wir uns letztlich doch nicht ganz so sehr getäuscht haben. Die zweite (zu der schändlicherweise unter anderem Richard Nixon im Zusammenhang mit der Watergate-Affäre und Ronald Reagan im Zusammenhang mit der Iran-Contra-Affäre gegriffen haben) ist sogar noch aufschlussreicher: Wir sagen: »Es wurden Fehler gemacht.« Wie diese gern gewählte Redewendung zeigt, können wir nicht anders mit unseren Fehlern umgehen, als sie *nicht* als unsere eigenen zu erkennen.[3]

Jedoch übertreffen wir uns geradezu darin, die Fehler anderer Menschen zu benennen. So angenehm es auch sein mag, recht zu haben, so wohltuend ist es, darauf hinzuweisen, dass jemand anderes unrecht hat. Die Fehler anderer sind ein unerschöpflicher Genuss. Überlegen Sie nur, wie schwer es selbst den Wohlerzogenen unter uns fällt, sich ein »Das habe ich dir doch gleich gesagt« zu verkneifen. Die Großartigkeit dieses Satzes (oder auch – wenn man ihn hören muss – seine Widerwärtigkeit) beruht auf seiner pointierten Art, deutlich zu machen, dass man nicht nur recht gehabt hat, sondern auch noch recht damit hatte, recht zu haben. In dem Moment, in dem ich diesen Satz von mir gebe, habe ich recht hoch zwei, hoch drei oder hoch vier – auf jeden Fall extrem recht und bin wirklich extrem erfreut darüber. Auch wenn es möglich ist, auf derlei Schadenfreude zu verzichten (und sich konsequent dafür zu entscheiden könnte der letzte große Schritt auf dem Weg zur Reife sein), doch das Gefühl selbst, dieses triumphierende *ha!*, lässt sich nur sehr schwer ausmerzen.

Natürlich ist es nicht besonders nett, die eigene Großartigkeit zur Schau zu stellen und über die Fehler anderer Menschen zu frohlocken. Selbst die eigene Großartigkeit nur zur Schau stellen zu *wollen* und über die Fehler anderer Menschen frohlocken zu *wollen* ist nicht besonders nett, obwohl sicher sehr menschlich. Hier zeigt unsere Beziehung zum Irrtum ihr wahres Gesicht. Ein Großteil der Zwietracht auf der Welt – Zwietracht in allen Variationen, vom Streit über den Streuselkuchen bis zum Konflikt im Nahen Osten – ist darauf zurückzuführen, dass die beteiligten Parteien, die nicht miteinander zu vereinbarende Ansichten vertreten, von einem unerschütterlichen Gefühl beherrscht werden, recht zu haben.

Zugegeben, wir finden auch viele andere Gründe, um miteinander zu streiten, Gründe, die von ernsten und schmerzhaften Vertrauensbrüchen über die Rohstoffverknappung bis hin zu der Tatsache reichen, dass wir noch nicht einmal dazu gekommen sind, unseren Kaffee zu trinken. Doch sehr viele Auseinandersetzungen laufen auf ein Tauziehen darüber hinaus, wer im Besitz der Wahrheit ist: Wir streiten uns über das Recht, recht zu haben.

Kein Wunder also, dass unser Widerwille gegen Fehler und das Bedürfnis, recht zu haben – Beziehungen abträglich ist. Das gilt für Beziehungen zwischen Nationen und Gemeinschaften ebenso wie für Beziehungen zwischen Kollegen und (wie die meisten Leser wissen) Familienmitgliedern. In der Tat lautet ein alter Ausspruch von Therapeuten, dass man entweder recht oder eine Beziehung haben kann: Man kann es wichtiger finden, aus jedem Konflikt als Sieger hervorzugehen, oder aber wichtiger, eine gute Beziehung zu seinen Freunden und seiner Familie aufrechtzuerhalten; doch wehe, man versucht, beides auf einmal zu tun. Ständig darauf zu beharren, im Recht zu sein, gefährdet nicht nur unsere Beziehungen, es zeigt auch, dass wir die Wahrscheinlichkeit, unrecht zu haben, völlig unterschätzen. Ich habe bereits erwähnt, dass Fehler nicht selten sind; dennoch scheinen sie in unserem eigenen Leben äußerst selten vorzukommen – ja so selten, dass wir uns einen Moment Zeit nehmen sollten, um genau festzustellen, wie häufig sie wirklich sind. Denken wir nur an die Wissenschaften. Ihre Geschichte ist übersät mit verworfenen Theorien, von denen einige zu den gravierendsten Fehlern der Menschheit gehören: die flache Erde, das geozentrische Universum, die Existenz von Äther, die kosmologische Konstante, die kalte Kernfusion. Die Wissenschaft schreitet fort, indem sie diese Fehler wahrnimmt und korrigiert, doch im Laufe der Zeit erweisen sich oft selbst die Korrekturen als falsch. Folglich sind einige Wissenschaftsphilosophen zu einer Schlussfolgerung gelangt, die als die pessimistische Metainduktion in der Wissenschaft bekannt wurde. Die Kernaussage lautet: Weil sich sogar die scheinbar sichersten wissenschaftlichen Theorien der Vergangenheit als falsch erwiesen haben, müssen wir davon ausgehen, dass die heutigen sich eines Tages ebenfalls als falsch erweisen werden. Und was für die Wissenschaft gilt, gilt auch im Allgemeinen – für die Politik, die Wirtschaft, die Technologie, das Rechtswesen, die Religion, die Medizin, die Kindererziehung und die Bildung. Egal in welchem Lebensbereich, die Wahrheiten einer Generation werden so oft zu den Unwahrheiten der nächsten, dass wir von einer pessimistischen Metainduktion in allen Lebensbereichen sprechen könnten.

Was für unser kollektives menschliches Streben gilt, trifft auch auf das Leben des Einzelnen zu. Wir alle ändern im Lauf des Lebens unsere Ansichten. Wir brüten etwas aus, nur um es im nächsten Moment aufzugeben. Unsere unberechenbaren Sinne, unser begrenzter Intellekt, unsere launische Erinnerung, der Schleier der Emotionen, das Ringen um Loyalitäten, die Komplexität der uns umgebenden Welt: All das sorgt dafür, dass wir uns wieder und wieder irren. Sie haben vielleicht nie einen

Gedanken an das verschwendet, was ich als Irrtumsforschung bezeichne; Sie sind vielleicht weit davon entfernt, ein Experte auf diesem Gebiet zu sein; aber ob es Ihnen gefällt oder nicht, auch Sie begehen Irrtümer. Wir alle tun das.

Bei einem Buch über das Sich-Irren kommt man nicht sonderlich weit, wenn man sich nicht zuerst mit einem Wust von Definitionen auseinandersetzt: *Sich irren? Inwiefern? Behauptet wer?* Wir können uns irren, was die Seriosität unseres Vermögensverwalters angeht oder die Identität des Mordverdächtigen oder den Namen des Shortstops, der 1962 für die Mets spielte; wir täuschen uns, was die Struktur eines Wasserstoffmoleküls angeht oder das Datum der Wiederkunft Christi; was die Stelle betrifft, wo wir unseren Autoschlüssel gelassen haben, oder den Standort von Massenvernichtungswaffen. Und das ist nur der Anfang. Daneben gibt es all die Dinge, bei denen man uns nie nachweisen kann, dass wir unrecht haben; das hält uns jedoch nicht davon ab zu glauben, dass Menschen, die in ebendiesen Dingen *anderer* Meinung sind als wir, unrecht haben: Wenn es nämlich um den Autor der Bibel, die Ethik der Abtreibung, die Vorzüge der Discomusik oder auch die Frage geht, ob Sie oder Ihre Freundin den Laptop vor dem Gewitter vor dem Fenster haben stehen lassen.

So willkürlich diese Liste auch sein mag, sie wirft einige wichtige Fragen auf, wenn man sich dazu entschlossen hat, das Sich-Irren als etwas zu betrachten, was untrennbar zum Leben des Menschen dazugehört. Die erste Frage geht dem Problem nach, was auf dem Spiel steht, wenn wir uns irren. Ob wir uns hinsichtlich unserer Autoschlüssel oder von Massenvernichtungsmitteln irren, entscheidet über ein »Huch« oder eine globale militärische Krise – Folgen, die sich so stark unterscheiden, dass wir uns durchaus fragen könnten, ob die Fehler, die dazu führen, tatsächlich irgendetwas gemeinsam haben. Die zweite Frage ist die, ob wir auch mit unseren persönlichen Überzeugungen unrecht haben können. Zwischen den Mets und den Ansichten über die Moralität einer Abtreibung liegen Welten, und einige Leser werden den Verdacht hegen, dass ein Sich-Irren bei Fakten und ein »Unrecht« haben, was Überzeugungen angeht, sich nicht miteinander vergleichen lassen. Andere werden einen Einwand anderer Art erheben: dass wir uns der Wahrheit nie ganz sicher sein und deswegen berechtigterweise nichts als »richtig« oder »falsch« beschreiben können.

Kurz gesagt: Der Versuch, aus unseren Vorstellungen über den Irrtum eine einheitliche Theorie zu entwickeln, ist ein Ding der Unmöglichkeit. Auch die entgegengesetzte Vorgehensweise, Fehler in Kategorien aufzuteilen, ist nicht viel leichter. Doch beides ist versucht worden. Ersteres ist ein Lieblingsprojekt der westlichen Philosophie, die von Anfang an versucht hat, das Wesen des Irrtums zu definieren. Zumindest in den ersten zweitausend Jahren ihrer Existenz verstand die Philosophie sich als das Streben nach Wissen und Wahrheit – eine Tätigkeitsbeschreibung, die bei Philosophen zu einer Besessenheit mit Irrtum und Unwahrheit führte. (Man kann, so Sokrates in Platons *Theätet*[4], Irrtum nicht definieren, ohne auch Wissen zu definieren. Die Annahme des einen hängt vollständig von der Annahme des anderen ab.) Als die Philosophie ihre Forschungsbereiche breiter fächerte und formalisierte – in Ethik, Metaphysik, Logik usw. unterteilte –, wurde der Zweig, der sich mit dem Studium des Wissens befasste, als Erkenntnistheorie bekannt. Erkenntnistheoretiker sind sich über viele Aspekte des Irrens uneinig, doch seit Platon herrscht unter ihnen weitgehend Einigkeit über dessen Definition: unrecht haben heißt zu glauben, dass etwas wahr ist, obwohl es tatsächlich falsch ist – oder umgekehrt: zu glauben, es sei falsch, obwohl es tatsächlich wahr ist. Diese wunderbar einfache Definition ist für uns aus zweierlei Gründen nützlich: Mit ihr können wir philosophischen Gesprächen über Irrtum folgen, und sie erfasst das, was wir normalerweise in unserem Alltagsleben als unrichtig betrachten. Dennoch wird diese Definition, wie wir bald sehen werden, durch ein bedeutsames Problem erschwert, dass ich mich besser nicht auf sie stützen werde.

Strebt die Philosophie traditionell nach einer einheitlichen Definition des Irrtums, so strebt ein ganz neues Gebiet – das multidisziplinäre Bemühen, das manchmal Human-Factors-Forschung und manchmal Entscheidungsforschung genannt wird – danach, Irrtümer zu unterteilen und zu klassifizieren. Der Begriff »Entscheidungsforschung« ist eigentlich ein Euphemismus; dieser Forschungsbereich konzentriert sich nämlich in erster Linie auf *schlechte* Entscheidungen, ohne deren Vorkommen er keine Existenzberechtigung hätte. Ebenso sind die untersuchten »menschlichen Faktoren« – Stress, Unaufmerksamkeit, Desorganisation, unzureichende Ausbildung, Informationsmangel und so weiter – solche, die zu Unproduktivität, Gefahren und Fehlern beitragen. Aus diesen Gründen wird der Bereich (allerdings seltener) auch als Fehlerforschung bezeichnet, ein Name, den ich der Klarheit wegen hier verwenden werde.

Fehlerforscher sind ein bunt gemischtes Völkchen, zu dem Psychologen und Ökonomen ebenso gehören wie Ingenieure und Wirtschaftsberater, und ihre Arbeit ist ähnlich vielfältig. Einige bemühen sich, die finanziellen Verluste von Unternehmen zu reduzieren, indem sie Fehler in den Produktionsprozessen eliminieren. Andere versuchen, in Bereichen wie der Gefäßchirurgie oder der Luftfahrtkontrolle, in denen menschliches Versagen eine große Gefahr für Leben und Gesundheit darstellt, die Sicherheitsmaßnahmen zu verbessern. Das zeigt, dass die Fehlerforschung im Unterschied zur Erkenntnistheorie eine angewandte Wissenschaft ist. Obwohl ihre Forscher sowohl die psychologischen als auch die strukturellen Gründe für unser Fehlverhalten untersuchen, ist ihr Gesamtziel praktischer Art: Sie streben danach, die Wahrscheinlichkeit und die Auswirkungen künftiger Fehler zu begrenzen.

Im Dienste dieses Ziels sind diese Forscher zu Experten der Fehlerklassifizierung geworden. Ihre Literatur bezeugt eine starke Zunahme der Kategorien des Irrtümlichen. Da ist die Rede von Patzern und Schnitzern und Fehlern, von Planungsfehlern und Ausführungsfehlern, Auftragsfehlern und Auslassungsfehlern, Designfehlern und Bedienungsfehlern, endogenen Fehlern und exogenen Fehlern. Ich könnte damit fortfahren, würde Sie jedoch nur mit einem obskuren Jargon und einer zwar präzisen, aber wahrlich mühsamen Erklärung belasten. (Ein Beispiel: »FEHLER kann man als Mängel oder Mißerfolge bei den Beurteilungs- und/oder Schlußfolgerungsprozessen definieren, die bei der Auswahl eines Ziels oder bei der Spezifikation der Mittel, um dieses Ziel zu erreichen, eine Rolle spielen, unabhängig davon, ob die von diesem Entscheidungsprogramm geleiteten Handlungen plangemäß ablaufen.«)

Fehler *können* auf diese Weise definiert werden[5], aber nicht von mir. Verstehen Sie mich nicht falsch: Ich bin den Fehlerforschern dankbar; wir alle sollten es sein. In einer Zeit, in der menschliches Versagen leicht eine Katastrophe globalen Ausmaßes herbeiführen könnte, versuchen sie, unser Leben leichter und sicherer zu machen. Und weil sie zu den wenigen Menschen gehören, die lange und angestrengt über Irrtümer nachdenken, zähle ich sie zu meinen Kollegen in der Irrtumsforschung. Das Gleiche gilt für die Erkenntnistheoretiker, deren Arbeit etwas mehr Gemeinsamkeit mit meiner eigenen hat. Dennoch unterscheide ich mich ganz wesentlich von den Denkern beider Richtungen. Mein Interesse besteht weder darin, Fehler unter einem Gesamtaspekt zu behandeln, noch darin, sie zu zerlegen. Auch ist es weder mein Ziel, Fehler zu eliminieren, noch *die Wahrheit* zu beleuchten. Mein Interesse gilt vielmehr dem Irrtum als Idee und als Erfahrung: der Frage, was wir denken und fühlen, wenn wir feststellen, dass wir unrecht haben.

Diese Schwerpunktlegung wirft ein anderes Licht auf einige der Schwierigkeiten, Irrtum zu definieren. Denken Sie nur an die Bedeutung von Irrtümern. An früherer Stelle habe ich die Frage aufgeworfen, ob es Sinn macht, kleinere Fauxpas und weltverändernde Fehler – die Autoschlüssel und die Massenvernichtungswaffen – als vergleichbare Phänomene zu behandeln. Die Ursachen und Folgen dieser Fehler unterscheiden sich so stark, dass es im besten Fall nutzlos, im schlechtesten Fall unerhört erscheint, sie derselben Kategorie zuzuordnen. Wenn wir jedoch an der menschlichen Erfahrung des Sich-Irrens interessiert sind, dann sind solche Vergleiche brauchbar – ja, in der Tat, von unschätzbarem Wert. Wir sind zum Beispiel normalerweise eher bereit, die Möglichkeit in Erwägung zu ziehen, dass wir uns in unbedeutenden Angelegenheiten irren als in wichtigen. Das ist zwar emotional erklärbar, aber nicht logisch. Denn in Situationen, in denen viel auf dem Spiel steht, sollten wir eigentlich alles in unserer Macht Stehende tun wollen, um sicherzustellen, dass wir recht haben – was wir, wie wir noch sehen werden, aber nur tun können, wenn wir uns alle Möglichkeiten vorstellen, wie wir uns irren könnten. Dass wir dazu in der Lage sind, wenn es kaum eine Rolle spielt, es aber nicht vermögen, wenn viel auf dem Spiel steht, legt nahe, dass wir etwas Wichtiges lernen könnten, wenn wir diese ansonsten sehr unterschiedlichen Erfahrungen vergleichen. Das gilt auch für den Vergleich zwischen unseren überprüfbaren und nicht überprüfbaren Annahmen – zum Beispiel dem Namen dieses Shortstops der Mets und einer trügerischen Erinnerung. Wenn wir unser Gefühl der Gewissheit und unsere Reaktion auf Irrtümer in Fällen untersuchen, in denen wir, wie sich dann herausstellte, objektiv unrecht hatten, können wir lernen, in Fällen, in denen keiner je das letzte Wort haben wird, anders mit unseren Überzeugungen umzugehen.

Diese Betonung der Irrtumserfahrung entkräftet einige potenzielle Einwände gegen meinen allumfassenden Ansatz. Doch zwei wichtige Dinge müssen zum Rahmen und zur Methode dieses Projekts noch erwähnt werden, es handelt sich dabei um zwei wichtige *große* Dinge: um die Moral und die Wahrheit. Nehmen wir zuerst die Moral. Im Alltag benutzen wir das Wort »falsch« sowohl im Zusammenhang mit einem Irrtum als auch mit einer Schandtat. Es ist falsch zu denken, die Erde sei flach, und es ist auch falsch, seinen kleinen Bruder die Treppe hinabzustoßen. Ich befasse mich hier nur mit ersterem Fall, doch aus verschiedenen Gründen werden wir im Folgenden auch immer moralischen Fragen begegnen.

Einer dieser Gründe ist, dass der moralische und der intellektuelle Irrtum nicht durch einen bloßen linguistischen Zufall miteinander verbunden sind, sondern dadurch, dass wir Irrtum schon seit Menschengedenken mit dem Bösen assoziieren – und umgekehrt Richtigkeit mit Rechtschaffenheit (worüber wir im nächsten Kapitel mehr erfahren werden). Ein anderer Grund ist, dass unsere wichtigsten Irrtumserfahrungen eine Umkehr des moralischen Verhaltens beinhalten. Manchmal müssen wir erkennen, dass unsere ethischen Überzeugungen nicht tragen: dass Sex vor der Ehe nicht unbedingt moralisch verwerflich oder Vegetarismus keine moralische Notwendigkeit ist. Zu anderen Zeiten gelangen wir zu dem Schluss, dass unsere Moralvorstellungen die richtigen sind, wir uns aber in Bezug auf die Menschen und Institutionen geirrt haben, von denen wir glaubten, sie würden sie mit uns teilen. So verloren Kommunisten ihren Glauben an Stalin (aber nicht an den Kommunismus), als er seinen Nichtangriffspakt mit Hitler unterschrieb, und Katholiken verließen ihre Kirche (gaben jedoch nicht deren Lehren auf), als bekannt wurde, dass diese versucht hatte, den weit verbreiteten Missbrauch von Kindern durch Priester zu vertuschen. Sich moralisch zu irren unterscheidet sich dem Inhalt, nicht jedoch der Form nach von den anderen Fehlern, über die wir in diesem Buch sprechen. In jedem Fall glauben wir an eine Idee (oder einen Grundsatz oder eine Person), nur um dann mit der Zeit oder in einer Krise festzustellen, dass sich unsere Erwartung nicht erfüllt hat.

Ein dritter Grund dafür, dass wir in diesem Buch der Moral begegnen werden, ist der, dass moralisches Unrecht oft durch sachliche Fehler unterstützt und legitimiert wird. Nehmen wir das Beispiel der Phrenologie, der inzwischen diskreditierten »Wissenschaft«, aus der Schädelform auf Intelligenz und Persönlichkeit zu schließen. Während des gesamten 19. Jahrhunderts und noch Anfang des 20. Jahrhunderts wurde die Phrenologie dazu benutzt, die Diskriminierung von Ausländern, Juden, Schwarzen und anderen verleumdeten Minderheiten (ganz zu schweigen von Frauen, der verleumdeten Mehrheit) zu rechtfertigen. Hier haben wissenschaftliche Irrtümer moralisches Unrecht ermöglicht. Natürlich trifft auch das Gegenteil zu: Bereits bestehende Vorurteile trugen zur Phrenologie genauso bei wie diese zur Herausbildung und Aufrechterhaltung von Vorurteilen. Aber das ist genau der Punkt. Oft sind unsere Überzeugungen von dem, was sachlich richtig und dem, was moralisch richtig ist, unentwirrbar.

Noch auf eine letzte Weise spielt die Moral für dieses Buch eine wichtige, ja sogar zentrale Rolle, und zwar wenn es um die moralischen Implikationen des Irrtums selbst geht. Wie bereits erwähnt, beeinflusst die Beziehung, die wir zu Irrtümern kultivieren, die Art, wie wir über unsere Mitmenschen denken und wie wir sie behandeln – das ist das Alpha und Omega der Moral. Sind wir anderen gegenüber verpflichtet, über die Möglichkeit nachzudenken, dass wir unrecht haben könnten? Welche Verantwortung tragen wir für die Folgen unserer Fehler? Wie sollten wir uns Menschen gegenüber verhalten, wenn wir meinen, dass sie sich irren? Die Schriftstellerin und Philosophin Iris Murdoch hat einmal gesagt, dass keine Ethik vollständig sein kann ohne eine Technik, moralischen Wandel herbeizuführen[6]. Normalerweise betrachten wir Fehler nicht als Mittel zum Zweck, geschweige denn zu einem positiven Zweck – und dennoch: Abhängig davon, wie wir die soeben gestellten Fragen beantworten, haben Fehler das Potenzial, als eine solche Technik zu dienen. Mit anderen Worten: Das Sich-Irren ist nicht nur (wenngleich auch manchmal) ein moralisches Problem. Es ist auch eine moralische *Lösung*: eine Möglichkeit, die Beziehung zu uns selbst, zu anderen Menschen und zur Welt zu überdenken.

Mit dieser kurzen Darstellung der Beziehung zwischen moralischem Unrecht und Irrtum haben wir auch fast schon das Ende unseres Definitionssumpfes erreicht. Doch ich muss zugeben, dass ich den Schritt in den tiefsten Morast für zuletzt aufgehoben habe: die Frage nach der Wahrheit. Danach, ob »richtig« oder »falsch« den wahren Zustand der Welt spiegeln oder einfach subjektive menschliche Festlegungen sind. Das Rätsel, ob es die Wahrheit gibt, wie wir zu ihr gelangen können und wer über sie entscheidet, hat seit Urzeiten die besten Denker beschäftigt. Dieser Obsession verdanken wir eine ungeheure Vielzahl intellektueller und künstlerischer Werke, jedoch findet sich darunter sehr wenig, was man wirklich als Fortschritt, geschweige denn als Lösung bezeichnen könnte. Und auch in diesem Buch werden wir die Probleme sicherlich nicht lösen. Aber wir können sie auch nicht einfach ignorieren. Sokrates hatte recht: keine Theorie des Irrtums ohne eine der Wahrheit.

Es ist leicht zu erkennen, dass die Theorie der Wahrheit in der traditionellen philosophischen Definition von Irrtum implizit enthalten ist. Wenn wir glauben, Irrtum beinhalte, dass wir etwas Falsches für wahr halten, dann verpflichten wir uns auch zu einem Glauben an die Wahrheit. Diese Definition des Falschen geht von der Existenz absoluter Richtigkeit aus – eine unverbrüchliche Realität, an der sich unsere Fehler messen lassen. Manchmal leistet uns diese Annahme gute Dienste. Es gibt schließlich viele allgemein akzeptierte Maßstäbe für das Vorliegen von Wahrheit. Selbst ein überzeugter Relativist wird wahrscheinlich einräumen, dass wir uns über den Ausgang einer Wahl oder die Vaterschaft an einem Kind völlig irren können. Das Problem mit dieser Definition ist, dass auch das Gegenteil zutrifft. Selbst ein überzeugter Realist wird einräumen, dass es viele Situationen gibt, in denen ein absoluter Maßstab der Wahrheit nicht zur Verfügung steht. Und doch verhalten wir uns, wenn wir mit derlei Situationen konfrontiert werden, oft so, als seien Richtig und Falsch die relevanten Maßstäbe.

Denken Sie nur an die Frage der Ästhetik. Wir alle wissen, dass es einen Unterschied gibt zwischen Geschmacksfragen und Tatsachen – dass sich jeder Maßstab von Richtig und Falsch auf Letzteres, aber nicht auf Ersteres anwenden lässt. Tatsächlich sind wir schon sehr früh im Leben in der Lage, beides auseinanderzuhalten. Selbst ein kleines Kind versteht, dass es nicht in Ordnung ist, wenn es denkt, der Himmel sei blau, ich hingegen denke, der Himmel sei grün, dass es aber völlig in Ordnung ist, wenn seine Lieblingsfarbe Blau und meine Grün ist. Dennoch ist es sehr einfach, Erwachsene zu finden, die so tun, als sei ihr Geschmack die reine Wahrheit. Mac-Anhänger sind dafür berühmt, PC-User wie die Opfer eines Massenwahns zu behandeln. Menschen, die für Holzfußböden schwärmen, finden Teppichböden in viktorianischen Häusern schier entsetzlich. Nachbarn schimpfen über die Farbe des Außenanstrichs oder die aufblasbaren Figuren auf dem Rasen des jeweils anderen oder strengen deswegen sogar Prozesse an. Ich selbst hätte beinahe einmal eine Beziehung abgebrochen wegen der Frage, ob Rhabarberkuchen als guter Nachtisch anzusehen sei (natürlich nicht) und *Die Korrekturen* als guter Roman (natürlich ja).[7]

Zugegeben, die meisten von uns schmunzeln ein wenig über unsere Neigung, die eigenen Vorlieben als die objektive Wahrheit hinzustellen. Dennoch hält uns das Wissen, dass dieses Verhalten lächerlich ist, nur selten davon ab, es an den Tag zu legen. Der verstorbene Romanschriftsteller und Kritiker John Updike bemerkte einmal, das Schreiben von Buchrezensionen sei deswegen problematisch, weil es »fast unmöglich ist… nicht den Eindruck zu erwecken, dass man ganz und gar recht hat«[8]. Das Gleiche gilt für unsere privaten Rezensionen, fast egal, worum es geht. Es ist so, als würde ich innerlich überzeugt sein, dass Rhabarberkuchen allgemein als eklig gilt, während der Roman *Die Korrekturen* ohne Wenn und Aber einfach brillant ist. (Und Sie, mein lieber Rhabarberkuchen liebender Leser, wundern sich darüber, wie sehr ich mich irre.) Das hieße, dass jeder scharfsinnige, intelligente Mensch auf diese Dinge – wie auf alles andere – genauso reagieren würde wie ich.

Doch wenn wir uns so schon in Situationen verhalten, in denen wir wissen, dass Richtig und Falsch irrelevant sind, dann kann man sich vorstellen, was erst passiert, wenn wir es mit einer handfesten Tatsache zu tun haben. Vergessen wir einmal das naheliegende, aber trügerische Gebiet der Religion oder der Politik. Fachleute der elisabethanischen Literatur danach zu fragen, wer denn tatsächlich den *Hamlet* geschrieben habe, löst das gleiche Gefühl rechtschaffenen Rechtbehaltens aus. Es ist fast unmöglich, sich irgendein Ergebnis vorzustellen, das die Frage zur Zufriedenheit aller lösen würde, genauso wie man sich nicht vorstellen kann, dass alle Beteiligten einer Meinung sind, wenn es um die Ursprünge des menschlichen Lebens geht oder die Notwendigkeit der US-amerikanischen Intervention im Irak. Dennoch sind es oft genau diese unlösbaren Fragen, die in uns die inbrünstige Gewissheit wecken, dass wir recht und unsere Gegner unrecht haben. Doch wenn es keinen wirklichen Maßstab für Richtigkeit gibt, muss eine Definition von Irrtum meiner Meinung nach so flexibel sein, dass sie verschiedenen Ansichten über Irrtümer Rechnung trägt.

Um eine solche Definition zu finden, könnten wir zu der Erfahrung des Sich-Irrens zurückkehren. Statt zu sagen, Sich-Irren bedeute zu glauben, etwas sei richtig, wenn es objektiv falsch ist, könnten wir es definieren als die Erfahrung, früher etwas für richtig gehalten zu haben, was wir nun als falsch erkennen – unabhängig davon, ob es tatsächlich falsch ist oder ob man überhaupt objektiv feststellen kann, dass es falsch ist. Dies ist aus zweierlei Gründen verlockend. Erstens erübrigen sich dadurch, dass man auf diese Weise eine etablierte Definition von Irrtum leicht abändert, alle lästigen Fragen über die Wahrheit. Zweitens macht es auf einen wichtigen, doch oft übersehenen Bereich der menschlichen Erfahrung aufmerksam, einen, der für dieses Buch von zentraler Bedeutung ist: auf den Moment, in dem wir von dem Glauben an eine Sache zum Glauben an deren Gegenteil umschwenken. Doch als allgemeine Definition scheint auch diese unbefriedigend zu sein, denn sie vermag unsere alltägliche Vorstellung von Irrtum nicht mit einzubeziehen. Wenn wir jemanden beschuldigen, unrecht zu haben, dann meinen wir damit nicht, dass er gerade vollkommen desillusioniert ist. Wir meinen, dass seine Überzeugungen nicht mit dem realen Zustand der Welt übereinstimmen.

Schließlich kann also keine dieser Definitionen des Unrechthabens – als eine Abweichung von der äußeren Realität oder eine innere Abkehr von dem, was wir glauben – vollständig unseren Zwecken genügen. Ich stütze mich auf beide Definitionsvorschläge, da die menschliche Irrtumserfahrung zu vielgestaltig und schillernd ist, um sich in einen von beiden hineinpressen zu lassen. In seinen Betrachtungen über das Komische sprach sich der französische Philosoph Henri Bergson dagegen aus, »die komische Phantasie ... in eine Definition zu zwängen«[9]. Stattdessen hoffe er, so Bergson, seinen Lesern »etwas Geschmeidigeres als eine theoretische Definition« zu bieten, »eine praktische und intime Kenntnis, wie sie sich aus langjähriger Kameradschaft ergibt.« Das scheint mir ein ausgezeichnetes Ziel zu sein, und eines, das sowohl für Irrtümer als auch für die Komik gelten kann. In guten wie in schlechten Zeiten ist der Irrtum unser lebenslanger Begleiter. Es ist also an der Zeit, ihn kennenzulernen.

Im großen Rest dieses Buches – in den ich Sie bald entlassen werde – geht es vor allem um Geschichten von Menschen, die irgendwelche Dinge in den Sand setzen. Geschichten, die unter anderem von Illusionen, Zauberern, Komödianten, Drogentrips, Liebesaffären, Missgeschicken auf hoher See, bizarren neurologischen Phänomenen, medizinischen Katastrophen, rechtlichen Fiaskos, gewissen Folgen der Ehe mit einer Prostituierten, der Tatsache, dass die böse Welt leider nicht untergeht, und Alan Greenspan handeln. Doch bevor wir uns in die Erfahrung stürzen können, unrecht zu haben, müssen wir innehalten und noch ein wichtiges, wenn auch irgendwie verdrehtes Argument vortragen: Die Erfahrung, unrecht zu haben, gibt es nicht.

Wir machen natürlich die Erfahrung zu *erkennen*, dass wir unrecht haben. Tatsächlich gibt es eine atemberaubende Vielfalt solcher Erfahrungen. Wie wir auf den folgenden Seiten sehen werden, kann es schockierend, verwirrend, lustig, peinlich, traumatisch, angenehm, aufschlussreich und lebensverändernd sein, Fehler zu erkennen. Doch qua Definition kann kein bestimmtes Gefühl damit verbunden sein, unrecht zu haben. In der Tat ist es nur möglich, unrecht zu haben, weil man sich, während es passiert, dessen nicht bewusst ist. Wenn man einfach in einem Zustand, den man später als wahnhaft beurteilt, seinen Geschäften nachgeht, hat man währenddessen absolut keine Ahnung davon. Man ist wie der Kojote in den Road-Runner-Cartoons, der schon über das Klippenende hinausgelaufen ist, aber noch nicht nach unten geschaut hat. Man ist – in seinem Fall buchstäblich und in unserem Fall im übertragenen Sinne – bereits in Schwierigkeiten, obwohl man sich noch auf festem Grund wähnt. Deswegen sollte ich mich korrigieren: Unrecht zu haben ist mit einem bestimmten Gefühl verbunden – dem Gefühl, recht zu haben.

Das ist das Problem mit der Irrtums-Blindheit: An welche Unwahrheiten wir derzeit auch glauben mögen, ihre Eigenschaft »unwahr« ist notwendigerweise unsichtbar für uns. Denken Sie nur an die aufschlussreiche Tatsache, dass Irrtum buchstäblich nicht in der ersten Person Präsens vorkommt: Der Satz »ich habe unrecht« beschreibt eine logische Unmöglichkeit. Sobald wir wissen, dass wir uns irren, irren wir uns nicht mehr, denn wenn wir erkennen, dass eine Überzeugung falsch ist, glauben wir nicht mehr daran. Deswegen können wir nur sagen: »Ich *hatte* unrecht.« Nennen Sie es die Heisenberg'sche Unschärferelation des Irrtums: Wir können uns irren oder aber darum wissen, doch wir können nicht beides gleichzeitig.

Irrtums-Blindheit erklärt bis zu einem gewissen Grad die ständige Schwierigkeit, uns vorzustellen, dass wir unrecht haben könnten. Diese Schwierigkeit ist zum Teil auf psychische Faktoren zurückzuführen – Arroganz, Unsicherheit und so weiter. Doch Irrtums-Blindheit legt nahe, dass es auch noch um ein anderes, eher strukturelles Problem gehen könnte. Wenn es buchstäblich unmöglich ist, sich im Unrecht zu fühlen – wenn wir unsere derzeitigen Fehler nicht wahrnehmen können, selbst wenn wir unser Innerstes nach Anzeichen dafür untersuchen –, dann ist es sinnvoll zu meinen, wir hätten recht. Die Irrtums-Blindheit erklärt auch, warum wir die Fehlbarkeit als universelles Phänomen voraussetzen, jedoch ständig über unsere eigenen Fehler bestürzt sind. Der Psychologe Marc Green hat einmal gesagt, dass ein Fehler aus Sicht desjenigen, der ihn begeht, im Grunde genommen »höhere Gewalt auf mentaler Ebene« ist[10]. Obwohl wir abstrakt verstehen, dass Fehler passieren, sind unsere eigenen Fehler für uns so unvorhersehbar wie Tornados oder wilde Streiks. (Und als Ergebnis haben wir selten das Gefühl, dass man uns dafür verantwortlich machen kann. Schließlich ist niemand für höhere Gewalt verantwortlich.)

So wie unsere derzeitigen Fehler für uns notwendigerweise unsichtbar sind, so sind auch unsere vergangenen Fehler merkwürdig unberechenbar: Im Allgemeinen können wir uns entweder nicht an sie erinnern oder wir können sie nicht vergessen. Das wäre nicht sonderlich seltsam, wenn wir durchweg unsere belanglosen Fehler vergäßen und uns ausschließlich an unsere bedeutsamen Fehler erinnerten, doch so einfach ist die Sache nicht. Wann immer ich auf den Namen Goethe stoße, muss ich daran denken, wie mich ein Collegeprofessor freundlich, aber amüsiert korrigierte, als ich ihn zum ersten Mal laut aussprach und Go-eth sagte. Wie in »pride goeth before the fall«. (»Hochmut kommt vor dem Fall.«) Das war ein einfacher, doch verständlicher Fehler, doch die Erinnerung daran werde ich wohl mit ins Grab nehmen.

Lassen Sie uns dies mit einer Erfahrung vergleichen, von der Sigmund Freud in seiner *Psychopathologie des Alltagslebens*[11] (ein Buch über das Sich-Irren) berichtet. Als Freud einmal seine monatlichen Honorarabrechnungen machte, stieß er auf den Namen einer Patientin, konnte sich aber nicht an die Person und deren Krankengeschichte erinnern, obwohl er sie kaum sechs

Monate zuvor mehrere Wochen lang täglich besucht hatte. Er versuchte lange, sich die Patientin zu vergegenwärtigen, war aber beim besten Willen nicht dazu in der Lage. Als die Erinnerung schließlich zurückkam, war Freud über diesen »fast unglaublichen Fall von Vergessen« erstaunt. Die Patientin, um die es ging, war eine junge Frau, deren Eltern sie zu Freud gebracht hatten, weil sie unaufhörlich über Magenschmerzen klagte. Seine Diagnose lautete Hysterie. Wenige Monate später starb die junge Frau an Unterleibskrebs.

Es ist schwer zu sagen, was seltsamer ist: dass der schwere Fehler so völlig aus dem Gedächtnis verschwunden oder der belanglose Fehler im Gedächtnis geblieben war. Insgesamt jedoch scheint unsere Fähigkeit, Fehler zu vergessen, ausgeprägter zu sein als die, uns ihrer zu erinnern. Wenn ich im Verlauf der Arbeit an diesem Buch die Gelegenheit hatte, Fremden zu erklären, worum es darin geht, reagierte ein gewisser Prozentsatz unweigerlich so: »Sie sollten mich interviewen, ich irre mich ständig.« Bat ich dann um ein Beispiel, legten sie, fast ebenso unweigerlich, die Stirn in Falten, verstummten und gaben nach einer Weile etwas verwirrt zu, dass sie ein Brett vor dem Kopf hätten. So bemerkte einer der Kandidaten, die gerne interviewt werden wollten: »Es ist komisch; es kommen mir viele Gelegenheiten in den Sinn, wo ich gesagt habe ›Oh nein, ich habe mich völlig geirrt, das ist ja so schlimm oder so peinlich‹, und ich kann mich sogar irgendwie erinnern, dass ich nicht schlafen und nichts essen konnte und völlig nervös war, aber ich kann mich an keinen bestimmten Vorfall erinnern, wo ich mich geirrt habe.«

Dieses Phänomen lässt sich zum Teil mit einem Datenbank-Designfehler erklären: Die meisten von uns haben keine mentale Kategorie, die sich »Fehler, die ich gemacht habe« nennt. Eine enge Freundin von mir, die von Anfang an von diesem Buch wusste, schrieb mir zwei Jahre, nachdem ich mit der Arbeit daran begonnen hatte, ihr sei plötzlich aufgegangen, dass eines der prägenden Erlebnisse ihrer Kindheit die Erfahrung gewesen sei, sich völlig geirrt zu haben. Meine Freundin hatte dieses Ereignis während der vergangenen zwei Jahre nicht vergessen, es jedoch mental unter anderen Etiketten abgeheftet (in diesem Fall »als ich mich einsam gefühlt habe« und »als ich wütend war«). Deshalb – und obwohl sie mir zuliebe so viel über das Sich-Irren nachgedacht hatte – war diese Erinnerung ihr nicht als eine Geschichte über einen Irrtum zugänglich gewesen.

Weil wir nicht sagen können: »Ich habe mich geirrt«, ist dieses Fehlen einer »Irrtum« genannten Kategorie ein allgemeines wie auch ein individuelles Problem. Als jemand, der versucht hat, sich einen Überblick über die Literatur zum Thema Irrtum zu verschaffen, weiß ich, dass es erstens eine Fülle davon gibt und dass zweitens kaum etwas von dieser Literatur unter einer Kategorie eingeordnet wurde, die irgendetwas mit dem Thema Irrtum zu tun hat. Stattdessen finden wir sie in den verschiedenen Disziplinen: Philosophie, Psychologie, Verhaltensökonomik, Recht, Medizin, Technologie, Neurowissenschaft, politische Wissenschaft und Wissenschaftsgeschichte, um nur einige zu nennen. Das Gleiche gilt für die Irrtümer in unserem eigenen Leben. Wir heften sie unter ganz verschiedenen Überschriften ab – »peinliche Momente«, »Lektionen, die ich gelernt habe«, »Dinge, die ich geglaubt habe« –, doch nur selten lebt ein Ereignis in uns mit der einfachen Bezeichnung »falsch«.

Dieses Kategorienproblem ist nur einer der Gründe dafür, warum unsere Fehler der Vergangenheit so schwer fassbar sein können. Ein weiterer Grund ist (wie wir später noch genauer sehen werden), dass Desillusionierung fast immer dazu führt, dass wir uns eine neue Überzeugung suchen, die dann für uns sofort zur richtigen wird. Angesichts dieser neuen Überzeugung erscheint uns die verworfene oft schnell als abwegig, vage und irrelevant, so als hätten wir die Sache sowieso nie ernst genommen. Dieses bequeme Ausradieren vergangener Fehler geschieht auch auf einer gesellschaftlichen Ebene. Ärzte unterrichten ihre Medizinstudenten nicht in der Theorie der Körpersäfte, und Astronomieprofessoren bringen ihren Studenten nicht bei, die Geschwindigkeit der fünfundfünfzig konzentrischen Sphären zu berechnen, die Aristoteles' Vorstellung zufolge das Universum ausmachten. Das nennt man praktische und effiziente Pädagogik, doch sie stützt unsere stillschweigende Annahme, dass unsere gegenwärtige Vorstellung von etwas die wahre Vorstellung ist und damit auch unser generelles Gefühl für Richtigkeit.

Weil wir blind sind gegen unsere eigenen Irrtümer, weil wir bei Fehlern an Gedächtnisschwund leiden, weil wir keine echte Kategorie haben, die »Irrtum« heißt und weil wir verworfene Überzeugungen sofort durch neue ersetzen, verwundert es nicht, dass wir so große Schwierigkeiten damit haben, Irren als einen Teil unseres Selbst zu begreifen. Da wir Fehler nicht als ein Merkmal unserer inneren Landschaft erfahren, im Gedächtnis behalten oder aufspüren, scheinen Irrtümer für uns immer überraschend zu kommen – das heißt: von außerhalb. Doch die Realität sieht völlig anders aus. Irrtum hat seine Wurzeln immer in uns selbst. Ja, die Welt kann zutiefst verwirrend sein; und ja, andere Menschen können uns in die Irre führen oder täuschen. Letztlich können jedoch nur wir selbst beschließen, unseren eigenen Überzeugungen treu zu bleiben. Das ist einer der Gründe dafür, warum es eine so seltsame Erfahrung ist, unsere Fehler zu erkennen: Daran gewöhnt, mit anderen Menschen nicht übereinzustimmen, stellen wir plötzlich fest, dass wir nicht mit *uns selbst* übereinstimmen. Irrtum ist in diesem Moment weniger ein intellektuelles als ein existenzielles Problem – eine Krise nicht in Bezug auf das, was wir wissen, sondern in Bezug auf die Frage, wer wir sind.

Diese Identitätskrise kommt unter anderem in den Fragen zum Ausdruck, die wir uns stellen, nachdem wir uns geirrt haben: *Was habe ich mir nur dabei gedacht? Wie konnte ich das nur tun?* Diese Fragen beschäftigen den Menschen seit Urzeiten. Wenn das Phänomen Irrtum uns gleichzeitig quält und sich uns entzieht, können wir uns damit trösten, dass es Generationen von Theologen, Philosophen, Psychologen, Soziologen und Naturwissenschaftlern nicht anders ergangen ist. Viele der religiösen Denker, die zu verstehen versuchten, warum wir uns irren, fanden ihre Antwort an den Toren zum Garten Eden.[12] So behauptete Thomas von Aquin, ein Mönch des 13. Jahrhunderts, dass wir Fehler machen, weil uns seit der Vertreibung aus dem Paradies für immer der direkte Zugang zur göttlichen Wahrheit verwehrt werde. Für den Theologen Thomas von Aquin und viele seiner Kollegen[13] sind unsere Fehler auf die Kluft zwischen unserem eigenen begrenzten, fehlerhaften Verstand und Gottes unbegrenzter vollkommener Allwissenheit zurückzuführen.

Doch mit diesem Thema haben sich nicht nur Theologen beschäftigt. Platon war der Ansicht, dass unsere Seele ursprünglich mit dem Universum im Einklang gewesen sei und dass wir erst begonnen hätten, uns zu irren, als wir unsere derzeitige körperliche Form angenommen und jene kosmischen Wahrheiten vergessen hätten. John Locke, ein Philosoph der Aufklärung, dachte, der Irrtum sickere durch die Lücke zwischen der Künstlichkeit der Worte und der Realität der Dinge, die sie bezeichnen, in unser Leben – durch den Abstand zwischen einer Essenz, die sich nicht beschreiben lasse, und dem, was einer Beschreibung am nächsten komme. Der deutsche Philosoph Martin Heidegger glaubte, Irrtum könne durch die Tatsache erklärt werden, dass wir in Zeit und Raum leben; da wir an einen bestimmten Satz von Koordinaten gebunden seien, könnten wir uns nicht über diese erheben und die Realität als Ganzes, aus der Vogelperspektive (oder aus Gottes Perspektive), sehen. So unterschiedlich diese Erklärungen in gewisser Hinsicht auch sind, diese Denker und viele weitere hatten die Vorstellung, Irrtum entstehe aufgrund einer Kluft: manchmal zwischen dem Besonderen und dem Allgemeinen, manchmal zwischen Wörtern und Dingen, manchmal zwischen dem Gegenwärtigen und dem Urzeitlichen, manchmal zwischen dem Sterblichen und dem Göttlichen – aber in jedem Fall, und zwar grundlegend, zwischen unserem eigenen Verstand und dem Rest der Welt.

Die meiste Zeit unseres Lebens setzen wir uns unbekümmert über diese Kluft hinweg. Und das mit gutem Grund: Wer will schon an den Sündenfall erinnert werden, an die Trennung von der Wahrheit, an die besondere und begrenzte Natur unserer Existenz? Aber wenn wir uns irren, wird diese Kluft zwischen innerer und äußerer Realität plötzlich deutlich. Das ist einer der Gründe dafür, dass es so verstörend sein kann, sich zu irren. Doch ein anderer, sonderbar paradoxer Grund ist die Tatsache, dass wir diese Kluft nicht *früher* erkennen. Unsere Fehler zeigen nur, dass das, was wir im Kopf haben, so überzeugend sein kann wie die Realität. Das ist bestürzend, weil es genau diese Überzeugungskraft beziehungsweise Wahrscheinlichkeit ist, an der wir uns bei der Frage, was richtig und real ist, orientieren.

Doch wir sollten diese mentalen Tricks nicht nur beunruhigend, sondern auch tröstlich finden. Denn schließlich ist das Wunderbare am menschlichen Verstand ja gerade die Tatsache, dass er uns die Welt nicht nur zeigen kann, wie sie ist, sondern auch, wie sie *nicht* ist: wie wir uns an sie erinnern, wie wir hoffen oder fürchten, dass sie in Zukunft aussehen wird, wie wir uns vorstellen, wie sie an einem anderen Ort oder für eine andere Person sein könnte. Wir haben bereits gesehen, dass sich Irrtum quasi definieren lässt als »die Welt sehen, wie sie nicht ist« – doch Irrtum ist auch die Essenz von Vorstellungskraft, Fantasie und Hoffnung. Das legt nahe, dass unsere Fehler manchmal weitaus süßere Früchte hervorbringen als das Versagen und die Scham, die wir mit ihnen verbinden. Sie stellen zwar einen Moment der Entfremdung dar, sowohl von uns selbst als auch von einer bis dato überzeugenden Weltsicht. Aber was ist schlimm daran? »Entfremden« heißt, dass uns etwas fremd wird, und Dinge – einschließlich uns selbst – als etwas Fremdes zu betrachten ist eine Chance, sie auf neue Art und Weise zu begreifen.

Damit der Irrtum uns hilft, Dinge anders einzuordnen, müssen wir jedoch zuerst *ihn selbst* anders sehen. Das ist das Ziel dieses Buches: eine Vertrautheit mit unserer eigenen Fehlbarkeit zu fördern, unsere Sprache für unsere Fehler zu erweitern, unser Interesse zu vergrößern, über sie zu sprechen, und für eine Weile bei der normalerweise schwer fassbaren und flüchtigen Erfahrung des Unrechthabens zu verweilen. Offensichtlich gibt es einen praktischen Grund, dies zu tun: nämlich den, dass unsere Fehler verheerend sein können. Sie können uns Zeit und Geld kosten, unser Selbstvertrauen untergraben sowie auch das Vertrauen und die Wertschätzung, die andere uns entgegenbringen. Sie können dazu führen, dass wir in der Notaufnahme landen, in Ungnade fallen oder ein Leben lang Therapie benötigen. Sie können uns verletzen und demütigen. Schlimmer noch: Sie können andere Menschen verletzen und demütigen. Kurz gesagt: Soweit wir sie vermeiden können, sollten wir das wohl tun. Und dazu müssen wir verstehen, warum wir uns überhaupt irren.

Inzwischen dürfte klar sein, dass dieses Buch nicht als Selbsthilfebuch für chronisch Irrende gedacht ist – *Wie man sein Leben fehlerfrei macht*, zum Beispiel, oder *In dreißig Tagen zu einem richtigeren Selbst*. Im Gegenteil: Es geht viel mehr um eine Verteidigung des Irrtums als um seine Abwehr. Dieses Buch nimmt Augustinus' Aussage ernst, dass der Irrtum in gewisser Weise entscheidend dafür ist, wer wir sind, und macht sich daran zu erforschen, warum dies so ist. In Teil eins beschäftige ich mich mit der Frage, wie wir über Irrtum denken und im Lauf der Geschichte gedacht haben, sowie mit der Entstehung zweier unterschiedlicher Modelle des Irrtums – Modelle, die auch unsere Vorstellung davon spiegeln, wer wir sind und in welchem Universum wir leben. In Teil zwei erforsche ich die vielen Faktoren, die uns dazu führen, Fehler zu begehen, angefangen bei unseren Sinnen über unsere höheren kognitiven Prozesse bis hin zu unseren gesellschaftlichen Konventionen. In Teil drei geht es zunächst um die Frage, warum wir uns irren, und schließlich darum, wie wir uns dabei fühlen. Er behandelt den emotionalen Aspekt des Sich-Irrens, vom Augenblick der Erkenntnis, dass wir irregegangen sind, bis hin zu der Frage, wie diese Erfahrung unsere Weltsicht, unsere Beziehungen und – vor allem – uns selbst verändern kann.

Im letzten Teil des Buches gelangen wir von den Ursprüngen und der Erfahrung des Irrtums zu seinen vermeidbaren Risiken und unerwarteten Freuden. Hier beschäftige ich mich damit, wie wir nicht nur die Wahrscheinlichkeit verringern können, uns zu irren, sobald wir unsere Fehlbarkeit annehmen, sondern auch kreativer denken, rücksichtsvoller miteinander umgehen und freiere, fairere Gesellschaften schaffen können. Im letzten Kapitel ermutige ich dazu, Irrtum als ein Geschenk zu betrachten – als reiche und unersetzliche Quelle des Humors, der Kunst, der Erleuchtung, der Individualität und des Wandels. Der Ausgangspunkt dieses Buches war das Vergnügen, recht zu haben, doch ich werde es mit dem komplizierteren, interessanteren und letztlich aufschlussreicheren Vergnügen beenden, unrecht zu haben.

Kapitel 2
Zwei Modelle des Irrtums

> *Unsere Irrtümer sind am Ende nicht so hoch-*
> *wichtige Dinge. In einer Welt, wo wir ihnen*
> *trotz aller Vorsicht doch einmal nicht aus dem*
> *Wege gehen können, erscheint ein gewisses*
> *Maß sorglosen Leichtsinns gesunder als diese*
> *übertriebene nervöse Angst.*
>
> William James, »Der Wille zum Glauben«

Ross Gelbspan, ein Journalistenkollege, schreibt seit gut vierzig Jahren über Umweltfragen. Als er 1972 für *The Village Voice* arbeitete, berichtete er über eine Pressekonferenz zu *Die Grenzen des Wachstums*, eine Untersuchung über die Auswirkungen von wirtschaftlicher Entwicklung und Bevölkerungswachstum auf natürliche Ressourcen. Das Buch *Die Grenzen des Wachstums* machte bei seiner Veröffentlichung weltweit Schlagzeilen und ist bis heute das meistverkaufte Buch zu Umweltfragen.

»Es war ein sehr interessanter, sehr beängstigender Stoff«, erinnerte sich Ross. »In der Pressekonferenz ging es darum, wie all diese unterschiedlichen Faktoren – wachsende Bevölkerung, zunehmende Umweltverschmutzung, abnehmende Ressourcen – sich schließlich so schnell potenzieren, dass alles aus dem Gleichgewicht geraten wird.« Zu den Rednern der Konferenz gehörte Donella Meadows, eine Mitautorin des Buches und wegbereitende Umweltwissenschaftlerin. Ross, der während ihres Vortrags im Publikum saß, war beeindruckt von dem Gegensatz zwischen ihren düsteren Vorhersagen und der Tatsache, dass sie schwanger war – davon, dass sie, wie er sagte, »trotz dieses großen Pessimismus einen Weg der persönlichen Hoffnung gefunden hatte«. Das betrachtete er als einen Hinweis darauf, dass Optimismus und Erneuerung selbst in schwersten Zeiten möglich waren, und er verwendete es als Aufhänger für seine Geschichte. Die *Voice* druckte den Artikel auf der ersten Seite. Das hätte Ross eigentlich freuen müssen – doch Donella Meadows war gar nicht schwanger.[1]

Gewisse Fehler können uns tatsächlich umbringen, doch viele, viele andere führen nur dazu, dass wir am liebsten sterben möchten. Deswegen benutzen wir so oft die Wendung »zu Tode geschämt«, wenn wir über unsere Irrtümer sprechen. »Ich habe mich zu Tode geschämt. Ich meine, wirklich zu Tode geschämt«, so Ross. »Ich war kein Anfänger. Ich war schon seit 1961 Reporter. Ich hatte für das *Philadelphia Bulletin*, für die *Washington Post* gearbeitet. Aber noch nie hatte ich so einen Fehler gemacht, und ich kann gar nicht sagen, wie peinlich mir das war. Ich schäme mich noch heute zu Tode, wenn ich darüber rede.« Fast vierzig Jahre sind vergangen, seit Ross' Artikel veröffentlicht wurde. Die Welt hat, in unterschiedlichem Maße, die Vorhersagen von *Die Grenzen des Wachstums* ignoriert, aus ihnen gelernt oder sie als unsinnig abgetan. Donella Meadows starb im Jahr 2001. Selbst der Journalismus, wie wir ihn kennen, ist passé. Doch Ross schämt sich noch immer. Als ich ihm das für dieses Buch erwartete Erscheinungsdatum nannte, meinte er: »Gut – wenn ich Glück habe, bin ich bis dahin tot.«

Zugegeben, Ross' Fehler war äußerst unangenehm. Aber er war nicht folgenschwer – nicht für Meadows, die sehr freundlich damit umging; nicht für Ross; nicht einmal für Ross' Karriere. War somit der Wunsch zu sterben nicht eine völlig übertriebene Reaktion? Vielleicht. Doch selbst wenn er das war, wir alle reagieren manchmal so. In der Tat gehört der Wunsch zu sterben zu unseren wiederkehrenden Reaktionen auf Irrtümer. Wenn wir den Augenblick, in dem uns bestimmte Fehler klar wurden, beschreiben, dann sagen wir, dass wir am liebsten in eine Höhle gekrochen, im Erdboden versunken wären oder uns einfach in Luft aufgelöst hätten. Und wir reden davon, dass wir »das Gesicht verloren« haben, als hätten unsere Fehler tatsächlich dazu *geführt*, dass wir verschwinden – als sei unsere Existenz durch die Erfahrung, uns geirrt zu haben, ausradiert worden.

Neben dem Wunsch, sterben zu wollen, zeigen wir noch eine andere, weniger dramatische Reaktion auf unsere Irrtümer, eine, die eher mit dem Magen zu tun hat: Manchmal wollen wir nicht sterben, sondern uns einfach nur übergeben. Jedenfalls könnte man das annehmen, angesichts des seltsam essbezogenen Vokabulars, das wir benutzen, wenn wir davon sprechen, dass wir uns geirrt haben. Als Folge unserer Fehler fressen wir einen Besen oder auch einen Besenstiel, kriegen das Kotzen, dreht sich uns der Magen um. Der Ursprung dieser Redewendungen variiert, doch ihre Bedeutung ist klar: Irrtümer sind extrem unappetitlich und äußerst schwer zu verdauen. Während man es als ausgesprochen wohltuend empfindet, recht zu haben, durchläuft das Unrechthaben die ganze unselige Skala von ekelerregend bis schlimmer als der Tod.

Fehler sind in unseren Augen gefährlich, demütigend, unangenehm und, alles in allem, das absolute Gegenteil von vergnüglich. Diese Sichtweise des Irrtums – die wir das pessimistische Modell nennen wollen – hat gewisse Vorzüge. Wie ich an früherer Stelle erwähnt habe (und wie jeder weiß), können unsere Fehler wirklich irritierend oder demütigend oder schädlich sein, für uns wie auch für andere. Diese Tatsache zu leugnen wäre unaufrichtig, doch ganz allgemein betrachtet ist das pessimistische Modell völlig unzulänglich. Zunächst einmal verschleiert es die Tatsache, dass der Schaden, der durch unsere Irrtümer entstehen kann, gering ist im Vergleich zu dem Schaden, den unsere Angst vor, unsere Abneigung gegen und das Abstreiten von Irrtümern bewirken. Diese Angst lässt unser Herz und unsere Seele verhärten, sodass sich unsere Beziehung zu anderen Menschen abkühlt und unsere Neugier auf die Welt nachlässt.

Wie viele Ängste ist auch unsere Angst, unrecht zu haben, zum Teil auf mangelndes Verständnis zurückzuführen. Das pessimistische Modell des Irrtums sagt uns, *dass* es unangenehm ist, sich zu irren, aber es sagt uns nicht, warum, und es sagt uns rein gar nichts über Fehler, die sich nicht als unangenehm erweisen. Um die Bandbreite unserer praktischen Erfahrungen mit Irrtümern erklären zu können, brauchen wir neben der pessimistischen Perspektive noch eine andere. In diesem zweiten optimistischen Modell des Irrtums ist die Erfahrung, sich zu irren, nicht auf Demütigung und Niederlage begrenzt, ja sie ist so gut wie gar nicht begrenzt. Überraschung, Verblüffung, Faszination, Aufregung, Heiterkeit, Freude: Sie alle sind Teil eines optimistischen Verständnisses von Irrtum. Dieses Modell lässt sich schwerer erkennen, da es immer wieder von der Ansicht, Irrtümer seien gefährlich, demoralisierend und peinlich, verdrängt wird. Aber es existiert nichtsdestotrotz, und es übt einen subtilen und nicht zu unterschätzenden Einfluss sowohl auf unsere Vorstellungen von Irrtum als auch von uns selbst aus.

Zwischen diesen beiden Modellen des Irrtums, dem optimistischen und dem pessimistischen, besteht ein ständiges Spannungsverhältnis. Wir könnten versuchen, sie isoliert zu betrachten – das Unbehagen und die Gefahren, unrecht zu haben, auf der einen, die Freude und den Gewinn, die damit einhergehen, auf der anderen Seite –, und wir könnten versuchen, zwischen ihnen zu entscheiden. Doch erst wenn wir beide Modelle als Einheit statt getrennt betrachten, fangen wir an, die Kräfte zu verstehen, die dafür verantwortlich sind, wie wir über Irrtümer denken und wie wir uns fühlen, wenn uns ein Irrtum unterlaufen ist.

»Unsere Irrtümer sind am Ende nicht so hochwichtige Dinge.«[2] Das aufmunternde Zitat, das diesem Kapitel vorangestellt ist, könnte das Motto des optimistischen Modells des Irrtums sein. Und sein Autor William James, ein Philosoph und Psychologe des 19. Jahrhunderts, könnte als dessen herausragender Verfechter gelten. Bei der Suche nach einem Repräsentanten des pessimistischen Modells könnten wir zu Thomas von Aquin zurückkehren, dem mittelalterlichen Mönch, von dem ich im letzten Kapitel berichtete, dass er Irrtum mit der Erbsünde assoziierte. »Da der Verstand aus eigenem Vermögen fähig ist, die Wahrheit zu erkennen«, schrieb der Philosoph Leo Keeler, wobei er Thomas von Aquin zusammenfasste, »kann Irrtum normalerweise nicht sein Ergebnis sein; vielmehr hat er notwendigerweise den Charakter eines defekten Nebenprodukts, einer zufälligen Störung, einer Fehlgeburt vergleichbar mit ›Missgeburten‹ in der Natur.«[3]

Defekt, zufällig, Missgeburt, Fehlgeburt: Die Botschaft ist deutlich. Für Thomas von Aquin war der Irrtum nicht nur abscheulich, sondern anormal, eine Perversion der vorgeschriebenen Ordnung der Dinge. Hätte William James damals schon gelebt, er hätte von alldem nichts wissen wollen – nichts von der Abscheu vor Irrtümern (sein Rezept, mit Irrtümern umzugehen, war »ein gewisses Maß sorglosen Leichtsinns«) und auch nichts von deren Einstufung als anormal. Wenn man bedenkt, dass wir alle uns immer wieder irren, wie anormal, hätte er vielleicht gefragt, können Irrtümer dann tatsächlich sein?

Die Debatte darüber, ob Irrtümer normal oder anormal sind, war schon immer von zentraler Bedeutung für unsere Einstellung zu ihnen. Das Interessante an dieser Debatte ist nicht, was sie uns über den Irrtum *per se* sagt, sondern was sie uns über uns sagt, darüber, wie wir über uns selbst und über die Welt denken, in der wir leben. Nehmen wir Thomas von Aquin und James: Sie vertraten ganz unterschiedliche Ansichten, doch bei dieser Meinungsverschiedenheit ging es nur in zweiter Linie um den Irrtum. Das eigentliche Problem war Thomas von Aquins Behauptung, dass »der Verstand aus eigenem Vermögen fähig ist, die Wahrheit zu erkennen«. Wenn man wie er glaubt, dass es eine Wahrheit gibt und dass (wie James es formulierte) »sie und unser Geist füreinander gemacht sind«, dann sind Irrtümer sowohl bedauerlich als auch schwer zu erklären. Wenn man andererseits glaubt, dass Wahrheit nicht unbedingt unveränderlich oder erkennbar ist und dass der menschliche Verstand, wenngleich selbst eine schillernde Entität (in der Tat, *weil* er selbst eine schillernde Entität ist), nicht der Spiegel der Realität ist – wenn man all das glaubt, so wie James es tat, dann ist Irrtum sowohl vollkommen erklärbar als auch vollkommen akzeptabel.

Diese miteinander konkurrierenden Vorstellungen von Irrtum tauchen, wie wir gesehen haben, in den Versuchen auf, Irrtum zu definieren. Im 17. Jahrhundert beschrieb das französische Wörterbuch *Larousse* Irrtum elegant als »Zügellosigkeit der Fantasie, des Geistes, der keinen Regeln unterworfen ist«[4]. Kaum hundert Jahre später definierte ebenfalls in Frankreich Denis Diderots berühmte *Encyclopédie* den Irrtum stattdessen als *jedem* menschlichen Geist innewohnend, diesem »magischen Spiegel«, in dem die reale Welt zu »Schatten und Monstern« verzerrt wird. Diese beiden Definitionen zeugen von einem völlig unterschiedlichen Verständnis der menschlichen Natur. Ist der Irrtum für die einen Kennzeichen des ungezügelten Geistes, gehört er für die anderen zum Menschsein dazu; dementsprechend lässt sich der Mensch nicht vervollkommnen, sondern ist im Grunde unvollkommen. Und die Wahrheit ist nicht länger ein Preis, der durch spirituelle oder intellektuelle Disziplin errungen werden kann, sondern eine Flüchtende, die sich für immer dem menschlichen Geist entzieht.

Die Geschichte des Irrtums beschreibt nicht den Wandel von einem Modell zum nächsten. Vielmehr handelt es sich um eine jahrtausendelange Auseinandersetzung zwischen den beiden. Im Lauf der Zeit ist diese Auseinandersetzung neben und in engem Zusammenhang mit der Frage, ob es im Grunde anormal oder normal ist, Fehler zu machen, noch durch weitere Fragen ergänzt worden. Eine dieser Fragen lautet, ob der Irrtum fester Bestandteil unseres Lebens ist oder ob er sich ausrotten lässt. James Sully, ein britischer Psychologe, dessen Werk *Die Illusionen* (1881) vielleicht die gründlichste der frühen Untersuchungen über den menschlichen Irrtum darstellt, glaubte, dass die meisten Formen schließlich überwunden werden würden. Denn, so Sully: »Die Fähigkeit der Selbstbeobachtung ist überdies eine verhältnissmässig neue Erwerbung des Menschengeschlechts, und mit ihrer Verbesserung wird der mit diesem Vorgange verbundene Irrthum sicherlich ausserordentlich gering werden.«[5]

Eine ähnliche Ansicht vertrat ein halbes Jahrhundert später der amerikanische Psychologe Joseph Jastrow, der eine Anthologie der im Verlauf der Jahrhunderte begangenen Torheiten mit dem Titel *The Story of Human Error* herausgab. Eine Geschichte hat, so könnte man anmerken, traditionell einen Anfang, einen Mittelteil und ein Ende, und Jastrow war eindeutig der Meinung, wir würden uns dem letzten Kapitel der Geschichte des Irrtums nähern. Er pries den »gegenwärtigen Höhepunkt der wissenschaftlichen Leistungen« und sagte voraus, »dass derlei Fortschritte bei der Nutzung des Verstandes... entscheidende Stadien im Prozess der Eliminierung von Irrtümern kennzeichnen«[6]. Jastrow wurde zu seinem Buch passenderweise durch den Besuch der Weltausstellung von 1933 angeregt, denn solche Ereignisse sind ja oft Lobgesänge auf die Vervollkommnungsfähigkeit der menschlichen Spezies. Bei der Weltausstellung von 1939 in New York unter dem Motto »Die Welt von morgen« rügte die Literatur die Besucher dafür, »noch immer Überzeugungen oder Meinungen die Treue zu halten, die nur Tatsachen gebühren sollten« und prophezeite, »dass wir uns [in Zukunft] so verhalten werden, wie der ausgebildete Wissenschaftler es schon heute tut. Wir werden das Neue willkommen heißen, es gründlich untersuchen, und es, in wahrlich wissenschaftlicher Manier, freudig akzeptieren.«[7]

Zwangsläufig klingen diese optimistischen Vorhersagen vom heutigen Standpunkt aus hoffnungslos altmodisch und naiv. Doch die Vorstellung, dass wir den Irrtum ausrotten können – durch evolutionären Fortschritt, technologische Innovation, die Gründung einer idealen Gesellschaft oder die Verbreitung des Wortes Gottes –, beeinflusst seit jeher unsere Fantasie und hat mit der Vorstellung zu tun, dass dies erstrebenswert sei. Und das sollte es sicherlich auch sein: Wir wären alle glücklich, wenn wir Fehler in Bereichen wie der Atomindustrie dauerhaft ausmerzen könnten. Doch die Gesamtheit aller Irrtümer auszurotten ist eine andere Sache. Abgesehen davon, wie das praktisch zu bewerkstelligen sein sollte, stellt uns ein solches Ziel vor drei Probleme: Erstens müssen wir, wenn wir glauben, den Irrtum ausrotten zu können, auch glauben, zwischen ihm und der Wahrheit unterscheiden zu können – eine Vorstellung, die sich nicht mit der Tatsache vereinbaren lässt, dass wir selbst uns irren könnten. Der Haken an der Sache ist also: Um den Irrtum auszumerzen, müssen wir unfehlbar sein.

Zweitens unterliegen praktisch alle Ausrottungsbemühungen – selbst wirklich gut gemeinte – dem Gesetz der unbeabsichtigten Folgen. Wenn Sie etwa die Schädlinge aus ihrer ökologischen Nische vertreiben, gibt es schon ziemlich bald auch keine Kolibris oder Murmeltiere oder Pumas mehr. Selbst wenn ich Sie nicht davon überzeugen kann, dass der Irrtum an sich eine gute Sache ist, so hoffe ich doch, Sie am Ende dieses Buches davon überzeugt zu haben, dass er untrennbar verbunden ist mit anderen guten Dingen, die wir definitiv nicht ausrotten wollen – wie mit unserer Intelligenz zum Beispiel.

Das letzte Problem bei dem Bestreben, Fehler auszurotten, ist, dass viele dieser Versuche *nicht* gut gemeint sind – oder wenn sie es doch sind, so oft fehlschlagen. In diesem Zusammenhang betont Sully nachdrücklich: »In ihren ausgeprägten Formen äußert sie [die Illusion, als die Sully Irrtümer bezeichnet; Anm. d. Übersetzerin] sich allerdings am auffälligsten in dem ungebildeten Geiste des Wilden und des gewöhnlichen Mannes.«[8] Und der Anthropologe Ralph Linton, der an Jastrows Anthologie mitgearbeitet hat, äußerte (kritisch), dass »einst alle heidnischen Kulturen im besten Fall als Beispiele des menschlichen Irrtums [betrachtet wurden], im schlimmsten Fall als Werkzeuge des Teufels, die verhindern sollten, dass sich verdammte Seelen aus seinen Fängen befreiten. In jedem Fall war es die Pflicht der Christen, diese Kulturen zu zerstören.«[9] Diese Zitate machen deutlich, dass es erschreckend leicht ist, Irrtümer denen zuzuschreiben, deren Überzeugungen und Hintergrund sich von unseren unterscheidet. Und sie zeigen auch, dass es nur ein kleiner Schritt ist von der Ansicht, dass vermeintlich falsche Überzeugungen zu eliminieren sind, bis zu der Forderung, dass die Institutionen, Kulturen und – was am schlimmsten ist – die Menschen, die diese Überzeugungen vertreten, zu eliminieren sind.

Hinter der Vorstellung, dass der Irrtum ausgerottet werden kann, verbirgt sich also eine erschreckend reaktionäre Denkweise. Und dennoch handelt es sich eigentlich um eine Idee von Fortschritt: um den Glauben, dass es einen Gipfel der menschlichen Leistung gibt, der durch die ständige Reduzierung und schließliche Eliminierung von Fehlern erreicht werden kann. Doch es gibt noch eine andere, damit konkurrierende Idee von Fortschritt – eine, die sich nicht auf die Ausrottung des Irrtums stützt, sondern überraschenderweise auf seine Beibehaltung. Diese Vorstellung tauchte während der Zeit der wissenschaftlichen Revolution in Form der wissenschaftlichen Methode auf, dem Kennzeichen dieser Ära.[10] Der Erfolg dieser Methode (und ihre Einfachheit, zumindest in der Theorie, wenn auch nicht in der Praxis) lässt sich daran messen, dass rund vierhundert Jahre später praktisch jeder Leser dieses Buches bereits in den unteren Klassen des Gymnasiums mit ihr vertraut gemacht wurde. Der Kern der wissenschaftlichen Methode ist, dass Beobachtungen zu Hypothesen führen (die überprüfbar sein müssen), die dann durch Experimente getestet werden (deren Ergebnisse reproduzierbar sein müssen). Wenn alles gut geht, ist das Ergebnis eine Theorie: eine logische, empirisch getestete Erklärung für ein natürliches Phänomen.

Als ein Ideal der wissenschaftlichen Forschung und als eine Strategie zur Förderung des Wissens zeugt die wissenschaftliche Methode im Grunde genommen vom Nutzen des Irrtums. Die meisten von uns wollen ihre Überzeugungen bestätigt wissen und untersuchen sie auf ihre Gültigkeit. Wissenschaftler hingegen streben danach – wenn nicht als Individuen, so doch als Gemeinschaft –, ihre Überzeugungen zu widerlegen. Das bestimmende Merkmal einer Hypothese ist, dass sie das Potenzial hat, widerlegt zu werden (weswegen sie überprüfbar sein und getestet werden muss), und das bestimmende Merkmal einer Theorie, dass sie noch nicht widerlegt wurde. Doch das Entscheidende ist, dass sie widerlegt werden kann – egal wie viele Beweise sie zu stützen scheinen, egal wie viele Experten sie befürworten, egal wie viel allgemeine Anerkennung sie genießt. Tatsächlich ist es nicht nur *möglich*, jede Theorie zu widerlegen; wie wir im letzten Kapitel gesehen haben, wird das früher oder später wahrscheinlich auch geschehen. Und wenn das geschieht, ist dies ein Zeichen für den Erfolg der Wissenschaft, nicht für ihr Versagen. Die zentrale Erkenntnis der wissenschaftlichen Revolution war diese: dass die Förderung des Wissens davon abhängt, dass sich bestehende Theorien angesichts neuer Erkenntnisse und Entdeckungen als unhaltbar erweisen. Im Rahmen dieses Fortschrittsmodells führen Irrtümer uns nicht weg von der Wahrheit, sondern schrittweise zu ihr hin.

Während und nach der wissenschaftlichen Revolution hielten die führenden Köpfe Westeuropas an diesem Prinzip fest und verallgemeinerten es. Ihrer Ansicht nach waren nicht nur wissenschaftliche Theorien, sondern auch politische, gesellschaftliche und sogar ästhetische Ideen diesem Muster von Scheitern, Ersatz und Weiterentwicklung unterworfen. Im Wesentlichen identifizierten diese Denker das Problem der Irrtums-Blindheit als eine Generationen- und Gesellschaftsfrage. Die kollektiven Irrtümer unserer Kultur lassen sich genauso wenig aufdecken wie unsere persönlichen, aber wir können sicher sein, dass sie irgendwo lauern.

Die für diese Erkenntnis verantwortlichen Denker haben ihr Ziel auf ehrliche Weise erreicht. Sie lebten in einer Zeit, in der gerade fünfzehn Jahrhunderte alte fundamentale Wahrheiten widerlegt oder durch einen enormen Zufluss neuer Informationen ersetzt worden waren: über zuvor unbekannte Pflanzen und Tiere, über Geologie und Geografie, über die Struktur des Universums, über die Vielseitigkeit der menschlichen Kultur. In unserem eigenen global zusammengerückten und von Google bestimmten Zeitalter kann man sich das Ausmaß der intellektuellen und emotionalen Zerrissenheit, die all diese neuen Informationen damals hervorriefen, kaum vorstellen. Wenn morgen in Pittsburgh ein UFO landete, stünden wir vermutlich vor einer vergleichbaren Situation: Zum einen würden wir erkennen, dass wir uns bislang in einem gewaltigen Irrtum befunden haben, zum anderen, dass nun völlig neue Möglichkeiten offenstehen.

Sicherlich würden wir zu einem von Grund auf neuen Verständnis des Kosmos gelangen müssen.

Mit dieser Aufgabe konfrontiert, kamen viele der genannten Denker zu dem Schluss, dass das beste und sicherste Werkzeug für diesen radikalen geistigen Wiederaufbau der Zweifel sei: tiefer, systematischer, bleibender, alles umfassender Zweifel. So hatte Michel de Montaigne, der große Philosoph und Essayist der Renaissance, über der Tür seines Arbeitszimmers den Wahlspruch hängen: *que sais-je? –* was weiß ich? Und so machte Descartes es sich zur Aufgabe, *alles* anzuzweifeln, bis hin zu seiner eigenen Existenz (etwas, wovon wir später noch mehr erfahren werden). Diese Denker waren keine Nihilisten, nicht einmal Skeptiker. Sie glaubten an die Wahrheit, und sie wollten sie entdecken. Doch was sie nachdenklich stimmte, war die latente Möglichkeit des Irrtums, und sie sahen, dass im Rückblick betrachtet selbst ihre Grundannahmen wie Fehler aussehen könnten.

Neu und radikal an dieser Betrachtungsweise war nicht die Erkenntnis, wie schwierig es ist, Irrtum von Wahrheit zu unterscheiden. Dieser Gedanke ist mindestens so alt wie Platon. Er taucht auch in der Bibel auf – zum Beispiel in Form der Frage, wie sich falsche von wahren Propheten unterscheiden lassen (»... denn auch der Satan tarnt sich als Engel des Lichts«[11], lesen wir im zweiten Brief an die Korinther). Auch Denker der Renaissance und der Aufklärung werden mit dieser Idee vertraut gewesen sein, und zwar durch die Werke der Kollegen aus dem Mittelalter, die Irrtümer oft als *ignes fatui* charakterisierten[12] – wörtlich: Narrenfeuer, wenn auch häufig als »falsche Feuer« oder »Phantomfeuer« übersetzt. Heute kennen wir diese falschen Feuer als Irrlichter: geheimnisvolle wandernde Lichter, die, in Sagen, unachtsame Wanderer in die Irre locken, normalerweise tief in einen Sumpf hinein oder über den Rand einer Klippe. Mit falschen Feuern waren auch in einem weniger romantischen Sinn die Feuer gemeint, die Räuber entzündeten, um Reisende glauben zu machen, sie würden sich einer Herberge oder einer Stadt nähern. In jedem Fall lautete die Botschaft: Irrtum, getarnt als das Licht der Wahrheit, führt direkt zu Schwierigkeiten. Doch Denker der Aufklärung stießen auf einen bis dahin unbeachteten Aspekt dieses Bildes. Irrtum, so stellten sie fest, war nicht einfach nur Dunkelheit, die absolute Abwesenheit des Lichts der Wahrheit. Nein, er verbreitete selbst Licht. Zugegeben, es war vielleicht ein flackerndes oder trügerisches Licht, aber es war dennoch eine Lichtquelle. In diesem Modell ist Irrtum nicht das Gegenteil von Wahrheit, sondern eher eine Annäherung an die Wahrheit, eine Wahrheit für den Moment.

Eine weitere wichtige Kontroverse im Zusammenhang mit der Idee des Irrtums ist die Frage, ob er ein Hindernis auf dem Weg zur Wahrheit darstellt oder den Weg selbst. Erstere ist die übliche Vorstellung. Letztere tauchte, wie wir gesehen haben, während der wissenschaftlichen Revolution auf und entwickelte sich während der Aufklärung weiter. Ihren Zenit erreichte sie jedoch erst Anfang des 19. Jahrhunderts, als der französische Mathematiker und Astronom Pierre-Simon Laplace die Theorie der Verteilung von Fehlern weiterentwickelte, veranschaulicht durch die inzwischen bekannte Glockenkurve.[13] Auch bekannt als die Fehlerkurve oder die Normalverteilung, ist die Glockenkurve eine Methode zur Verbindung individuell bedeutungsloser, idiosynkratischer oder ungenauer Datenpunkte, um ein sinnvolles und genaues Gesamtbild zu erhalten.

Laplace bestimmte zum Beispiel mithilfe der Glockenkurve die genaue Umlaufbahn der Planeten. Deren Bewegung war praktisch seit Menschengedenken aufgezeichnet worden, doch diese Aufzeichnungen waren unzuverlässig, beeinträchtigt durch die aller menschlichen Beobachtung immanente Verzerrung. Indem Laplace diese individuell unvollkommenen Datenpunkte mithilfe der Normalverteilung darstellte, konnte er ein weitaus präziseres Bild der Galaxie erzeugen. Im Unterschied zu früheren Denkern, die durch die Ausmerzung des Irrtums eine größere Genauigkeit erzielen wollten, erkannte Laplace, dass man zur Verwirklichung dieses Ziels *mehr* Irrtümer benötigte: Häufe genügend fehlerhafte Daten an, und du erhaschst einen Blick auf die Wahrheit.»Das Geniale an der Statistik, wie Laplace sie definierte, war, dass sie Irrtümer nicht ignorierte, sondern quantifizierte«, bemerkte der Autor Louis Menand. »... Die richtige Antwort ist in gewissem Sinne eine Funktion der Fehler.«[14] Für Denker dieser Zeit, in der man an die Existenz der Wahrheit glaubte, gleichzeitig aber die Allgegenwart des Irrtums einräumte, war die Glockenkurve eine Art heiliger Gral: Sie hatte den Irrtum gebändigt, zurechtgestutzt und mit List und Tücke dazu gebracht, sein Gegenteil zu offenbaren.[15]

Ein Jahrhundert später fand die Idee, dass Fehler die Wahrheit eher enthüllen als verschleiern, in Freud einen einflussreichen neuen Verfechter. Doch während frühere Denker vor allem an äußeren Wahrheiten interessiert waren – an den Tatsachen der Welt, wie sie von der Natur oder von Gott bestimmt waren –, galt Freuds Interesse den inneren Wahrheiten. Die Wahrheiten, um die es ging, sind alle, die wir ins Unbewusste verdrängen. Definitionsgemäß sind diese Wahrheiten dem Verstand unzugänglich. Wir können jedoch, wie Freud in seiner *Psychopathologie des Alltagslebens* behauptet, gelegentlich einen Blick auf sie erhaschen, und eine Möglichkeit, dies zu tun, bietet uns der Irrtum. Heute kennen wir diese die Wahrheit enthüllenden Fehler als Freud'sche Fehlleistung: der Umstand, dass wir das eine sagen und das andere meinen. Freud zufolge sind diese scheinbar trivialen Fehler weder trivial noch im üblichen Sinne Fehler. Das heißt, sie sind nicht das Ergebnis eines Missgeschicks, einer Zerstreutheit, des falschen Feuerns eines vereinzelten Neurons oder so Ähnlichem, sondern vielmehr einer verdrängten, aber wichtigen psychischen Wahrheit. Dieser Ansicht zufolge sind solche Irrtümer Boten unseres innersten Universums. Und wie unverständlich dessen Botschaften auch sein mögen, sie liefern uns wertvolle Informationen darüber, was in unserem Innern vor sich geht.

Abgesehen von diesen Fehlleistungen suchen sich die geheimen Wahrheiten des Unbewussten Freud zufolge auch noch andere Wege, nach außen zu dringen. Bei uns allen durch Träume, bei einigen Unglücklichen durch den Wahnsinn. Auf den ersten Blick mag es so erscheinen, als seien Träume und Wahnsinn für dieses Buch wohl kaum von Belang. Doch sie haben eine Gemeinsamkeit: die falsche Wahrnehmung von Realität – was, wie Sie sich erinnern werden, auch eine Definition (in der Tat die früheste und überzeugendste) des Sich-Irrens ist. Um unsere eher simplen Fehlwahrnehmungen besser verstehen zu können, lohnt es sich, einen genauen Blick auf unsere extremsten zu werfen. Und dahin will ich das Augenmerk jetzt lenken – auf Träume, Drogentrips, Halluzinationen und Wahnsinn – und anhand dieser Beispiele die Annahme, dass wir durch Irrtümer die Wahrheit erkennen, genauer unter die Lupe nehmen.

Wie weit hergeholt die Beziehung zwischen Irrtum und Verrücktheit auch scheinen mag, wir selbst beschwören sie regelmäßig herauf. Ich glaube nicht, dass ich mit dieser Aussage schiefliege, denn die Art, wie wir gewöhnlich über Irrtümer denken und sprechen, lehnt sich stark an den Jargon an, mit dem wir Zustandsveränderungen des Bewusstseins beschreiben. Wir vergleichen (auch wenn es ungehobelt ist) das Unrechthaben oft mit Highsein. Sagt man zu jemandem meiner Generation etwas offenkundig Falsches, muss man darauf vorbereitet sein zu hören:

»Was rauchst du?« oder »Rauchst du Crack?« Ebenso zögern wir nicht, Menschen, deren Überzeugungen wir stark ablehnen, als geisteskrank zu bezeichnen. (Denken Sie nur an das verächtliche Gerede über die »liberalen Irren« und die »rechten Spinner«.) Schließlich sprechen wir davon, dass wir uns von falschen Vorstellungen befreit hätten, so als handele es sich um eine Trance, oder dass wir daraus erwacht seien, als handele es sich um Träume.

Von all diesen Analogien ist die zwischen Sich-Irren und Träumen die konstanteste und offenkundigste. »Versteht ihr denn nicht«, fragte der islamische Philosoph und Theologe des 11. Jahrhunderts, Abu Hamid Muhammad Al-Ghazali, »dass ihr, während ihr schlaft, eure Träume für unbestreitbar wahr haltet? Sobald ihr wach seid, erkennt ihr sie als das, was sie sind – Trugbilder.«[16] Das Gleiche, so Al-Ghazali, könnte man auch von unseren Überzeugungen im Wachzustand sagen. »In eurem jetzigen Zustand mögen sie real sein; aber es ist auch möglich, dass ihr in einen anderen Zustand eintretet« – und vom Standpunkt dieses anderen Zustands aus betrachtet, fuhr er fort, wird der derzeitige als falsch erscheinen, so wie unsere Träume, wenn wir erwachen.

Wir behandeln Irrtümer und veränderte Bewusstseinszustände in gewisser Weise zwar als analog, doch in einer wichtigen Hinsicht als völlig unterschiedlich. Zu Beginn dieses Kapitels habe ich festgestellt, dass Fehler, selbst kleinere, oft dazu führen, dass wir uns fühlen, als würde uns schlecht oder als wollten wir sterben. Doch veränderte Bewusstseinszustände – von denen einige uns tatsächlich krank machen oder töten *können* – ziehen uns oft in ihren Bann. Wir führen Tagebuch über unsere Träume und erzählen sie unseren Freunden und unserer Familie (und natürlich unseren Therapeuten). Wir haben das Gefühl, dass sie unser Leben erhellen und bereichern, und wir sind der Ansicht, dass denen, die sich selten an ihre Träume erinnern, etwas Wichtiges fehlt. Wir wollen unbedingt die Realität verändernde Macht von Drogen ausprobieren, und das trotz der Gefahr, eine Überdosis zu nehmen, süchtig zu werden oder hinter Gittern zu landen. Der Fieberwahn während einer schweren Krankheit ist wohl noch gefährlicher, schwieriger herbeizuführen und in jeder Hinsicht weniger wünschenswert. Und dennoch: Als ich einmal im tropischen Regenwald sehr hohes Fieber hatte, habe ich eine lange Unterhaltung mit dem Dichter Samuel Taylor Coleridge geführt, der an meinem Bettende saß und strickte. Coleridge war natürlich schon lange tot, und was mich anbelangt: Ich war noch nie in meinem Leben kränker. Doch ich war auch kaum je so fasziniert oder euphorisch – und seit damals habe ich nie wieder fiebersenkende Medikamente genommen. Würde ich, wenn ich ohnehin krank bin, eine Pille nehmen können, um meine Temperatur gerade um so viel zu *erhöhen*, dass ich den Zustand des Halluzinierens erreichte, würde ich dies ernsthaft in Erwägung ziehen. Zugegeben, es wäre nicht das, was der Arzt verordnet hätte – und in der Tat völlig idiotisch –, doch der Punkt ist: Veränderte Bewusstseinszustände sind so spannend, dass wir, egal wie klug oder unklug dies sein mag, oft alles tun, um sie herbeizuführen und zu verlängern.

Die Anziehungskraft veränderter Bewusstseinszustände ist nicht nur, wie wir anfänglich vielleicht meinen, auf ihre Fremdheit zurückzuführen, darauf, inwieweit sie sich vom Alltagsleben unterscheiden, sondern auf die Mischung aus Fremdheit und *Nähe* zum Alltagsleben. In einem veränderten Bewusstseinszustand sind die Elemente der Welt, die Beziehungen zwischen ihnen und die Regeln, denen sie unterliegen, verändert. Doch das ändert nichts daran, wie wir diese Zustände erleben. Die Mittel, die wir in nüchternem Zustand verwenden, um die Welt zu beurteilen und zu verstehen – unser Verstand, unsere Gefühle und vor allem unsere Sinne –, bleiben im ausgeflippten Zustand weitgehend unbeeinträchtigt und funktionieren manchmal sogar noch besser. So ist diesen unechten falschen Welten all die Intimität, Intensität und Körperlichkeit der wahren Welt eigen – kurz gesagt, alle Indikatoren der Realität.

Was sagt das über die Zuverlässigkeit der Realität aus, wenn sie derart anfällig für Veränderungen ist – durch einen Traum, eine Droge, ein paar Grad mehr an Körpertemperatur? Und umgekehrt: Was sagt das über das angeblich Unwirkliche aus, wenn es so leicht heraufzubeschwören und so unglaublich überzeugend ist? Diese Fragen haben unsere kollektive Fantasie von *Ein Mittsommernachtstraum* bis *Matrix* beschäftigt (die beide, zufällig, mit Drogentrips zu tun haben). Eine der beliebtesten Antworten – und die für meine Zwecke entscheidende – lautet, dass falsch und wahr umgekehrt werden: dass das Unwirkliche sozusagen das wirklich Wirkliche ist. Freud glaubte, wie bereits erwähnt, dass die falsche Welt unserer Träume tiefe, verborgene Wahrheiten über uns enthüllt. Das glaubte auch der Schriftsteller Artemidor von Daldis, der fast zweitausend Jahre zuvor seine *Oneirocritica* schrieb – eine griechische *Traumdeutung*. Und die beiden standen damit nicht alleine. Praktisch hat jede Kultur zu allen Zeiten geglaubt, dass Träume ansonsten unzugängliche Wahrheiten über den Träumer zum Ausdruck bringen: über seine vergessene oder unbekannte Vergangenheit, seine geheimen Überzeugungen und Wünsche, sein Schicksal. Ebenso hat man (mit Einschränkungen für den industrialisierten Westen) geglaubt, dass Visionen und Halluzinationen ansonsten unzugängliche Wahrheiten über das Universum enthüllen. Von sibirischen Schamanen über aztekische Priester, den Merry Pranksters bis hin zur Spiritualität neigenden Kiffern überall auf der Welt (alten Christen, frühen Juden, Skythen, Sikhs, Sufis und Rastas, um nur einige zu nennen) haben wir unsere Drogen als Entheogene betrachtet: Substanzen, die die Wahrheit des Kosmos enthüllen und uns das Gesicht Gottes zeigen können.

Führen Träume und Drogen zu akuten, aber vorübergehenden Änderungen unseres Realitätsverständnisses, so ist die akute, aber andauernde Version davon der Wahnsinn. Sie vermuten (und hoffen) vielleicht, dass der Wahnsinn uns noch weiter vom alltäglichen Irrtum wegführt; stattdessen bringt er uns aber wieder zum Ausgangspunkt zurück. Diderots *Encyclopédie* definierte Wahnsinn als den Akt des Sich-Entfernens von der Vernunft, und zwar »voller Vertrauen... und in der festen Überzeugung, ihr zu folgen«[17]. Mag sein, doch diese Definition des Wahnsinns ist gleichzeitig auch eine Definition des Sich-Irrens. In jüngerer Zeit beschrieb der französische Philosoph und Historiker Michel Foucault Wahnsinn als »die reinste, die totalste Form des Quiproquo« – d. h. eine Sache für eine andere zu nehmen und eben nicht für das, was sie ist. Wenn das nicht Irrtum ist, was ist es dann?

Letztlich scheinen nur drei Faktoren die falsche Realität des Wahnsinns von der falschen Realität des Irrtums zu unterscheiden. Der erste ist Reinheit, wie in Foucaults »reinster Form«: Wahnsinn ist unverfälschter Irrtum. Der zweite ist Konstanz: François Boissier de Sauvages, ein Arzt des 18. Jahrhunderts, der für seine Klassifizierung von Krankheiten bekannt war, beschrieb die Geisteskranken als solche, »die in einem beträchtlichen Irrtum verharren«. Der dritte Faktor betrifft den Gehalt: welches *qui* man für welches *quo* nimmt. Wir können uns mit allen möglichen Dingen irren, sogar wiederholt und grundlegend irren, und dennoch behaupten, geistig gesund zu sein – so lange genügend andere Menschen sich ebenfalls in diesen Dingen irren. So lautet jedenfalls die medizinische Definition von Wahnsinn (»ein falscher Glaube, *der nicht von anderen geteilt wird*«[18]), ein Gedanke, den Desiderius Erasmus, ein Gelehrter der Renaissance, in seinem *Lob der Torheit* so hervorragend formulierte: »Wer einen Kürbis für eine Frau hält, gilt allgemein als verrückt, weil so etwas nur selten vorkommt. Wer aber auf seine Gattin, die er mit anderen teilen muß, mehr als auf Penelope schwört und sich dabei in einem glücklichen Irrtum ungebührlich selbst erhebt, gilt nirgendwo als verrückt, weil Ehemänner häufig in dieser Lage erscheinen.«[19] Mit anderen Worten: Irrtum *in extremis* – in reinster Form, äußerst konstant und äußerst merkwürdig – wird zu Wahnsinn. Wahnsinn ist radikaler Irrtum.

Wie alle Gleichungen ist auch diese umkehrbar. Wenn Wahnsinn radikaler Irrtum ist, dann ist das Sich-Irren gemilderter Wahnsinn. So verstand Sully, der Autor von *Die Illusionen*, die Illusion, die für ihn jede Art von Irrtum umfasst, als »eine Art Grenzgebiet zwischen vollständig gesundem und kräftigem geistigen Leben und der Geisteskrankheit«[20]. Diese Einstellung spiegelt sich in den romanischen Sprachen wider, in denen richtig als geistig gesund wiedergegeben wird: auf Französisch, *j'ai raison*; auf Spanisch, *tengo razon*. Bedeutung: Ich habe die Vernunft auf meiner Seite, ich bin im Besitz meiner Sinne – während du, mein fehlgeleiteter Freund, an der Grenze zum Wahnsinn herumirrst. Gemilderter Wahnsinn kann auch eine passende Beschreibung dafür sein, wie sich Irren anfühlt. Wir werden in diesem Buch mehr als einer Person begegnen, die ihre Irrtumserfahrung als etwas beschreibt, das dem Wahnsinn beängstigend nahe kommt.

Wir haben bereits gesehen, dass Halluzinationen und Träume im Allgemeinen als Phänomene gelten, die größere Wahrheiten enthüllen. Dasselbe gilt für den Wahnsinn. Zu allen Zeiten hat man geglaubt, dass uns die Irren, trotz ihrer gestörten Beziehung zur Realität, das Wesen der Dinge erkennen lassen. Deswegen sind es in der Literatur immer die Narren (die, die nie bei Verstand waren) und die Irren (die, die ihn verloren haben), die den Mächtigen die Wahrheit sagen. (Auch Kinder – das heißt alle, die noch nicht das Alter der Vernunft erreicht haben – spielen manchmal diese Rolle.) Diese Auslegung von Unrichtigkeit als Richtigkeit hat vielleicht ihre Apotheose in *König Lear* erfahren, einem Drama, in dem ein wahrhaft Verrückter (Lear, nachdem er den Verstand verliert), ein geistig Gesunder als verrückt Getarnter (Edgar), ein Blinder (Gloucester) und ein Narr (der Narr) vorkommen. Mir ist kein anderes Stück bekannt, in dem sich so viele Charaktere um die Idee der Wahrheit scharen oder in dem die Wahrheit selbst so auf den Kopf gestellt wird. Hier wird Weisheit in Torheit verkehrt (»denn Weise wurden täppisch«, bemerkt der Narr) und Torheit in Weisheit (»Darin ist er nicht so ganz Narr, Mylord«, bemerkt der Höfling des Königs trocken[21]). Blindheit ist Erkenntnis: »Ich strauchelt', als ich sah«, sagt Gloucester, der die Wahrheit erst erkennt, nachdem er sein Augenlicht verloren hat. Und Wahnsinn ist geistige und moralische Klarheit. Erst nachdem Lear seine Töchter und den Verstand verloren hat, versteht er, was er getan hat, und kann sowohl den Verlust spüren als auch Liebe empfinden.

Diese Vorstellung – dass der Irrtum zu Erkenntnis führt – ist ein Charakteristikum des optimistischen Irrtumskonzepts. Dies gilt sogar für alltägliche Fehler, weswegen Verfechter dieses Konzepts (ich selbst eingeschlossen) Irrtümer als entscheidend für jeden Erfindungs- und Schaffensprozess ansehen. Das Beispiel veränderter Bewusstseinszustände macht Folgendes deutlich: Solange der Irrtum tiefgreifend genug ist und wir nicht nur ein kleines Stück, sondern völlig von der Realität abweichen, so macht das Einerlei menschlicher Fehlbarkeit plötzlich dem Rausch des Verstehens Platz. An die Stelle von Beschämung und Unwahrheit treten Erfüllung und Erleuchtung. Die merkwürdig enge Beziehung zwischen Irrtum und Wahrheit kommt in der Doppelbedeutung des Wortes *Vision* – Illusion und Offenbarung – zum Ausdruck.

Leider stimmt die beruhigende Vorstellung, dass Irrtümer zu Erkenntnis führen, nicht immer mit der Erfahrung überein, wie Verfechter des pessimistischen Modells schnell herausstellen werden. Manchmal fühlt sich der Irrtum wie das *Ende* der Erkenntnis an – der Augenblick, in dem eine großartige Idee oder eine Grundüberzeugung sich als völlig falsch erweisen. Und manchmal bezahlen wir für unsere Fehler auch einen zu hohen Preis, als dass wir sie einfach als Lektionen abtun können. Das pessimistische und das optimistische Modell unterscheiden sich, was den Irrtum angeht, fundamental. Entweder enthüllen unsere Irrtümer die wahre Natur des Universums – oder sie verdecken sie. Entweder führen sie uns zur Wahrheit oder in die Irre. Sie sind gänzlich irreal oder kaum von der Realität zu unterscheiden. Sie sind Abnormitäten, die wir ausrotten, oder Unvermeidlichkeiten, die wir akzeptieren sollten. Entweder sind sie wahrhaft »ungeheuerlich« oder aber durch und durch menschlich.

Gemeinsam bilden diese beiden widersprüchlichen Modelle das Spektrum des Irrtums. Selbst wenn wir nie zuvor über sie nachgedacht haben, erklären sie die Widersprüche unseres Denkens über den Irrtum und seine unterschiedlichen Erfahrungsformen. Bevor wir uns diesen zuwenden, möchte ich zwei Gestalten vorstellen, die diese beiden Modelle des Irrtums anschaulich verkörpern. Anders als die von Irrtümern geplagten Individuen, denen wir im restlichen Buch begegnen werden, existieren diese Gestalten nicht. Es sind Wesen aus der Mythologie, die sich weniger irren als vielmehr unsere Art beleuchten, über Irrtümer zu denken.

Im Indogermanischen, von dem die Sprachen fast der Hälfte der Weltbevölkerung abstammen, bedeutete das Wort *er* »sich bewegen«, »in Gang setzen« oder einfach »gehen«[22]. (Spanisch Sprechende werden es als *ir* erkennen.) Aus dieser Wurzel entstand das lateinische Verb *errare*, was so viel heißt wie umherwandern oder auch umherstreifen. Das Lateinische wiederum gab uns das englische Wort *erratic*, mit dem man eine unkontrollierte oder planlose Bewegung beschreibt. Und natürlich das Wort *error* (Irrtum). Von Anfang an beinhaltete die Vorstellung von Irrtum also auch Bewegung: umherwandern, suchen, in die Irre gehen. Implizit ist das, was wir suchen – und wovon wir uns entfernt haben – die Wahrheit.[23]

Die beiden archetypischen Wandervögel der westlichen Kultur verkörpern das ganze Spektrum unserer Vorstellung vom Irrtum. Einer von ihnen ist der fahrende Ritter, der andere der *juif errant* – der wandernde Jude[24]. Letzterer, ein wichtiger Bestandteil antisemitischer Propaganda, geht zurück auf eine mittelalterliche christliche Legende, in der ein Jude, als er Jesus auf dem Weg zur Kreuzigung begegnet, dafür verspottet, dass er sich unter dem Gewicht des Kreuzes so langsam fortbewegt. Daraufhin verdammt Jesus den Mann dazu, bis ans Ende aller Zeiten durch die Welt zu ziehen. So sah sich der Historiker David Bates zu der Bemerkung veranlasst, dass der wandernde Jude »für das christliche Europa sprichwörtlich das von der Wahrheit getrennte Individuum verkörpert«. In diesem Modell ist der Irrtum unauflöslich mit Sünde und Verbannung verbunden. Sich zu irren bedeutet die Entfremdung von Gott und den Menschen.

Auch der fahrende Ritter ist ein fester Bestandteil mittelalterlicher Legenden, doch ansonsten hatte er nichts mit dem wandernden Juden gemeinsam. Während der wandernde Jude durch seine Sünde charakterisiert wird, zeichnet sich der fahrende Ritter durch seine Tugend aus. Er befindet sich ausdrücklich und immer auf der Seite des Guten. Zu seinen berühmtesten Vertretern gehören Galahad, Gawain und Lancelot, diese edlen Ritter in glänzender Rüstung. (In gewissem Sinne gehört zu ihnen auch Don Quichotte, der, sowohl als fahrender Ritter wie auch als komplett Verrückter, einen speziellen Platz im Pantheon der Irrtumsforschung verdient.) Obwohl der Ritter weit von zu Hause entfernt weilt, befindet er sich nicht im Exil und ist auch nicht in Ungnade gefallen. Im Unterschied zum *juif errant*, der dazu verurteilt ist umherzuwandern und dies ziellos und voller Kummer tut, ist der fahrende Ritter auf der Suche: Er wandert, weil er wandern will und ein Ziel hat, und er tut dies mit Vergnügen. Er ist wie alle Reisenden von Neugier getrieben, von dem Wunsch, etwas mehr von der Welt zu erfahren.

Es versteht sich wohl von selbst, dass ich diese Archetypen nicht heraufbeschwöre, weil ich die Vorurteile gutheiße, die mit ihnen einhergehen. Mein Interesse gilt vielmehr der Frage, auf welche Weise diese Vorurteile unseren beiden wichtigsten Modellen des Irrtums Sinn verleihen. So steht der wandernde Jude dafür, dass das Sich-Irren sowohl abscheulich als auch qualvoll ist – eine Abweichung vom Wahren und Guten, eine öffentliche Blamage und ein privates Elend. Diese Vorstellung von Irrtum ist beunruhigend, vor allem angesichts des allzu häufigen Schicksals realer Juden: verabscheut, verbannt, beinahe ausgerottet. Doch sie ähnelt weit mehr unserem alltäglichen Verständnis von Irrtum, als es die Tugend und das Heldentum des fahrenden Ritters tun. Dass diese trostlose Idee des Irrtums uns anspricht, liegt daran, dass wir, wenn wir uns geirrt haben, etwas von dem wandernden Juden in uns entdecken. Manchmal fühlt es sich, wenn wir uns irren, tatsächlich so an, als seien wir in die Verbannung geraten: verstoßen von der Gemeinschaft, von Gott, ja sogar – was vielleicht am schmerzlichsten ist – von uns selbst.

Wir sollten also die Gestalt des wandernden Juden als eine gute Beschreibung dessen betrachten, wie sich das Unrechthaben anfühlen kann. Das bedeutet aber nicht, dass wir sie als das letzte Wort zur Bedeutung und zur Moral des Irrtums akzeptieren müssen. Denn zum einen ist es schwierig, dem Irrtum eine *feste* Bedeutung oder Moral zuzuschreiben, wenn wir so verschiedene Vorstellungen von ihm haben. Warum also sollten wir dann stärker als nötig an der unangenehmsten Vorstellung des Irrtums festhalten? Schließlich haben wir doch eine bessere Alternative. Tatsächlich ist die Idee des Irrtums, wie sie der fahrende Ritter verkörpert, der des wandernden Juden nicht nur vorzuziehen. Sie ist auch – und das ist schon bemerkenswert – der Alternative vorzuziehen, sich überhaupt nicht zu irren. Sich zu irren heißt wandern, und Wandern ist unsere Weise, die Welt zu entdecken, und auch, uns selbst zu entdecken. Recht zu haben ist vielleicht eine bequeme Art, innere Genugtuung zu erfahren, doch es bringt uns letzten Endes nicht weiter. Unrecht zu haben ist hart und demütigend und manchmal sogar gefährlich, doch letzten Endes ist es eine Reise und eine Geschichte. Wer möchte schon zu Hause bleiben und recht haben, wenn er seine Rüstung anlegen, sein Ross besteigen und losziehen kann, um die Welt zu erkunden? Natürlich könnte er sich unterwegs verirren, in einem Sumpf stecken bleiben, am Rand einer Klippe in Panik geraten; Diebe könnten sein Gold stehlen, Räuber ihn in einer Höhle festhalten, Zauberer ihn in eine Kröte verwandeln. Und wenn schon? Fehler zu machen ist abenteuerlich. In diesem Geiste ist dieses Buch geschrieben.

TEIL II

Die Ursprünge
des Irrtums

Kapitel 3

Unsere Sinne

*Eine Dame fragte mich einmal, ob ich
an Geister und Erscheinungen glaube.
Ich antwortete wahrheitsgemäß und
einfach: Nein, Madam, dazu habe ich
selbst schon viel zu viele gesehen.*
Samuel Taylor Coleridge

Im April 1818 segelte der schottische Forscher John Ross von
London aus Richtung Westen, und zwar mit zwei Schiffen, dreißig Jahren Erfahrung bei der Marine und dem Auftrag der britischen Admiralität, die Nordwest-Passage zu finden – den vielbe-
gehrten Seeweg im Norden des amerikanischen Kontinents. Ob
eine solche Route existierte, war unklar, ihre potenzielle wirtschaftliche Bedeutung unbestritten. Da damals praktisch alle
Handelsgüter auf dem Wasserweg transportiert wurden, würde
eine schnellere Verbindung zwischen Europa und Asien den
weltweiten Handel ankurbeln. Kein Wunder also, dass die Suche
nach der Nordwest-Passage zu einer internationalen Obsession
wurde – ein Ansporn für Entdeckungsreisen, eine Projektions-
fläche wilder Fantasien über die Neue Welt und die Feuerprobe,
die über Erfolg und Ansehen oder aber Misserfolg entschied. Als
Ross 1818 zu seiner Expedition aufbrach, hatten Forscher und
Glücksritter schon seit über 300 Jahren nach dieser Route gesucht. In den letzten fünfundsiebzig davon erwartete den Finder
ein von der britischen Regierung ausgelobter Preis von 20 000
Pfund Sterling – was heute rund zwei Millionen Dollar entspricht.

Rund ein Jahrzehnt bevor Ross den Hafen verließ, hatte die gefeierte Forschungsreise von Meriwether Lewis und William Clark quer durch die Vereinigten Staaten gezeigt, dass es keine schiffbaren Flüsse gab, die die beiden Küsten miteinander verbanden, sodass nachfolgende Forscher ihr Augenmerk nach Norden richteten, hin zu den Gewässern der kanadischen Arktis. Dort war Ross noch nie gewesen. Obwohl er im Alter von neun Jahren zur Marine gegangen war, hatte ihn sein Dienst bis 1818 nie höher in den Norden als bis nach Schweden geführt. Seine sonstigen Einsatzorte waren der Ärmelkanal, die Westindischen Inseln und das Mittelmeer gewesen. Es mag seltsam anmuten, dass man die Leitung einer so wichtigen Expedition einem Mann übertrug, der in dieser Region keinerlei Erfahrung hatte, doch John Barrow, der zweite Sekretär der britischen Admiralität, die die Expedition sponserte, hatte keine große Wahl. Seit William Baffins Entdeckungsreise zweihundert Jahre zuvor war praktisch kein Forscher mehr von England aus zur Arktis gesegelt.[1] Ross' Reise stellte also die erste Arktis-Expedition der modernen Königlichen Marine dar.

Ross wusste aufgrund von Baffins Karten und Berichten von der nach diesem benannten Baffin-Bucht und den drei großen Sunden – Smith, Jones und Lancaster – im nordwestlichen Teil der Bucht. Nach drei Monaten auf See erreichten er und seine Besatzung im Juli die Baffin-Bucht – schon an sich ein Triumph, da zum Beispiel Barrow die Existenz der Bucht offen angezweifelt hatte. Nachdem sie beschlossen hatten, dass der Smith-Sund und der Jones-Sund unpassierbar waren, wandten sie ihre Aufmerksamkeit dem Lancaster-Sund zu, den Ross als den vielversprechendsten der drei betrachtet hatte. Als sie Ende August dort eintrafen, lag über dem Sund jedoch dichter Nebel, sodass sie nichts anderes tun konnten, als zu warten. Endlich klopfte dann am 31. August um drei Uhr nachmittags ein Offizier an Ross' Kabinentür und meldete ihm, dass der Himmel aufklare. Sofort eilte der Kapitän an Deck. Kurz danach lichtete sich der Nebel völlig, und Ross schrieb in seinem Reisebericht:

> Ich sah deutlich, wie das Land am Ende der Bucht zusammenhing, eine lange Bergkette bildete, als eine Fortsetzung von denen längs der nördlichen und südlichen Seite. Dieses Land schien acht Seemeilen entfernt zu seyn, und ich liess die Lage desselben ins Logbuch eintragen... Die Berge, die den Mittelpunkt ausmachten, in nördlicher und südlicher Richtung, wurden Croker's Berge nach dem Secretair der Admiralität benannt.

Der Lancaster-»Sund« war also nur eine kleine Bucht. Statt sich nach Westen hin zu einem Wasserlauf zu öffnen, der aus der Baffin-Bucht hinaus und weiter zum Pazifik führte, war er von Land begrenzt – einer riesigen Eisfläche und hohen Gipfeln. Er beendete auch Ross' Reise in die Arktis. Enttäuscht kehrte dieser nach England zurück, auch wenn er den Auftrag der Admiralität erfüllt hatte.

Doch es war etwas Seltsames geschehen. Ross' Stellvertreter, William Parry, war ihm in einigem Abstand im zweiten Schiff gefolgt und hatte die Berge, die Ross zufolge den Weg aus dem Lancaster-Sund heraus blockierten, nicht gesehen. Wieder zu Hause, berichtete er John Barrow davon. Als Sponsor der Expedition und Englands führender Verfechter der Suche nach der Nordwest-Passage, war Barrow die Vorstellung, dass es die Berge gar nicht gab, natürlich lieber. Er vertraute Parrys Aussage und folgerte, dass der Expeditionsleiter sich geirrt hatte. Mit einem Mal sah Ross sich Misstrauen und Spott ausgesetzt, obwohl er, alles in allem, Außergewöhnliches vollbracht hatte. Seine Hauptleistung war die gewesen, ein britisches Schiff durch die tückischen Gewässer der östlichen Arktis zu navigieren und es sicher nach

Hause zurückzubringen. Zudem hatte er William Baffins zuvor umstrittenen Reisebericht bestätigt, der britischen Walindustrie die Baffin-Bucht erschlossen, die erste bekannte Begegnung zwischen Bewohnern des Westens und den Inuit dokumentiert, wichtige Informationen über die Gezeiten, das Eis und den Magnetismus gesammelt und eine Vielzahl biologischer und geologischer Proben mit zurückgebracht. Doch angesichts der leidenschaftlichen Suche nach der Nordwest-Passage hatte all das kaum Gewicht. Ross' Ruf war befleckt und sollte schon bald völlig ruiniert sein.[2] Kaum ein Jahr nach der Expedition von 1818 wurde Parry von Barrow zurück zum Lancaster-Sund geschickt, um ihn sich genauer anzusehen. Dieses Mal *näherte sich* Parry den Croker-Bergen – und segelte dann direkt durch sie hindurch. Die Berge waren ein Trugbild gewesen.

John Ross war einem seltsamen und faszinierenden optischen Phänomen zum Opfer gefallen. Jeder, der schon an einem heißen Tag in einem Auto gesessen hat, kennt das Trugbild von dem Wassertümpel, der in der Ferne den Highway zu bedecken scheint, aber verschwindet, sobald man sich ihm nähert. Hier spricht man von einer (unteren) Luftspiegelung oder auch einer Fata Morgana, einem Phänomen, das unter anderem auch in heißen, sandigen Wüsten dem Reisenden nichtexistente Oasen vorgaukelt. Nur wenige von uns sind jedoch vertraut mit der Art von Trugbild, das Ross sah, weil die Bedingungen, die notwendig sind, um es hervorzurufen, normalerweise nur in der Nähe der Erdpole vorkommen. Diese Art von Trugbild ist als obere Luftspiegelung (oder arktische Luftspiegelung) bekannt. Untere Luftspiegelungen zeigen uns Dinge, die es nicht gibt – Pfützen auf der Straße oder Tümpel in der Wüste. Doch obere Luftspiegelungen zeigen uns Dinge, die tatsächlich vorkommen. Die Berge, die Ross sah, gab es wirklich. Nur dass sie sich nicht fünfundzwanzig Meilen westlich von ihm im Lancaster-Sund befanden, sondern *zweihundert* Meilen westlich von ihm, auf einer entfernten Insel in der kanadischen Arktis.

Natürlich sehen wir unter normalen Umständen aus einer Entfernung von zweihundert Meilen keine Berge und denken dann, sie befänden sich ganz in der Nähe. In der Tat sehen wir, außer bei optimalen Bedingungen, aus einer Entfernung von zweihundert Meilen nie Berge, Punkt! Doch indem Lichtstrahlen, die von Objekten hinter dem Horizont ausgehen, nach unten gespiegelt werden, gelangen diese Objekte, die normalerweise durch die Erdkrümmung verdeckt werden, in unser Sichtfeld. Solche Luftspiegelungen beginnen mit einer Temperaturinversion. Normalerweise ist die Lufttemperatur nahe der Erdoberfläche am höchsten und nimmt mit zunehmender Höhe ab. (Denken Sie nur daran, wie viel kälter es auf einer Bergspitze ist als unten im Tal.) Doch bei einer Temperaturinversion ist genau das Gegenteil der Fall. Eine kalte Luftschicht nahe der Erdoberfläche trifft – sagen wir: direkt über der Polarregion – auf eine höhere, wärmere Luftschicht, die durch atypische atmosphärische Bedingungen geschaffen wurde. Diese Inversion erhöht den Grad der Lichtkrümmung stark. In der Arktis oder der Antarktis, wo die Oberflächentemperaturen extrem kalt sind, wird das Licht manchmal so stark gebrochen, dass die Photonen, die schließlich auf die Netzhaut von Menschen treffen, Objekte widerspiegeln, die sich mehrere hundert Kilometer entfernt befinden. Das Ergebnis ist im Grunde genommen eine andere Form von Narrenfeuer – ein Streich des Lichts, das unachtsame Reisende in die Irre führt.

Ross war nicht der erste und auch nicht der letzte Seefahrer, der von einer arktischen Luftspiegelung zum Narren gehalten wurde. Die Kelten, die im achten Jahrhundert von den im Nordatlantik gelegenen Faröern aufbrachen und das heutige Island erreichten, ließen sich wahrscheinlich von Luftspiegelungen, die entferntes Land viel näher erscheinen ließen, in ihre Boote locken. So spekulieren die Historiker auch, dass die Wikinger sich nach Nordamerika aufmachten (wo sie um das Jahr 1000 n. Chr. landeten), nachdem sie von der Küste Grönlands aus eine obere Luftspiegelung von den Bergen der Baffin-Insel gesehen hatten. Wie diese Beispiele nahelegen, lassen obere Luftspiegelungen oft Berge und andere große Landmassen sichtbar werden. Da solche Luftspiegelungen uns jedoch im Gegensatz zu der schimmernden Illusion von Wasser, dem einzigen Trick der unteren Luftspiegelung, alles zeigen können, was tatsächlich existiert, ist die Zahl der Objekte, die sie sichtbar machen, theoretisch fast unbegrenzt. So haben Seeleute auch berichtet, sie hätten arktische Luftspiegelungen von Eisbergen, Packeis und – am gespenstischsten – anderen Schiffen gesehen.[3]

Eine Vorstellung davon, wie bestechend solche Trugbilder sein können, gibt uns die Erfahrung des kanadischen Kapitäns Robert Bartlett vor gar nicht allzu langer Zeit. Am 17. Juli 1939 sah Bartlett, als er von Grönland nach Island segelte, plötzlich die Küste Islands, die sich so groß am Horizont abzeichnete, dass er ohne Probleme viele bekannte Orientierungspunkte ausmachen konnte. Wie schon vor ihm Ross und dessen Neffe, schätzte Bartlett die Entfernung der Küste auf fünfundzwanzig bis dreißig Seemeilen. Aber er wusste, dass die tatsächliche Entfernung mehr als zehnmal so groß war, da sich sein Schiff rund dreihundertfünfzig Meilen von der isländischen Küste entfernt befand. Dass er überhaupt Land sehen konnte, ist erstaunlich – so als würde man von Ohio aus das Washington Monument sehen. Und dennoch schrieb Bartlett: »Wenn ich mir meiner Position nicht sicher und nach Reykjavik unterwegs gewesen wäre, hätte ich erwartet, innerhalb weniger Stunden dort anzukommen. Die Konturen des Landes und der schneebedeckte Gipfel des Snæfells Jökull [Gletscher] schienen unglaublich nahe zu sein.«

Allein die Weiterentwicklung der Navigationsgeräte während der vergangenen hundertfünfundzwanzig Jahre sowie verbesserte geografische Kenntnisse hatten Bartlett davon abgehalten, den gleichen Fehler wie Ross zu begehen. Dank solcher Fortschritte in der Technologie, einschließlich der Informationstechnologie, war Bartlett in der Lage, sich über das, was er sah, hinwegzusetzen. Seine Mittel waren vielleicht besser, doch seine Sinne wurden genauso getäuscht.

Der Hauptgrund, weshalb wir uns irren können, ist, dass unsere Sinne uns im Stich lassen. Obwohl das schwerwiegende Folgen hat (fragen Sie nur Kapitän Ross), betrachten wir durch unsere Sinne verursachte Fehler normalerweise als relativ banal. In der Tat erachten wir sie oft überhaupt nicht als Fehler. Nicht ohne Grund gab James Sully nicht nur seinem Buch den Titel *Die Illusionen*, sondern bezeichnete mit diesem Begriff auch alle anderen Formen des Irrtums.

Wir tun dasselbe, allerdings in der Regel, ohne uns dessen bewusst zu sein. Wenn wir entdecken, dass wir uns geirrt haben, so sagen wir, dass wir uns Illusionen gemacht haben, und wenn wir nicht länger an etwas glauben, dass wir desillusioniert sind. Denken wir an Wissen oder Irrtum, sind Analogien zum Sehvermögen weit verbreitet. Menschen, die im Besitz der Wahrheit sind, gelten als scharfsichtig, einsichtsvoll, wachsam, erleuchtet, aufgeklärt und visionär; im Gegensatz dazu tappen die Unwissenden im Dunkeln.

Und wir sagen auch, dass es uns wie Schuppen von den Augen fällt; dass wir blind waren, nun aber sehen.

Die Verbindung zwischen Sehen und Wissen ist nicht nur metaphorischer Natur. Meistens betrachten wir all das als wahr, was wir mit eigenen Augen sehen oder mit einem unserer anderen

Sinne registrieren. Wir glauben, dass blau blau und dass heiß heiß ist, dass wir eine Palme sehen, die sich in einer leichten Brise wiegt, weil gerade eine leichte Brise weht und eine Palme wächst. Wie ich bereits angedeutet habe und in den folgenden Kapiteln noch detaillierter ausführen werde, halten wir alle die Vorstellungen in unseren Köpfen für direkte Spiegelbilder der Realität, und dies gilt vor allem für den Bereich der Wahrnehmung. Hitze, Palmen, Bläue, Brise: Für uns sind sie Attribute der Welt, die unsere Sinne passiv aufnehmen.

Doch wenn das der Fall wäre, wie sollte es dann möglich sein, dass unsere Sinne uns täuschen – wozu sie, wie wir gesehen haben, vortrefflich imstande sind? Außerdem sind sie dazu unter völlig normalen Umständen in der Lage und nicht nur unter außergewöhnlichen wie im Fall von John Ross. Stellen Sie sich einmal vor, was passiert, wenn Sie in einer wolkenlosen Nacht nach draußen gehen. Stellen Sie sich außerdem vor, dass Sie nicht in Chicago oder Houston nach draußen gehen, sondern an einem Ort, an dem es wirklich dunkel ist: sagen wir im Himalaja, in Patagonien oder am nördlichen Rand des Grand Canyon. Wenn Sie an einem solchen Ort nach oben schauen, werden Sie feststellen, dass der Himmel über Ihnen unermesslich und gewölbt ist, dass sich die Dunkelheit von Horizont zu Horizont spannt und von unzähligen Sternen durchbrochen wird. Wenn Sie lange genug stehen bleiben, werden Sie sehen, dass dieses Gewölbe sich auf ganz mysteriöse Weise über Ihrem Kopf dreht. Und wenn Sie dann einfach noch länger stehen bleiben, wird es Ihnen so vorkommen, als nähmen Sie in diesem Spektakel eine sonderbar zentrale Position ein. Der Apex des Himmels befindet sich direkt über Ihnen. Und das Land, auf dem Sie stehen – Land, das im Unterschied zum Firmament völlig flach ist und sich im Unterschied zu den Sternen nicht bewegt – erstreckt sich von einem von Ihnen gebildeten Mittelpunkt aus in alle Richtungen.[4]

Abgesehen von gelegentlich schlechtem Wetter und gut hundert Jahren künstlicher Beleuchtung ist dies der Anblick, der sich uns als Spezies seit 73 Millionen Nächten bietet. Er ist natürlich auch eine Illusion: Fast alles, was wir dort draußen auf unserer imaginären patagonischen Veranda sehen und fühlen, ist irreführend. Der Himmel ist weder gewölbt noch dreht er sich um uns, das Land ist weder flach noch steht es still, und, wirklich schade, sind wir auch nicht der Mittelpunkt des Kosmos. Diese Dinge sind nicht nur falsch, sie sind *anerkanntermaßen* falsch. Sie sind für den Intellekt, was die Titanic für das Ego ist: der Stachel im Fleisch, der uns daran erinnert, wie maßlos unser Irrtum sein kann. Seltsam daran und ziemlich beunruhigend ist die Tatsache, dass wir derart fundamentale Fehler machen können, indem wir nichts weiter tun, als nach draußen zu gehen und hochzuschauen. Um zu der Vorstellung zu gelangen, dass die Sterne sich bewegen, wir uns aber nicht, war kein kompliziertes Interpretieren nötig. (In der Tat ist es genau das, was uns nach und nach zu einem genaueren Verständnis des Universums verhilft.) Wir haben einfach das eine gesehen und das andere gefühlt.

Die Fehlbarkeit der Wahrnehmung war den frühen Philosophen ein Dorn im Auge, weil die meisten von ihnen die Sinne als Hauptquelle unseres Wissens über die Welt betrachteten. Das warf eine naheliegende Frage auf: Wenn wir unseren Sinnen nicht trauen können, wie können wir dann unserem Wissen trauen? Eine clevere Lösung dieses Problems war die, die Existenz des Problems zu leugnen. Hierfür entschied sich Protagoras, der Führer einer als Sophisten bekannten Gruppe von Philosophen, die sich um das fünfte Jahrhundert v. Chr. im alten Griechenland mit dieser Frage beschäftigten.[5] Protagoras war ebenfalls der Meinung, dass die Sinne die Quelle allen Wissens seien, leugnete jedoch kategorisch, dass sie sich irren könnten. Vielleicht denken Sie, diese Überzeugung habe zu einer Art absolutem Realismus geführt: Die Welt ist genau so, wie wir sie wahrnehmen. Das funktioniert jedoch nur, wenn wir sie alle auf haargenau die gleiche Weise wahrnehmen. Da wir das nicht tun, vertrat Protagoras stattdessen einen radikalen Relativismus. Um es mit einem Beispiel von Platon zu verdeutlichen (dessen ausführliche Widerlegung der Sophisten der Hauptgrund dafür ist, dass wir wissen, woran sie glaubten): Wenn eine Brise weht und ich sie als sanft empfinde, während du sie als kühl empfindest, welche Temperatur herrscht dann tatsächlich? Protagoras würde sagen: Für mich ist es warm und für dich ist es kalt, und damit basta! Es gibt »dort draußen« keine Realität, die die Sinne wahrnehmen oder falsch wahrnehmen können; die Informationen, mit denen unsere Sinne uns versorgen, *sind* Realität. Und wenn meine Sinne zufällig deinen widersprechen – nun, dann unterscheidet sich unsere Realität. In Fragen der Wahrnehmung, so Protagoras, hat jeder immer recht.

Protagoras verdient Anerkennung als der erste Philosoph der abendländischen Geschichte, der das Problem des Irrtums ausdrücklich angesprochen hat, wenn auch nur, um seine Existenz zu leugnen. Für die meisten von uns ist sein Standpunkt in puncto Wahrnehmung jedoch unbefriedigend (so wie auch der Relativismus angesichts bestimmter harter Fakten blutleer erscheinen kann). Platon etwa hielt diesen Standpunkt für Unsinn. Er schrieb, dass sogar eine Brise ihr eigenes inneres Wesen haben müsse, völlig unabhängig davon, wer sie spürt, und riet Protagoras im Grunde genommen, sich ein Thermometer zu besorgen. Doch Platon lehnte auch die Vorstellung ab, dass unsere Sinne die ursprüngliche Quelle des Wissens seien. Da er, wie ich bereits an früherer Stelle erwähnt habe, der Ansicht war, dass unsere Seele ursprünglich mit dem Universum im Einklang gewesen sei, glaubte er, dass wir die grundlegenden Wahrheiten über die Welt durch die Erinnerung erfahren. Andere Philosophen stimmten Protagoras zu, dass die Sinne eine entscheidende Informationsquelle seien, räumten im Unterschied zu ihm jedoch ein, dass sie versagen können. Das mag ein vernünftiger Standpunkt sein, der jedoch zwei äußerst schwierige Fragen aufwirft. Wie stellen unsere Sinne es erstens an, sich Informationen über die Welt anzueignen? Und wie können wir zweitens feststellen, wann die Informationen exakt sind und wann nicht?

Frühe Philosophen betrachteten die erste Frage im Wesentlichen als ein Problem räumlicher Beziehungen. Die Welt ist außerhalb von uns; unsere Sinne sind in uns. Wie also kommen diese beiden zusammen, damit wir Wissen erwerben? Offensichtlich können unsere Sinne nicht hingehen und ein Stück Erde in ihren Bau hineinzerren, intakt und zum Nutzen des übrigen Gehirns. Doch außerhalb von Träumen, Halluzinationen und dem Wahnsinn werden die meisten Wahrnehmungen nicht allein durch unseren Geist hervorgebracht. Vielmehr müssen unsere Sinne, wie ich in Kapitel 1 beschrieben habe, eine Kluft überbrücken: die zwischen unserem Geist und allem anderen. Eine Möglichkeit zu verstehen, wie er dies tut, ist die, sich die sinnliche Wahrnehmung, bestehend aus zwei unterschiedlichen (wenn auch normalerweise nicht trennbaren) Vorgängen, vorzustellen. Der erste ist die Empfindung, bei der unser Nervensystem auf eine Information aus unserer Umgebung reagiert. Der zweite ist die Wahrnehmung, bei der wir diese Information verarbeiten und ihr Sinn verleihen. Mit anderen Worten, Wahrnehmung ist die Interpretation der Empfindung.

Interpretation beinhaltet Spielraum, von einer wörtlichen Deutung – ob der eines Buches oder der Welt – abweichen zu können. Und das legt nahe, dass dieses Wahrnehmungsmodell (im Unterschied zu dem Modell, bei dem unsere Sinne nur passiv unsere Umgebung widerspiegeln) keine Schwierigkeiten hat, das Problem des Irrtums anzunehmen. Jeder Schritt im Interpretationsprozess symbolisiert einen Punkt des potenziellen Auseinanderdriftens von Geist und Welt – eine Kluft, in die sich Irrtümer einschleichen können. Dieses Modell beantwortet auch die zweite Frage, die ich für die Wahrnehmung gestellt habe: Wie können wir feststellen, wann sie exakt ist und wann nicht? Leider lautet die Antwort, dass wir ebendies nicht können. Da wir im Allgemeinen zu den Objekten unserer Sinneseindrücke keinen anderen Zugang als über unsere Sinne haben, steht uns kein unabhängiges Mittel zur Verfügung, ihre Genauigkeit zu verifizieren. Natürlich können wir unsere Eindrücke von anderen Menschen bestätigen lassen, aber nie mit Sicherheit wissen, ob deren Sinne sie nicht auf die gleiche Weise getäuscht haben. Folglich gibt es keine Garantie dafür, dass wir uns heute mit einer bestimmten Wahrnehmung nicht genauso irren wie die meisten Menschen von jeher mit der Beschaffenheit des Nachthimmels.

Das heißt nicht, dass jede Interpretation eine Fehlinterpretation ist. Wie in so vielen Bereichen des Lebens ist es auch bei der Wahrnehmung ratsam, die Dinge nicht zu wörtlich zu nehmen – ja dies ist sogar einer tieferen Wahrheit zuträglich. Denken Sie nur an ein banales visuelles Phänomen: Wenn Objekte in der Ferne verschwinden, scheinen sie immer kleiner zu werden. Würden wir diesen Eindruck nicht interpretieren, könnten wir annehmen, dass jene Objekte tatsächlich schrumpfen oder aber, dass wir wachsen – in jedem Fall ein verwirrender Schluss à la Alice im Wunderland. Stattdessen sind wir imstande, das, was als Größenkonstanz bekannt ist, zu bewahren, indem wir Größe automatisch an die jeweilige Entfernung anpassen. Wir wissen, dass Flugzeuge nach dem Start nicht kleiner werden und dass die Berge in unserem Rückspiegel nicht in die Erde sinken, während wir uns von ihnen entfernen.

Ein weiteres Beispiel für die Nützlichkeit von Interpretation ist unser blinder Fleck, also die Stelle der Netzhaut unseres Auges, an der der Sehnerv austritt und verhindert, dass eine visuelle Verarbeitung stattfindet. Wenn Wahrnehmung lediglich eine einfache Empfindung wäre, hätten wir es dort, wo dieser Nerv unser Gesichtsfeld unterbricht, mit einem chronischen Hohlraum im Gewebe zu tun. Aber das ist nicht der Fall, weil unser Gehirn das Problem automatisch korrigiert, indem es die Lücke mit Informationen auffüllt. Wenn der blinde Fleck von einem blauen Himmel umgeben ist, »sehen« wir dort ebenfalls blauen Himmel; wenn er vom Times Square umgeben ist, »sehen« wir Touristen und Taxis. Hier haben wir es also mit Fällen zu tun – nur zwei von vielen –, in denen die interpretativen Prozesse der Wahrnehmung unsere Weltsicht eher schärfen als verzerren.

Egal wie diese Prozesse ablaufen, eines bleibt immer gleich: Uns ist nicht bewusst, dass sie ablaufen. Die Mechanismen, die unsere Wahrnehmungen formen, sind fast vollständig unbewusst; ironischerweise können wir nicht fühlen, wie wir fühlen. Und hier haben wir es mit einem weiteren Meta-Irrtum zu tun. Da wir diese Prozesse nicht wahrnehmen können und folglich auch nicht erkennen, an welchen Stellen sich möglicherweise Irrtümer einschleichen, haben wir das Gefühl, dass wir uns nicht irren können. Oder genauer: Wir können nicht spüren, dass wir uns irren könnten. Da uns der Akt der Interpretation nicht bewusst ist, sind wir der Möglichkeit des Irrtums gegenüber – im wahrsten Sinne des Wortes – unempfindlich. Und deswegen landen Sie und ich und alle anderen Erdenbewohner gelegentlich im Boot des Captain Ross.

Ich kann Sie leider nicht in die Arktis scheuchen, damit Sie eine obere Luftspiegelung sehen, aber ich kann leicht dafür sorgen, dass Sie denken, Sie würden etwas sehen, was Sie in Wirklichkeit nicht sehen. Schauen Sie:

Hier sehen Sie eine der optischen Täuschungen, die zu meinen Favoriten zählt, und zwar nicht, weil sie besonders bestechend ist, sondern weil sie einen ganz verrückt macht. Das mit A gekennzeichnete Quadrat und das mit B gekennzeichnete Quadrat haben denselben Grauton. Ja, wirklich. Wenn Sie sich dieses Bild als Schachbrett vorstellen, dann haben alle »weißen« Quadrate, die (wie B) innerhalb des Schattens des Zylinders liegen, dieselbe Farbe wie all die »schwarzen« Quadrate (wie A), die außerhalb des Schattens liegen.

Sie glauben mir nicht und das aus gutem Grund: Sie glauben nämlich Ihren Augen, und die sagen Ihnen, dass diese beiden Quadrate völlig unterschiedlich aussehen. Tatsächlich sind es nicht Ihre Augen, die Ihnen das sagen, sondern eine Reihe von Interpretationsprozessen der Art, wie ich sie eben beschrieben habe. Diese Prozesse finden statt, weil unser Sehsystem es sich nicht leisten kann, allzu genau zu sein, wenn es darum geht, die Farbe von Objekten zu bestimmen. Wäre es das, würde es nichts anderes tun, als die Wellenlänge des Lichts zu messen, das von einem bestimmten Objekt zurückgeworfen wird. In diesem Fall, so der Psychologe Steven Pinker, würden wir denken, dass schwarze Kohle, die in hellem Sonnenlicht liegt, weiß ist, und dass ein Schneeball in einem dunklen Haus schwarz ist[6]. Wir sind jedoch in der Lage, die Anwesenheit von Licht und Schatten zu berücksichtigen, sodass wir die Kohle immer schwarz und den Schneeball immer weiß sehen.

Dies tun wir etwa, indem wir eine Sache mit ihrer Umgebung vergleichen. Wenn in der Natur etwas heller ist als seine unmittelbare Umgebung, dann ist es wahrscheinlich in einem absoluten Sinne hell und nicht, weil die Sonne darauf fällt oder nicht. Das ist einer der Gründe dafür, warum wir im obigen Bild Quadrat B (das heller ist als die dunklen Quadrate um es herum) als hell interpretieren. Dasselbe Phänomen gilt auch umgekehrt, sodass wir Quadrat A (das dunkler ist als die es umgebenden Quadrate) als dunkel interpretieren. Diese Interpretation wird durch andere Interpretationsprozesse noch verstärkt, einschließlich der Tatsache, dass wir automatisch Schatten berücksichtigen und im Geiste alle Objekte, auf die er fällt, heller machen – in diesem Fall Quadrat B.

Das Endergebnis dieser visuellen »Korrekturen« ist eine Täuschung, die durch nichts zu erschüttern ist. Als ich das Bild zum ersten Mal sah, zweifelte ich so sehr daran, dass ich schließlich eine Schere nahm und es auseinanderschnitt – und siehe da, Quadrat A und B ließen sich nicht mehr voneinander unterscheiden. Um Sie davon abzuhalten, dieses Buch zu verschandeln, füge ich hier ein zweites Bild ein:

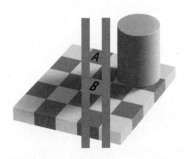

Vielleicht nicht so überzeugend wie das Kleinschneiden, aber ein guter Anfang. (Wenn Sie das Bild, um völlig sicher zu sein, dennoch selbst auseinanderschneiden wollen, finden Sie das Original – und vieles andere – auf der Website seines Schöpfers Edward Adelson, einem Professor für Optometrie am MIT.)

Dass wir uns über diese Täuschung ärgern, aber auch fasziniert von ihr sind, liegt daran, dass das Wissen darum, wie sie funktioniert, nicht verhindert, dass sie funktioniert. Egal wie oft Sie obige Erklärung lesen (oder wie viele Kopien des Bildes Sie zerschneiden), die beiden Grautöne werden Ihnen dennoch völlig unterschiedlich vorkommen. Ebenso konnte Robert Bartletts Wissen, dass er sich dreihundertfünfzig Meilen von Island entfernt befand, ihn zwar vor dem Sich-Verirren bewahren, jedoch nicht davon, Islands Küste vor sich aufragen zu sehen. Dies ist eines der Merkmale, die optische Täuschungen ausmachen: Sie sind stabil, was heißt, dass unsere Augen auf sie hereinfallen, selbst wenn unsere höheren kognitiven Funktionen sich der Tatsache bewusst sind, getäuscht zu werden. Ein zweites bestimmendes Merkmal ist, dass sie unveränderlich sind: Wir nehmen sie jedes Mal falsch wahr, wenn wir ihnen begegnen. Schließlich sind sie universell: Wir alle nehmen sie auf genau dieselbe Weise falsch wahr.[7]

Wenn man bedenkt, dass Täuschungen das Ergebnis unbewusster, jedoch universeller Wahrnehmungsprozesse sind, leuchten diese Eigenschaften ein. Doch jetzt das Wichtigste: Ebendiese Prozesse – die, die dazu führen, dass wir Fehler machen, wenn wir Täuschungen begegnen – leisten uns im Alltagsleben einen hervorragenden Dienst. Das erklärt auch, warum ein Wissenschaftler in einer der angesehensten akademischen Einrichtungen dafür bezahlt wird, dazusitzen und optische Täuschungen zu entwickeln. Das eigentliche Studienobjekt sind nicht die Täuschungen selbst, sondern die Prozesse, durch die sie entstehen – Prozesse, die viel schwieriger zu untersuchen wären (und von denen man nicht so leicht wüsste), wenn sie nicht gelegentlich überraschende und falsche Ergebnisse zeitigen würden. Da außerdem jeder von uns Täuschungen auf den Leim geht (und nicht nur Opfer von Schlaganfällen oder Kinder), helfen sie uns zu verstehen, wie die visuelle Wahrnehmung in einem gesunden Hirn funktioniert. Durch das Studium von Täuschungen lernen die Wissenschaftler nicht, wie unser Sehsystem versagt. Sie lernen, wie es funktioniert.

Folgender Punkt ist wichtig: Sich-Irren ist oft ein Nebeneffekt eines Systems, das exakt funktioniert. Erinnern Sie sich an die Größenkonstanz, an unsere automatische Fähigkeit, Größe an Distanz anzupassen? Das ist in 99,99 Prozent aller Fälle ein nützlicher Trick. Bei den restlichen 0,01 Prozent kommt es zu Irrtümern, so etwa, wenn wir uns auf einem Schiff in der Arktis befinden und beim Anblick sehr hoher Berge den Schluss ziehen, dass sie ganz nahe sein müssen. In diesem Fall (und wie wir sehen werden, in vielen anderen Fällen) führt uns ein grundsätzlich verlässliches System in die Irre. Optische Täuschungen und Irrtümer sind unter anderem deshalb so unvorhersehbar und überraschend: Abgesehen davon, dass wir ihr Entstehen nicht spüren können, gereichen sie uns unter normalen Umständen zum Vorteil.

Täuschungen sind also die irreführenden Ergebnisse normaler (und in der Regel nützlicher) Wahrnehmungsprozesse. Das gilt nicht nur für optische Täuschungen. Wenn Sie je einen Bauchredner erlebt haben, sind Sie von einem weiteren dieser Vorgänge überlistet worden – in diesem Fall einem, der die Informationen Ihres Seh- und Ihres Hörsystems automatisch mit einbezieht. (Wenn Sie also Gesprochenes hören und einen sich bewegenden Mund sehen, dann denken Sie, dass das Gesprochene aus diesem Mund kommt – selbst wenn dieser einer 90 cm großen Holzpuppe gehört.) Es gibt jedoch auch alltäglichere akustische Täuschungen. Wenn Sie ein Handy haben oder ein Baby, sind Sie mit der Erfahrung vertraut, ebendieses Handy klingeln oder das Baby schreien zu hören, wenn es ausnahmsweise ruhig ist. Daneben gibt es taktile Täuschungen, von denen die berühmteste das Phantomglied ist: das anhaltende, unerschütterliche Gefühl des Amputierten, etwas in seinem fehlenden Körperteil zu spüren. Wer von uns das Glück hat, noch alle Gliedmaßen zu besitzen, erlebt manchmal ein ähnliches, wenn auch banaleres Gefühl, das – kein Scherz – als Phantomhut bekannt ist. Bei dieser Täuschung spüren wir die Anwesenheit eines eng anliegenden Accessoires, Verbands oder Kleidungsstücks noch einige Zeit, nachdem wir es bereits abgelegt haben.[8]

Wie diese Beispiele deutlich machen und wie ich an früherer Stelle schon angedeutet habe, sind die meisten Sinnestäuschungen nicht sonderlich wichtig. Wenn man nicht gerade ein Neurowissenschaftler, ein Amputierter oder Kapitän John Ross ist, haben sie eher den Status von Zaubertricks. Gelegentlich machen uns die Launen unseres Wahrnehmungssystems jedoch anfällig für gravierendere Irrtümer. Nehmen wir etwa ein Phänomen, das als selektive Wahrnehmung bekannt ist. Hierzu gibt es ein sehr erstaunliches Experiment, bei dem Probanden ein Video von einer Gruppe von Menschen sehen, die ein schnelles Ballspiel spielen, und zählen sollen, wie oft der Ball hin und her geworfen wird. An irgendeinem Punkt wandert ein Gorilla (oder genauer, ein Mensch in einem Gorillakostüm) mitten in die Spielergruppe, steht eine Weile lang dort herum, schlägt sich ein paarmal auf die Brust und geht dann wieder weg. Und jetzt kommt das Erstaunliche: Zwischen dreiunddreißig und fünfzig Prozent der Probanden sehen nicht, dass dies geschieht. Mit anderen Worten: Ein Drittel bis die Hälfte der Menschen, denen aufgetragen wurde, sich ein Video genau anzusehen, sieht einfach den Gorilla nicht, der sich, in der Mitte stehend, auf die Brust schlägt.

Das ist Betriebsblindheit in Reinform. Wie dieses Beispiel zeigt, legen Menschen, die wir bitten, nach etwas Spezifischem zu suchen, eine erstaunliche Unfähigkeit an den Tag, den allgemeinen Hintergrund mit zu betrachten. Diese kognitive Besonderheit ist mindestens seit den Siebzigerjahren bekannt, doch die Psychologen Daniel Simons und Christopher Chabris, die obige Studie konzipierten, haben sie erst in aller Schärfe deutlich gemacht. (Zugang zu diesem Video haben Sie über die Website des Visual Cognition Lab der University of Illinois. Aber seien Sie gewarnt: Nachdem Sie diesen Absatz gelesen haben, wird Ihnen der Gorilla nicht durch die Lappen gehen. Es ist, als hätte ich Sie gebeten, statt der Anzahl der Basketballpässe die Zahl der großen Affen zu zählen. Doch fast die Hälfte Ihrer Freunde wird sich immer noch täuschen lassen.)

Wie andere automatische Wahrnehmungsprozesse ist auch die selektive Wahrnehmung im Allgemeinen sehr nützlich. Ohne sie wären wir nicht dazu in der Lage, den Lärm in unserer Umgebung auszublenden und uns auf die jeweils zu erledigende Aufgabe zu konzentrieren. Arbeitet dieser Prozess jedoch gegen uns, können die Folgen schwerwiegend sein. 1972 bereitete sich der Eastern-Airlines-Flug 401 auf die Landung in Miami vor, als ein Licht auf dem Steuerungspult ausfiel. Die drei Besatzungsmitglieder im Cockpit konzentrierten sich so stark auf dieses Problem, dass ihnen nicht auffiel, dass das Flugzeug seinen Landeflug per Autopilot fortsetzte. Das Flugzeug stürzte in die Everglades, und hundert Menschen starben. Die Analyse des Flugschreibers zeigte, dass die Besatzungsmitglieder sich der drohenden Katastrophe erst Sekunden vor dem Absturz bewusst geworden waren.

Wahrnehmungsausfälle sollen auch für viele Autounfälle verantwortlich sein, vor allem solche, an denen Fußgänger oder Radfahrer beteiligt sind – die, egal wie sichtbar sie sich machen, von den Autofahrern nicht unbedingt erwartet und deswegen auch eher nicht gesehen werden. Nicht ganz so gefährlich, aber dennoch frustrierend ist die Tatsache, dass selektive Wahrnehmung oft von Dieben ausgenutzt wird, die in Paaren oder Gruppen arbeiten, um ihr Opfer davon abzulenken, dass sie sich an seinem Eigentum zu schaffen machen. Diese bewusste Ausbeutung systemischer Wahrnehmungspannen hat eine lange und, vor allem im Bereich von Religion und Politik, unrühmliche Geschichte. Einer der frühen Berichte über das Ausnutzen von Sinnestäuschungen stammt von David Brewster, einem schottischen Universalgelehrten, der 1833 seine *Letters on Natural Magic* schrieb. Brewsters Interesse galt »den Mitteln, mit denen [Regierungen früherer Zeiten] sich ihren Einfluss über den menschlichen Geist bewahrten – der Hilfe, die sie von den Künsten und den Naturwissenschaften erhielten, und dem Wissen um die Macht und Phänomene der Natur«[9]. Haben Sie sich je gefragt, woher der Ausdruck »smoke and mirrors« [Blendwerk, wörtlich: »Rauch und Spiegel«) kommt? Brewster beschreibt detailliert, wie man konkav geformtes Silber verwendet, um Bilder von menschlichen Gestalten auf einen Hintergrund von Rauch zu projizieren, was den Eindruck vermittelt, als würden Götter (oder Herrscher oder Feinde) im Feuer selbst tanzen und sich winden. Sein Katalog der akustischen Täuschungen schließt unter anderem Erklärungen ein für die Mechanismen hinter »den goldenen Jungfrauen, deren hinreißende Stimmen durch den Tempel von Delphi hallten; dem Stein des Flusses Pactolus, dessen Trompetentöne die Räuber von dem Schatz vertrieben, die er bewachte; dem sprechenden Kopf des Orakels zu Lesbos und der Statue des Memnon, die bei Tagesanbruch zu singen begann, um die aufgehende Sonne zu begrüßen«.

All diese Beispiele legen nahe, dass die Herrschaft über die Wahrnehmung Macht bedeutet. Das ist keine auf das Altertum beschränkte Wahrheit. Tatsächlich stammt das vielleicht deutlichste Beispiel aus Brewsters eigenem Zeitalter, und zwar in Form einer Fußnote zur Geschichte des kolonialen Afrika. Mitte des 19. Jahrhunderts hatte Frankreich Schwierigkeiten in Algerien. Dort nutzten islamische Geistliche ihren Status – und vermutlich ihre übernatürlichen Kräfte –, um zum Widerstand gegen die Kolonialherrschaft aufzurufen. Der Aufstand, der folgte, ließ sich nur schwer niederschlagen. Napoleon III., der beschloss, den Feind mit seinen eigenen Waffen zu schlagen, wandte sich an Jean Eugène Robert-Houdin, einen ehemaligen Uhrmacher, der ein außergewöhnlich erfindungsreicher und überzeugender Illusionist geworden war. (Heute gilt Robert-Houdin als Vater der modernen Zauberei, eine Ehre, die im übertragenen Sinne einer Art Erstgeburtsrecht gleichkommt. Um sein Vorbild zu ehren, änderte 1890 ein aufstrebender junger Magier namens Erich Weiss seinen Namen in Houdini.) Napoleon schickte Robert-Houdin mit dem Auftrag nach Algerien, die heiligen Männer noch an Heiligkeit zu übertreffen. Und das tat er dann auch. Mithilfe der ganzen Palette zeitgenössischer Illusionen – Kanonenkugeln aus Hüten zaubern, Kugeln mit den Zähnen auffangen, leibhaftige Häuptlinge spurlos verschwinden lassen – überzeugte der Magier sein Publikum davon, dass die mächtigen Götter auf der Seite des Reiches standen und dass dementsprechend mit den Franzosen nicht zu spaßen war.[10]

Unsere Wahrnehmungspannen können also dazu führen, dass Politiker oder Taschendiebe sie zu ihrem Vorteil nutzen. Sie können dafür sorgen, dass wir zu einer Gefahr für uns selbst oder andere werden, wie das Beispiel des Absturzes des Eastern-Airlines-Fluges 401 zeigt. Sie können uns verstören, entweder leicht (wenn wir ein Schachmuster falsch verarbeiten) oder stark (wenn wir etwa entdecken, dass die Sonne sich nicht um die Erde dreht). Sie können folgenschwer sein (wenn eine imaginäre Bergkette der Karriere ein Ende bereitet) oder banal (wenn eine Pfütze auf der Straße verschwindet, sobald man sich ihr nähert). Und sie können angenehm sein, wie im Falle optischer Tricks oder Zaubershows.

Gefährlich, beunruhigend, folgenschwer, banal, angenehm: So unbedeutend sie ursprünglich erscheinen mögen, Wahrnehmungsfehler bilden quasi die gesamte praktische und emotionale Bandbreite unserer Fehler. Das ist einer der Gründe dafür, warum ich behauptet habe, sie stünden beispielhaft für den Irrtum. Doch ein anderer und wichtigerer Grund ist folgender: Täuschungen lehren uns, wie wir über den Irrtum denken sollten. Auf intellektueller Ebene zeigen sie uns, dass selbst die überzeugendste Sichtweise der Realität von dieser abweichen kann und dass uns kognitive Prozesse, die uns nicht bewusst – und normalerweise sehr nützlich – sind, für Fehler anfällig machen. Auf emotionaler Ebene führen Täuschungen geradewegs in die Demut. Wenn wir schon Schwierigkeiten haben, unsere eigenen Irrtümer zuzugeben und anderen die ihrigen zu vergeben, können wir zumindest damit anfangen, über die Art von Irrtümern nachzudenken, denen wir alle erliegen.

Täuschungen machen das nicht nur möglich, sie machen es auch attraktiv. Dem pessimistischen Modell des Irrtums zum Trotz – jenes, das Täuschungen nicht erklären kann und deswegen behauptet, sie würden nicht existieren – empfinden wir diese Sinnestäuschungen als Spaß, als angenehm und unglaublich faszinierend. Diese Faszination beginnt schon in jungen Jahren und scheint mit dem Alter nicht abzunehmen. Mit anderen Worten: Täuschungen sind nicht nur ein universelles Phänomen. Sie sind ein universell *geliebtes* Phänomen.

Diese Anziehungskraft stellt unsere Alltagswahrnehmung

des Irrtums auf den Kopf. Wir sind normalerweise am glücklichsten, wenn wir glauben, dass wir unsere Umwelt verstehen und beherrschen. Bei Täuschungen wie Luftspiegelungen bereitet es uns hingegen Vergnügen, dass die Welt uns überlisten kann, dass ihre Trickkiste noch nicht leer ist. Normalerweise haben wir gerne recht. Doch bei Täuschungen wie Edward Adelsons Schachbrett (wo wir weder das Bild korrekt sehen noch verstehen können, wieso wir es falsch gesehen haben) sind wir angenehm überrascht, dass es überhaupt Raum für Irrtum gibt. Normalerweise missfällt es uns, zwischen zwei widersprüchlichen Annahmen festzustecken. Doch es gibt Täuschungen – etwa die berühmten Bilder mit Vasen/Gesichtern und alter Frau/junger Frau[11] –, die uns genau deshalb Vergnügen bereiten, weil wir zwischen zwei unterschiedlichen, gleichermaßen sinnvollen Sichtweisen der Realität hin und her springen können. Normalerweise verweilen wir nicht gerne bei unseren Fehlern, nachdem sie passiert sind, selbst wenn es nötig wäre, dies zu tun. Täuschungen nötigen uns jedoch Aufmerksamkeit ab und inspirieren uns dazu, ihnen auf den Grund zu gehen.

Zugegeben, es ist leicht, Spaß an Irrtümern zu finden, wenn nichts auf dem Spiel steht. Das kann allerdings nicht alles sein, denn jeder von uns hat schon einmal wegen völlig banaler Fehler einen Wutanfall bekommen. Täuschungen haben deswegen eine ganz andere Qualität, weil wir uns meistens aus freien Stücken auf sie einlassen.

In gewissem Sinne gilt dies auch für das Leben an sich. Wir wissen nicht, wo unser nächster Irrtum lauert und welche Form er annehmen wird, wir wissen nur, dass er auf uns wartet.

Kapitel 4
Unser Geist, Teil eins:
Wissen, nicht wissen und erfinden

Denn »Ich weiß ...« scheint einen Tatbestand
zu beschreiben, der das Gewußte als Tatsache
verbürgt. Man vergißt eben immer den Aus-
druck »Ich glaube, ich wüßte es«.

Ludwig Wittgenstein, *Über Gewißheit*

Im Jahr 1992 wurde eine sechsundvierzigjährige Frau, die ich Hannah nennen werde, in einem Krankenhaus in Wien einer neurologischen Untersuchung unterzogen. Der Neurologe, Georg Goldenberg, begann die Untersuchung mit der Bitte, Hannah möge sein Gesicht beschreiben. Es war eine merkwürdige Bitte, doch Hannah kam ihr nach. Der Arzt habe kurzes Haar und sei glatt rasiert, sagte sie; er trage keine Brille und sehe leicht gebräunt aus. Als Nächstes bat Goldenberg sie, einen bestimmten vor ihr liegenden Gegenstand zu beschreiben. Es sei ein Notizheft, antwortete Hannah, eines, wie Schulkinder es benutzten, mit einem braunen Umschlag und einer Inschrift auf Lateinisch, die sie nicht entziffern könne. Und wo genau befinde sich das Buch?, wollte der Arzt wissen. Er halte es mit der linken Hand hoch, antwortete Hannah, etwa auf Augenhöhe.

Das Problem war: Goldenbergs Gesicht war hinter einer Trennwand verborgen, und der Gegenstand, der vor seiner Patientin lag, war ein Kamm, den er, bevor er nach seiner Lage fragte, unter dem Tisch versteckt hatte, an dem er saß. Hannah war blind. Einen Monat zuvor hatte sie einen Schlaganfall erlitten, der praktisch ihren gesamten visuellen Kortex zerstört und sie aufgrund des Verlusts der Muskelkoordination sowie chronischer, epilepsieartiger Spasmen fast bewegungsunfähig gemacht hatte, wovon vor allem die linke Körperseite betroffen war. All das war schon schlimm genug. Doch Hannah hatte auch ein noch selteneres und auch seltsameres Problem: Sie wusste nicht, dass sie blind war.

Blind zu sein, ohne die Blindheit wahrzunehmen, ist im übertragenen Sinne die Situation, in der wir uns alle befinden, wenn wir uns irren. Dass jemand jedoch tatsächlich blind ist, ohne es wahrzunehmen, kann man sich kaum vorstellen. Es ist seltsam genug, so wie Kapitän Ross einen Berg zu sehen, wenn da gar kein Berg ist. Aber es ist *wirklich* seltsam, einen Berg zu sehen, wenn man gar nicht sehen kann. Und doch gibt es diese Blindheit für die eigene Blindheit. Dieses sogenannte Anton-Syndrom gehört zu einer Gruppe neurologischer Symptome, die unter dem Oberbegriff Anosognosie zusammengefasst sind: das Unvermögen, Erkrankungen der eigenen Person wahrzunehmen. Die verbreitetste Form der Anosognosie – weitaus häufiger als das Anton-Syndrom, wenn auch genauso unvorstellbar – ist das Leugnen einer Lähmung. Wie das Leugnen der Blindheit ist auch das Leugnen einer Lähmung normalerweise (wenn auch nicht ausschließlich) bei Opfern von Schlaganfällen anzutreffen. So wie Hannah ohne zu zögern Menschen und Objekte beschrieb, die sie nicht sehen konnte, erzählen diese Patienten ihrem Arzt oder Familienangehörigen voller Überzeugung, dass sie sich selbstverständlich bewegen können, dass sie sich gerade bewegt haben oder sogar, dass sie es im Moment tun. Ein berühmtes Opfer dieses Syndroms, der verstorbene Richter des Obersten Gerichtshofs William Douglas, behauptete, er habe keine körperlichen Probleme, und lud einen Reporter, der über seinen Schlaganfall berichtete, fröhlich zu einer Wanderung mit ihm ein[1].

Das Anton-Syndrom und das Leugnen einer Lähmung sind milde gesagt bizarr. Es gibt viele körperliche Leiden, die wir haben können, ohne es zu wissen: eine Herzkrankheit, Krebs, Autoimmunerkrankungen – all die schrecklichen Schläferzellen des Körpers. Doch Blindheit und Lähmung gehören normalerweise nicht dazu. Ob wir sehen können oder nicht, ob wir uns bewegen können oder nicht: Dieses Wissen über den eigenen Körper ist gewöhnlich nicht der Ungewissheit, geschweige denn dem Irrtum unterworfen. Womöglich ist es nicht einmal ganz richtig, diese Dinge als Körperwissen einzustufen. Wenn wir merken, dass uns der Hals wehtut oder dass unsere Knie nicht mehr so verlässlich sind wie früher, ist das eindeutig auf die Kenntnis unseres Körpers zurückzuführen. Aber Halsschmerzen und kaputte Knie haben letztlich *nur* mit unserem Körper zu tun. Sie wirken sich nicht auf das Selbstbild aus, ganz anders als etwa die Fähigkeit des Sehens und die des Sich-Bewegens. Denn beide haben sie Einfluss auf die grundlegendste Form der Individualität überhaupt – nicht die komplexe, uns prägende Identität mit Ecken und Kanten, die wir uns im Laufe der Zeit zulegen, sondern die, die wir von Geburt an haben: das unausgesprochene, aber ganz zentrale Gefühl, dass wir *ein besonderes* Wesen mit *einer ganz bestimmten* Weltsicht sind.

In gewisser Weise irren Anosognosiker, wie man sich überhaupt nur irren kann. Andere Irrtümer haben vielleicht drastischere Folgen oder setzen uns emotional mehr zu: wenn wir uns etwa bei der eigenen Familiengeschichte irren oder uns zu einer Religion, einer Ideologie oder einem Menschen bekennen, den wir später gänzlich ablehnen. Doch nichts dergleichen macht es erforderlich, der Möglichkeit falsch zu liegen, so viel Raum zuzugestehen. Wenn zwischen unserem inneren Bild der Welt und der Welt, wie sie wirklich ist, eine Lücke klafft, so zeigt uns die Anosognosie, dass sich diese Lücke niemals wirklich schließt, selbst wenn wir von ihrer Existenz nichts ahnen. Man kann sich kaum vorstellen, dass die Gewissheit, seinen Arm zu bewegen, nicht mit dem übereinstimmt, was der Arm tatsächlich tut. Hier scheint es keinen Raum für Zweifel zu geben, keine Möglichkeit, dass man sich irren könnte. Wir nutzen unsere Gewissheit den Körper betreffend sogar dazu, die Tiefe unserer anderen Überzeugungen zu betonen: Wir sagen, dass wir für etwas die Hand ins Feuer legen oder dass etwas klar auf der Hand liegt. Doch die Neurologen vermuten, dass das Gehirn bei der Leugnung der Lähmung und beim Anton-Syndrom eine geistige Vorstellung (im ersteren Fall den Gedanken an ein Gliedmaß in Bewegung, im letzteren die Erinnerung an oder Vorstellung von einer visuellen Landschaft) mit der Realität verwechselt.[2] Die Anosognosie zeigt uns also, dass der Irrtum keine Grenzen kennt – dass jede Form des Wissens, mag sie auch noch so bedeutsam und unanfechtbar scheinen, uns unter bestimmten Umständen im Stich lässt.

Die Fehlbarkeit des Wissens ist deshalb enttäuschend, weil wir über alle Maßen schätzen, Bescheid zu wissen. Eine meiner Nichten, die noch keine achtzehn Monate alt ist, gab neulich ihren ersten Satz von sich. Er lautete: »Ich weiß.« Dass jemand so wenige Erfahrungen mit der Welt gemacht hat und dennoch eine so unerschütterliche Zuversicht besitzt, ist schon beeindruckend – doch so sehr ich meine Nichte auch bewundere, sie bildet in dieser Hinsicht keine Ausnahme. Von dem Moment an, wo wir sprechen lernen, bis zu dem Zeitpunkt, wo der Tod uns verstummen lässt, behaupten wir ständig mit großer Begeisterung, Bescheid zu wissen. Wir wissen eine Unmenge Dinge, oder glauben, sie zu wissen, und wir genießen das Gefühl der Macht und des Selbstvertrauens, das unser Wissen uns vermittelt.

Leider besteht, wie wir gerade gesehen haben, immer die Gefahr, dass dieses Wissen uns im Stich lässt. Außerdem werden wir gleich sehen, dass das Barometer, mit dessen Hilfe wir bestimmen, ob wir etwas wissen oder nicht, höchst fehlerhaft arbeitet. Im Gegensatz dazu können wir uns – auch wenn es nicht gerade beruhigend ist – voll und ganz auf unsere Fähigkeit verlassen, unser Nichtwissen auszublenden. Kurz gesagt: Wir schätzen es, Bescheid zu wissen, können aber letztlich nicht mit Sicherheit wissen, dass wir das wissen. Es fällt uns schwer, zu erkennen, dass wir etwas *nicht* wissen; und wir sind ziemlich gut darin, Dinge zu erfinden. All das macht die Kategorie des »Wissens« unzuverlässig – und zwar in einem Maße, dass es in diesem Kapitel letztlich darum geht, Sie davon zu überzeugen, diese Kategorie (zumindest vorübergehend) zugunsten der des Glaubens aufzugeben.

Wir werden uns diese Kategorie im nächsten Kapitel genauer ansehen, uns vorerst jedoch mit der Aussage begnügen, dass sie fast unser gesamtes Weltbild umfasst – unabhängig davon, ob wir wissen, dass wir eines haben oder nicht, und ob es der Wahrheit entspricht oder nicht. Seit Jahrtausenden versuchen Philosophen, Kriterien festzulegen, anhand derer sich gewisse Überzeugungen in die erhabenere Kategorie des Wissens befördern lassen: Dinge, von denen wir durchaus behaupten können, sie zweifelsfrei zu wissen. Platon definierte Wissen als »gerechtfertigten wahren Glauben«, eine Definition, die lange Zeit Bestand hatte. Seiner Ansicht nach konnte man nur behaupten, etwas zu wissen, wenn es A) wahr war und wenn man B) eine gute Erklärung dafür hatte, dass es wahr war. Das schloss falsche Vorstellungen mit starken Argumenten aus (wie etwa die Behauptung, dass die Sonne sich um die Erde drehe) wie auch wahre Vorstellungen mit schwachen Argumenten (wie meine Behauptung, dass ich das Gewinnerlos besitze – was auch tatsächlich zutrifft –, weil »ich es im Gefühl habe«).

Platons Definition gab den Anstoß zu einer zweieinhalb Jahrtausende währenden Debatte über die Natur des Wissens. Der erste Einwand stammte von den Skeptikern, die behaupteten, dass *keine* Überzeugung nachweislich wahr sei und dass wir deswegen (ungeachtet meiner Nichte) nicht mit Recht behaupten könnten, etwas zu wissen. Andere Philosophen vertreten demgegenüber die Ansicht, dass wir behaupten können, einige Dinge zu wissen, argumentieren jedoch, dass Platon nicht ausreichend präzisiert habe, welche. Für diese Denker ist Wissen so viel wie Glaube plus allerlei Beiwerk: Glaube, der nicht nur gerechtfertigt und wahr ist, sondern auch *notwendigerweise* wahr, der sich unmöglich widerlegen lässt, zu dem man auf eine bestimmte Weise gelangt ist usw.

Für meine Zwecke lassen sich aus diesen Debatten zwei wichtige Dinge lernen: Erstens, dass Wissen oftmals als Glaube plus ein Bündel an Referenzen betrachtet wird, eine Vorstellung, zu der wir am Ende dieses Kapitels zurückkehren werden. Zweitens, dass es selbst für einen Philosophen schwierig ist herauszufinden, wovon man – wenn überhaupt – mit Recht behaupten kann, dass man es weiß. Diese Frage beunruhigt den Rest von uns nicht sonderlich, nicht weil wir von Natur aus so kluge Philosophen sind, sondern weil die Erfahrung, etwas zu wissen, uns relativ unkompliziert erscheint. Die meisten von uns denken nicht darüber nach, ob sie eine bestimmte Tatsache wissen oder nicht. So schrieb William James: »Gewisser Dinge sind wir sicher, das fühlen wir: wir wissen, und wir wissen, daß wir wissen. In unserem Innern schnappt etwas ein, – eine Glocke schlägt zwölf, wenn die Zeiger unserer Geistesuhr das Zifferblatt durchlaufen haben und auf der Zwölf zusammentreffen.«[3]

James zufolge ist dies nichts, dessen wir uns rühmen könnten. Das Gefühl, etwas zu wissen, ist sehr überzeugend und ausgesprochen befriedigend, hilft uns aber nicht, die Genauigkeit unseres Wissens zu beurteilen. Das ist das Problem mit dem Gefühl, etwas zu wissen: Es erfüllt uns mit der Überzeugung, recht zu haben, ob es stimmt oder nicht. Am besten zeigt sich dieses Problem vielleicht im Bereich des Erinnerns. Dieses ist oft vom Gefühl einer starken inneren Gewissheit begleitet und erfährt allein dadurch viel Aufmerksamkeit. Hier handelt es sich um ein »Wissen« darüber, was in der Vergangenheit passiert ist – es sei denn, es stellt sich heraus, dass es sich überhaupt nicht um Wissen handelt.

Am 7. Dezember 1941 hörte ein dreizehnjähriger Junge namens Ulric Neisser im Radio, dass die Japaner gerade Pearl Harbor angegriffen hatten. Diese Nachricht machte einen gewaltigen Eindruck auf ihn. Jahrzehntelang trug Neisser die Erinnerung an einen Rundfunksprecher mit sich herum, der ein Baseballspiel unterbrochen hatte, um die Nachricht von dem Bombardement vorzulesen.

In ihrer Lebhaftigkeit, Intensität und Langlebigkeit war Neissers Erinnerung typisch dafür, wie unser Geist auf ungewöhnlich schockierende Ereignisse reagiert. Vergegenwärtigen Sie sich Ihre eigenen Erinnerungen an eine andere nationale Tragödie – die Terrorangriffe vom 11. September 2001. Wenn Sie Amerikaner sind, gehe ich jede Wette ein, dass Sie wissen, was Sie an jenem Tag gerade taten: Wie Sie von der Nachricht erfuhren, wo Sie zu diesem Zeitpunkt waren, wie Sie sich gefühlt haben, mit wem Sie gesprochen haben, was Sie über das Geschehen gedacht haben. Ich wette auch, dass diese Erinnerungen ungewöhnlich lebhaft und detailliert sind (weitaus lebhafter und detaillierter jedenfalls als beispielsweise Ihre Erinnerungen an den 5. September 2001, die wahrscheinlich nicht einmal vorliegen) und dass Sie von ihrer Genauigkeit überzeugt sind. Aber ich wette auch, dass Sie sich bis zu einem gewissen Grad irren. Neisser tat dies jedenfalls. Vierzig Jahre nach dem Ereignis dämmerte es ihm plötzlich: Profibaseball wird nicht im Dezember gespielt.

Inzwischen war der damals dreizehnjährige Baseballfan, wie das Schicksal es so wollte, Psychologieprofessor an der Emory University, und 1989 veröffentlichte er eine bahnbrechende Studie über Gedächtnisfehler wie den, der ihm selbst unterlaufen war. Bis zu diesem Zeitpunkt war die gängige Annahme, dass wir uns an überraschende und traumatische Ereignisse viel exakter erinnern könnten als an alltäglichere – eine Theorie, die dem mit der Erinnerung an derlei Ereignisse verbundenen Gefühl entspricht. Solche Erinnerungen, die den Detailreichtum einer Fotografie zu haben scheinen, werden »Blitzlichterinnerungen« genannt. Psychologen nahmen an, dass diese Erinnerungen auf einzigartige evolutionäre Notwendigkeiten zurückzuführen seien und durch andere neurologische Prozesse geformt würden als die, die bei der Erinnerung an Alltägliches eine Rolle spielen. Doch während die ungewöhnliche Lebhaftigkeit und Genauigkeit solcher Erinnerungen bewiesen wurde (vor allem dank einer 1977 durchgeführten Studie zu den Erinnerungen von Menschen an die Ermordung John F. Kennedys), hatte man ihre Verlässlichkeit nie überprüft.

Eine nationale Tragödie ist für Gedächtnisforscher ein gefundenes Fressen. Als 1986 die Raumfähre *Challenger* explodierte, nahm Neisser das zum Anlass, diese Lücke in der Gedächtnisliteratur zu schließen und herauszufinden, ob seine eigene falsche Erinnerung an Pearl Harbor eine Anomalie war. Er befragte seine Studenten zunächst einen Tag nach der Katastrophe nach ihren Erinnerungen und dann erneut drei Jahre später. Die Ergebnisse bedeuteten das Ende der herkömmlichen Blitzlichterinnerungs-Theorie. Weniger als sieben Prozent der späteren Berichte entsprachen den ursprünglichen, bei fünfzig Prozent waren zwei Drittel der Behauptungen falsch, und fünfundzwanzig Prozent täuschten sich in allen wichtigen Einzelheiten. Nachfolgende Arbeiten anderer Forscher bestätigten das Ergebnis.

Auch wenn unsere Blitzlichterinnerungen erstaunlich lebhaft bleiben, so nimmt ihre Genauigkeit, wie Forschungsergebnisse gezeigt haben, im Laufe der Zeit genauso schnell ab wie die unserer alltäglichen Erinnerungen – ein Rückgang, der so präzise und vorhersagbar ist, dass er in einem Diagramm als das festgehalten werden kann, was als Ebbinghaus'sche Vergessenskurve bekannt ist. (Der Ordnung halber soll erwähnt werden, dass eine Gruppe von Kognitionswissenschaftlern und -psychologen, die als das 9/11 Memory Consortium zusammenarbeitete, Neissers Studie nach dem 11. September mit fast denselben Ergebnissen wiederholte und erweiterte.)

Es gibt vor allem in den Neurowissenschaften und der Psychologie eine umfangreiche Literatur zur Fehlerhaftigkeit unserer Erinnerungen. Mich interessiert jedoch die Frage, wie es kommt, dass diese falschen Erinnerungen sich weiterhin so richtig anfühlen – oder anders ausgedrückt, warum sie ein so starkes Gefühl der Gewissheit hervorrufen. Die Probanden der Studie von 1977 zur Ermordung Kennedys sagten, ihre Erinnerungen an dieses Ereignis seien »in ihr Gehirn eingebrannt« und so lebhaft, »als sei es gestern passiert«. Noch verblüffender war Folgendes: Als Neisser einer der Probandinnen ihren ursprünglichen Bericht über die Challenger-Katastrophe zeigte – ein Bericht, der nicht ihrer Erinnerung daran entsprach –, sagte sie: »Ich weiß, dass das meine Handschrift ist, aber ich kann das unmöglich geschrieben haben.« Ebenso werden auch Sie, trotz allem, was Sie gerade gelesen haben, von Ihren Erinnerungen an den 11. September überzeugt bleiben.

Sie könnten sich irren, stehen damit aber nicht alleine da. Keiner von uns kann seine Erinnerungen völlig detailliert im Gedächtnis behalten, dennoch sind wir fast alle felsenfest überzeugt von ihrer Richtigkeit. Diese Überzeugung zeigt sich zwar am deutlichsten in Bezug auf Blitzlichterinnerungen, ist jedoch nicht auf diese beschränkt.[4] Selbst wenn es um vergleichsweise banale Dinge geht, glauben wir mit rührender Ernsthaftigkeit unseren Erinnerungen und verteidigen sie hartnäckig. Wir lassen vielleicht das Thema fallen, sind aber nach wie vor – es sei denn, es gibt eindeutige Beweise gegen uns – von der tiefen inneren Gewissheit erfüllt, dass wir recht haben.

Wie können wir dieses Gefühl, im Recht zu sein, mit der sehr realen Möglichkeit in Einklang bringen, dass wir unrecht haben? Diese Frage beschäftigt sämtliche Irrtumsforscher, nicht nur die, die mit Gedächtnisfehlern zu tun haben. Das Problem kommt deutlich zum Ausdruck, wenn man vom »Gefühl zu wissen« spricht. Im Alltag wie in der Sprache beginnen wir mit einem psychologischen Zustand (dem »Gefühl«) und enden mit einer als wahr behaupteten Aussage (dem »Wissen«). Mit anderen Worten, wir glauben, dass wir recht haben, weil wir *fühlen*, dass wir recht haben: Wir nehmen unsere eigene Gewissheit als Indikator für Exaktheit. Das ist nicht unbedingt blöd – denn Studien zeigen, dass es eine gewisse Korrelation gibt zwischen Überzeugtsein und Korrektheit –, aber auch nicht idiotensicher. Wie der Fall der Blitzlichterinnerungen deutlich macht, spiegelt unsere Gewissheit die Existenz eines besonders lebhaften inneren Bildes. Doch nichts im Leben garantiert, dass dieses innere Bild die tatsächliche Sachlage wiedergibt.

Dieses Vertrauen in ein lebhaftes inneres Bild macht deutlich, warum Erinnerungen so leicht das Gefühl des Wissens hervorrufen. Vor zweitausend Jahren stellte Platon ein Modell zur Wirkungsweise des Gedächtnisses vor, das zwar völlig veraltet doch auch erstaunlich zeitlos ist. Stellen Sie sich vor, so Platon, Sie hätten in Ihrem Kopf eine Wachstafel, »ein Geschenk der Mutter der Musen, der Mnemosyne«[5]. Alles, was man erlebt, von den eigenen Gedanken und Sinneseindrücken bis zu Interaktionen mit anderen hinterlässt auf diesem Wachs einen Abdruck, wie ein

Siegel auf einem Brief. In diesem Modell sind unsere Erinnerungen die Abdrücke im Wachs: eine bleibende mentale Kopie der Ereignisse der Vergangenheit, eingefangen in dem Moment, in dem sie eintraten.

Mag Platons Medium auch veraltet sein, seine Metapher hat noch heute Bestand. Die neueste Aufzeichnungstechnik jeder Generation musste dafür herhalten, die Funktionsweise des Gedächtnisses zu symbolisieren. Blitzlichterinnerungen sind Teil dieser Tradition, ebenso Bücher, Grammophone und Filme und in jüngerer Zeit Computer. (Letztere Analogie ist in vielerlei Hinsicht die unmissverständlichste, nicht zuletzt weil sie in beide Richtungen funktioniert: Wir sagen, unser Gedächtnis sei wie ein Computer, aber auch, dass unsere Computer ein Gedächtnis haben – eine Ausdrucksweise, die so normal geworden ist, dass wir ganz vergessen, dass es sich um eine Metapher handelt.) Innerhalb dieses speichertechnischen Gedächtnismodells gewährleistet die Lebhaftigkeit eines inneren Bildes tatsächlich seine Exaktheit. Wir stellen die Integrität gespeicherter Daten nicht infrage, solange die Fotos nicht verblasst sind oder fehlen und das Buch noch nicht auseinanderfällt.

Das Problem ist, dass dieses Gedächtnismodell einfach falsch ist. Platon wusste, dass es philosophisch unsolide war, und schlug es, auf die für ihn typische Weise, nur vor, um es dann freundlich wieder auseinanderzunehmen. Spätere Denker sahen, dass es auch vom wissenschaftlichen Standpunkt aus betrachtet fehlerhaft war, und beschrieben auf immer kompliziertere Weise (wenn auch noch immer vorsichtig), wie das Gehirn sich erinnert und vergisst. Die meisten zeitgenössischen Neurowissenschaftler sind sich darin einig, dass es bei der Erinnerung nicht um eine einzige Funktion, sondern um verschiedene Prozesse geht: die Erinnerung an Menschen, Tatsachen, bestimmte Zeiten und Orte, körperliche Betätigung und so weiter. Sie stimmen auch darin überein, dass diese Aufgaben nicht von einer einzigen Struktur übernommen werden – der Wachstafel oder der Polaroidkamera oder dem PC im Gehirn –, sondern von vielen verschiedenen, deren Aufgaben vom Erkennen von Gesichtern bis hin zu emotionaler Verarbeitung reichen. Und nicht zuletzt sind die Forscher sich auch darüber einig, dass eine Erinnerung nicht komplett in einem Teil des Gehirns gespeichert wird, sondern jedes Mal, wenn wir sie uns ins Gedächtnis zurückrufen, von all diesen unterschiedlichen Strukturen wieder zusammengefügt wird.

So viel zum speichertechnischen Gedächtnismodell. Doch wenn wir auf dieses Modell verzichten, müssen wir auch auf die Vorstellung verzichten, dass Lebhaftigkeit ein tauglicher Indikator für Genauigkeit ist. Wenn wir unsere Erinnerungen nicht einfach aus einem Speicher herausholen, sobald wir sie brauchen, sondern sie jedes Mal neu wiederherstellen, dann könnte Lebhaftigkeit einfach ein Merkmal sein, das wir in bestimmte Erinnerungen einbauen, in andere jedoch nicht. Möglicherweise ist sie aber auch ein Nebeneffekt des Wiederherstellungsprozesses selbst. Der Neurowissenschaftler William Hirst (einer der Vorsitzenden des 9/11 Memory Consortiums) hat erklärt, dass wir bestimmte Erinnerungen vielleicht nicht deswegen so überzeugend finden, weil sie so exakt sind, sondern weil wir sie uns so oft ins Gedächtnis rufen (das heißt, sie rekonstruieren) und weil es uns so leichtfällt, dies zu tun. Hirst meint auch, dass Erinnerungen sich vielleicht aufgrund der übergeordneten »Meta-Theorien« besonders überzeugend anfühlen. Das heißt, dass gewisse Erinnerungen sich womöglich deshalb so anfühlen, als seien sie »in unser Gehirn eingebrannt«, weil es psychologisch oder kulturell unakzeptabel ist, sie zu vergessen. Denken Sie nur an all die Aufkleber mit der Aufschrift »Never Forget«, die nach dem 11. September auftauchten. »Manchmal wird das Erinnern zu einem moralischen Imperativ«, wie Hirst sagt.

Auch dieses neuere Gedächtnismodell ist unvollkommen. Noch immer gibt es viele Dinge, die wir im Zusammenhang damit, wie unser Gehirn Informationen speichert, abruft und rekonstruiert, nicht verstehen. Doch die eigentliche Frage ist, ob die Nichtwissenschaftler unter uns dazu gebracht werden können, dieses Modell zu übernehmen.[6] Denn es gibt einen Grund dafür, warum Platons Wachstafel noch das beliebteste und eingängigste Gedächtnismodell ist: Obwohl es Erinnerung schlecht beschreibt, schildert es doch hervorragend, wie Erinnern sich *anfühlt*. Da wir nicht spüren können, wie unser Gehirn Erinnerungen aus mehreren Hirnregionen zusammenfügt, haben wir es mit dem gleichen Problem zu tun wie bei der Wahrnehmung: Wir können den Vorgang selbst nicht spüren und damit auch nicht den Ort, an dem sich Verzerrungen und Irrtümer einschleichen.

Das *Gefühl* etwas zu wissen mit wirklichem Wissen zu verwechseln ist nicht auf das Feld der Erinnerung begrenzt. Das ist bei vielen Überzeugungen der Fall, solange sie nur vehement vorgetragen werden – und, wie wir im nächsten Kapitel sehen werden, haben wir sehr viele davon. Wir werden in den nachfolgenden Kapiteln auch sehen, wie das Gefühl des Wissens durch andere Faktoren verstärkt wird, angefangen bei Menschen, mit denen wir unsere Zeit verbringen, bis hin zur Funktionsweise unseres Gehirns. Zunächst möchte ich jedoch einen Blick werfen auf das, was passiert, wenn dieses Gefühl des Wissens auf die Realität des Nichtwissens trifft. Und dazu müssen wir an unseren Ausgangspunkt zurückkehren – zur blinden Hannah, die »weiß«, dass sie sehen kann.

Es ist zweifellos seltsam, dass eine blinde Person denkt, sie könne sehen. Doch dieses Problem – das Anton-Syndrom – ist nur der Anfang dessen, was mit Hannah passiert. Noch seltsamer ist, dass sie aus tiefster Überzeugung die glatte Rasur und die attraktive Bräune ihres Arztes beschreibt und sogar die Lage und das Aussehen eines imaginären Notizhefts. Ebenso belassen es viele Menschen, wie das Beispiel von Richter Douglas zeigt, nicht dabei, ihre Lähmung zu leugnen. Wenn sie es irgendwie geschafft haben, eine schwierige Aufgabe mit einer Hand zu meistern – sagen wir, ein Hemd aufzuknöpfen –, werden sie erzählen, dass sie es mit beiden Händen getan haben. Wenn Sie sie auffordern, aufzustehen und mit Ihnen durchs Zimmer zu spazieren, werden sie dies ablehnen, allerdings nicht mit der Begründung, sie könnten sich nicht bewegen. Vielmehr werden sie sagen: dass sie es gerne tun würden, ihre Arthritis ihnen aber Ärger mache, dass sie in der Nacht zuvor schlecht geschlafen hätten oder ein bisschen müde seien, weil sie gerade eine Runde Golf gespielt hätten. Diese Aussagen stimmen offenkundig nicht und klingen zudem völlig verrückt, doch die Patienten selbst sind weder unehrlich noch geisteskrank. Sie wollen niemanden täuschen, und sie sind sich der Tatsache, dass ihre Aussagen falsch sind, überhaupt nicht bewusst. Zudem sind viele von ihnen bei klarem Verstand und intelligent, können sich gut artikulieren und stehen, solange das Thema ihrer Behinderung nicht zur Sprache kommt, im Kontakt mit der Wirklichkeit. Was also passiert mit diesen Menschen?

Sie konfabulieren. Konfabulieren heißt im Grunde genommen: Dinge erfinden; dass in diesem Wort die »Fabel« oder erfundene Geschichte enthalten ist, fällt sofort ins Auge. Die Konfabulationen, die aufgrund einer Hirnschädigung entstehen, sind spontane Erzählungen. Sie erklären so wie viele Fabeln Dinge, sind aber eindeutig erfundene Geschichten. Wie bei vielen fiktionalen Darstellungen – denken wir nur an den magischen Realismus von Gabriel García Márquez oder die Romane von Haruki Murakami – gehen beim Konfabulieren das Alltägliche und das Unglaubliche nahtlos ineinander über. Noch etwas anderes hat das Konfabulieren mit der Literatur gemeinsam: Beide sind Ausdruck unseres fortwährenden Drangs, Geschichten zu erzählen, die unserer Welt Sinn verleihen.

Über diesen Drang werden wir im nächsten Kapitel noch sehr viel mehr erfahren. Zunächst interessiert uns jedoch vor allem, dass die Geschichten, die wir unter normalen Umständen erfinden, einem ziemlich umfassenden Prozess der Verifizierung unterliegen. Nicht jedoch bei Menschen, die konfabulieren. »Die Fähigkeit, plausibel klingende Antworten zu schaffen und diese dann zu überprüfen, scheinen im menschlichen Hirn getrennt zu sein«[7], schrieb der Philosoph William Hirstein (nicht zu verwechseln mit dem Gedächtnisforscher William Hirst) 2005 in seinem Buch über Konfabulation, *Brain Fiction*. »Bei konfabulierenden Patienten ist erstere Fähigkeit noch erhalten, letztere jedoch durch die Hirnschädigung beeinträchtigt.«

Stellen Sie sich deshalb einmal vor, dass jeder von uns einen inneren Autor und einen inneren Fakt-Checker besitzt. Sobald der Autor damit beginnt, sich eine Geschichte auszudenken, macht der Fakt-Checker sich daran, sie mit dem Input durch unsere Sinne und mit unserem Gedächtnis zu vergleichen, auf innere Unstimmigkeiten hin zu überprüfen, die logischen Folgen zu durchdenken, festzustellen, ob sie in irgendeinem Punkt dem widerspricht, was wir in unserer Datenbank der Fakten über die Welt gespeichert haben, und die Reaktion anderer Menschen zu beurteilen, sobald wir sie erzählen. Das tut er, um die Glaubwürdigkeit der Geschichte einzuschätzen. Unsere Geschichten können trotz allem ungenau sein, manchmal sogar haarsträubend ungenau, sind aber dennoch nicht ganz an den Haaren herbeigezogen.

Schläft der Fakt-Checker jedoch während der Arbeit ein, können sich unsere Vorstellungen von der Welt völlig von der Realität lösen. Das haben wir alle schon erfahren, denn wenn wir einschlafen, schläft regelmäßig auch der Fakt-Checker ein. Denken Sie noch einmal an Träume und daran, wie seltsam selbst die normaleren sein können: Sie befinden sich, sagen wir, in dem Haus, in dem Sie aufwuchsen, nur dass es in Kopenhagen statt in Cleveland steht, und aus irgendeinem Grund gibt es im Garten einen Swimmingpool olympischer Größe, in dem Ihr derzeitiger Chef (der irgendwie auch Ihr Lehrer aus der zweiten Klasse ist) Ihnen das Schwimmen beibringt. Hier gehen zwei bizarre Dinge vor. Erstens erzeugt Ihr Gehirn Darstellungen der Welt, die mit dem, was wirklich oder wenigstens möglich ist, nur entfernt zu tun haben. Zweitens beunruhigt Sie diese Tatsache nicht im Geringsten. Diese unerklärliche Nonchalance ist wunderschön eingefangen in der komischen Oper *Iolanthe* von Gilbert und Sullivan, in der eine der Gestalten einen komplizierten Traum von der Überquerung des Ärmelkanals erzählt. »Bound on that journey«, singt sie, »you find your attorney, who started that morning from Devon. / He's a bit undersized and you don't feel surprised when he tells you he's only eleven.« (»Während dieser Reise triffst du deinen Anwalt, der an diesem Morgen von Devon aus aufgebrochen ist. / Er ist ein bisschen zu klein geraten, und du bist nicht überrascht, als er dir erzählt, dass er erst elf ist.«)

Du bist nicht überrascht: Das ist die entscheidende Emotion, die in Träumen fehlt. Überraschung ist eine Reaktion auf die Störung unserer Erwartungen, ein emotionaler Indikator, dass unsere Annahmen falsch waren. Doch in Träumen deutet nichts auf Irrtümer hin, weil wir von allen üblichen Möglichkeiten abgeschnitten sind, die Plausibilität unserer Überzeugungen zu bewerten. Wenn wir schlafen, sind der Input unserer Sinne und die logische Verarbeitung auf ein Minimum reduziert, die Realitätskontrolle ist ausgeschaltet, und niemand ist da, der uns ansieht, als seien wir verrückt. Deswegen wundert uns nichts, egal wie unwahrscheinlich die Dinge werden (Schwimmunterricht von unserem Chef, vorpubertäre Anwälte). Das Falsche und das Unmögliche haben in der Traumlandschaft keinerlei Bedeutung. (Wir sind in unseren Träumen auch gelähmt, denken jedoch, dass wir uns bewegen können; und wir sind blind, denken jedoch, dass wir sehen können.) Erst wenn wir aufwachen – wenn unser innerer Fakt-Checker mit einem Ruck wieder zu sich kommt und den inneren Autor fragt, was in aller Welt er gemacht hat –, können wir die mangelnde Plausibilität dessen, was wir gerade erlebt haben, erkennen.

Die Tatsache, dass wir im Schlaf die Wirklichkeit hinter uns lassen, ist kein Problem. Im Gegenteil: Wie ich in Kapitel zwei aufgezeigt habe, ist dieser Umstand faszinierend, eine der beständigsten Quellen der Faszination, der Inspiration und des Vergnügens, die unserer Spezies zur Verfügung stehen. Schwierig wird die Sache nur, wenn unser innerer Autor auch im Wachzustand auf ähnlich ungezügelte Weise arbeitet. Genau das passiert mit Menschen, die konfabulieren. »Einer der am inneren Dialog Beteiligten ist verstummt, und der andere faselt unkontrolliert weiter«, so Hirstein in *Brain Fiction*.

Für die Konfabulationen, die auftreten, wenn dieser innere Dialog gestört ist, liefert uns nicht das beste Beispiel, wer unter Anosognosie leidet, sondern Menschen mit einem anderen neurologischen Problem: Epileptiker. In den Sechzigerjahren des vergangenen Jahrhunderts führten der Neurowissenschaftler Michael Gazzaniga und seine Kollegen eine Reihe von Experimenten mit Split-Brain-Patienten durch – Menschen, deren Epilepsie so schwerwiegend ist, dass ihre beiden Hirnhemisphären chirurgisch getrennt wurden, um lebensgefährliche Anfälle unter Kontrolle zu bekommen. Mithilfe eines speziellen Verfahrens, bei der nur einer Gehirnhälfte Bilder zugänglich gemacht wurden, sendeten die Wissenschaftler lediglich der rechten Hemisphäre blitzschnell Befehle. Als die Patienten den Befehlen gehorchten, wurden sie gebeten, ihr Verhalten zu erklären. Die Antworten waren bizarr. Als ein Proband, dem man befohlen hatte zu lachen, gefragt wurde, warum er lache, antwortete er den Versuchsleitern: »Oh, ihr Typen seid spitze.« Eine andere Probandin, die man angewiesen hatte herumzulaufen, antwortete auf die Frage, warum sie aufgestanden sei, sie habe Durst gehabt und sich etwas zu trinken holen wollen.

Diese konfabulierten Antworten entsprachen der Art, wie die linke Hirnhälfte ein Problem löst. Diese Hirnhälfte ist verantwortlich für die Sprache und damit auch dafür, wie wir die Welt beschreiben. Die rechte Hirnhälfte hingegen hat nur in ganz geringem Maße etwas mit Sprache zu tun; sie kann Befehle verstehen und Aktionen in Gang setzen, aber nichts erklären. Bei gesunden Menschen stellt diese Arbeitsteilung kein Problem dar, weil die Informationen ständig zwischen den beiden Hirnhälften hin- und hergeschoben werden. Bei Split-Brain-Patienten jedoch haben die beiden Hälften keine Möglichkeit, miteinander zu kommunizieren. Als Gazzaniga Probanden bat, ihr Verhalten zu erklären, fehlte dementsprechend der rechten Hirnhälfte (die die Befehle gesehen und auf sie reagiert hatte) die Fähigkeit zu erklären, was los war, während der linken Hirnhälfte (die etwas zu erklären in der Lage ist) die notwendigen Informationen als Grundlage für eine Erklärung fehlten. Mit anderen Worten, die linke Hemisphäre hatte buchstäblich keine Ahnung, warum das eigene Selbst auf diese Weise handelte. Sie konnte also nur anhand des Verhaltens des Probanden im Nachhinein Theorien aufstellen und erwies sich als erstaunlich geschickt darin. Ohne erkennbare Verwirrung, ohne merkbare Verzögerung und ohne jeden Anschein von Zweifel oder die Absicht zu betrügen erzeugte die linke Hirnhälfte ständig völlig plausible – wenn auch natürlich völlig falsche – Erklärungen.

Würde die Konfabulation lediglich als Ergebnis einer Hirnschädigung oder eines drastischen chirurgischen Eingriffs auftreten, wäre sie nur eine launische Fußnote der Neurowissenschaften.[8] Tatsächlich ist es jedoch ganz leicht, gesunde Menschen zum Konfabulieren zu bringen. 1977 boten die Psychologen Richard Nisbett und Timothy Wilson in einem Kaufhaus in Michigan Strumpfhosen zum Kauf an und baten die Kundinnen, vier unterschiedliche Sorten zu vergleichen. In Wirklichkeit waren die Strumpfhosen alle gleich, doch das hielt die Käuferinnen nicht davon ab, einer von ihnen den Vorzug zu geben. Es hielt sie außerdem nicht davon ab, ihre Wahl zu *erklären*, indem sie (zum Beispiel) behaupteten, diese Farbe sei ein bisschen attraktiver oder jenes Gewebe ein bisschen weniger kratzig.

In gewissem Sinne haben wir hier wieder die blinde Hannah vor uns. Es ist schon seltsam genug, dass die Kundinnen aus identischen Strumpfhosen eine Auswahl trafen, aber noch seltsamer, dass sie Erklärungen für ihre Wahl vorbrachten. Schließlich hätten sie einfach nur mit der Schulter zu zucken brauchen und es ablehnen können, ihre Entscheidung zu begründen. Da die Strumpfhosen sich nicht unterschieden, können diese Erklärungen auch nicht der wirkliche Grund für die Auswahl der Kundinnen gewesen sein. Es kann sich hierbei nur um eine nachträgliche Rechtfertigung gehandelt haben. Der eigentliche Grund für ihre Entscheidungen bleibt ein Geheimnis. Einen Faktor konnten die Forscher jedoch identifizieren, und zwar den Einfluss der Positionierung der Strumpfhosen, da vier von fünf Kundinnen die Strumpfhose ganz rechts in der Auslage derjenigen vorzogen, die sich ganz links befand. Doch natürlich erklärte keine von ihnen ihre Wahl mit der Lage der Strumpfhose. Stattdessen erfanden sie so wie Split-Brain-Patienten Erklärungen für eine Entscheidung, deren tatsächlicher Ursprung in einem unerreichbaren Teil des Gehirns verborgen war.

Auf den ersten Blick mag dieses Experiment eine seltsame, aber im Grunde genommen harmlose Laune des menschlichen Denkvermögens sein: Wir erklären gerne Dinge, selbst wenn uns die richtige Erklärung fehlt. Doch die Sache hatte noch ein ernüchterndes Nachspiel. Als Nisbett und Wilson den ahnungslosen Probanden das Experiment erklärten, weigerten sich viele von ihnen zu glauben, dass die Strumpfhosen identisch waren. Sie argumentierten, sie könnten Unterschiede feststellen, und blieben bei ihrer ursprünglichen Vorliebe. So berichten auch Menschen, die mit konfabulierenden Patienten arbeiten, das Auffälligste an ihnen seien nicht ihre abstrusen falschen Vorstellungen, ja nicht einmal die seltsamen Konfabulationen, mit denen sie diese belegen, sondern die Tatsache, dass sie diese Konfabulationen von sich geben, als handele es sich um Gottes Wort. Vor hundert Jahren wunderte sich der deutsche Psychiater Emil Kraepelin über die »felsenfeste Gewissheit«[9], mit der die Konfabulierer ihre Unwahrheiten vorbrachten. Ebenso erging es Hirstein, dem Autor von *Brain Fiction*: »Das Schlimmste daran, Zeuge solcher Konfabulationen zu werden«, schrieb er, »ist die felsenfeste Gewissheit, mit der sie vorgebracht werden.«

Hirstein fiel bei Konfabulierern noch eine weitere Merkwürdigkeit auf. Wann immer jemandem von uns eine Frage gestellt wird, können wir auf dreierlei Weisen antworten (vorausgesetzt wir legen es nicht darauf an, jemanden zu täuschen). Wenn wir die Antwort wissen, werden wir korrekt antworten. Wenn wir sie nicht wissen und uns klar ist, dass wir sie nicht wissen, werden wir zugeben, um eine Antwort verlegen zu sein. Und wenn wir fälschlicherweise glauben, die Antwort zu wissen, werden wir selbstsicher, aber falsch antworten.

Bei Konfabulierern, die unter Anosognosie leiden, ist die erste Möglichkeit ausgeschlossen: Sie sind neurologisch nicht imstande, die richtigen Antworten auf Fragen über ihre Behinderung zu geben. Sie sind, wie Hirstein feststellte, aber auch nicht in der Lage zu erkennen, dass sie die richtigen Antworten nicht wissen. »Offensichtlich«, so schrieb er, »ist es eine höhere kognitive Fähigkeit – eine, die Konfabulierer verloren haben – und kein Anzeichen für Leichtzüngigkeit und eine gestörte Funktion, als Antwort auf eine Frage Unwissenheit zuzugeben. ›Ich weiß es nicht‹, kann eine intelligente Antwort auf eine Frage sein oder zumindest eine Antwort, die von einer guten kognitiven Verfassung zeugt.« Mag sein, doch auch die Mehrheit der Probanden in der Studie von Nisbett und Wilson waren unfähig, »Ich weiß es nicht« zu sagen – Konfabulierer, die sich allem Anschein nach einer hervorragenden kognitiven Verfassung erfreuten.

Es ist eigentlich nichts Neues, dass die meisten Menschen zögern, ihr Unwissen zuzugeben. Doch der Punkt ist nicht der, dass es uns schwerfällt, »Ich weiß es nicht« zu sagen. Der Punkt ist, dass wir oft nicht *wissen*, dass wir etwas nicht wissen. Das Gefühl, nicht zu wissen, ist, um James' Formulierung umzukehren, die Glocke, die nicht läutet – oder zumindest eine, deren Läuten wir nicht hören. Das Problem ist meiner Meinung nach, dass wir nicht genau wissen, wie Unwissenheit sich tatsächlich anfühlt. Auf den ersten Blick, so scheint es, sollte es ein Gefühl der Leere sein, das Gefühl, dass einem nichts in den Sinn kommt, wenn eine Antwort gefordert wird. Und manchmal – wenn es zum Beispiel bei einer Frage um eine einfache Tatsache geht – fühlt Unwissenheit sich *tatsächlich* so an: Wenn Sie mich fragen, wer der Premierminister von Kirgisien ist, werde ich leicht erkennen, dass ich nicht die leiseste Ahnung habe. Meistens ist das Gefühl der Leere jedoch ein sehr schlechter Anhaltspunkt für Unwissenheit – weil uns dank unserer Fähigkeit, Geschichten zu erfinden, fast immer irgendetwas in den Sinn kommt. Wenn wir erfahren wollen, ob wir etwas nicht wissen, können wir folglich nicht passiv dasitzen und abwarten, ob unser Geist wirklich leer ist oder nicht. Wir müssen vielmehr alle falschen oder schlecht begründeten Hypothesen, die unser innerer Autor wie besessen produziert, ausfindig machen und zurückweisen.

Die Fähigkeit dazu unterscheidet sich deutlich von Mensch zu Mensch. Manche von uns haben redselige und erfinderische innere Autoren, andere sorgfältig arbeitende innere Fakt-Checker, und ein paar Glückliche haben beides. Die meisten von uns belassen es lieber bei ihren Annahmen als sich der eigenen Unwissenheit zu stellen. Seit Hirstein mit der Erforschung von Konfabulationen begann, sieht er das, wie er schreibt, in Abstufungen überall, und zwar in Form neurologisch normaler Menschen, »die unfähig zu sein scheinen, die Worte ›Ich weiß es nicht‹ auszusprechen, und schnell eine plausibel klingende Antwort parat haben, egal, was man sie fragt«. Diese Leute haben, so Hirstein »eine leicht konfabulatorische Persönlichkeit«.[10] Tatsächlich haben wir *alle* leicht konfabulatorische Persönlichkeiten. Nehmen Sie (nur als Beispiel) mich. Vor Kurzem nahm ich zufällig an einer lebhaften Diskussion über die Stringtheorie teil. An dieser Unterhaltung waren ein Anwalt, ein Gewerkschafter, ein Umweltberater, ein Student der Philosophie und eine Journalistin (ich) beteiligt. Einer von uns (wieder ich) hatte einen Freund, der im wirklichen Leben Stringtheoretiker war. Jeder von uns hatte unlängst in der *New York Times* einen Artikel gelesen, der von jüngeren Kontroversen unter theoretischen Physikern berichtete, in denen es um die Zukunft dieses Feldes ging. Wir alle hatten auch noch anderes zu diesem Thema gelesen oder gehört – das behaupteten wir jedenfalls im Verlauf der Unterhaltung. Keiner von uns hatte seit der Highschool einen Physikkurs besucht. Ich bezweifle ernsthaft, dass einer von uns auch nur eine quadratische Gleichung lösen konnte.

Es war also eine Unterhaltung, die dem Ausdruck »theoretische Physik« eine völlig neue Bedeutung verlieh. Meine Freunde und ich waren die unqualifizierteste Gruppe von Stringtheoretikern, die je zusammengekommen ist. Tatsächlich wäre es passender gewesen, uns als Schmalspur-Theoretiker zu bezeichnen: Virtuosen darin, auf einem Minimum von Informationen kunstvolle Theorien zu entwerfen.

Doch wie das Strumpfhosen-Experiment können diese intellektuellen Improvisationen unangenehme Folgen haben. Oft führt bei uns wie bei jenen Kundinnen etwas in der Alchemie der Interaktion dazu, dass unsere unausgegorenen Hypothesen auf der Stelle zu unumstößlichen Wahrheiten werden. Eine sehr gute Art, sich einer Theorie mit Haut und Haaren zu verschreiben, die man gerade beiläufig von sich gegeben hat, ist die, dass einem jemand widerspricht, etwa die eigene Mutter. Bei mir selbst hat dies dazu geführt, dass ich im Handumdrehen nicht mehr leidenschaftslos war, sondern geradezu kreuzzüglerisch. Ähnlich hat mir einmal ein Bekannter gebeichtet, dass er, wenn seine Frau einer Theorie widerspricht, die er gerade ausgebrütet hat, spontan anfängt, »Fakten« zu erfinden, die diese Annahme stützen – selbst wenn ihm klar ist, dass seine Frau recht und er unrecht hat. In Fällen wie diesen kennen wir die Grenzen unseres Wissens, können aber einfach nicht aufhören, sie zu überschreiten. So wie wir, ob als Einzelne oder als Kollektiv, Schwierigkeiten haben zu sagen: »Ich habe mich geirrt«, so haben wir auch Schwierigkeiten zu sagen: »Ich weiß es nicht.«

Diese Schwierigkeit führt zu allen möglichen Spannungen, die theoretisch vermeidbar sein sollten. Stellen Sie sich vor, wie viele überflüssige Konflikte wir alle hätten, wären wir nicht dazu in der Lage, »Verzeihung« zu sagen, wenn wir in einem überfüllten Raum an jemandem vorbeiwollen, und »Entschuldigung«, wenn wir aus Versehen mit jemandem zusammenstoßen. Dies sind einfache Hilfsmittel, doch ebendiese Einfachheit macht sie so wertvoll, denn so sind sie leicht zu behalten und anzuwenden, wenn wir sie brauchen. Unsere Unwissenheit zuzugeben würde unser Leben an drei Fronten verbessern. Erstens könnten wir uns so relativ unbeschadet von unserer eigenen Lächerlichkeit lösen. Zweitens würde sie uns helfen, all die nicht zu gewinnenden Streits über Streuselkuchen zu deeskalieren. Und drittens – vielleicht am wichtigsten – hätten wir damit eine neue Kategorie für eine gemeinsame Erfahrung. Indem es uns eine Möglichkeit böte, all jene Momente zu erkennen, in denen wir uns vergaloppieren, würde ein probates rhetorisches Mittel – etwa uns als Trottel zu bezeichnen, uns an die Stirn zu schlagen oder was auch immer – uns zeigen, wie normal ein solches Verhalten ist, bei uns selbst wie auch bei anderen. Das könnte uns helfen, uns in einer Disziplin zu verbessern, die wir sehr schlecht beherrschen: die Grenzen unseres Wissens zu erkennen.

Das ist ein hehres Ziel. Schließlich ist das Wissen um das, was wir nicht wissen, der Anfang (und, in manchen Religionen und intellektuellen Traditionen, die Gesamtheit und das Ende) der Weisheit. Wie wir gesehen haben, ist es jedoch äußerst schwierig, die Grenzen unseres Wissens zu erkennen. Die philosophischen Wahlmöglichkeiten – unsere Überzeugungen zu überprüfen, um herauszufinden, ob sie gerechtfertigt, wahr, notwendig etc. sind – sind sogar unter Philosophen umstritten und als Weg, durchs Leben zu gehen, unbrauchbar. Und die Wahlmöglichkeiten des Laien (uns auf das Gefühl des Wissens zu verlassen und den Annahmen zu vertrauen, die uns ständig in den Kopf kommen) führen uns zu leicht in den Irrtum. Mit anderen Worten, wir haben keine verlässliche Methode, um zu wissen, was wir wissen – das heißt, dass wir genau genommen wenig von irgendwas *wissen*.

Das bedeutet nicht, dass wir dumm sind oder die falsche Einstellung haben oder dass das einzig ehrenhafte Vorgehen das wäre, die Hände in den Schoß zu legen und uns mit den Skeptikern zusammenzutun. »Wenn man zugibt, dass nichts sicher ist«, sagte der Philosoph Bertrand Russell, »so muss man, glaube ich, auch hinzufügen, dass manche Dinge weitaus sicherer sind als andere.«[11] Das ist eine vernünftige Maxime. Und dennoch müssen wir akzeptieren, wie das Beispiel der blinden Hannah zeigt, dass wir nicht im Voraus feststellen können, bei wie vielen Dingen, die wir zu wissen glauben, sich schließlich herausstellen wird, dass es sich gar nicht um Wissen handelt – sondern, dass wir uns geirrt haben.

Dies legt nahe, dass die Idee des Wissens und die Idee des Irrtums im Grunde genommen nicht miteinander vereinbar sind. Wenn wir behaupten, etwas zu wissen, sagen wir eigentlich, dass wir nicht unrecht haben können. Wenn wir die Möglichkeit einräumen, dass wir uns irren *könnten*, ist die Idee des Wissens nicht hilfreich. Stattdessen müssen wir uns mit der Idee des Glaubens anfreunden. Dieser Schritt ist uns vielleicht unangenehm, denn es ist uns lieber, dass wir Dinge wissen, statt sie »nur« zu glauben. Diese Vorliebe entspricht der allgemeinen Vorstellung, dass Wissen erhabener sei als Glaube. Demnach ist Wissen, wie Sie sich erinnern, Glaube *plus*: plus all die philosophischen Anschlussbedingungen und all das Vertrauen, das wir selbst darein setzen.

Letztlich ist jedoch der Glaube die umfassendere und interessantere Kategorie. Er ist, so werde ich argumentieren, der atomare Kern unserer Intelligenz – das, was uns von Maschinen unterscheidet und es uns ermöglicht, geschickt durch die Welt zu navigieren. Ob wir irrtümlicherweise annehmen, dass wir sehen können, oder ob unsere Erinnerungen an das, was wir am 11. September getan haben, falsch sind, ob wir uns bei der Stringtheorie oder der Strumpfhose irren, letztlich geht es immer um eine falsche Überzeugung. Wenn wir verstehen wollen, wie wir uns irren, müssen wir einen Blick darauf werfen, wie wir glauben.

Kapitel 5
Unser Geist, Teil zwei: Glaube

*Mit unseren Urteilen verhält es sich wie mit
unseren Uhren. Nicht zwei gehen genau
gleich, und doch glaubt jeder der seinigen.*
Alexander Pope, »An Essay on Criticism«

Am 23. Oktober 2008 wurde Alan Greenspan, der ehemalige Vorsitzende der US-Notenbank, vor einem Ausschuss des US-amerikanischen Repräsentantenhauses im Zusammenhang mit der Finanzkrise angehört, von der nun fast die ganze Welt betroffen war. Wie zu erwarten, war die Stimmung düster, und Henry Waxman, Demokrat aus Kalifornien, der in diesem Ausschuss den Vorsitz führte, nicht gerade dazu aufgelegt, sich in Zurückhaltung zu üben. »Die Notenbank hatte die Machtbefugnis, den verantwortungslosen Kreditpraktiken Einhalt zu gebieten«, die die Krise verstärkt hatten, erinnerte Waxman die Anwesenden. Doch »ihr langjähriger Vorsitzender, Alan Greenspan«, fuhr Waxman fort, »wies Appelle, endlich einzugreifen, zurück«. Dann sprach er Greenspan direkt und mit Vorwurf an: »Wer darauf vertraute, dass der Markt sich selbst reguliert, Sie selbst eingeschlossen, hat einen schweren Fehler begangen.«

Das war nicht gerade die Art von Empfang, die Greenspan von Kongressabgeordneten gewöhnt war. Während seiner fünf Amtszeiten war er regelmäßig als »der größte Notenbanker in der Geschichte«, als »der mächtigste Mann der Welt« und einfach als »der Maestro« bezeichnet worden. Sein Ruhm reichte über die Grenzen der USA (Frankreich verlieh ihm den Orden der Ehrenlegion; Großbritannien ernannte ihn zum Ehrenritter), von Finanzkreisen und politischen Kreisen hinaus. Den Worten des *Economist* zufolge genoss Greenspan bei den Durchschnittsamerikanern »fast den Status eines Rockstars«[1] – eine bemerkenswerte Leistung für einen Finanzier, der für einen sehr schwierigen Aufgabenbereich der Regierung verantwortlich und dafür bekannt war, sehr verschlossen zu sein. Seine Autobiografie, die den Titel *Mein Leben für die Wirtschaft* trägt, sorgte angeblich für einen Umsatz von 8,5 Millionen US-Dollar[2], womit sie direkt hinter Bill Clintons Memoiren lag und mit der Autobiografie von Papst Johannes Paul II. gleichzog. Als das Buch im Sommer 2007 veröffentlicht wurde – genau zu der Zeit, als die Finanzkrise begann –, führte es die Bestsellerliste der *New York Times* und von Amazon an.

Am 23. Oktober 2008 war jedoch all dies Vergangenheit. Die Wirtschaft befand sich seit über einem Jahr in einem schlechten Zustand und hatte im Frühjahr 2008 mit dem Niedergang des globalen Investmentriesen Bear Stearns eine rasante Talfahrt begonnen. Was als Subprime-Hypotheken-Krise begann (ausgelöst durch die inzwischen berüchtigte Praxis, Menschen mit geringer Bonität Hypotheken anzubieten), hatte sich nun zu einer Liquiditätskrise, einer Kreditkrise, einer Bankenkrise, einer Währungskrise und einer Handelskrise ausgeweitet – ja, zu fast jeder denkbaren Wirtschaftskrise überhaupt. In den USA war der Aktienmarkt seit Jahresbeginn um 37 Prozent gefallen. Die amerikanische Wirtschaft hatte 1,5 Millionen Arbeitsplätze verloren[3] (eine Zahl, die bis Anfang 2009 auf über fünf Millionen ansteigen sollte[4]), und die Arbeitslosenquote bewegte sich in den am härtesten betroffenen Staaten und Sektoren auf zweistellige Zahlen zu. Global gesehen sah die Lage noch schlimmer aus. Die Internationale Arbeitsorganisation (ILO) sagte voraus, dass weltweit zwischen 18 und 50 Millionen Arbeitsplätze der Krise zum

Opfer fallen würden[5]. Sechs Monate nachdem Greenspan vor dem Ausschuss ausgesagt hatte, berichtete die Investmentgesellschaft Blackstone Group, dass sich in nicht ganz anderthalb Jahren zwischen vierzig und fünfundvierzig Prozent des weltweiten Reichtums in Luft aufgelöst hätten[6].

Für alle, die irgendwas mit der globalen Wirtschaft zu tun hatte, war die Krise ein gewaltiger finanzieller und emotionaler Schock – verstörend, wenn man Glück hatte, verheerend, wenn man Pech hatte. Doch auch bei denjenigen, die dafür verantwortlich waren, diese Wirtschaft zu verstehen und zu leiten, löste deren Zusammenbruch eine große ideologische Krise aus. Eine der Hauptaufgaben von Wirtschaftswissenschaftlern besteht darin, Modelle für die Funktionsweise von Finanzsystemen zu schaffen, und obwohl es sich bei diesen Modellen erklärtermaßen um Vereinfachungen und Schätzungen handelt, gelten sie dennoch als nützlich, um Vorhersagen zu treffen, wenn nicht sogar: Politik zu machen. (Deswegen entwerfen Wirtschaftswissenschaftler sie ja schließlich.) So basierte Greenspans Wirtschaftsmodell, wie Waxman sagte, auf der Prämisse, dass die Märkte sich selbst regulieren würden – und damit auch darauf, dass die Regierungen sie nicht regulieren sollten. Da Greenspans Modell fast zwanzig Jahre lang weltweit angewandt worden war, hatte die Doktrin von der Selbstregulierung des Marktes fast den Status der Heiligen Schrift erlangt. In den Worten von Waxman: »Das Vertrauen in die Weisheit der Märkte war grenzenlos.«

Dann implodierten die Märkte – und mit ihnen das Modell. »Das gesamte intellektuelle Gebäude fiel zusammen«, wie Greenspan dem Ausschuss sagte. »Ich habe«, so fuhr er fort, »einen Fehler in jenem Modell gefunden, das für mich die kritischen Funktionsparameter bereithielt.« All jenen, denen das nicht klar genug war, bot Waxman eine unverblümte Übersetzung: »Sie haben festgestellt, dass Ihre Sichtweise der Welt, Ihre

Ideologie falsch war.« Dass Greenspan sich gezwungen sah, Waxman beizupflichten, zeigt, wie sehr sein Modell gescheitert war. »Genau«, antwortete er. »Genau aus diesem Grund war ich geschockt, denn vierzig Jahre lang und länger hatte es wichtige Beweise dafür gegeben, dass es sehr gut funktionierte.« Das Scheitern seiner Doktrin, dass der Markt immer die Investoren beschütze, hatte ihn tief geschockt.

Damit stand Greenspan nicht alleine da. Es zeichnete die Finanzkrise geradezu aus, dass viele Finanziers völlig fassungslos waren und zu begreifen versuchten, wie es sein konnte, dass sie so schiefgelegen hatten. Der Hedgefondsmanager Steve Eisman bemerkte dem Finanzredakteur Michael Lewis gegenüber (der, der sich einen Namen mit *Moneyball* und *Wall-Street-Poker* machte), Investmentbanker zu Beginn des 21. Jahrhunderts zu sein sei so »als wäre man ein Scholastiker vor Newton. Dann kommt Newton daher, und eines Morgens wachst du auf und denkst: ›Ach du Scheiße, ich habe mich geirrt!‹«[7]

Dennoch, so könnte man einwenden – und viele taten das auch –, hatte Greenspan kein Recht, so geschockt zu sein. Im Lauf der Jahre hatten viele Leute sein Dogma der Deregulierung infrage gestellt, darunter (um nur einige zu nennen) Joseph Stiglitz und Paul Krugman, beide mit dem Nobelpreis ausgezeichnete Wirtschaftswissenschaftler, sowie Brooksley Born, die von 1996 bis 1999 Vorsitzende der Commodity Futures Trading Commission (eine unabhängige Behörde der Vereinigten Staaten, die die dortigen Future- und Optionsmärkte reguliert). Born wurde schließlich zu einer Art Kassandra der Krise, da sie wiederholt dazu aufrief, den Markt für Derivate zu regulieren, diese ultrakomplizierten Finanzprodukte, die letztlich dazu beitrugen, die Wirtschaft zu ruinieren[8]. Diese Rufe wurden zum Verstummen gebracht, als Greenspan zusammen mit dem damaligen Finanzminister Robert Rubin und dem damaligen Chef der US-Börsenaufsicht Arthur Levitt den ungewöhnlichen Schritt unternahm, den Kongress vom Erlass eines Gesetzes zu überzeugen, das es Borns Behörde verbot, für die Dauer ihrer Amtszeit irgendwelche Maßnahmen zu ergreifen. In einem gemeinsamen Statement verteidigte Greenspan damals den Schritt aufgrund von »schweren Bedenken wegen dieser [vorgeschlagenen Regulierungs-]Maßnahme und deren möglichen Folgen«[9]. Schon die Möglichkeit einer Regulierung durch die Regierung zu diskutieren, versicherte er, könne die Märkte destabilisieren und dafür sorgen, dass zu viel Kapital aus den Vereinigten Staaten abgezogen würde.

Dass Greenspan in »schockierter Ungläubigkeit« verharrte, als die Märkte sich nicht mehr selbst regulierten und im Chaos versanken, lag nicht daran, dass man ihn vor dieser Möglichkeit nie gewarnt hatte. Und es lag auch nicht daran, dass sein eigenes Modell nie Kritik erfahren hätte (das hatte es) oder dass alternative Modelle nie zur Debatte gestellt worden wären (das wurden sie). Das Problem war, dass sein Glaube an die Selbstregulierungskraft der Märkte »absolut« war, wie Born es formulierte[10]. Greenspan war im übertragenen Sinne genauso in die unregulierten Märkte involviert wie wir im wörtlichen Sinne. Er hatte ein Modell, wie die Welt funktionierte, und sein Vertrauen darin war unerschütterlich.

Tatsächlich hatte Greenspan viele tausend Modelle, wie die Welt funktionierte. Er muss sie gehabt haben, weil wir alle sie haben. Diese Modelle sind unsere Überzeugungen, und sie decken alles ab: von der Frage, wo wir unser Geld investieren sollten, bis zu der, wo wir unsere Brieftasche gelassen haben. An manche von ihnen glauben wir nur zögernd – ich persönlich bin mir im Moment nur zu fünfzig Prozent sicher, wo sich meine Brieftasche befindet –, an andere uneingeschränkt. Doch egal wie unerschütterlich wir sind, die Modelle selbst können ins Wanken geraten. Genau das unterscheidet Glauben von dem imaginären Ideal des Wissens. Wissen lässt, wie wir gesehen haben, keinen Raum für Irrtum und hätte Greenspan folglich nicht täuschen können. Aber Überzeugungen können das, und seine taten es. In der Tat, sie haben uns alle getäuscht.

Dieses Buch handelt von unseren Greenspan-Momenten: davon, was passiert, wenn unsere Überzeugungen sich als falsch erweisen. Um zu verstehen, wie Überzeugungen uns täuschen, müssen wir erst verstehen, wie sie funktionieren. Und um das zu verstehen, müssen wir mit der zentralen Frage beginnen: Was *ist* eine Überzeugung überhaupt?

Wenn wir in einer ungezwungenen Unterhaltung von Überzeugungen sprechen, meinen wir damit normalerweise unsere Ansichten über wichtige Dinge: über Religion oder Moral oder Anstandsformen, Politik oder Wirtschaft, uns selbst oder andere Menschen. Diese Überzeugungen sind explizit, das heißt, wir sind uns ihrer bewusst und können sie äußern und verteidigen, wenn es sein muss. Anders ausgedrückt: Sie sind an Erfahrungen geknüpft. Alan Greenspans Glaube an die Selbstregulierung des Marktes war mit einem bestimmten Gefühl verbunden, so wie es für uns mit einem bestimmten Gefühl verbunden ist, an Gott oder an das Gesundheitswesen zu glauben oder daran, dass unser Schwiegervater uns nicht mag.

Wenn dagegen Philosophen von Überzeugungen sprechen (was sie oft tun; es gehört zu ihrem Beruf), meinen sie etwas völlig anderes beziehungsweise *mehr*: Sie sind sich darin einig, dass unsere Ansichten über Finanzmärkte usw. es verdienen, im Rang von Überzeugungen zu stehen, meinen aber, dass dies auch für viele andere Dinge zutrifft. Stellen Sie sich vor, Sie lesen dieses Buch um Mitternacht im Bett bei heruntergelassenen Rollläden. Philosophen würden sagen, dass Ihre Überzeugungen in diesem Moment Folgendes einschließen: dass es draußen dunkel ist; dass es noch Stunden dauern wird, bevor die Sonne wieder aufgeht; dass sie, wenn es so weit ist, im Osten aufgehen wird; dass die Matratze, auf der Sie liegen, ein stabiles Objekt ist; dass keine fliegende Untertasse durch Ihr Schlafzimmerfenster krachen wird; dass Sie morgen als dieselbe Person aufwachen werden, die Sie heute sind, usw.[11] Was letztere Überzeugungen so seltsam – ja so unglaubwürdig – erscheinen lässt, ist die Tatsache, dass sie an keinerlei Erfahrung geknüpft sind. Der Glaube, dass meine Matratze stabil ist, fühlt sich nicht so an wie der Glaube an Gott, und zwar vor allem deswegen, weil der Glaube, dass meine Matratze stabil ist, sich nach *nichts* anfühlt. Es ist mir überhaupt nicht bewusst, dass ich es glaube. Es ist höchst unwahrscheinlich, dass ich dies ohne Anregung von außen als Glaube bezeichnen würde, und sollte man mich dazu auffordern, diesen Glauben zu verteidigen, würde ich mich nicht nur verwundert fragen, warum ich dies tun sollte, sondern auch nicht wissen, wie ich es tun sollte. Mit anderen Worten, fast alles, was wir normalerweise mit der Erfahrung des Glaubens verbinden – Bewusstsein, Überzeugung, Gefühl, Erklärung –, fehlt diesen anderen, impliziten Überzeugungen.

Psychologisch betrachtet unterscheiden sich also das alltägliche Konzept des Glaubens und das philosophische grundlegend: nämlich in der Art, wie wir diese Konzepte erfahren. Funktionell gesehen besteht zwischen ihnen jedoch kaum ein Unterschied. Ob wir uns unserer Überzeugungen bewusst sind oder nicht, sie sind, wie Greenspans Philosophie des freien Marktes, Modelle der Welt. Im wörtlichen Sinn ist ein Modell der Welt eine Landkarte, und das sind Überzeugungen im Grunde genommen auch: mentale Darstellungen unserer physischen, sozialen, emotionalen, spirituellen und politischen Landschaften. Mein expliziter Glaube, dass mein Schwiegervater mich nicht mag, ist wichtig für das mentale Bild von meiner Familie, so wie der implizite Glaube, dass meine Matratze stabil ist, wichtig für das innere Bild meines Schlafzimmers ist. Beide haben die gleiche landkartenartige Funktion, mir die Entscheidung zu erleichtern, wo ich sitzen möchte oder nicht, wenn ich einen bestimmten Raum betrete. Mit anderen Worten, sie sind beide notwendige Pixel in meinem Bild der Welt. Ob ich spüren kann oder nicht, dass dieses Pixel in meinem Kopf aufleuchtet, ist irrelevant. Denken Sie einmal darüber nach, was passiert, wenn man nachts in ein fremdes Hotelzimmer spaziert: Um zu entscheiden, wo man sich hinlegen soll, braucht man ein mentales Bild der Gegenstände, auf denen man schlafen kann, muss aber nicht wissen, dass man dieses Bild hat. Das Modell der Welt – der Glaube – ist unerlässlich, das Bewusstsein darüber jedoch nicht. Das Fehlen des Bewusstseins ist sogar die Norm. Angefangen bei dem erwarteten Verhalten lebloser Objekte über die vermutete Identität unserer Eltern bis hin zu der Frage, ob wir eine Bergkette sehen oder überhaupt sehen können, ist die große Mehrheit unserer mentalen Modelle implizit: Wir spüren sie nicht, doch sie sind entscheidend dafür, wie wir uns selbst und die Welt verstehen.

Implizite und explizite Überzeugungen funktionieren nicht nur auf gleiche Weise, sie versagen auch so. Wie unterschiedlich sie uns normalerweise auch vorkommen mögen, im Augenblick des Sich-Irrens sind sie gleich. Oder vielmehr, sie *werden* gleich: In dem Moment, in dem eine implizite Annahme zerstört wird, wird sie zu einer expliziten. Stellen Sie sich einen Moment lang eine Szene vor, die aus einem Marx-Brothers-Film stammen könnte. Es ist Nacht, ich komme in meinem Schlafanzug aus dem Badezimmer, nehme mein Buch und lege mich aufs Bett – und, wumm!, falle direkt durch die Matratze auf den Boden. Sollte es irgendwie zu diesem äußerst unwahrscheinlichen Szenario kommen, werden drei Dinge in sich zusammenfallen. Das erste ist meine Matratze. Das zweite mein Glaube an die Stabilität dieser Matratze. Das dritte – und das ist der Punkt, um den es mir geht – die Selbstverständlichkeit dieses Glaubens. Wenn ich mich ausgestreckt auf dem Fußboden wiederfinde, werden all meine zuvor unbewussten Überzeugungen von Matratzen plötzlich ins Bewusstsein drängen. Im Augenblick des Irrtums werden unsere impliziten Überzeugungen gleichzeitig erschüttert und enthüllt.

Sobald wir einräumen, dass sowohl implizite Annahmen als auch explizite Überzeugungen Glaubensaspekte sind, können wir weitergehen und zugestehen, dass selbst noch ihre Unterscheidung mit Vorsicht zu genießen ist. Wir alle haben viele Überzeugungen, die uns irgendwie bewusst sind oder derer wir uns, wenn nötig, bewusst werden können. (Im Dezember denke ich nicht darüber nach, wo meine Sonnenbrille liegen könnte, und habe dementsprechend keine Meinung dazu, doch wenn ich sie im Juni nicht finden kann, dann glaube ich, dass meine Schwester sie sich geliehen hat.) Wie schwach diese Unterscheidung auch sein mag, sie ist in mindestens einer Hinsicht für dieses Buch relevant. Viele unserer Überzeugungen fallen irgendwie in die Mitte dieses Spektrums von implizit und explizit. Andere liegen an den extremen Enden des Spektrums, und wenn diese Opfer eines Irrtums werden, ist dies besonders spektakulär. Nichts ist schlimmer als mit einer Überzeugung zu scheitern, für die wir uns vehement eingesetzt haben, und schon gar nicht eine, die so fundamental war, dass wir ihre Existenz nicht einmal bemerkt hatten.

Unsere Überzeugungen sind also Modelle der Welt – aber sie sind nicht nur Modelle um des Modells willen. So wie Wirtschaftsmodelle helfen uns unsere mentalen Modelle, Vorhersagen zu treffen und Strategien zu entwickeln. Überzeugungen sind William James zufolge »Regeln fürs Handeln«[12]. Das bedeutet, dass unsere Überzeugungen Konsequenzen haben. Ich meine nicht, dass *Irrtümer* Konsequenzen haben, obwohl auch das stimmt: Wie wir gerade gesehen haben, half eine falsche Vorstellung, fast die Hälfte des Reichtums auf der Welt zu vernichten. Was ich sagen will, ist, dass schon die Tatsache, dass wir *überzeugt sind*, Konsequenzen mit sich bringen kann.

Nehmen wir ein anderes Beispiel aus dem Bereich der Finanzwelt. Seit 1992 arbeiten das CalTech (California Institute of Technology) und das MIT (Massachusetts Institute of Technology) gemeinsam an einem Projekt, das als das Laser Interferometer Gravitational-Wave Observatory bekannt ist.[13] Das Observatorium ist das teuerste Projekt, das je von der National Science Foundation (NSF) finanziert wurde. Für seinen Bau benötigte man zehn Jahre und 300 Millionen US-Dollar, und die Betriebskosten belaufen sich auf 30 Millionen US-Dollar pro Jahr. Seine Aufgabe besteht darin, Gravitationswellen nachzuweisen (»Wellen in der Raumzeit, [die] durch starke Ereignisse überall im Universum erzeugt werden«, wie die NSF es formuliert), und es wäre gut, wenn ihm das gelänge, weil die Existenz jener Wellen von nichts Geringerem als der allgemeinen Relativitätstheorie postuliert wird. So bemerkte die Wissenschaftsjournalistin Margaret Wertheim, dass es sich hier um einen Fall handelt, bei dem »der Glaube eine Investition von einer halben Milliarde Dollar begründet«[14] hat.

Eine halbe Milliarde Dollar ist eine Menge Geld, doch kostspielige Maschinen sind nur die Spitze des Eisbergs. Immobilienblasen, heilige Kriege, der Civil Rights Act von 1964 (amerikanisches Bürgerrechtsgesetz, das u. a. die Rassentrennung in öffentlichen Einrichtungen für illegal erklärte), die Mondlandung: all diese Dinge waren das Ergebnis von Überzeugungen. Natürlich haben unsere Überzeugungen nicht nur finanzielle und materielle Auswirkungen. Sie haben auch politische, rechtliche, intellektuelle, kulturelle und sogar körperliche Folgen. Und sie haben vor allem auch emotionale und psychische. Wieder spreche ich nicht davon, welche emotionalen und psychischen Folgen es hat, sich einfach nur zu irren. Darauf werde ich später eingehen. Ich spreche von den Folgen, die es hat, überhaupt an etwas zu glauben – davon, dass der Bau eines Gravitationswellen-Observatoriums eine Konsequenz aus dem Glauben an die allgemeine Relativität ist (ob dieser Glaube korrekt ist oder nicht) und dass das Investieren in den Aktienmarkt eine Konsequenz aus dem Glauben daran ist, dass es sich dabei um eine vernünftige Investition handelt (ob sie das ist oder nicht).

Die emotionalen Konsequenzen unserer Überzeugungen sind sehr einfach. Wenn Sie glauben, dass Ihre große Liebe während des Essens nervös ist, weil sie plant, Ihnen beim Nachtisch einen Antrag zu machen, werden Sie aufgeregt und glücklich sein. Wenn Sie glauben, dass sie nervös ist, weil sie vorhat, sich von ihnen zu trennen, werden Sie Angst haben und geknickt sein. Doch Beispiele wie diese zeigen nicht die eigentliche Tragweite und Bedeutung der psychischen Auswirkungen. Um diese Tragweite verstehen zu können, müssen wir die Tragweite der Überzeugung als solcher verstehen. Unsere Modelle der Welt reichen über Märkte und Matratzen und die allgemeine Relativitätstheorie hinaus zu einer Art Allgemeinen Theorie von uns selbst: Ob wir glauben, wir seien attraktiv oder intelligent, kompetent oder inkompetent, wohlhabender oder ärmer als andere Leute. Ob wir glauben, dass unsere Eltern uns geliebt haben; ob wir glauben, dass ein Gott über uns wacht; ob wir glauben, dass wir in dieser Welt im Grunde gut aufgehoben sind und dass man für uns sorgt.

Überzeugungen wie diese bestimmen die Vorstellung von uns selbst, und ob wir mit unserer Umwelt in Beziehung treten.

Demzufolge sind unsere Überzeugungen, wie wir immer wieder sehen werden, untrennbar mit unserer Identität verbunden. Das ist auch der Grund dafür, warum unser Selbstwertgefühl so schnell leidet, wenn sich unsere Vorstellungen als falsch herausstellen. Und das ist auch der Grund dafür, warum sich die Psychotherapie oft darauf konzentriert, Menschen dabei zu helfen, ihre Vorstellungen von sich und anderen zu erforschen – und, wenn nötig, zu ändern. Unabhängig davon, ob solche Vorstellungen bewusst oder unbewusst sind, unabhängig davon, ob sie richtig oder falsch sind, sie entscheiden darüber, wie wir uns fühlen und wie wir uns jeden Tag verhalten.

Bisher haben wir bei unserem Versuch, Überzeugungen und Vorstellungen zu verstehen, Folgendes gelernt: Sie sind Modelle der Welt. Sie helfen uns zu handeln. Und sie haben folglich Konsequenzen. So weit, so gut – nur, warum haben wir dann so viele Überzeugungen, nach denen wir uns nie werden richten können? Dies wird manchmal das Problem „abgeleiteter" Überzeugungen[15] genannt. »Abgeleitet« bedeutet in diesem Fall: weit entfernt vom Selbst. Eine abgeleitete Überzeugung bezieht sich auf Dinge, die in Zeit oder Raum oder Bedeutung von uns entfernt sind. Wenn wir an die Solidität des Marktes, die Stabilität der Matratze oder die Existenz Gottes glauben, dann bestimmen diese Überzeugungen unser Handeln in der Welt. Aber was ist mit dem Glauben, dass die Stringtheorie richtig, dass Südafrikas Aidspolitik falsch und dass Alpha Centauri C der erdnächste Stern ist? Wie wir in Kapitel 7 sehen werden, könnte es umsichtig und in sozialer Hinsicht von Vorteil sein, für solche Überzeugungen einzutreten, unabhängig davon, ob sie relevant oder richtig sind. Doch wenn Sie kein Physiker oder Gesundheitsexperte oder interstellarer Reisender sind, werden sie Sie nicht zum Handeln befähigen.

Warum haben wir dann überhaupt abgeleitete Überzeugungen? Eine Möglichkeit, diese Frage zu beantworten – sicherlich die vergnüglichste –, ist die, an Sex zu denken. Unser Sexualtrieb soll sicherstellen, dass wir uns fortpflanzen, doch die große Mehrzahl unserer sexuellen Aktivitäten führt nicht dazu, dass wir Nachwuchs bekommen. Wenn wir Geschlechtsverkehr haben, gehorchen wir einfach dem Instinkt, mit der Folge, dass es (evolutionär gesehen) genug Babys gibt und wir reichlich Sex haben. Seit mindestens einem Jahrhundert behaupten Psychologen und Philosophen, dass unser Drang, die Welt zu erklären, dem Drang entspricht, sie zu bevölkern. Ihnen zufolge ist das Aufstellen von Theorien so wie das Zeugen von Babys von so entscheidender Bedeutung für unser Überleben, dass wir den natürlichen Trieb besitzen, es zu tun – etwas, das William James als »theoretischen Instinkt«[16] bezeichnete.[17] Dies ist der Impuls, auf den ich im letzten Kapitel hingewiesen habe: der Impuls, der uns dazu zwingt, ständig Geschichten und Erklärungen von uns zu geben, selbst auf die Gefahr hin, wie ein Idiot dazustehen.

Es ist einleuchtend, warum ein Theoretisierungstrieb aus evolutionärer Sicht von Vorteil wäre. Stellen Sie sich vor, Sie seien Ihr Urahn und würden vor rund zweihunderttausend Jahren versuchen, sich in der Welt zurechtzufinden. Irgendwie müssten Sie herausfinden, dass essbare Früchte auf den Boden fallen, wenn Sie an einem bestimmten Baum rütteln. Sie müssten lernen, dass bestimmte Beeren nahrhaft sind, während andere Beeren Sie umbringen können. Sie müssten, sobald Sie ein Rascheln in den Büschen hören, verdammt schnell in der Lage sein, auf die Anwesenheit eines Raubtiers oder eines Abendessens zu schließen. Mit anderen Worten, Sie müssten extrem geschickt darin sein, zu erahnen, was in Ihrer Umgebung vor sich geht und warum. Das sind genau die Fähigkeiten, die Sie auch beim Interpretieren brauchen, und ihr Nutzen hat im Lauf der Zeit nicht abgenommen. Meine Angst vor Raubtieren ist vermutlich wesentlich geringer als die meiner Urahnen, doch muss ich nun in der Lage sein zu entscheiden, ob der Fremde, der auf mich zukommt, mich um Feuer bitten oder um meine Brieftasche erleichtern will, ob die Explosionen draußen eine Gefahr für mein Leben darstellen oder ob es sich lediglich um ein Feuerwerk handelt, und ob meine Zweijährige das Legoteil, das nirgendwo mehr zu sehen ist, gerade gegessen hat oder nicht. Das Theoretisieren ist für unsere Spezies so wie das Vögeln immer relevant.

Dieser evolutionäre Nutzen des Theoretisierens ist eine Erklärung dafür, warum wir so viele Vorstellungen und Überzeugungen haben – einschließlich der abgeleiteten, die uns zunächst gar nichts nützen. So wie unser Fortpflanzungstrieb am Ende Paris-Hilton-Videos und unser Sprachinstinkt Proust hervorgebracht hat, ist auch unser Instinkt zu theoretisieren schon lange über das Bedürfnis zu überleben hinausgewachsen. Weil wir Dinge interpretieren mussten (unbekannte Beeren, raschelnde Büsche), waren wir schließlich imstande, alles sinnvoll zu interpretieren. Und genau das tun wir auch. Wer Shakespeares Stücke schrieb, warum der Autismus zunimmt, was mit diesem verheirateten Paar bei der Cocktailparty los war und warum wir die eine Strumpfhose nehmen und nicht die andere. Es gibt praktisch kein Thema – egal welchen Lebensbereich es betrifft, wie dringlich oder banal es sein mag und wie viel oder wenig wir darüber wissen –, das sich nicht als Futter für unseren interpretationsfreudigen Geist eignet.

Der evolutionäre Drang zu theoretisieren und zu interpretieren macht ebenfalls deutlich, warum wir uns ständig, und das unbewusst, Vorstellungen machen. Natürlich sind wir auch in der Lage, bewusst zu theoretisieren, und wir tun dies unablässig. Wir können jedoch nicht *nicht* interpretieren. So wie das Atmen können wir auch den Prozess der Überzeugungsbildung ignorieren oder kontrollieren – doch was immer wir tun, das Ganze wird weitergehen, solange wir leben. Und das aus gutem Grund: Wollen wir lieber zu Abend essen, statt ein Abendessen zu sein, leistet uns ein Vorgang, der so schnell und automatisch abläuft, dass wir ihn gar nicht erst bewusst in Gang setzen müssen, gute Dienste.

Wie bei unseren Wahrnehmungsprozessen sind wir uns dieses automatischen Interpretierens nur bewusst, wenn etwas schiefgeht. Ein Beispiel: Vor nicht allzu langer Zeit hatte ich mich mit einer Interviewpartnerin zum Kaffee in Manhattan verabredet. Als ich das Café betrat und sie aufstand, um sich mir vorzustellen, machte ich die übliche, aber irgendwie immer wieder überraschende Erfahrung, dass sie überhaupt nicht so aussah, wie ich es erwartet hatte. Das Seltsame an dieser Erfahrung war, dass ich vor dem Treffen mit dieser Frau nicht wusste, dass ich mir ein Bild von ihr gemacht hatte. Und doch hatte ich, ohne es zu wissen, irgendwo in meinem Hinterkopf eins von ihr entworfen. Dieser Prozess muss zudem ziemlich kompliziert gewesen sein, denn als ich darüber nachdachte, wurde mir klar, dass ich die Person, die ich erwartet hatte, nicht nur beschreiben konnte, ich konnte auch einige der Faktoren benennen, die mich dazu geführt hatten, das falsche Porträt zu zeichnen: ein Name, den ich mit einer bestimmten Ära und Ethnizität assoziierte, eine Information, die auf eine gewisse Ästhetik hindeutete, usw. Kurz gesagt, in meinem Kopf fand ein komplizierter Theoriebildungsprozess statt, ohne dass ich mir dessen bewusst gewesen wäre. Das geschieht bei uns allen, pausenlos. Unbewusst sammeln wir fortwährend Informationen aus unserer Umwelt, fügen sie unserem Modell der Welt hinzu und benutzen sie, um dieses Modell zu verändern.

So wie der viel diskutierte Sprachinstinkt ist auch der Interpretationsinstinkt nur Theorie. Niemand weiß, ob unsere Fähigkeit, Hypothesen über die Welt aufzustellen, wirklich Teil unserer Grundausstattung ist. Wir wissen jedoch, dass sie sehr früh einsetzt. So gibt es Hinweise darauf, dass schon sieben Monate alte Babys über grundlegende physikalische Eigenschaften wie die Schwerkraft Interpretationen anstellen.[18] Das mag man kaum glauben, doch hängen Sie noch ein paar Monate dran, und Sie haben ein Kleinkind vor sich – und Kleinkinder sind berüchtigte Theoretiker. Ausgerüstet mit nicht viel mehr als einem unstillbaren Forscherdrang und einer Begeisterung für das Wort »warum«, scheint der durchschnittliche Zweijährige entschlossen zu sein, es mit der ganzen Welt aufzunehmen. Und genau das tut er auch. Denn schließlich ist die Kindheit die Zeit, in der unsere Umwelt am geheimnisvollsten und unser Bedürfnis, sie zu entschlüsseln, am größten ist. Alison Gopnik, Psychologin an der Berkeley University, hat sogar behauptet, der Interpretationstrieb sei vor allem für die frühe Kindheit geschaffen, auch wenn wir ihn ein Leben lang haben – so wie der Sexualtrieb vor allem für unsere fruchtbaren Jahre da ist, obwohl wir lange davor und danach sexuell aktiv sind[19].

Ob sich die Vorstellung von einem Theorieinstinkt letztlich als biologisch haltbar oder einfach nur als geeignete Analogie erweist, die Entwicklung von Überzeugungen spielt für unsere Spezies ganz klar eine zentrale Rolle. Abgesehen von ihrem Wert für unser Überleben, beeinflusst sie die Art und Weise, wie wir uns in der Welt einrichten, und zwar unbestreitbar zum Besseren. Wieder beschwöre ich die Analogie zu Sex und Sprache herauf: Es ist gut, Babys zu zeugen und Warnrufe auszustoßen. Aber *richtig* gut ist es, sich zu lieben und Shakespeare zu lesen. Dasselbe gilt für das Interpretieren: Bei dem Instinkt geht es ums Überleben, doch bei dem Mehr geht es ums Leben. Es bereichert unseren Alltag (dieses Nachdenken über unseren Boss während der Happy Hour) und befähigt uns zu außergewöhnlichen Leistungen (das erhoffte Heilmittel für Krebs). Ohne das Herstellen sinnvoller Zusammenhänge wären wir praktisch all unserer wichtigen menschlichen Errungenschaften beraubt: Religion, Wissenschaft und Geschichtenerzählen; Neugier, Erforschung und Entdeckung. Mit ihm können wir uns über die bekannte Welt hinauswagen, hin zu all dem, was uns verborgen ist – die Vergangenheit und die Zukunft und das weit Entfernte; das unbekannte Wirken der Natur, das Innenleben anderer Menschen. Ein Geschenk, das uns eine Existenz jenseits des nackten Überlebens in Aussicht stellt.

Wie vorauszusehen, gibt es an dieser Stelle ein Problem. Obwohl wir äußerst geschickt darin sind, Modelle der Welt zu entwerfen, können wir nur schlecht erkennen, dass wir sie entworfen haben. Denn wir empfinden (wie ich schon bei meinen Ausführungen über die Wahrnehmung erwähnt habe) unsere Überzeugungen oft nicht als Konstruktionen, sondern als Widerspiegelungen, so als sei unser Geist einfach ein Spiegel, in dem die Wahrheit der Welt erscheint.

Psychologen bezeichnen diese Überzeugung als naiven Realismus. Der naive Realismus ist ein Hang, kein philosophischer Standpunkt. Glaubten Sie tatsächlich, dass die Welt genau so sei, wie Sie sie erfahren, wären Sie eindeutig ein naiver Realist, doch soweit ich weiß, hat sich in der gesamten Menschheitsgeschichte noch niemand dieser Haltung verschrieben. Selbst der leidenschaftlichste Realist erkennt, dass unsere Erfahrungen in der Welt nicht identisch mit der Welt selbst sind. Hier ein paar ganz einfache Beispiele: Fledermäuse kennen die Farbe Rot nicht, ein Felsen weiß nicht, was laut ist, und für ein Shetlandpony gibt es (soweit wir wissen) nichts wie Triumph oder Bedauern. Farben, Geräusche und Gefühle spielen in unserem Weltverständnis eine wichtige Rolle, doch sind sie der Welt nicht inhärent, weil sie verschwinden, sobald kein Geist mehr da ist, der sie wahrnimmt. Umgekehrt gibt es viele Dinge in der Welt, die wir Menschen nicht direkt erfahren können: das Infrarotspektrum, die Struktur von Molekülen und höchstwahrscheinlich viele weitere Dimensionen.

Es gibt sie also aus gutem Grund nicht, die Verfechter des naiven Realismus. Aber das heißt nicht, dass es keine naiven Realisten gibt. Im Gegenteil, es gibt ihrer viele – angefangen bei allen unter Vierjährigen, wie Forschungen zeigen. Kleinkinder scheinen wahrhaftig zu glauben, dass unser Geist und die Welt niemals voneinander abweichen. Deswegen halten sie es für unmöglich – und deswegen spielt der naive Realismus für dieses Buch eine so große Rolle –, dass wir Dinge glauben, die falsch sind.

Wir verdanken diese Erkenntnisse über Kleinkinder einem der klassischen Experimente der Entwicklungspsychologie. Das Experiment ist bekannt als der False-Belief-Test[20] oder informell auch als Sally-und-Ann-Aufgabe, und zwar nach der berühmtesten seiner vielen Varianten. Wenn Sie ein Kind unter vier Jahren zu Ihren Bekannten zählen, können Sie diesen Test selbst wiederholen – und das sollten Sie tun, denn solange man nicht selbst erlebt hat, zu welchen Ergebnissen er führt, ist es schwierig, sie zu verstehen, geschweige denn, sie für wahr zu halten. Sie brauchen nur ein kleines Puppenspiel zu inszenieren. Eine Figur (in der klassischen Version Sally) nimmt eine Tafel Schokolade, legt sie in einen Korb, schließt den Deckel und verlässt den Raum. Sobald sie verschwindet, nimmt eine andere Figur (Ann) die Schokolade aus dem Korb und versteckt sie in einem Schrank. Fragen Sie das Kind jetzt Folgendes: Wenn Sally zurückkommt, wo wird sie nach ihrer Schokolade suchen?

Wenn das Kind, mit dem Sie dieses Experiment durchführen, Ihr eigenes ist, dann wissen Sie sicher, dass Kinder dieses Alters hervorragende Denker sind. Sie sprechen und verstehen ihre

Muttersprache (oder Sprachen überhaupt) mit Leichtigkeit und fügen ihr Wörter und Begriffe mit einer Geschwindigkeit hinzu, um die jeder Erwachsene sie beneidet. Sie haben eine unstillbare Neugier, schenken ihrer Umwelt allergrößte Beachtung und sind zu beeindruckenden Gedächtnis- und Konzentrationsleistungen fähig. Sie verstehen Ursache und Wirkung und können ergründen, wann, warum und wie Dinge passieren. Sie ziehen Schlussfolgerungen über die sie umgebende Welt, die – selbst wenn sie falsch sind – von einer erstaunlichen Aufmerksamkeit zeugen. Sie spielen Spiele, ja sie erfinden sie sogar. Sie bewältigen schwierige soziale Interaktionen, und sie verstehen, dass verschiedene Menschen verschiedene Bedürfnisse, Wünsche und Gefühle haben können. Je nachdem, in welche Familie sie hineingeboren wurden, lesen sie vielleicht schon die Geschichten oder lernen, Hockey oder Geige zu spielen. Und dennoch werden ebendiese brillanten Kinder ausnahmslos berichten, dass Sally nach ihrer Schokolade nicht in dem Korb suchen wird, in den sie sie gelegt hat, sondern in dem Schrank, in dem die Schokolade versteckt wurde, während Sally draußen war.

Für Erwachsene (und auch für Sechsjährige) ist diese Antwort verwirrend. Wir wissen, dass Sally unmöglich wissen kann, wo ihre Schokolade sich tatsächlich befindet, weil sie nicht sehen konnte, dass Ann sie an einen anderen Platz gelegt hat. Doch dieses Experiment zeigt, dass Kleinkinder sich nicht um derlei Mechanismen scheren. In ihren Augen stimmen die Welt und der Geist automatisch überein: Sally denkt, die Schokolade befindet sich in dem Schrank, weil die Schokolade in dem Schrank *ist*. Erwachsene erkennen unabhängig davon, ob sie Realisten oder Relativisten sind, dass der Verstand eine je eigene Darstellung der Realität vornimmt – die Welt, wie sie sich dir oder mir oder Sally darstellt. Kinder hingegen scheinen zu denken, dass der Geist ein *Abbild* der Realität enthält: die Welt, wie sie von Xerox wiedergegeben wird. Anscheinend verstehen sie nicht, dass unsere Annahmen, wie die Welt beschaffen ist, sich von dieser unterscheiden können.[21]

Wenn Ihnen der Sally-und-Ann-Test nicht reicht, dann denken Sie einmal über folgende noch erstaunlichere Variante nach. Bei dieser Version wird Kindern eine Smarties-Schachtel gezeigt, und sie werden gefragt, was diese ihrer Meinung nach enthält. Natürlich sagen sie »Smarties«. Wenn sie die Schachtel öffnen, stellen sie jedoch (vermutlich zu ihrer Enttäuschung) fest, dass sich lauter Stifte darin befinden. Und jetzt kommt das Erstaunliche: Wenn man die Kinder dann fragt, was sie vor dem Öffnen gedacht haben, was in der Schachtel sei – das heißt etwa zwanzig Sekunden zuvor –, behaupten sie steif und fest, sie hätten gedacht, sie enthalte Stifte. Was Kinder von der imaginären Sally behaupten, behaupten sie auch von sich selbst: dass ihre Weltsicht nicht von der tatsächlichen Welt abweichen *kann*.

Dieser Glaube an die Exaktheit unserer Überzeugungen ist vergänglich. Im Alter von fünf Jahren bestehen praktisch alle Kinder mit Leichtigkeit den Sally-und-Ann-Test. Damit das möglich ist, haben sie das erworben, was Entwicklungspsychologen als »Representational Theory of Mind« (Repräsentationstheorie des Geistes) bezeichnen. Das heißt, die Kinder haben herausgefunden, was man unter Bewusstsein versteht, zumindest annähernd – nämlich kein Abbild der Realität, sondern ein persönliches Mittel, die Welt zu verstehen. Und sie haben herausgefunden, dass jeder einen Geist hat. Dieses modifizierte Verständnis führt zu bemerkenswerten neuen Einsichten: dass Vorstellungen von der Welt mit der tatsächlichen Welt nicht übereinstimmen; dass die eigenen Vorstellungen nicht mit denen anderer übereinstimmen; dass andere Menschen nicht unbedingt alles wissen, was man selbst weiß; und umgekehrt, dass man selbst nicht unbedingt alles weiß, was andere Leute wissen.

Diese Einsichten sind für Erwachsene scheinbar so evident, dass sie leicht deren Bedeutung übersehen. Zu begreifen, was der Verstand tut, zu verstehen, dass Menschen falsche oder andere Vorstellungen als wir selbst haben, setzt gereiftes Denken voraus. Es ermöglicht es uns, »Gedanken zu lesen« – nicht in dem Sinne, in dem Menschen mit übernatürlichen Kräften diesen Begriff benutzen, sondern wie Psychologen es tun –, das heißt, aus Worten, Handlungen oder Lebensverhältnissen von Menschen auf ihre Gedanken und Gefühle zu schließen. Rebecca Saxe, eine Neurowissenschaftlerin am MIT, die wesentlich zu unserem Verständnis der Hirnstrukturen beigetragen hat, die der Theory of Mind (ToM) zugrundeliegen, führt das Beispiel von *Romeo und Julia* an[22]. Als Zuschauer wissen wir, dass die scheinbar tote Julia nicht wirklich tot ist, wie Romeo glaubt, sondern nur einen Schlaftrunk genommen hat. Doch wenn wir keine Theory of Mind hätten, könnten wir nicht unser eigenes Wissen beiseiteschieben und die Szene so sehen, wie Romeo es tut – und würden folglich nicht begreifen, warum er sich das Leben nimmt. Wir würden die falsche Überzeugung, die die Tragödie auslöst, ganz und gar nicht verstehen.

Dasselbe würde für ganze Bereiche der sozialen Landschaft gelten. Ohne Theory of Mind wären wir nicht imstande, die Feinheiten eines Flirts zu registrieren, die versehentlichen Kränkungen zu erkennen, die wir einem Freund zufügen, oder vorherzusehen, dass es unsere Familie beunruhigen und erzürnen könnte, wenn wir vier Stunden später nach Hause kommen. Wie diese Beispiele nahelegen, ist die Theory of Mind für unsere emotionale, intellektuelle und moralische Entwicklung unerlässlich. (Wir haben eine gewisse Vorstellung davon, wie gefährdet wir ohne sie wären, weil ihre Abwesenheit oder geringere Ausprägung charakteristisch ist für Menschen mit Autismus oder dem Asperger-Syndrom.[23])

Sobald man die Theory of Mind erworben hat, gibt es kein Zurück mehr; falls man sich nicht eine schwere Gehirnschädigung zuzieht, wird man beim Sally-und-Ann-Test nie wieder durchfallen. Doch die Anziehungskraft des naiven Realismus verblasst niemals ganz. Natürlich werden wir abstrakt verstehen, dass unsere Überzeugungen von unendlich vielen Faktoren verzerrt werden können, angefangen beim versteckten Eigennutz bis hin zu den Grenzen des Wissens – dass wir etwa, wie Sally, manchmal einfach nicht zur richtigen Zeit im richtigen Raum sind. Doch wenn es um unsere besondere Weltsicht geht, werden wir nur allzu leicht wieder zu Kleinkindern, glauben, dass unsere eigenen Überzeugungen zwangsläufig wahr sind.[24]

Warum verhalten wir uns so? Die Antwort, die sich zunächst aufdrängt, ist die, dass wir so sehr an unseren Überzeugungen hängen, dass wir nicht in der Lage oder nicht willens sind, sie als irgendetwas anderes als die heilige Wahrheit zu betrachten. (Das Wort »believe« [glauben] leitet sich von einem altenglischen Verb mit der Bedeutung »lieb und teuer sein« ab, was ganz richtig nahelegt, dass wir uns nur allzu gern in unsere Vorstellungen verlieben, sobald wir sie gewonnen haben.) Diese Antwort hat eine Menge für sich, und auf den folgenden Seiten wird einiges dazu gesagt werden.

Zunächst möchte ich jedoch eine andere, weniger naheliegende Theorie darüber vorstellen, warum wir uns so verhalten, als seien unsere Überzeugungen zwangsläufig wahr – dass wir nämlich logischerweise dazu verpflichtet sind. Philosophen haben einen Begriff für diese Theorie, doch leider ist es einer, auf den nur Philosophen verfallen: the First Person Constraint on Doxastic Explanation.[25] »Doxastisch« heißt »den Glauben betreffend«; die seltsame Silbe *dox* ist dieselbe, die in Wörtern wie »orthodox« (»rechtgläubig«) und paradox (»widersinnig«) vorkommt. In der Laiensprache bedeutet diese Bezeichnung, dass jeder von uns nur sehr begrenzt erklären kann, warum er bestimmte Dinge glaubt.

Ich werde diesen umständlichen Namen (aus Gründen, die gleich deutlich werden dürften) über Bord werfen und das Ganze das Weil's-wahr-ist-Gebot nennen. Und so funktioniert es: Nehmen wir einmal an, ich würde glauben, dass es gut für meine Gesundheit sei, grünen Tee zu trinken. Nehmen wir weiter an, dass ich seit zwanzig Jahren täglich drei Tassen grünen Tee trinke, dass ich aus einem alten Teetrinkergeschlecht stamme und dass ich die Geschäftsführerin des familieneigenen Unternehmens Green Tea International bin. Ein unvoreingenommener Beobachter würde sofort erkennen, dass es für mich drei zwingende Gründe gibt, an die heilsame Wirkung von grünem Tee zu glauben, die alle nichts damit zu tun haben, ob der Tee diese Wirkung tatsächlich hat. Da ich erstens große Mengen davon getrunken habe, zumindest zum Teil aufgrund der Überzeugung, dass ich damit meine Chancen auf ein langes und gesundes Leben erhöhe, werde ich gegen den kleinsten Hinweis, dass all dieser Tee keinerlei Wirkung habe (oder schlimmer noch, eine schädliche Wirkung habe) immun sein. Da zweitens meine Treue gegenüber grünem Tee Teil einer fest verwurzelten und vermutlich sakrosankten Familientradition ist, könnte ein Infragestellen seiner Wirkung sich nicht nur negativ auf meine engsten Beziehungen auswirken, sondern vor allem auch auf meinen Anteil am Familienvermögen. Schließlich stützt sich mein finanzieller und beruflicher Status auf den Glauben, dass grüner Tee gut für die Gesundheit sei.

Kurz gesagt, ich habe wichtige soziale, psychologische und praktische Gründe, an die Vorteile von grünem Tee zu glauben. Der Kern des Weil's-wahr-ist-Gebots ist der, dass ich persönlich nicht glauben kann, diese Gründe seien auch nur irgendwie bedeutsam für meine Überzeugung, dass grüner Tee gut für mich ist. Stattdessen muss ich glauben, dass diese Überzeugung auf

Fakten basiert: in diesem Fall auf dem gesundheitlichen (und nicht dem emotionalen, finanziellen oder familiären) Nutzen von grünem Tee. Mit anderen Worten, ich muss glauben, dass ich es glaube, *weil es wahr ist.* Wie der Philosoph Ward Jones sagte: »Es macht einfach keinen Sinn, einerseits zu glauben, dass P wahr ist« – wobei »P« für jede beliebige Aussage steht –, »und andererseits davon überzeugt zu sein, dass ich es aus Gründen tue, die nichts damit zu tun haben, dass P wahr ist.«

In einem bestimmten Licht betrachtet mag das Weil's-wahr-ist-Gebot völlig logisch sein. *Natürlich* müssen wir denken, dass unsere Annahmen wahr sind: sonst bräuchten wir nicht an sie zu glauben. Schön und gut. Doch eine der Stärken der Philosophie besteht darin, das Selbstverständliche genau unter die Lupe zu nehmen – und wenn wir das Weil's-wahr-ist-Gebot genau unter die Lupe nehmen, sehen wir den Kern unserer Beziehung zum Irrtum. Vor allem fangen wir an zu begreifen, warum wir so davon überzeugt sind, dass unsere eigenen Vorstellungen richtig sein müssen, und warum wir gar nicht einsehen, diese Annahme auch auf andere Menschen zu übertragen.

Sehen wir uns die Sache also genauer an. Das Weil's-wahr-ist-Gebot ist an mehrere Bedingungen geknüpft; die erste: Sie gilt nur für meine jetzigen Annahmen. Dagegen kann ich problemlos zugeben, dass meine Annahmen von früher den Fakten nicht standhielten – dass die Vorstellung, Ehebrecher sollten für immer und ewig im Höllenfeuer schmoren, Ergebnis meiner protestantischen Erziehung war, oder dass es sich bei meiner Mitgliedschaft in der International Socialist Organization nur um eine Form der Rebellion gegen meine konservativen Eltern handelte. Außerdem kann ich, sobald ich eine Ansicht verwerfe, oft *nur* noch die persönlichen Gründe erkennen, die einmal ausschlaggebend waren, und keine Anhaltspunkte mehr dafür, dass sie rational zwingend waren.

Die zweite Bedingung des Weil's-wahr-ist-Gebots ist, dass es nur für bestimmte Überzeugungen gilt – und nicht etwa für alles, was ich glaube. Wie bereits erwähnt, würden die meisten von uns zugeben, dass Überzeugungen von allen möglichen abstrakten Faktoren beeinflusst werden. Wir können sogar weitergehen und zugeben, dass auch eigene Überzeugungen davon betroffen sind. Nur wenn wir mit einer ganz bestimmten gerade relevanten Ansicht konfrontiert werden, kommt das Gebot zum Tragen. Fragen Sie mich, ob ich glaube, dass meine Vorstellungen durch Vorurteile beeinflusst werden, und ich werde Ja sagen. Fragen Sie mich nach der Treue meiner Freundin, danach, welche Garantie mir meine gesunde Lebensführung gibt, oder nach der Exaktheit der Daten, die ich gerade in dieser bedeutenden Zeitschrift veröffentlicht habe – also, ich versichere Ihnen, dass ich an *diese* Dinge nicht glaube, weil sie beruhigend oder bequem sind, sondern weil sie, Gott noch mal, wahr sind.

Und nun zur wichtigsten Bedingung des Weil's-wahr-ist-Gebots: Sie liegt in dem, was der erste Teil ihrer wahren Bezeichnung (the First Person Constraint on Doxastic Explanation) nahelegt. Sie gilt ausschließlich für uns selbst, nicht für die Ansichten anderer Leute. Nichts hindert mich daran zu denken, dass Ellen nur an Gott glaubt, um ihre Angst vor dem Tod zu mildern, oder dass Rudolf gegen die Waffenkontrolle ist, weil sein Vater im Vorstand der NRA (National Rifle Association) sitzt, oder dass Sie den Behaviorismus für Unsinn halten, weil Ihre Berufungskommission das auch tut. Im Gegenteil, wir unterstellen anderen Menschen ständig voreingenommene und egoistische Motive für ihre Überzeugungen und Ansichten. Und vor allem tun wir das fast immer auf abschätzige Weise. Wenn ich sage, dass die Geschäftsführerin von Green Tea International finanziell davon profitiert, an die Vorteile von grünem Tee zu glauben, dann unterstelle ich nicht mal, dass sie nicht qualifiziert genug ist, das zu beurteilen – eher noch, dass an ihrer Überzeugung nichts Wahres dran ist.[26] Mit anderen Worten, wenn wir eine Überzeugung in Misskredit bringen, dann argumentieren wir, dass sie nur der Vorteilsnahme dient; wollen wir sie dagegen verfechten, dann behaupten wir, dass sie wahr ist. Deswegen spielen wir die eigennützigen Aspekte unserer Überzeugungen herunter oder weisen sie von der Hand, und zwar genauso schnell, wie wir sie in den Überzeugungen anderer entdecken.

Psychologen bezeichnen diese Asymmetrie als »blinden Fleck«.[27] Dieser blinde Fleck erklärt sich zum Teil daraus, dass wir uns alle für überdurchschnittlich halten – amüsanterweise auch in puncto Unvoreingenommenheit. Ein zweiter Erklärungsansatz ist, dass wir zwar in uns selbst, aber nicht in andere hineinschauen können. Das hat eine methodische Asymmetrie zur Folge: Unsere Schlussfolgerungen, was Vorurteile anderer Menschen betrifft, ziehen wir aufgrund des äußeren Anscheins, bei unseren eigenen Vorurteilen aber auf der Basis der Selbstbeobachtung. Da ein Großteil der Überzeugungsbildung weder bewusst stattfindet noch Spuren im Bewusstsein hinterlässt, hat die Bewertung unserer eigenen Vorurteile fast immer Rechtfertigungscharakter. Bestenfalls geben wir zu, dass es äußere Einflussfaktoren gegeben haben könnte, kommen jedoch schließlich zu dem Schluss, dass es nicht der Fall war. Das überzeugt natürlich niemanden, außer uns selbst. So stellten Emily Pronin, eine Psychologin der Princeton University, und ihre Kollegen bei einer Studie zum blinden Fleck Folgendes fest: »Uns macht es überhaupt nichts, wenn andere uns versichern, dass sie ihr Herz und ihren Verstand geprüft haben und zu dem Schluss gekommen sind, sie seien fair und objektiv gewesen.«

Wir schauen also in unser Herz und sehen Objektivität; wir bewerten unseren Verstand und sehen Rationalität; wir betrachten unsere Überzeugungen und sehen Realität. Genauso aber funktioniert das Weil's-wahr-ist-Gebot: Wir alle verwechseln unsere Modelle der Welt mit dieser selbst – nicht ab und an mal oder ganz zufällig, sondern *notwendigerweise*. Hier haben wir es mit einem Phänomen zu tun, das eine ganze Menge Begleiterscheinungen nach sich zieht, die wiederum bestimmen, wie wir reagieren, wenn unsere Anschauungen herausgefordert werden – leider nicht besonders gut, wie es aussieht.

Zunächst tippen wir auf Unwissenheit. Da wir davon ausgehen, dass unsere eigenen Überzeugungen auf Fakten basieren, folgern wir, dass Menschen, die anderer Meinung sind, einfach nicht die richtigen Informationen haben und dass sie, wenn sie diese Informationen hätten, zwangsläufig in unser Lager überwechseln würden. Diese Annahme ist außerordentlich weit verbreitet. Jeder religiöse Bekehrungsversuch und ein Großteil des politischen Aktivismus (vor allem an der Basis), um nur die deutlichsten Beispiele zu nennen, basiert auf der inneren Gewissheit, dass man die Überzeugungen von Menschen ändern kann, indem man sie über bestimmte Themen informiert.

Die Annahme der Unwissenheit ist nicht immer falsch; manchmal kennen unsere ideologischen Gegner die Fakten tatsächlich *nicht*. Aber sie ist auch nicht immer richtig. Zum einen ist Unwissenheit nicht unbedingt ein Vakuum, das darauf wartet, gefüllt zu werden; sie kann genauso gut wie eine Mauer wirken, die aktiv aufrechterhalten wird. Zum anderen, und wichtiger noch, kann die Annahme der Unwissenheit falsch sein, weil *wir* uns geirrt haben: Die Fakten könnten unseren eigenen Überzeugungen zuwiderlaufen, nicht denen unserer Gegner. Oder sie könnten so vieldeutig sein, dass sie mehrere Interpretationen zulassen. Dass wir diese Möglichkeit normalerweise ignorieren, zeugt von der starken Asymmetrie bei der Annahme der Unwissenheit. Wenn andere Menschen unsere Überzeugungen ablehnen, gehen wir davon aus, dass sie schlecht informiert sind. Lehnen wir aber ihre Überzeugungen ab, gehen wir davon aus, dass wir ein gutes Urteilsvermögen besitzen.

Wenn die Annahme der Unwissenheit uns nicht weiterbringt – wenn die Menschen stur bei ihrer Meinung bleiben, gehen wir zur Annahme der Dummheit über. Dann räumen wir ein, dass unsere Gegner die Fakten kennen, weisen aber von uns, dass sie intelligent genug sind, sie zu verstehen. Diese Annahme bezieht sich vor allem auf potenzielle Gegner. Im Verlauf der Arbeit an diesem Buch sprach ich mit einer linksgerichteten Anwältin, die mir erzählte, sie sei in einem fortschrittlichen Umfeld aufgewachsen und habe dann ein (in jeder Hinsicht) freies Kunstcollege besucht. Das hatte, so sagte sie, dies zur Folge: »Erst als ich zur juristischen Fakultät von Yale ging, habe ich wirklich kluge Leute kennengelernt, mit denen ich in ideologischer Hinsicht unterschiedlicher Meinung war. Es klingt sicher lächerlich, aber erst dort ist mir klar geworden, dass Konservative intelligent sein können.« Es wäre schön, klänge diese Aussage tatsächlich lächerlich, aber wir hören derlei so oft, dass uns hier nichts überrascht (außer vielleicht die Unverblümtheit). Denken Sie nur daran, wie oft wir Dinge sagen wie: »Welcher Idiot glaubt wohl...«

Die Standardantwort hier ist: der schlimme Idiot. Das ist nun die Annahme des Bösen – die Vorstellung, dass Menschen, die anderer Meinung sind, die Wahrheit zwar kennen und sie auch verstehen, sich aber vorsätzlich abwenden. Die Annahme des Bösen ist auch in der Religion üblich, in der das Wort »Ungläubiger« ein Synonym für »Übeltäter« ist. Aber sie gehört auch in die Politik. In »Präludium« beschreibt der Dichter William Wordsworth die Französische Revolution als eine Sache, die so »gut und auch rein« zu sein schien, »daß niemand sich / Dagegenstellen konnte, der nicht völlig / Verloren und verworfen, eingebildet, / Selbstsüchtig, schäbig, elend und mit Willen / Verdorben war, ein sittenloser Hasser / Dessen, was recht und billig ist – und wahr«. (Wordsworth verdammte darin weitgehend seine eigene doktrinäre Vergangenheit; dem Gedicht gab er den Untertitel »Das Reifen eines Dichtergeistes«.) Diese Zeilen machen deutlich, dass die Unvereinbarkeit von Weltbildern, aus der gewaltsame Konflikte entstehen, sehr schnell die Annahme des Bösen hervorruft. Umgekehrt provoziert die Annahme des Bösen besonders schnell gewaltsame Konflikte. (Wenn Weltbilder Konsequenzen haben, welche möglichen Konsequenzen hat dann wohl die Annahme, dass wer nicht unsere Meinung teilt, böse ist?) Doch Menschen, die nicht mit uns übereinstimmen, müssen nicht erst unseren Gott ablehnen oder unser Leben bedrohen, damit wir zu dem Schluss gelangen, dass sie verdorben sind. Heutzutage ist es geradezu unmöglich, das Radio einzuschalten, ohne auf eine Beschwörung des vermeintlich Bösen zu stoßen: darauf, dass Moderatoren oder Gäste oder Anrufer ihre ideologischen Gegner als moralisch verkommene Subjekte beschreiben, die darauf aus sind, unsere Zivilisation zu zerstören.

Das ist sicherlich heftig, doch entbehrt angesichts der Tatsache, dass wir unsere Modelle der Realität mit der Realität selbst verwechseln, nicht einer gewissen dunklen Logik. Denken Sie nur an die Anschuldigung, dass Menschen, die anderer Meinung sind, »realitätsfremd sind«. Tatsächlich meinen wir, dass sie nicht von unserer Welt sind; sie teilen nicht unsere Sichtweise. Indem sie die Welt nicht so sehen wie wir, unterhöhlen sie tatsächlich deren Realität und drohen, sie zu zerstören – zumindest in unseren Augen. Aber natürlich tun wir ihnen dasselbe an. Wir leugnen – ob implizit oder explizit –, dass sie dieselben intellektuellen und moralischen Fähigkeiten haben wie wir, und wir leugnen die Bedeutung und den Wert ihrer Lebenserfahrungen, aus denen zwangsläufig viele ihrer Vorstellungen erwachsen.

Von diesen drei Annahmen – der Annahme der Unwissenheit, der Dummheit und des Bösen – ist die letzte am unangenehmsten. Die erste ist jedoch die ausschlaggebende. Wir nehmen an, dass andere Menschen unwissend sind, weil wir es nicht sind; wir glauben, wir kennen die Fakten (wie es das Weil's-wahr-ist-Gebot gebietet), und wir glauben, dass diese Fakten hinter unserem Weltbild stehen. Anders ausgedrückt: Wir glauben, dass die Beweise für uns sprechen. Die Bedeutung genau dieser Überzeugung für den gesamten Inhalt dieses Buches kann gar nicht genug betont werden. Deswegen wenden wir uns als Nächstes dem Thema der Beweise zu. Weil wir uns bei der Einschätzung der Dinge so sicher sind, glauben wir entweder felsenfest, im Recht zu sein, sind umgekehrt geschockt, wenn sich herausstellt, dass wir unrecht haben, oder aber munitionieren uns, den Scharfsinn, die Intelligenz und die moralische Kompetenz derer zu leugnen, die anderer Meinung sind als wir.

Es ist alarmierend, mit welcher Selbstverständlichkeit wir so vorgehen – und nicht nur die Extremisten unter uns. Ich würde Alan Greenspan nicht als fanatischen Ideologen bezeichnen, und ich nehme an, dass das Wort »böse« für die Beschreibung von Menschen, die seine Ansichten über Wirtschaftspolitik nicht teilen, nicht zu seinem Repertoire gehört. Doch er stufte solche Menschen als gefährlich ein, und er versuchte (so wie unzählige echte Extremisten es getan haben), sie zum Schweigen zu bringen. So handelt keiner, der mit der Möglichkeit rechnet, dass sein eigenes Modell fehlerhaft sein könnte – oder dass es dieses Mal *seine* Überzeugungen sind, die gefährlich sind.

Das ist die Kehrseite unserer Leidenschaft für Theorien. Wie Kleinkinder oder Tyrannen halten wir schnell unsere eigenen Geschichten für die unfehlbare Wahrheit und stempeln jeden, der uns widerspricht, als verbohrt oder böse ab. Diese Neigung ist vor allem deswegen problematisch, weil sie Feindschaft und

Konflikte schürt. Aber sie ist auch problematisch, weil sie es schwer macht, unsere eigene Fehlbarkeit zu erkennen. Wenn wir annehmen, dass Menschen, die unrecht haben, unwissend oder dumm oder böse sind, dann ist es nicht verwunderlich, dass wir uns umgekehrt der Möglichkeit des eigenen Irrtums verschließen.

Kapitel 6
Unser Geist, Teil drei: Beweise

> *Rosenkranz:* Dort muß also Osten sein. Ich glaube, das kön-
> nen wir voraussetzen.
> *Güldenstern:* Ich setze gar nichts voraus.
> *Rosenkranz:* Nein, es stimmt schon. Dort ist die Sonne. Osten.
> *Güldenstern (blickt auf):* Wo?
> *Rosenkranz:* Ich habe sie aufgehen sehen.
> *Güldenstern:* Nein... Es war die ganze Zeit hell, verstehst du,
> und du hast bloß deine Augen ganz, ganz langsam geöff-
> net. Wenn du dabei nach hinten gesehen hättest, würdest
> du schwören, dort sei Osten.
>
> Tom Stoppard, *Rosenkranz und Güldenstern*

Im Jahr 1692 sah sich Richter William Stoughton, einer der angesehensten Gesetzgeber im kolonialen Amerika, mit einer ungewöhnlichen Verfahrensfrage konfrontiert: Sollten Erscheinungen böser Geister bei Gericht als Beweis zugelassen werden?
Stoughton leitete die Hexenprozesse von Salem und beschloss –
zum Leidwesen der hundertfünfzig Menschen, die inhaftiert
wurden, und der neunzehn, die nach Ablauf des Prozesses ge-
hängt wurden –, dass dem so sein sollte. Wenn Sie damals gelebt
und eines Nachts geträumt hätten, dass der vom Unglück ver-
folgte Goody Proctor in Ihrem Schlafzimmer gewesen sei und
versucht habe, Sie zu erdrosseln, hätten Sie dem Gericht Ihren
Traum als Beweis präsentieren können – »so als gäbe es keinen
Unterschied zwischen G. Proctor und dem Geist von G. Proctor«, wie ein zeitgenössischer Beobachter missbilligend sagte.
 Die Tatsache, dass es aus heutiger Sicht unvorstellbar wäre, Er-

scheinungen als Beweise zuzulassen, zeugt davon, wie sehr sich der Berufsstand der Juristen über die Jahrhunderte verändert hat. Doch die Fragen, mit denen sich Stoughton konfrontiert sah, spielen für die Tätigkeit eines Anwalts noch heute eine zentrale Rolle. Was zählt als Beweis? Wie werden Beweise erhoben? Unter welchen Umständen sind sie zulässig? Wie lassen sich bestimmte Beweise mit anderen vergleichen? Wie viel Gewicht sollte ihnen beigemessen werden? Die Art, wie wir diese Fragen beantworten, entscheidet wesentlich mit darüber, ob der Gerechtigkeit Genüge getan wird oder nicht. Tatsächlich hängt eine faire und konsequente Rechtsprechung in hohem Maße von einer fairen und konsequenten Beziehung zu den Beweismitteln ab. (Wir haben Begriffe für Zustände, in denen diese Beziehung nicht gegeben ist oder missachtet wird, und einer davon ist »Hexenprozesse«.)

Was im Rechtswesen gilt, gilt auch weit darüber hinaus. Auch wenn wir selten darüber nachdenken, so spielen Beweise doch eine zentrale Rolle in unserem Leben. Wir sind in den Wissenschaften auf sie angewiesen, um technologische Fortschritte erzielen und zu einem besseren Verständnis der Welt gelangen zu können. Wir sind als Journalisten auf sie angewiesen, um genau informiert zu sein und Einzelne wie Institutionen für ihre Handlungen verantwortlich machen zu können. Wir sind in der Politik auf sie angewiesen, um entscheiden zu können, welche Gesetze wir erlassen, welche Maßnahmen wir ergreifen und welche Kriege wir führen sollten. Und wir sind in der Medizin auf sie angewiesen, um unsere Gesundheit zu erhalten und Leben zu retten.

Diese Bereiche der Öffentlichkeit haben so wie das Rechtswesen bestimmte formale Vorstellungen von Beweisen entwickelt – welche Art von Informationen als Beweise infrage kommen, wie sie zu sammeln und wie sie zu bewerten sind. Doch auch für uns als Privatpersonen spielen Beweise eine bedeutende Rolle. Im vorhergehenden Kapitel haben wir festgehalten, dass wir ohne unsere Überzeugungen nicht existenzfähig sind, dass sie uns sagen, wo wir sind, wer wir sind und was wir als Nächstes tun sollen. Doch diese Überzeugungen entstehen nicht einfach auf gut Glück. Wir bilden uns eine Überzeugung, so wie Richter sich ihre Meinung bilden und Geschworene zu ihrer Entscheidung gelangen, nämlich gestützt auf Beweise. Natürlich haben wir nicht unbedingt *akkurate* Überzeugungen, die auf *guten* Beweisen basieren. Wie wir gesehen haben, kann ich durchaus sehr fragliche Vorstellungen von der Stringtheorie haben, und zwar auf der Grundlage dürftiger Informationen aus zweiter Hand; und eine Hannah konnte durchaus zu dem Schluss kommen, dass sie sehen könne, und zwar aufgrund falscher Signale ihres eigenen Gehirns. Mit anderen Worten, für uns gilt dasselbe wie für das Rechtswesen: Wie fair oder unfair, richtig oder falsch unsere Annahmen sind, hängt davon ab, wie gezielt wir Beweise sammeln und bewerten. Ein Artikel in der Zeitung, ein seltsamer Geruch im Kellergeschoss, ein bestimmter Gesichtsausdruck der Mutter, unser eigenes Bauchgefühl – alles, was von dem empfindlichen Apparat unseres Gehirns registriert wird, zählt.

Wie würden wir in einer perfekten Welt darangehen, all diese Beweise zu bewerten? Wie wir sehen werden, herrscht darüber weitgehend Einigkeit. Der ideale Denker geht unvoreingenommen an ein Thema heran, sammelt so viele Beweise wie möglich, bewertet sie in Ruhe und zieht entsprechende Schlüsse. Einig sind wir uns auch, dass wir unsere Annahmen nicht nur auf diese Weise gewinnen *sollten*, sondern dies auch tatsächlich tun. Um Rebecca Saxe zu zitieren, die Neurowissenschaftlerin, der wir bereits im letzten Kapitel begegnet sind: »Überzeugungen erwachsen aus der relativ objektiven Bewertung von Tatsachen sowie logischem Denken.«[1]

Dieses Modell der Funktionsweise unseres Geistes ist ein entscheidender Fortschritt gegenüber dem naiven Realismus. Statt wie Kleinkinder zu denken, die Welt sei genau so, wie wir sie wahrnehmen, erkennen wir, dass wir nur bestimmte Teile von ihr – bestimmte Beweise – wahrnehmen und dass folglich unser Verständnis unvollständig oder irreführend sein kann. Im Unterschied zum naiven Realismus schafft dieses Kognitionsmodell Platz für Irrtümer. Und es sagt uns indirekt auch, wie wir sie vermeiden können: Je mehr Beweise wir sammeln und je gründlicher und objektiver wir sie bewerten, desto exakter werden unsere Vorstellungen sein. So definierte Descartes Irrtum nicht als den Glauben an etwas, das nicht wahr ist, sondern den Glauben an etwas aufgrund unzureichender Beweise[2].

Diese Definition von Irrtum mag auf den ersten Blick brauchbar sein. Man kann niemanden davor bewahren, Dinge zu glauben, die unwahr sind, da wir immer glauben, dass wir richtig liegen. Dagegen ist es sowohl leicht als auch empfehlenswert, Menschen vor der Leichtgläubigkeit zu warnen. Doch bei dieser Vorstellung geraten wir schnell in Schwierigkeiten. Wie sollen wir erstens wissen, wann Beweismaterial die Schwelle von »unzureichend« zu »ausreichend« überschreitet? Und was sollen wir zweitens in Situationen tun, in denen uns keine zusätzlichen Beweise zur Verfügung stehen? Augustinus, der rund zwölfhundert Jahre vor Descartes bereits zu dessen Irrtumsdefinition gelangte, verwarf sie, als er die Probleme samt ihrer theologischen Implikationen erkannte[3]. Wenn man Menschen dazu ermutigt, einem Vorschlag, für den es nicht genügend Beweise gibt, ihre Zustimmung zu versagen, so erkannte er, ermutigt man sie zwangsläufig dazu, auch Gott ihre Zustimmung zu versagen.[4]

Augustinus hätte sich keine Sorgen zu machen brauchen. Denn auch wenn man andere unentwegt dazu drängt, nicht an Dinge zu glauben, für die es nur spärliche Beweise gibt, man wird keinen Erfolg damit haben – weil wir Menschen nämlich genau das *tun*: an Dinge glauben, für die es nur spärliche Beweise gibt.

Und wir tun dies nicht nur gelegentlich, das heißt, nur wenn wir schludrig nachdenken oder es nicht besser wissen oder gerade dabei sind, etwas zu vermasseln. Im Gegenteil: Der auf spärlichen Beweisen basierende Glaube ist der Motor, der die ganze erstaunliche Maschinerie der menschlichen Erkenntnis vorantreibt.

Descartes hatte recht mit seiner Angst, dass diese Art des Denkens uns zu Fehlern verleiten würde. Das tut sie. Da er daran interessiert war, die Wahrheit zu kennen und zu wissen, dass er sie kannte, versuchte er, ein Modell des Denkens zu entwickeln, das die Möglichkeit des Irrtums einschränken würde. (Von diesem Modell werden wir später noch mehr erfahren.) In der Tat war das Eindämmen von Irrtümern das Ziel der meisten Modelle optimaler menschlicher Erkenntnis, die im Lauf der Menschheitsgeschichte entwickelt wurden; Ausdruck dieses Ziels ist auch unser Bild vom idealen Denker. Manche dieser Modelle versuchten so wie das von Descartes, Irrtümer durch radikalen Zweifel einzudämmen, andere durch formale Logik – indem sie mithilfe von gültigen Prämissen zu notwendigerweise gültigen Schlussfolgerungen gelangten. Andere Modelle, einschließlich des Ideals vom idealen Denker, versuchen, Irrtümer durch Sorgfalt zu umgehen: der sorgfältigen Berücksichtigung von Beweisen und Gegenbeweisen, gepaart mit dem klugen Vermeiden vorgefasster Meinungen.

So gesehen ist unser kognitives Betriebssystem suboptimal. Mit radikalem Zweifel kann es nichts anfangen. Es stützt sich nicht auf formale Logik. Es sammelt nicht fleißig Beweise, ganz zu schweigen von Gegenbeweisen, und es könnte ohne vorgefasste Meinungen nicht funktionieren. Es ist eindeutig fähig, sich zu irren. Kurz gesagt, im Default-Modus funktioniert unser Geist überhaupt nicht wie die Modelle. Und doch arbeitet er – nicht trotz, sondern weil er sich zu irren in der Lage ist – besser als sie alle.

Diese Behauptung werde ich Ihnen jetzt beweisen. Genauer gesagt, ich werde *Sie* dazu bringen, sie *mir* zu beweisen. Unten finden Sie einen ganz kurzen Multiple-Choice-Test. Machen Sie ihn bitte. Wenn der Vierjährige oder die Vierjährige aus dem letzten Kapitel noch immer in Ihrer Nähe ist, lassen Sie auch ihn/sie den Test machen. Sie können ihm/ihr versichern, dass es sich nicht um Trickfragen handelt; deswegen sollte keiner von ihnen zu viel in sie hineininterpretieren. Hier der Test:

1. Was befindet sich hinter dem dunkler getönten Rechteck?

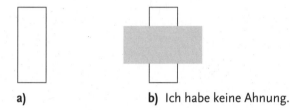

a)   **b)** Ich habe keine Ahnung.

2. Sie bereisen Quine. Ein Einheimischer, der Quinesisch spricht, zeigt Ihnen dieses Bild und sagt: »Das ist ein Gavagai.« Was ist ein Gavagai?

a) Ein Kaninchen   **b)** Woher soll ich das wissen?

3. Vervollständigen Sie den folgenden Satz: »Die Giraffe hatte einen sehr langen _____ .«

a) Hals   **b)** Da bin ich überfragt.

Gratuliere. Sie haben alle drei Fragen richtig beantwortet. Sie fanden den Test so einfach, dass Sie Glückwünsche für überflüssig halten? Aber genau das ist der Punkt: Dieses Quiz ist nicht einfach. Zumindest ist es nicht einfach *an sich*. Klar, Sie haben die Fragen beantworten können, und das kann ich auch und höchstwahrscheinlich auch ein vierjähriges Kind. Doch Computer – die im Handumdrehen Pi bis auf tausend Stellen hinter dem Komma berechnen können – sind bei Problemen wie diesen völlig aufgeschmissen. Hier also eine nicht einfache Frage für Sie: Warum ist etwas, das der Mensch so mühelos bewältigt, für eine Maschine völlig unmöglich?

Um ein Gefühl für die Antwort zu bekommen, denken Sie nur über einen Bruchteil der Möglichkeiten nach, die ein Computer berücksichtigen muss, wenn er dieses Quiz macht:[5]

1. Was befindet sich hinter dem dunkler getönten Rechteck?

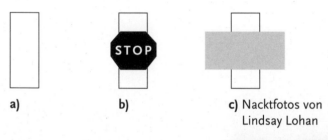

a)   **b)**   **c)** Nacktfotos von Lindsay Lohan

2. Sie bereisen Quine. Ein Einheimischer, der Quinesisch spricht, zeigt Ihnen dieses Bild und sagt: »Das ist ein Gavagai.« Was ist ein Gavagai?

a) Gras   **b)** Kaninchen plus Gras   **c)** Abendessen

3. Vervollständigen Sie den folgenden Satz: »Die Giraffe hatte eine sehr lange _____.«

a) Zunge   **b)** Reise von Kenia   **c)** Drogenabhängigkeit hinter sich

Diese Antworten kommen uns völlig absurd vor. Doch Computer haben keine Überwachungsfunktion für völlige Absurdität. Sie können diese Antworten (und Millionen andere) nicht ausschließen, weil nichts in der Logik solche Antworten daran hindert, korrekt zu sein. Übrigens hindert auch nichts im *Leben* solche Antworten daran, korrekt zu sein. Es ist durchaus möglich, dass irgendjemand irgendwo – ein Tierpfleger, ein Veterinär, der Autor eines Kinderbuches, jemand, der seit Langem Drogenmissbrauch betreibt – einen Satz über den langen Flug einer Giraffe von Kenia geäußert hat. Sie verstehen schon: Es gibt eine unendliche Anzahl in sich logischer, theoretisch möglicher Antworten auf diese Fragen. Computer erkennen das und können deswegen die Fragen nicht beantworten.

Wir Menschen hingegen haben keine Schwierigkeiten mit deren Beantwortung, weil es uns egal ist, ob etwas logisch gültig oder theoretisch möglich ist. Uns interessiert vielmehr, was *wahrscheinlich* ist, wobei unsere Entscheidung darüber, was wahrscheinlich ist, auf unseren vorangegangenen Welterfahrungen basiert. Und da kommen die Beweise ins Spiel: Wir wählen die wahrscheinlichste Antwort auf eine Frage, weil wir vergleichbare Situationen bereits erlebt haben (oder auch nicht). Im Lauf unseres Lebens haben wir zu Giraffen, Sätzen und Sätzen über Giraffen gewisse Dinge festgestellt, und aufgrund dieser Beobachtungen stellen wir eine wohlbegründete Vermutung über diesen bestimmten Satz diese bestimmte Giraffe betreffend an. Bezeichnenderweise spielt es keine Rolle, wie *viele* Beobachtungen wir über Sätze und Giraffen angestellt haben. Im Unterschied zu Descartes interessiert es uns nicht, ob wir ausreichend Beweise für eine bestimmte Schlussfolgerung haben – was gut so ist, da wir sie (wie das Computer-Rätsel zeigt) höchstwahrscheinlich nicht haben. Uns interessiert nur, ob unsere Beweise eine bestimmte Schlussfolgerung besser stützen als andere. Deswegen können Vierjährige trotz ihrer vergleichsweise begrenzten Erfahrung mit Sätzen und (wie man annehmen sollte) noch begrenzteren Erfahrung mit Giraffen diese Frage beantworten.

Die Strategie, aufgrund vergangener Erfahrungen Vermutungen anzustellen, ist als Induktionsschluss bekannt. Wie wir gesehen haben, gelingt es uns mithilfe des Induktionsschlusses weitaus besser als Computern, Probleme wie die im Quiz gestellten zu lösen. Doch der Induktionsschluss führt auch dazu, dass Menschen wie Descartes unruhig werden, weil er bedeutet, dass unsere Überzeugungen nicht unbedingt wahr sind. Stattdessen sind sie *probabilistisch* wahr. Diese Aussage stammt vom Philosophen David Hume (der sie auch berühmt machte), dem wohl ersten Denker, der die Bedeutung und die Grenzen des Induktionsschlusses voll und ganz erfasste[6]. Hier sein viel zitiertes Beispiel: Wie kann ich mir sicher sein, dass alle Schwäne weiß sind, wenn ich nur einen Bruchteil aller Schwäne gesehen habe, die je existierten? Verhielte sich die Welt immer einheitlich, gleichbleibend und vorhersagbar, könnte ich darauf vertrauen, dass ich hinsichtlich dieser Induktion (und aller Induktionen) recht habe.

Die Logik beinhaltet leider keineswegs, wie Hume bemerkte, dass die Welt so ist, und wir wissen dies aus Erfahrung. Ich kann die Augen für weitere weiße Schwäne offen halten, doch egal, wie viele ich entdecke, ich füge meinen Beweisen nur weitere hinzu, statt tatsächlich einen Beweis für das zwingende Farbschema von Schwänen zu erbringen. Mit anderen Worten, Induktionen lassen sich an sich nicht untermauern. Wir können wissen, dass sie falsch sind – so wie sich Humes Beispiel als falsch entpuppte, da man nach seinem Tod in Australien eine schwarze Schwanenart entdeckte –, aber wir können nicht wissen, ob sie richtig sind. Wir wissen nur, dass sie tendenziell richtig sind.

Bei Multiple-Choice-Aufgaben haben wir keine Probleme damit, unsere Vermutungen auf der Grundlage vorhandener Anhaltspunkte anzustellen, denn wir sind an das Lösen solcher Aufgaben seit der Grundschule gewöhnt. Doch nicht nur in banalen Situationen gehen wir induktiv vor. Im Gegenteil: Psychologen und Neurowissenschaftler gelangen zunehmend zu der Ansicht, dass der Induktionsschluss bei der menschlichen Kognition praktisch immer eine Rolle spielt. Tagtäglich stellen wir auf der Grundlage von Anhaltspunkten Vermutungen an, sowohl unbewusst (wenn etwa die motorischen Nervenfasern im Arm einschätzen, wie wir den Arm schwingen müssen, um einen Baseball zu treffen) als auch bewusst (wenn wir gegen die Red Sox wetten und abschätzen, wann die beste Gelegenheit dafür ist, unserem Partner zu erzählen, wie viel wir bei dieser Wette verloren haben).

Über Vermutungen haben wir auch fast alles gelernt, was wir über die Welt wissen. Denken Sie nur an die Sprache. Ihre Eltern haben Ihnen das Sprechen nicht beigebracht, indem Sie sich mit Ihnen hingesetzt und Ihnen erklärt haben, was ein Subjekt, ein Prädikat oder ein Objekt ist, wie die Vergangenheit von Verben gebildet wird, welche Endungen Adjektive haben und so weiter. Zum Glück für alle Beteiligten brauchten sie das nicht. Ihre Eltern mussten nur immer wieder erzählen, dass Mama die Milch eingießt und Laura ein hübsches Bild gemalt hat, und Sie haben dann selbst herausgefunden, wie Sprache funktioniert. Mehr noch: Sie haben die Hauptarbeit zwischen der Geburt und dem vierten Lebensjahr geleistet, und das, obwohl Sie nur einen Bruchteil der möglichen Wörter und Wortkombinationen unserer Sprache gehört haben.[7] Kann man Descartes besser entkräften als mit der Behauptung, dass wir nicht aus spärlichen Beweisen weitreichende Schlussfolgerungen ziehen sollten?

Seine Behauptung lässt sich jedoch zweifellos noch mit weiteren Beispielen widerlegen, denn die Sprache ist nicht die einzige Fertigkeit, die wir so erlernt haben. So wie uns niemand die allgemeinen Regeln der Grammatik beibringen oder uns sämtliche Hunderassen zeigen musste, ehe wir verstanden, was ein Hund ist, so musste uns auch niemand beibringen, dass man das Licht normalerweise durch die Betätigung eines Schalters anmacht. Wir haben es einfach ein paarmal gesehen, und innerhalb kürzester Zeit war die Beziehung zwischen Schalter und Licht fest in unserem Gehirn verankert.

Was für Ursachen und Wirkungen der Physik gilt, gilt auch für biologische und emotionale Kausalzusammenhänge. Dank des Induktionsschlusses finden wir sehr schnell heraus, dass das seltsame Jucken in der Nase nur dem Niesen vorausgeht, und dass Mom wütend wird, wenn wir das F-Wort benutzen. Letzteres Beispiel zeigt, dass Induktion im Umgang mit Menschen und auch uns selbst von zentraler Bedeutung ist. Tatsächlich basiert ein Großteil der psychoanalytischen Theorie auf der These, dass unsere frühesten Interaktionen mit nur wenigen Menschen für immer unser Bild darüber formen, wer wir sind, wie andere Menschen sind und welche Behandlung wir in unserem Leben von anderen erwarten können.

Sprache, Unterscheidung, Kausalität, Psychologie: Ohne Kenntnisse auf diesen Gebieten wären wir aufgeschmissen. Und ohne den Induktionsschluss – anhand sehr weniger Daten weitreichende Schlussfolgerungen zu ziehen – würden wir diese Kenntnisse nie erwerben. So oberflächlich sie anfänglich erscheinen mag, die Methode, durch Vermutungen zu Schlussfolgerungen zu gelangen, ist entscheidend für die menschliche Intelligenz. Ja, der Induktionsschluss gilt heutzutage als maßgeblich, was die menschliche Intelligenz *ausmacht*.

Doch in einem hatte Descartes recht: Der Induktionsschluss macht uns notgedrungen auch fehlbar. Wie schon erwähnt ist der springende Punkt bei den Schlussfolgerungen, zu denen wir durch Induktion gelangen, der, dass sie wahrscheinlich wahr sind – was bedeutet, dass sie auch falsch sein können. Dass man an ein englisches Verb, um die Vergangenheitsform zu erhalten, das Suffix -ed anhängen sollte, ist als Regel ein guter Induktionsschluss. Sie ist weitgehend korrekt, sie lehrt uns auf einen Streich eine Menge Wörter, und sie bereitet uns wesentlich weniger Qualen, als wenn wir uns die Vergangenheitsform jedes einzelnen Verbs einprägen müssten. Sie bedeutet allerdings auch, dass man früher oder später -ed an Verben anhängt, auf die diese Regel nicht zutrifft. Das sind triviale Fehler, die man schließlich ausmerzt. Wie wir jedoch sehen werden, sind Induktionsschlüsse auch für ganz und gar nicht triviale, vielmehr typische Fehler verantwortlich.

Unsere Fehler sind ein wesentlicher Bestandteil unseres sprühenden Geistes, nicht die leidigen Folgen gewisser Ausnahmen. Unsere Wahlmöglichkeiten im Leben bestehen deshalb auch nicht in sorgfältigem logischem Schlussfolgern einerseits, mit dem Ergebnis, dass wir Dinge richtig verstehen, und nachlässigen Induktionsschlüssen andererseits, mit dem Ergebnis, dass wir Dinge falsch verstehen. Stattdessen sind unsere Wahlmöglichkeiten reduziert, und das heißt, wir kommen am Induktionsschluss nicht vorbei, *weil* er uns immer wieder hilft, Dinge richtig zu verstehen – manchmal jedoch dazu führt, dass wir sie falsch verstehen. Mit anderen Worten – und das passt auch zu diesem Bild: Descartes hatte halb recht. Etwas auf der Basis von spärlichen Informationen zu glauben, ist unsere Art, uns zu irren. Aber es ist auch unsere Art zu denken. Das, was uns recht haben lässt, lässt uns auch unrecht haben.

Das ist die gute Nachricht. Die schlechte Nachricht ist, dass der Induktionsschluss nicht nur dazu führt, dass wir uns irren. Er führt auch dazu, dass wir uns auf eine Weise irren, die für unser Selbstbild als vernünftige Denker ziemlich beschämend ist.

Dazu folgende Geschichte, die mir ein Mann namens Donald Leka erzählte. 1978, als seine beiden Kinder noch die Grundschule besuchten, meldete Don sich freiwillig als Spendensammler für den Lehrer-Eltern-Ausschuss. Um Geld zu verdienen, aber auch um des Spaßes willen, bot er an einem Stand für 25 Cent rechtlichen Rat an – eine Art juristische Version von Lucys Beraterstand in »Die Peanuts«. Der Stand war ein Jux, doch als verantwortungsbewusster Anwalt achtete Don darauf, ihn mit praktizierenden Anwälten zu besetzen. Deswegen beunruhigte es ihn zu erfahren, dass ein Gast zu einer Frage aus dem Bereich der Gesundheitsfürsorge den rechtlichen Rat nicht von seinem Anwaltskollegen Jim erhalten hatte, sondern von Jims Frau. »Ich habe mir ziemliche Sorgen gemacht«, erinnerte sich Don, »denn ich wollte nicht, dass irgendwelche Ehefrauen herumliefen und Ratschläge erteilten, auch wenn das Ganze eher ein Spaß war. Deswegen habe ich, so schnell ich konnte, Jim ausfindig gemacht und ihn gefragt, was seine Frau da mache« – woraufhin Don erfuhr, dass Jims Frau der Syndikus der größten Krankenkasse in der Stadt war.

Natürlich war diese Geschichte extrem peinlich. Und natürlich vor allem für Don, der seinen Fehler auf »dummen Sexismus« zurückführt und noch heute zusammenzuckt, wenn er daran denkt. Dass wir derartige Fehler machen, liegt jedoch nicht *nur* am dummen Sexismus. Es liegt auch an den Fallen des Induktionsschlusses. Noch 2007, als Don mir diese Geschichte erzählte, waren nur ein Viertel aller Anwälte in den USA Frauen. In den Siebzigerjahren des vorigen Jahrhunderts lag die Zahl im unteren einstelligen Bereich, und Dons Erfahrungen bestätigten das: Als er 1967 seinen Abschluss an der Harvard Law School machte, waren 26 der 525 Studenten seines Jahrgangs Frauen – nur gute fünf Prozent. Als er seine erste Stelle antrat, zählte zu seinen dreiundzwanzig Anwaltskollegen nur eine Frau – knapp fünf Prozent. Dons Erfahrung zufolge waren fünfundneunzig Prozent aller Anwälte Männer. Ohne dass Don es wusste, verarbeitete sein Gehirn die Zahlen und schloss eine Wette ab. Diese Wette verlor er. Doch es war keine schlechte Wette – sie ging nur daneben.

Das ist das Problem mit dem Induktionsschluss: Wenn die Sache gut funktioniert (und wie wir gesehen haben, funktioniert sie insgesamt besser als alles andere), macht sie uns zu schnellen, effizienten Denkern, die zu erstaunlichen intellektuellen Leistungen fähig sind. Doch wie bei so vielen Systemen sind die Stärken des Induktionsschlusses auch seine Schwächen.

Dons Geschichte macht jedoch noch einen anderen Aspekt dieses Bias deutlich. Da es beim Induktionsschluss darum geht, auf der Basis begrenzter Beweise zu weitreichenden Schlussfolgerungen zu gelangen, ist er ein hervorragendes Mittel, Stereotype zu entwickeln. Bedenken Sie nur, welche Folgen es hat, wenn wir aus der Tatsache, dass »der Schwan weiß ist«, den Schluss ziehen, dass »alle Schwäne weiß sind«. Diese Verallgemeinerung mag unproblematisch sein, doch sehen wir uns die folgende an: »Dieser Moslem ist ein Terrorist«; »Alle Moslems sind Terroristen.« Mit einem Mal ist das induktive Denken gar nicht mehr so ungefährlich.

Könnten die Stereotype, die wir aufgrund weniger Beweise entwickelt haben, durch ebenso wenige Gegenbeweise aufgehoben werden, wäre dieses Merkmal des Induktionsschlusses nicht so schlimm. Ein oder zwei Gegenbeispiele würden falsche Verallgemeinerungen als solche entlarven, und wir würden unsere Überzeugungen entsprechend ändern oder verwerfen. Doch das ist das Paradoxe am Induktionsschluss: Obwohl uns nur wenige Beweise ausreichen, um Schlussfolgerungen zu ziehen, reichen sie uns selten aus, um diese wieder zu revidieren.

Betrachten wir noch eine zweite Geschichte, die mir eine Frau namens Elizabeth O'Donovan erzählt hat. Vor vielen Jahren stritt sich Elizabeth einmal mit einem Freund darüber, ob Orion ein Wintersternbild sei. (Wegen der jährlichen Rotation der Erde um die Sonne sind die meisten Sternbilder nur zu bestimmten Zeiten des Jahres sichtbar.) Elizabeth stritt dies kategorisch ab. »Das Peinliche an der Sache war«, erzählte sie mir, »dass mein Freund und ich damals auf einem Parkplatz standen, dass es Dezember war und ich gerade zum Himmel gezeigt und gesagt hatte: ›Das ist seltsam. Orion sollte jetzt nicht zu sehen sein; er ist ein *Sommer*sternbild.‹«

Man sollte meinen, dass es Elizabeth nachdenklich hätte stimmen müssen, einen Beweis vor sich zu haben, der ihrer Behauptung widersprach. Doch im Gegenteil: Der Streit eskalierte, bis sie mit ihrem Freund darum wettete, dass er unrecht habe. Der Verlierer, so einigten sie sich, würde den Gewinner vier Wochen lang einmal pro Woche zum Essen ausführen. »Ich war so verdammt verbissen«, erinnerte sie sich, »dass ich es für ein verrücktes astronomisches Phänomen hielt. Meine Logik war etwa die: ›Jeder weiß doch, dass Orion alle 52 Jahre achtzehn Monate lang am Stück zu sehen ist.‹« Wie wir an späterer Stelle sehen werden, ist diese Art des gequälten Theoretisierens typisch für die Krisen, die ausgelöst werden, wenn neue Beweise eine allgemein anerkannte Theorie infrage stellen. Sie ist auch ein dezenter Hinweis darauf, dass Sie eine Wette verlieren werden. (Der Ordnung halber: Orion ist von etwa Oktober bis März am Nachthimmel zu sehen, in der nördlichen wie in der südlichen Hemisphäre. Elizabeth lud ihren Freund vier Wochen lang zu Brathähnchen ein.)

Elizabeths Geschichte macht den nächsten Punkt unserer induktiven Befangenheit deutlich. Dieser ist berühmt genug, um sich einen eigenen Namen in der psychologischen Literatur verdient zu haben: die Bestätigungstendenz. Wie Sie vielleicht schon vermuten, ist die Bestätigungstendenz die Neigung, Beweisen, die unsere Überzeugungen bestätigen, mehr Gewicht beizumessen als Beweisen, die sie infrage stellen. Von außen betrachtet klingt das irrational. Tatsächlich ist die Bestätigungstendenz oft jedoch völlig vernünftig. Schließlich gibt es einen Grund für unsere Überzeugungen – vor allem, weil wir bereits früher auf Beweise gestoßen sind, die auf ihre Richtigkeit hinweisen. Und es ist clever – auch wenn es zuweilen an Sturheit grenzt –, mehr Vertrauen in diese früheren Beweise zu setzen als in alle Gegenbeweise, auf die wir später treffen. Erinnern Sie sich, dass unsere Beweise probabilistisch sind? Und je probabilistischer eine Sache ist, so lehrt uns die Wahrscheinlichkeitstheorie – langhalsige Giraffen, weiße Schwäne, Subjekt-Prädikat-Objekt-Sätze –, desto eher und häufiger werden wir ihr begegnen. Deswegen macht es Sinn, frühere Beweise bevorzugt zu behandeln.

Wie sehr die Bestätigungstendenz es auch verdienen mag, verteidigt zu werden, sie versetzt unserem idealen Denker einen weiteren Schlag. Der ideale Denker ist jemand, der so viele Beweise wie möglich sammelt und sie neutral bewertet, bevor er zu einer Schlussfolgerung gelangt. Wir haben bereits gesehen, dass unsere induktiven Annahmen die eine Hälfte dieses Ideals Lügen strafen. Wir sammeln nicht das Maximum an möglichen Beweisen, um zu einer Schlussfolgerung zu gelangen; wir gelangen zu einer bestmöglichen Schlussfolgerung auf der Basis eines Minimums an Beweisen. Und jetzt stellt sich heraus, dass unsere induktiven Annahmen auch noch die andere Hälfte des Ideals widerlegen. Wir bewerten Beweise nicht neutral; wir bewerten sie im Lichte der Annahmen, die wir bereits auf der Basis früherer Beweise entworfen haben.

Diesen Gedanken vertrat der Historiker und Wissenschaftsphilosoph Thomas Kuhn in seinem berühmten Werk von 1962, *Die Struktur wissenschaftlicher Revolutionen*. Vor Kuhn galten Wissenschaftler als Sinnbild des oben erwähnten idealen Denkers. Diese erkenntnistheoretisch erleuchteten Seelen, so glaubte man, zogen die Logik den Mutmaßungen und die Widerlegung (die Suche nach schwarzen Schwänen) der Bestätigung (der Suche nach weißen Schwänen) vor, testeten ihre Hypothesen eingehend, sammelten und analysierten Beweise neutral und formulierten erst dann ihre Theorien. Kuhn stellte diese Auffassung infrage und argumentierte, dass es – neben anderen Problemen, die dieses Modell aufwerfe – unmöglich sei, Wissenschaft in Abwesenheit einer gültigen Theorie zu betreiben.

Kuhn wollte das nicht als Kritik aufgefasst wissen oder zumindest nicht nur. Ohne Vorannahmen, so argumentierte er, würden wir nicht einmal wissen, welche Fragen wir stellen, geschweige denn, wie wir die Antworten verstehen sollten. Weit davon entfernt, uns in die Lage zu versetzen, Beweise neutral zu betrachten, könnten wir ohne Annahmen gar nicht wissen, was als Beweis zählt oder *wofür* etwas als Beweis zählt. Kuhns wichtigste Erkenntnis war die, dass Theorien oder Paradigmen das Wesen der Wissenschaft ausmachen. Und die Geschichte der Wissenschaft bestätigt dies: Sie ist voller Beispiele dafür, dass der Glaube an eine Theorie die Menschen zu den Beweisen geführt hat, und nicht umgekehrt. Anfang des 19. Jahrhunderts stellten Abweichungen in der Umlaufbahn des Uranus, die der Newton'schen Mechanik zu widersprechen schienen, die Astronomen vor ein Rätsel. Da sie nicht bereit waren, Newton über Bord zu werfen, postulierten sie die Existenz eines weiteren, unbekannten Planeten, dessen Gravitationskraft Uranus' Bahn beeinträchtigte, und berechneten die notwendige Umlaufbahn dieses Planeten um die Sonne. Dadurch angeregt, sahen sich später Astronomen den Himmel mit besseren Teleskopen noch einmal genau an und entdeckten Neptun – weniger als ein Grad von der Stelle entfernt, wo er sich laut Vorhersage der Theoretiker befinden sollte.[8]

Die Entdeckung des Neptun veranschaulicht auf hervorragende Weise Kuhns Aussage, dass Theorien zugleich Anfang und Endpunkt der Wissenschaft bilden. Theorien sagen uns, welche Fragen wir stellen müssen (»Warum ist die Umlaufbahn von Uranus aus dem Gleichgewicht?«), nach welchen Antworten wir suchen sollen (»Etwas wirklich Großes muss Anziehungskraft auf ihn ausüben«) und wo wir sie finden können (»Newton'schen Berechnungen zufolge muss das große Ding dort drüben sein«). Sie sagen uns auch, wonach wir *nicht* suchen und welche Fragen wir *nicht* stellen sollen, weswegen die Astronomen damals nicht nach einem riesigen intergalaktischen Schlachtschiff suchten, das die Umlaufbahn des Uranus störte. Diese Direktiven sind von unschätzbarem Wert und eine Voraussetzung dafür, Wissenschaft – oder was auch immer – zu betreiben. So sagte Alan Greenspan während seiner Aussage vor dem Kongressausschuss, als er allein deswegen in die Schusslinie zu geraten schien, weil er eine politische Ideologie besaß: »Eine Ideologie ist ein begriffliches Bezugssystem, die Art, wie Menschen mit der Realität umgehen. Jeder hat eine. Man muss eine haben. Um zu leben, braucht man eine Ideologie.«[9]

Greenspan hatte recht. Um zu leben, um mit der Realität umzugehen, brauchen wir ein begriffliches Bezugssystem: Theorien, die uns sagen, welche Fragen wir stellen sollen und welche nicht, wo wir suchen sollen und wo nicht. Wenn dieses Bezugssystem uns gute Dienste leistet –, dann nennen wir es intelligent und sprechen von Induktionsschluss. Wenn es uns schlechte Dienste leistet, nennen wir es idiotisch und sprechen von Bestätigungstendenz. Wie das Beispiel von Elizabeth O'Donovan gezeigt hat, ist die Wirkung dieser Bestätigungstendenz – also der Tendenz, alle Beweise im Lichte der Annahmen zu betrachten, die wir bereits haben – die, dass wir manchmal tatsächlich sehr merkwürdig mit Beweisen umgehen.

Elizabeth hat uns nur einen von vielen Aspekten der Bestätigungstendenz gezeigt. Einen anderen macht eine Geschichte über Astronomie deutlich, von der Thomas Kuhn berichtet[10]. Bis zur Mitte des 15. Jahrhunderts glaubte man im Westen, der Himmel sei unveränderlich. Diese Annahme war Teil einer Vorstellungswelt, die weit über die Grenzen der Wissenschaft hinausreichte. Die Vorstellung, dass der Himmel ewig und unveränderlich sei (im Gegensatz zur Unbeständigkeit des Lebens auf der Erde), war ein Grundpfeiler des vormodernen Christentums. Doch dann behauptete Kopernikus, dass die Erde sich um die Sonne drehe, mit dem Ergebnis, dass die Kirche ins Wanken geriet und es in der Astronomie zu großen Umwälzungen kam. In den ersten fünfzig Jahren nach der kopernikanischen Revolution begannen westliche Astronomen, Veränderungen am Himmel zu beobachten, die sie seit Jahrhunderten nicht bemerkt hatten: Neue Sterne tauchten auf, andere verschwanden, Sonnenflecken blitzten auf und verschwanden wieder. In China, unter dem gleichen Himmel, war die Ideologie jedoch eine andere; die Astronomen hatten solche Phänomene schon seit mindestens fünfhundert Jahren beobachtet. Die frühen westlichen Astronomen übertrafen Elizabeth O'Donovan noch: Statt die Gegenbeweise nicht zu glauben, nahmen sie sie einfach nicht zur Kenntnis.

Manchmal jedoch haben wir kein Problem, die Gegenbeweise zu sehen, beschließen aber, dank der Bestätigungstendenz, dass sie keinerlei Auswirkungen auf die Gültigkeit unserer Überzeugungen haben. In der formalen Logik ist diese Form des Fehlschlusses als »Kein wahrer Schotte« (No true Scotsman fallacy) bekannt. Nehmen wir einmal an, Sie glauben, dass kein Schotte Zucker in sein Porridge gibt. Ich beteuere jedoch, dass mein Onkel, Angus McGregor aus Glasgow, sein Porridge immer mit Zucker isst. »Ja«, antworten Sie, »aber kein *wahrer* Schotte gibt Zucker in sein Porridge.« So viel zu meinem Gegenbeweis. »Kein wahrer Schotte« ist ein Evergreen unter den rhetorischen Tricks, vor allem in der Religion und der Politik. Wie jeder weiß: Kein wahrer Christ befürwortet die legale Abtreibung (oder stellt sich dagegen); kein wahrer Anhänger des Korans befürwortet Selbstmordattentate (oder stellt sich dagegen), und kein wahrer Demokrat unterstützte den Irakkrieg (oder stellte sich dagegen) ... usw.

Auch der Irakkrieg liefert ein schönes Beispiel für eine weitere Form der Bestätigungstendenz. Zu einem Zeitpunkt, als sich die öffentliche Meinung für die Amerikaner eindeutig verschlechterte, interpretierte der damalige Präsident George W. Bush den Worten des Journalisten George Packer zufolge »die zunehmende Gewalt im Irak als Zeichen für den Ärger des Feindes über den Erfolg der Amerikaner«[11]. Manchmal haben wir, wie dieses Beispiel zeigt, den Gegenbeweis deutlich vor Augen, ziehen aus ihm jedoch den Schluss, dass er unser Weltbild stützt. Auch die maßgeblichen Leute bei der NASA, die für die *Challenger*-Mission verantwortlich waren, legten dieses Verhalten an den Tag, als sie vor der Katastrophe behaupteten, dass Schäden an der Raumfähre eher ein Beweis für deren Unverwüstlichkeit als für einen fatalen Konstruktionsfehler seien[12]. Und wir alle verhalten uns genauso, wenn wir sagen: »Ausnahmen bestätigen die Regel.« Bedenken Sie nur, was für eine Behauptung in diesem Spruch steckt: dass ein *anerkannter* Gegenbeweis die Hypothese noch bestätigt, obwohl er gegen sie spricht.

Die letzte Form der Bestätigungstendenz, die ich hier vorstellen möchte, ist die bei Weitem verbreitetste – und, unter anderem auch deshalb unangenehmste. Oberflächlich betrachtet ist sie ganz harmlos, weil sie uns keine Strategien abverlangt – keine aktive Weigerung, die Beweise zu glauben, wie bei Elizabeth O'Donovan, kein Abtun ihrer Bedeutung wie im Fall des »wahren Schotten«, kein Umdeuten derselben, wie George Bush es tat. Diese Form der Bestätigungstendenz ist vielmehr völlig passiv: Wir sind unfähig, nach Informationen zu suchen, die unseren Überzeugungen zuwiderlaufen. Francis Bacon, Philosoph und Staatsmann des 16. Jahrhunderts, beschrieb diese Unfähigkeit so: »Das bei weitem größte Hindernis und der Anstoß zu Irrungen erwächst dem menschlichen Geist aus der beschränkten Unzulänglichkeit und den Fallstricken der Sinne«[13], und es ist leicht zu erkennen, warum. Wie wir wissen, können uns nur die schwarzen Schwäne etwas Definitives über unsere Überzeugungen sagen – und doch gelingt es uns nie, sie ausfindig zu machen.

Zwei meiner Lieblingsbeispiele dieser Form der Bestätigungstendenz stammen aus den wunderbar beweisresistenten Bereichen der frühen Anatomie und Physiologie. Das erste Beispiel ist der traditionelle jüdisch-christliche Glaube, dass Frauen eine Rippe mehr hätten als Männer (da Eva aus einer Rippe von Adam geschaffen worden sei). Dieser Glaube hielt sich bis 1543, als der flämische Anatom Andreas Vesalius ihn schließlich widerlegte – ganz einfach durch Zählen[14]. Bei dem zweiten geht es um praktisch jede Behauptung von Plinius dem Älteren, einem römischen Wissenschaftler und Autor, der im ersten Jahrhundert n. Chr. lebte. Plinius war wohl der einflussreichste fehlinformierte Mensch der Geschichte. Lesen Sie nur seine Gedanken zur Menstruation, die aus seinem angeblichen Meisterwerk stammen, dem wissenschaftlichen Sammelband *Naturgeschichte*:

Der Most wird sauer, wenn sie in die Nähe desselben kommen, angerührte Früchte vertrocknen, Pfropfreiser sterben ab, Sprossen in den Gärten verwelken, die Früchte der Bäume, auf welche sie sich setzen, fallen ab, Spiegel erblinden durch das bloße Hineinsehen, das Eisen wird stumpf, das Elfenbein verliert seinen Glanz, Bienenstöcke sterben aus, sogar Kupfer und Eisen werden sofort rostig und bekommen einen widrigen Geruch, die Hunde welche davon lecken, werden toll, und ihr Biß erhält dann ein unheilbares Gift.[15]

Sicherlich wäre es nicht schwierig gewesen, hierzu ein schnelles Experiment durchzuführen. Und dennoch kam bis zu den Anfängen der wissenschaftlichen Revolution niemand auf den Gedanken, nach Beweisen zu suchen, die den seit fünfzehnhundert Jahren vorherrschenden medizinischen Annahmen widersprechen könnten.

So pervers diese vielen Formen, Gegenbeweisen kreativ auszuweichen, auch sind, sie zeigen letztlich doch nur, wie wichtig sie sind. Tatsächlich ignorieren, leugnen, verzerren oder missdeuten wir Beweise, *weil* sie uns wichtig sind. Wir wissen, dass dies die Kehrseite der erkenntnistheoretischen Medaille ist: dass wir, wenn unsere Vorstellungen Sinn ergeben sollen, die Gründe dafür liefern müssen. In gewissem Sinne ist dies die positive Seite des Weil's-wahr-ist-Gebots. Vorstellungen und ihre Beweise sind aneinandergekoppelt. Als Folge muss es bei jeder These, wie sehr wir uns ihr zunächst auch widersetzen mögen, irgendwo eine Beweisschwelle geben, eine Linie, jenseits derer Unglaube in Glauben übergeht. Doch überall und immerzu werden Beweisschwellen überschritten. Das hat etwa dazu geführt, dass das heliozentrische Weltbild – einst eine völlig radikale Annahme – schließlich als selbstverständlich hingenommen wurde, dass sich ein globaler Konsens über den Klimawandel herausbildet und dass Elizabeth O'Donovan am Ende akzeptierte, dass Orion ein Wintersternbild ist.

Doch wir erleben es auch, dass Beweisschwellen nicht überschritten werden – manchmal jahrhundertelang nicht, wie im Fall von Plinius' medizinischen Annahmen. Wie stark die Bestätigungstendenz auch sein mag, mit ihr allein lässt sich die

Beharrlichkeit, mit der wir manchmal für lange Zeit Beweise ablehnen, die unsere Annahmen verändern könnten, nicht erklären.

Ein anderer Faktor ist die Behauptung – die implizit oder explizit in vielen Weltbildern enthalten ist –, dass es gefährlich sein kann, Gegenbeweisen Beachtung zu schenken. (So antwortete ein europäischer Kommunist einmal auf die Frage, ob er die Kritiken am Kommunismus gelesen habe: »Man nippt doch nicht an einer Flasche Zyanid, nur um herauszufinden, wie das Zeug schmeckt.«[16]) Die Bestätigungstendenz wird auch durch die Tatsache verstärkt, dass die Suche nach Gegenbeweisen oft Zeit, Energie, Gelehrsamkeit, Freiheit und ausreichendes kulturelles Kapital erfordert, um Argwohn und Spott der Verteidiger des Status quo zu überstehen. Wenn die herrschende Theorie uns ganz persönlich zum Nachteil gereicht, ist die Wahrscheinlichkeit hoch, dass wir derlei Ressourcen nicht besitzen. (Stellen Sie sich vor, eine normale Frau des Mittelalters hätte sich mit Plinius angelegt.) Und wenn die herrschende Theorie uns zum Vorteil gereicht oder uns zumindest keinen Schaden zufügt – ja, warum sollten wir uns dann die Mühe machen, sie anzufechten?

All das macht deutlich, dass unsere Beziehung zu Beweisen selten rein kognitiver Natur ist. Menstruierende Frauen zu diffamieren, antimuslimische Stereotype zu verstärken, unschuldige Bürger von Salem zu ermorden: Beweise haben fast immer auch eine politische, soziale und moralische Komponente. Ein besonders krasses Beispiel hierfür ist Albert Speer, der Reichsminister für Bewaffnung und Munition während des Dritten Reiches, ein enger Freund von Adolf Hitler und der hochrangigste Nazi, der je Reue über seine Handlungen geäußert hat. In seinen *Erinnerungen* sprach Speer offen über sein Unvermögen, genau hinzusehen, was um ihn herum geschah. »Ich fragte ihn nicht [einen Freund, der ihm sagte, er solle Auschwitz nicht besuchen], ich fragte nicht Himmler, ich fragte nicht Hitler, ich sprach nicht mit privaten Freunden«, schrieb er. »Ich forschte nicht nach – ich wollte nicht wissen, was dort geschah … weil ich, aus Angst, etwas zu entdecken, was mich zu Konsequenzen hätte veranlassen können, die Augen schloß.«[17]

Richter William Stoughton aus Salem, Massachusetts, war mitverantwortlich für Ungerechtigkeit und Mord, weil er Beweise akzeptierte, die er hätte ignorieren sollen. Albert Speer war mitverantwortlich, weil er Beweise ignorierte, die er hätte beachten sollen. Stougthon und Speer sind Beispiele dafür, welche verheerenden Folgen der falsche Umgang mit Daten haben kann – und wie wichtig es ist, einen besseren Umgang mit ihnen zu lernen. Speer selbst zeigt uns indirekt, wie wir damit beginnen sollen: *Ich fragte nicht*, schrieb er. *Ich sprach nicht. Ich forschte nicht nach. Ich schloss die Augen.* Dies sind Unterlassungssünden, Sünden der Passivität. Sie zeigen uns, dass wir aktiver werden müssen, wenn wir unsere Haltung gegenüber Beweisen korrigieren wollen – das heißt, dass wir, was unser Bewusstsein betrifft, das Heft in die Hand nehmen müssen.

Um dies zu tun, müssen wir fragen und sprechen und nachforschen und die Augen öffnen. Vor allem aber müssen wir lernen, unsere intuitiven Vorurteile zu bekämpfen: bewusst nach Beweisen zu suchen, die unsere Überzeugungen infrage stellen, und sie auch ernst nehmen. Einer, der den Wert solchen Handelns erkannte, war Charles Darwin. In seiner Autobiografie erinnerte er sich: »Viele Jahre lang war ich einer goldenen Regel gefolgt, nämlich mir jedes Mal sofort eine Notiz zu machen, wenn ich auf eine veröffentlichte Tatsache, eine neue Beobachtung oder einen neuen Gedanken stieß, der meinen allgemeinen Ergebnissen zuwiderlief; denn die Erfahrung hatte mich gelehrt, dass solche Tatsachen und Gedanken uns viel schneller entfallen als bestätigende.«[18]

Man muss nicht zu den größten Wissenschaftlern der Geschichte zählen, um seine intuitiv getroffenen Annahmen zu bekämpfen. Daran zu denken, Gegenbeweisen Aufmerksamkeit zu schenken, ist nicht schwierig; es ist einfach eine Geisteshaltung. Doch wie alle Geisteshaltungen muss sie bewusst kultiviert werden. Tun wir das nicht, werden wir den erstbesten Beweis, auf den wir stoßen, als wahr akzeptieren. Sobald sich der erste Beweis etabliert hat, gibt es kein Zurück mehr. Egal wie unschlüssig oder dürftig er sein mag, er wird die Basis all unserer künftigen Überzeugungen bilden. Der Induktionsschluss garantiert das. Und er garantiert auch, dass wir viele Daten finden, die unsere Überzeugungen stützen, und nur wenige, die ihnen widersprechen. Und das wiederum garantiert, dass sich unsere Annahmen nur sehr, sehr schwer umstoßen lassen.

Kapitel 7
Unsere Gesellschaft

Unser Glaube ist Glaube an den Glauben
eines anderen, und gerade wo es sich um
das Größte handelt, gilt dies am meisten.
William James, »Der Wille zum Glauben«

Die Schweiz – diese Bastion politischer Stabilität, militärischer Neutralität, ausgezeichneter Schokolade und hypergenauer Uhren – gehört zu den ältesten Demokratien der Welt. Deshalb ist es schockierend, dass es den Schweizerinnen noch bis 1971 verwehrt war, an Wahlen teilzunehmen.

Verglichen mit anderen demokratischen Nationen ist das erstaunlich rückständig. In Neuseeland wurde Frauen 1893 das Wahlrecht erteilt, in Finnland 1906, in Österreich, Deutschland, Großbritannien, Ungarn und Polen 1918 und in den USA 1920. Selbst in Frankreich und Italien, die den anderen Ländern diesbezüglich hinterherhinkten, wurde das Frauenwahlrecht am Ende des Zweiten Weltkriegs durchgesetzt.[1] Innerhalb weniger Jahre folgten Argentinien, Japan, Mexiko und Pakistan ihrem Beispiel. 1971 gab es neben der Schweiz nur noch eine Handvoll Nationen, in denen man Frauen das Wahlrecht verwehrte: dazu zählten Bangladesch, Bahrain, Jordanien, Kuwait, Samoa und der Irak.

Im Unterschied zu diesen Ländern ist die Schweiz, was andere globale Maßstäbe angeht, schon lange führend in der Welt: das Pro-Kopf-Einkommen, die Beschäftigungszahlen, die politische Stabilität und die persönlichen Freiheiten, die Gesundheitsfürsorge, die Bildung, die Alphabetisierungsrate (einschließlich der Mädchen und Frauen), sowie die allgemeine Lebensqualität.[2] Wie, so fragt man sich zu Recht, konnte sich dieses Land dann bei der Frage des Frauenwahlrechts so isolieren? Allgemeiner gefragt: Wie kann die Zugehörigkeit zu einer Gemeinschaft – ob es sich dabei um eine Nation oder nur um ein Wohnviertel handelt – unsere Weltsicht so beeinflussen? Und wie kommt es, dass uns ein gemeinsamer Glaube zuweilen praktisch immun gegen die Ansicht Außenstehender macht, dass wir unrecht hätten?

Zunächst war die Schweiz, was das Frauenwahlrecht anging, keine Ausnahme. Wie in den meisten Industriestaaten begann dort der Kampf um das Frauenwahlrecht Ende des 19. Jahrhunderts und kam um die Jahrhundertwende richtig in Schwung. Doch während die Suffragetten in anderen Ländern ständig Gewinne verbuchten, entfernte die Schweiz sich zunehmend von dem in den westlichen Ländern entstehenden Konsens über die politische Gleichheit der Frau. Das wurde bereits 1929 deutlich, als die prominente amerikanische Suffragette Carrie Chapman Catt ihren Freundinnen jenseits des Atlantiks vorwarf, »hinter dem Mond« zu leben. Sie könne nicht verstehen, so Catt, »warum die Schweizer und Schweizerinnen nicht dem Beispiel der restlichen Welt folgten«[3].

Catt, die 1947 starb, sollte sich das für den Rest ihrer Tage fragen. Erst 1959, dreißig Jahre später, fand in der Schweiz eine Volksabstimmung zur Einführung des Frauenwahlrechts statt, das jedoch mit großer Mehrheit abgelehnt wurde – mit 67 zu 31 Prozent. Trotz dieser Niederlage gab es einen Hoffnungsschimmer: Zum ersten Mal gewährte ein Schweizer Kanton – Waadt im Südwesten des Landes – seinen Bürgerinnen auf kantonaler Ebene das Wahlrecht. Innerhalb weniger Jahre folgten andere Kantone (insgesamt gibt es 26) dem Beispiel von Waadt.

Das war den Suffragetten natürlich willkommen, zog aber

auch eine Entwicklung nach sich, die einer gewissen Absurdität nicht entbehrte. In der Schweiz entscheiden die Kantone über die Wahlberechtigung bei Kommunal- und Kantonswahlen, der Bundesrat hingegen über die Wahlberechtigung bei nationalen Angelegenheiten und bei Referenden.[4] Diese Machtteilung funktionierte gut, bis sich zwischen dem nationalen und dem kantonalen Wahlrecht beträchtliche Diskrepanzen herausbildeten – und zwar dergestalt, dass etwa Lise Girardin, die 1968 zur ersten Bürgermeisterin von Genf gewählt wurde, zwar an der Spitze der zweitgrößten Stadt des Landes stehen konnte, bei den nationalen Wahlen aber nicht wahlberechtigt war.

Im selben Jahr, in dem Girardin ihr Amt antrat, gab ein weiteres Ereignis der schwer geprüften Schweizer Frauenwahlrechtsbewegung Auftrieb. Das Land signalisierte zum ersten Mal seine Bereitschaft, die achtzehn Jahre alte Europäische Menschenrechtskonvention zu unterschreiben – doch nur mit dem Vorbehalt, dass die dort festgelegte Gleichstellung der Geschlechter nicht für die Schweiz gelte. Aus Empörung über diesen Vorbehalt organisierten die Suffragetten den Marsch auf Bern, einen der seltenen großen nationalen Proteste in der Geschichte der Schweizer Frauenwahlrechtsbewegung.[5]

Ob es daran lag, dass diese Bewegung durch den Wirbel um die Menschenrechtskonvention an Fahrt gewann, dass die Disparität zwischen dem Wahlrecht auf kantonaler und nationaler Ebene zunehmend unhaltbar wurde oder dass einfach die Zeit dafür reif war – selbst die bekanntermaßen neutrale, isolationistische Schweiz war nicht immun gegen die sozialen Revolutionen, die in den Sechziger- und Siebzigerjahren des vorigen Jahrhunderts überall auf der Welt stattfanden –, die Tage einer ausschließlich männlichen Schweizer Wählerschaft waren gezählt. Am 7. Februar 1971 wurde erneut abgestimmt, und dieses Mal beschlossen die Eidgenossen, dass ihre Landsmänninnen das Wahlrecht verdienten. 66 Prozent von ihnen stimmten dafür, 34 Prozent dagegen – eine fast exakte Umkehr des Ergebnisses von 1959.

Doch dort endet die Geschichte nicht. Auch wenn 1971 auf Landesebene entschieden wurde, dass die Schweizerinnen nicht länger von den Wahlen ausgeschlossen werden sollten, so galt dies nicht für die Kantone. Nach dem Referendum auf Bundesebene änderten die meisten Kantone, die Frauen noch immer von den Wahlen auf kommunaler und kantonaler Ebene ausschlossen, ebenfalls ihre Gesetze. Doch zwei Kantone gaben nicht nach. Einer von ihnen war Appenzell-Außerrhoden, dessen männliche Bevölkerung den Frauen erst 1989 das Wahlrecht gewährte. Der andere war Appenzell-Innerrhoden, dessen männliche Bevölkerung sich auch weiterhin nicht dazu durchringen konnte. Dort erhielten Frauen erst das Wahlrecht, als der Oberste Gerichtshof der Schweiz die Sache schließlich erzwang – ironischerweise im Zusammenhang mit einer Änderung des Gleichstellungsartikels der Bundesverfassung, die damals anstand. Im Durchschnitt mussten die Frauen weltweit siebenundvierzig Jahre länger auf das Wahlrecht warten als ihre Landsmänner. In der Schweiz, wo die Männer sich erstmals 1291 auf öffentlichen Plätzen an den Wahlurnen einfanden, dauerte es genau sieben Jahrhunderte bis zur Einführung des allgemeinen Wahlrechts.[6]

Heutzutage ist der Gedanke, dass Frauen wahlberechtigt sein sollten, in den Industriestaaten als politische Forderung völlig unumstritten. Die Tatsache, dass sich der Widerstand dagegen in allen westlichen Ländern so lange gehalten hat – vor allem in der wohlhabenden, hochgebildeten, demokratischen Schweiz –, macht noch einmal deutlich, dass sich selbst solche Überzeugungen, die wir für selbstverständlich halten, von Gemeinschaft zu Gemeinschaft stark unterscheiden können. Das wiederum wirft eine Frage zum Wesen des Glaubens auf. Wir alle glauben gerne, dass unsere Vorstellungen von der Welt, auch wenn sie nicht unbedingt richtig sind, zumindest grundsätzlich nach Richtigkeit streben. Was bedeutet es dann, dass diese Vorstellungen sich in so vielen Fällen nicht aufgrund von Beweisen, sondern, wie Sprachen oder Währungen oder Geschwindigkeitsbegrenzungen, allein durch das Überschreiten einer Grenze verändern?

Im Jahr 1267, ein Vierteljahrhundert bevor jene Mitglieder der Schweizer Eidgenossenschaft zum ersten Mal zur Wahl gingen, schickte der englische Philosoph und Mönch Roger Bacon Papst Clemens IV. ein Buch über Irrtümer. Tatsächlich wurde in diesem Buch (das passenderweise den Titel *Opus maius* trug und dessen Themen von Theologie und Philosophie bis hin zu Sprachwissenschaft, Optik und der Herstellung von Schießpulver reichten) alles nur Erdenkliche behandelt, doch es begann mit einer Diskussion darüber, warum Menschen sich irren. Für Bacon ließ sich aller Irrtum auf vier Probleme zurückführen, die er *offendicula* nannte: Hindernisse, die den Weg zur Wahrheit versperren[7]. Eines davon war so etwas wie die zeitgenössische Variante ewigen Schwätzens: die Angewohnheit, das eigene Unwissen durch die Vorspiegelung von Wissen zu vertuschen; ein anderes die Überzeugungskraft der Autorität; ein drittes das blinde Festhalten an Gewohnheiten und das letzte der Einfluss der öffentlichen Meinung.

Bisher könnte man den Eindruck gewonnen haben, als seien sowohl unsere Vorstellungen als auch unsere Irrtümer Ergebnis des individuellen Bewusstseins, das unabhängig von der Außenwelt agiert – durch Wahrnehmung, Induktionsschluss usw. Doch von Roger Bacons vier *offendicula* betreffen drei eindeutig keine kognitiven, sondern soziale Prozesse: der ganze Irrsinn, da wo viele Denker auf einmal am Werk sind. Diese Einschätzung teilte dreihundert Jahre später auch Francis Bacon (Rogers Erbe im Geiste, doch nicht mit ihm verwandt). Auch für Francis Bacon gab es vier Hauptquellen des menschlichen Irrtums, die er (unerklärlicherweise) die vier Götzenbilder nannte[8]. Das des Stammes entspricht in etwa dem Bereich, den ich in den letzten drei Kapiteln behandelt habe: universelle kognitive Muster, die uns zu Irrtümern verleiten können. Das Götzenbild der Höhle bezieht sich auf den Chauvinismus – die Neigung, alle Völker und Überzeugungen, die unserem eigenen Clan fremd sind, abzulehnen oder ihnen zu misstrauen. Das Götzenbild des Marktes entspricht dem, was der zuerst genannte Bacon als Einfluss der öffentlichen Meinung bezeichnete, und schließt die verführerischen Wirkungen der Sprache und Rhetorik mit ein. Das letzte Götzenbild schließlich, das des Theaters, betrifft falsche Lehren, die von religiösen, wissenschaftlichen oder philosophischen Autoritäten propagiert werden und die so grundlegend für das Weltbild der Gesellschaft sind, dass sie nicht länger infrage gestellt werden.

Wie Roger Bacon glaubte auch Francis Bacon, dass die meisten Irrtümer eher auf kollektive Kräfte als auf individuelle kognitive zurückzuführen sind. Hierbei handelt es sich um ein wiederkehrendes Thema in der Geschichte der Irrtümer. Oder genauer gesagt: Es ist eine *wiederkehrende* Frage in der Geschichte der Irrtümer: Irren wir uns eher, wenn wir den Massen folgen oder wenn wir eigene Wege gehen? Thomas Gilovich, Psychologe und Verhaltensökonom an der Cornell University, stellt dazu fest: »Im Normalfall gilt: Je mehr Menschen etwas glauben, desto größer ist die Wahrscheinlichkeit, dass es wahr ist.«[9] Und der Rechtsgelehrte Cass Sunstein betont: »Eine gewisse Konformität ist nicht dumm oder unsinnig«, denn »die Entscheidungen anderer Menschen liefern Informationen darüber, was tatsächlich getan werden sollte.«[10] Der Wirtschaftsjournalist James Surowiecki spricht in diesem Zusammenhang vom »sozialen Beweis«[11] – der Vorstellung, dass »es einen guten Grund dafür geben muss, wenn viele Menschen etwas tun oder glauben«.[12]

Die Kehrseite der Medaille zeigt eine Frage, die Mütter mit Vorliebe ihren Kindern stellen: Wenn all deine Freunde vom Dach springen würden, würdest du dann auch springen? Dieses Gebot, kein Lemming zu sein – selbst zu denken, statt den Massen zu folgen –, ist eines, auf das auch Roger und Francis Bacon hinzuweisen versuchten. (Zwei angesehene Engländer und Ihre Mutter können sich nicht irren.) Philosophen wie John Locke und David Hume haben diesen Gedanken aufgegriffen und argumentiert, dass Informationen aus zweiter Hand, egal wie überzeugend und umfänglich sie auch sein mögen, keinen Anspruch erheben könnten, als gesichertes Wissen zu gelten.[13] Diesen Denkern zufolge können wir nur behaupten, etwas zu wissen, wenn wir es selbst beobachtet oder erfahren haben.

Selbst zu denken ist zweifellos ein lobenswertes Ziel. Doch die Vorstellung, dies sei eine gute Art, Irrtümer abzuwehren, birgt drei Probleme: Erstens kann die Glorifizierung unabhängigen Denkens leicht von Menschen mit völlig abstrusen Ideen zum eigenen Vorteil genutzt werden. Man kann die Ideen auch der wohlinformierten, ja intelligentesten Gegner ablehnen, sobald man diese als Opfer eines kollektiven Wahnsinns, sich selbst jedoch als einsamen Rufer in der Wüste betrachtet. Zweitens können wir uns nicht darauf verlassen, dass unsere direkten Beobachtungen und Erfahrungen vertrauenswürdiger sind als Wissen aus zweiter Hand. Wenn Kapitän Robert Bartlett, der Mann, der aus einer Entfernung von 350 Meilen die Gletscher Islands entdeckte, seinen eigenen Sinnen statt seinen Seekarten vertraut hätte – ein klarer Fall von Informationen aus erster versus zweiter Hand –, wäre er, was seinen Standort betrifft, zu einem falschen Schluss gekommen.

Doch am wichtigsten ist drittens der Umstand, dass wir uns beim Denken nicht nur auf uns selbst verlassen können, weil wir das, offen gesagt, gar nicht können. Jeder von uns ist zutiefst abhängig vom Verstand anderer – ja, so abhängig, dass wir unsere Vorstellung über die meisten Dinge, die wir zu wissen glauben, aufgeben müssten, wenn wir die Forderung, eigenständig zu denken, ernstnehmen würden. In seinen *Bekenntnissen* schrieb Augustinus:

> Denn ich erwog nun, wie Unzähliges ich doch glaubte, das ich nicht gesehen, bei dessen Geschehen ich nicht zugegen gewesen, so vieles aus der Völkergeschichte, so vieles über Orte und Städte, wo ich nicht gewesen, daß ich so vieles meinen Freunden glaubte, so vieles den Ärzten, so vieles allen möglichen anderen Menschen. Glaubten wir das alles nicht, könnten wir in diesem Leben überhaupt nichts machen.[14]

Und das schrieb er, wohlgemerkt, vor sechzehnhundert Jahren, bevor die verrückte Ausbreitung von Daten und Ideen, die im Zeitalter der Entdeckungen einsetzte, sich während der industriellen Revolution beschleunigte und mit den modernen Informationstechnologien schließlich eine Wahnsinnsgeschwindigkeit erreichte. Heute glauben wir einfach einer Vielzahl an Informationen. Wir tun dies immer dann, wenn wir eine Zeitung lesen, ein Flugzeug besteigen, etwas bei Wikipedia nachschauen, unsere Kinder impfen lassen (oder nicht) und annehmen, dass unsere Eltern tatsächlich unsere Eltern sind (was, wie Augustinus schrieb, das beste Beispiel für eine Tatsache ist, die die meisten von uns als selbstverständlich betrachten, jedoch nur vom Hörensagen wissen).

Selbst Spezialisten und Experten verlassen sich ständig auf das Wissen anderer – und zwar weitaus mehr, als Sie sich das vielleicht vorstellen, und in einem Maße, das ausreicht, um Sie nervös zu machen. Meine Schwägerin etwa bekam vor Kurzem mit, wie ihre Ärztin die vorgeschriebene Dosis einer Arznei googelte, die sie ihr verschreiben wollte. Oder nehmen wir Leonard Susskind: Er ist Professor für theoretische Physik an der Stanford University, Mitglied der National Academy of Sciences und einer der Begründer der Stringtheorie. All das macht ihn zu einem ausgesprochenen Experten im Bereich der Naturwissenschaft, doch lesen Sie, was er zu einem ihrer grundlegenden Prinzipien zu sagen hat: »Würde ich eine Münze eine Million Mal hochwerfen, wäre ich mir verdammt sicher, dass ich nicht immer Kopf bekommen würde«, schrieb er einmal. »Ich wette normalerweise nicht, aber ich wäre mir dessen so sicher, dass ich mein Leben oder meine Seele darauf wetten würde ... Ich bin mir absolut sicher, dass das Gesetz der großen Zahlen – die Wahrscheinlichkeitstheorie – funktionieren und mich beschützen würde. Die gesamte Wissenschaft basiert auf ihm.« Und dennoch, so Susskind: »Ich kann es nicht beweisen, und ich weiß eigentlich auch nicht, warum es funktioniert.«[15]

Mit anderen Worten, einer der führenden Wissenschaftler der Welt ist gezwungen, eines der Grundprinzipien seines eigenen Fachs einfach zu glauben. Vermutlich hat Susskind noch weniger Ahnung, wenn es um Dinge geht, die *außerhalb* seines Faches liegen – etwa bei der Frage, ob salzige Nahrungsmittel den Blutdruck erhöhen oder ob Steckrüben tatsächlich am besten in Lehmboden gedeihen. Und was für ihn gilt, gilt für uns alle. Bei der Mehrzahl unserer Vorstellungen handelt es sich in der Tat um Vermutungen, die nicht auf eigenen Erfahrungen beruhen. Unser Glaube, dass wir recht haben, ist der Glaube, dass jemand anders recht hat.

Sich auf das Wissen anderer zu verlassen – auf das unserer Zeitgenossen wie auch unserer Vorfahren – ist, alles in allem, eine gute Sache. Das Leben ist kurz, und die meisten von uns wollen nicht mehr Zeit mit dem Versuch verbringen, die Fakten über Steckrüben zu ermitteln, als unbedingt nötig. Sich darauf zu verlassen, dass andere diese Arbeit erledigen, spart uns allen eine Menge Zeit. Es spart uns im Grunde genommen auch viele Milliarden Gehirnprothesen. Dank des Wissens anderer Menschen weiß ich ein bisschen darüber, was für ein Mensch Thomas Jefferson war, was für ein Gefühl es ist, den Mount Everest zu besteigen, und welche Wesen in den Tiefen des Marianengrabens leben. Auf Informationen aus zweiter Hand angewiesen zu sein macht unser Leben nicht nur viel effizienter, sondern auch viel interessanter, als es andernfalls wäre.

Diese Abhängigkeit wirft eine wichtige Frage über das Wesen des Glaubens auf. In der Welt, die uns umgibt, wimmelt es nur so von Sekundärquellen, vom Pressesekretär des Weißen Hauses bis hin zu den *Weekly World News*, von Tom und Ray Magliozzi bis hin zu Rabbi Moses ben Nachman (1194–1270). Natürlich glauben wir nicht wahllos all diesen Quellen. Wie also entscheiden wir, welchen wir trauen können? Eine Möglichkeit – und zwar die, die uns zum idealen Denker des letzten Kapitels zurückführt – bestünde darin, bewusst jede Quelle anhand rationaler Kriterien zu bewerten: ob und wie oft sie sich in der Vergangenheit als zuverlässig erwiesen hat; ob sie eine klare und scheinbar vernünftige Methode hat, die Informationen zu bewerten, die sie verbreitet; ob sie hinsichtlich dieser Informationen neutral oder voreingenommen zu sein scheint; und ob andere Menschen (vor allem Autoritäten auf dem jeweiligen Gebiet) sie als verlässlich betrachten.

Gelegentlich nehmen wir eine solch bewusste und gründliche Quellenbeurteilung vor. Und wir vermitteln diese Art der Quellenbeurteilung anderen als Ideal intellektueller Untersuchung und erwarten sie dementsprechend auch von ihnen, vor allem von Studenten, Gelehrten und Fachleuten, wo Daten wichtig sind. In unserem Alltagsleben ist das aber nicht die Norm. Statt einer Information zu vertrauen, weil wir ihre Quelle überprüft haben, vertrauen wir der Quelle. Der Philosoph Avishai Margalit formulierte dies so: »Das Bild, das mir dabei vor Augen steht, ist jedoch nicht, dass ich gefangen bin in einem Netz von Glaubenssätzen ... Eher bin ich gefangen in einem Netz aus *Zeugen*.«[16] Unsere Beziehungen zu diesen »Zeugen« – den Menschen und Institutionen, die die Wahrheit verschiedener Überzeugungen bestätigen – gehen unserer Reaktion auf die Informationen, die sie liefern, voraus und bestimmen sie. Wie Margalit sagte: »Mein Glaube *an* ihn [den potenziellen Zeugen] existiert früher als mein Glaube, *dass* er die Wahrheit sagt.«

Der Glaube *an* kommt zuerst – auch wenn dies bei Weitem nicht unserem Anspruch entspricht. Wir alle sind in Margalits »Netz aus *Zeugen*« gefangen – nicht nur in einem, sondern in vielen, und nicht nur hin und wieder, sondern ständig, vom Augenblick unserer Geburt bis zu unserem Tod. Wie unzählige Philosophen festgestellt haben, verleiht dies unseren Gewissheiten etwas Willkürliches. Montaigne sagte, Menschen würden »[in eine Überzeugung] mit hineingerissen – entweder durch die Sitten ihres Landes oder die Erziehung durch ihr Elternhaus oder durch Zufall – wie durch einen Sturm, ohne Urteil oder Wahl, in der Tat meistens noch bevor sie mündig werden.«[17] (Ein schönes Beispiel dafür: Die politische Einstellung eines Menschen lässt sich am besten anhand der politischen Ansichten seiner Eltern vorhersagen.) Diese Behauptung ist zwar einleuchtend, aber auch ärgerlich, nicht zuletzt weil sie dem Weil's-wahr-ist-Gebot widerspricht. Wenn wir davon ausgehen, dass wir etwas glauben, weil es auf Fakten beruht, werden wir die alternative Theorie, dass wir etwas glauben, weil wir in Tuscaloosa statt in Dubai auf die Welt gekommen sind, wohl kaum zu schätzen wissen.

Der Zusammenhang zwischen Gemeinschaften und Überzeugungen ist keine Einbahnstraße. Wir haben Ansichten, weil wir in Gemeinschaften leben, aber wir bilden unsere Gemeinschaften auch, weil wir Überzeugungen haben. Hierfür gibt es wohl derzeit kein besseres Beispiel als das Internet, das es Menschen aus aller Welt möglich macht, Gemeinschaften zu bilden, die auf Übereinstimmung basieren – wie immer diese auch aussehen mag. Doch schon lange bevor Suchmaschinen die Sache so einfach machten, haben sich Menschen auf der Basis von Überzeugungen zusammengetan. Die alten Epikureer, orthodoxe Juden, Sozialisten, Suffragetten, Indie-Rocker in hautengen Jeans: Sie alle suchten so wie wir nach der Unterstützung Gleichgesinnter (und ließen sich, wenn möglich, bei ihnen nieder).

Soziologen nennen dieses Phänomen »soziale Homophilie«: Wir mögen Menschen, die so sind wie wir. Homophilie ist nicht unbedingt etwas, das wir ausdrücklich befürworten. Hier in den Vereinigten Staaten, wo wir den Anspruch haben, multikulturell zu sein, behaupten zwei Drittel von uns, in einer Gemeinschaft mit Menschen leben zu wollen, deren Überzeugungen und Hintergrund sich von unseren unterscheiden. In Wirklichkeit leben die meisten jedoch unter Menschen, die ihnen im Aussehen, beim Verdienst, der Religion und im Wahlverhalten sehr ähnlich sind. (So stellte die *Washington Post* nach der Präsidentschaftswahl von 2008 fest: »Fast die Hälfte aller Amerikaner lebt in ›Erdrutsch-Wahlbezirken‹, in denen entweder Demokraten oder Republikaner regelmäßig mit überwältigender Mehrheit gewinnen«[18].) Ob wir nun so viel Zeit mit Menschen verbringen, weil wir mit ihnen einer Meinung sind, oder mit ihnen einer Meinung sind, weil wir so viel Zeit mit ihnen verbringen, entscheidend ist in beiden Fällen: Wir haben nicht nur eine Überzeugung; wir sind Mitglied in einer Gemeinschaft von Gläubigen. Diese Mitgliedschaft gewährt uns Vorteile, davon einige, wie bereits erwähnt, praktischer Natur. Da gemeinsame Überzeugungen vertraut und bewährt sind und zudem Unterstützung erfahren (wenn auch nicht sachlich, so doch gesellschaftlich), ist es sowohl bequem als auch von Vorteil, sich an sie zu halten. Außerdem lohnt es sich: Normalerweise kommen die Güter, die eine Gemeinschaft zu bieten hat – von Berufschancen bis hin zu politischer Macht –, jenen zugute, die deren Überzeugungen teilen, und werden denen vorenthalten, die dies nicht tun. Doch die wichtigsten Vorteile, die uns aus der Mitgliedschaft in einer Gemeinschaft erwachsen, sind die emotionalen: die Annehmlichkeit, das Vergnügen und die Sicherheit, von Menschen umgeben zu sein, die unsere Meinung teilen und uns verstehen. Zusammen mit eher praktischen und materiellen Faktoren stellen diese psychologischen Vorteile einen großen Anreiz dar, der Gemeinschaft treu zu bleiben. Und treu bleiben wir – selbst wenn uns dies, wie wir gleich sehen werden, zu Irrtümern und Torheit verleitet.

In den Fünfzigerjahren führte der Psychologe Solomon Asch mit Gruppen von je fünf bis acht Probanden ein Experiment durch, das zu einem der berühmtesten in der Geschichte des Faches wurde[19]. Asch zeigte jedem der Gruppenteilnehmer jeweils zwei Karten – eine mit nur einer vertikalen Linie darauf, die andere mit drei vertikalen Linien. Dann bat er sie nacheinander, ihm laut zu sagen, welche Linie auf der zweiten Karte dieselbe Länge habe wie die Linie auf der ersten Karte.

Wie die Bilder auf der rechten Seite zeigen, ist dies keine besonders schwierige Aufgabe. Kleine Kinder können sie korrekt lösen, und in Kontrollexperimenten lösten Aschs Probanden die Aufgabe ohne Probleme.

Bei dem eigentlichen Experiment gab es jedoch einen Haken: Nur jeweils einer der im Raum Anwesenden war tatsächlich ein

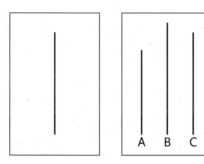

Proband. Die anderen (»Eingeweihte« in der psychologischen Fachterminologie) arbeiteten für Asch und gaben auf seine Anweisung hin nach den ersten Versuchsdurchgängen alle dieselbe falsche Antwort. Das führte zu verblüffenden Reaktionen der echten Probanden. Drei Viertel von ihnen gaben mindestens einmal eine falsche Antwort, ein Viertel sogar bei der Hälfte oder mehr der Versuchsdurchgänge. Im Durchschnitt stieg die Fehlerquote, die bei einer Befragung ohne die Gruppe unter einem Prozent lag, auf fast siebenunddreißig Prozent, wenn die Probanden in Gegenwart der Gruppe antworteten.

Die Asch-Studien zur Beurteilung von Linien verschaffen den Probanden oft Unbehagen, und das zu Recht. Keinem von uns gefällt der Gedanke, dass wir durch Gruppendruck beeinflusst werden. Wir möchten alle glauben, dass wir, unabhängig von dem, was andere sagen, die Dinge so darstellen, wie wir sie sehen. Dementsprechend ist die Vorstellung, dass wir nur allzu gern darauf verzichten, unseren Sinnen zu trauen, nur um uns der Gruppe anzupassen, sehr besorgniserregend. Noch beunruhigender ist jedoch die Möglichkeit, dass wir dies unbewusst tun. Darauf wies Gregory Berns hin, ein Psychiater und Neurowissenschaftler der Emory University, der 2005 eine modifizierte Version der Asch-Studie durchführte[20]. Berns kam in etwa zu denselben Ergebnissen wie Asch (die falschen Antworten der

Eingeweihten hatten in 41 Prozent aller Fälle auch eine falsche Antwort der Probanden zur Folge), doch seine Probanden befanden sich im Magnetresonanztomographie-Scanner, mit dessen Hilfe ihre Gehirnaktivität gemessen wurde. Als die Probanden ihre falschen Antworten gaben, zeigten die Messungen eine erhöhte Aktivität in dem Bereich des Gehirns, der für die räumliche Wahrnehmung verantwortlich ist, nicht aber in den Bereichen, die für Kognition auf höherer Ebene wie etwa bewusste Entscheidungsfindung und Konfliktlösung verantwortlich sind. Berns kam zu dem Schluss, dass seine Probanden die Dinge *tatsächlich* so darstellten, wie sie sie sahen. Sie unterdrückten nicht wissentlich die richtige Antwort, um mit dem Urteil der Gruppe konform zu gehen. Stattdessen veränderte das Urteil der Gruppe die Art, wie sie die Linien sahen.

Die Asch-Studien und ihre jüngsten Hightech-Versionen sind ein besonders krasses Beispiel für ein universelles Phänomen: Wie die westlichen Astronomen in der Zeit vor Kopernikus sehen wir Dinge so, wie die Menschen um uns herum sie sehen. Tatsächlich zeigen diese Studien, dass wir dies sogar dann tun, wenn es sich bei den betreffenden Menschen nicht um Nachbarn, Verwandte oder Freunde handelt, sondern um eine Ad-hoc-Gemeinschaft von Fremden, ja sogar, wenn diese »Gemeinschaft« sehr klein ist. In Folgestudien stellte Asch fest, dass es sogar dann zu dem Effekt sozialer Konformität kam, wenn nur drei der Probanden eingeweihte Helfer des Versuchsleiters waren. Ja, wir verhalten uns sogar konform, wenn es sich bei der geforderten Beurteilung um eine so eindeutige Sache wie den Vergleich von Linienlängen handelt. Wie viel anfälliger für Gruppendruck müssen wir folglich sein, wenn es sich um große Gruppen handelt, in denen wir leben und in denen uns eine gemeinsame Geschichte und Kultur verbindet – und wenn die Dinge komplizierter sind?

Zur Beantwortung dieser Fragen möchte ich zu den beiden Kantonen Appenzell in der Schweiz zurückkehren, in denen Frauen bis 1989 bzw. 1990 nicht wählen durften. Um diese beiden Kantone verstehen zu können, muss man Folgendes über die Schweizer Kantone wissen: Ihre Unabhängigkeit gilt der Schweizer politischen Kultur als sakrosankt. In der Schweiz gibt es einen Witz, der dies veranschaulicht: Ein deutsches Kind, ein amerikanisches Kind und ein Schweizer Kind sitzen beisammen und reden darüber, wie Babys gemacht werden. Das deutsche Kind behauptet, dass sie den Eltern von Störchen gebracht werden. Das amerikanische Kind beschreibt, wie Sex funktioniert. Da meldet sich das Schweizer Kind und sagt: »In der Schweiz ist das von Kanton zu Kanton unterschiedlich.«

Die Sache ist die, dass in der Schweiz praktisch *alles* von Kanton zu Kanton unterschiedlich ist. Eine dieser Variablen ist die Kommunikation. Es gibt in diesem Land vier Amtssprachen – Deutsch, Französisch, Italienisch und Rätoromanisch –, und die Unterschiede zwischen diesen Sprachgruppen und den mit ihnen verbundenen Kulturen sind groß. (So wie sich Amerika politisch in rote Staaten [Republikaner] und blaue Staaten [Demokraten] gliedern lässt, so gibt es in der Schweiz zwei Gruppierungen: die konservativere, isolationistischere deutsch sprechende Bevölkerung und die liberalere und internationalistischere französisch sprechende Bevölkerung.) Eine weitere Variable ist die Geografie. Die bergigeren südlichen Kantone sind von der Agrarwirtschaft geprägt und bevölkerungsärmer, die nördlichen Kantone hingegen bevölkerungsreicher und urbanisierter. Schließlich ist da noch die Religion. Das Land ist fast gleichmäßig gespalten in Katholiken und Protestanten – und 1847 wäre es beinahe tatsächlich zu einer Spaltung zwischen den beiden Gruppierungen gekommen, als zwischen den vorrangig katholischen und den vorrangig protestantischen Kantonen ein Bürgerkrieg ausbrach.

Appenzell-Innerrhoden und Appenzell-Außerrhoden sind eine Folge der Kluft zwischen Protestanten und Katholiken. Bis 1597 waren die beiden Kantone noch vereint, doch dann trennten sie sich aus konfessionellen Gründen. Heute ist Innerrhoden weitgehend katholisch, Außerrhoden weitgehend protestantisch. Ansonsten unterscheiden sich die beiden Kantone kaum. Beide sind klein, ländlich, bergig und dünn besiedelt, und in beiden wird fast ausschließlich Deutsch gesprochen. Und beide sind, wie sich an der Frage des Frauenwahlrechts ablesen lässt, zutiefst konservativ. Das äußerst passende Motto der Tourismusbehörde für das Appenzellerland – der gemeinsame Name für die beiden Kantone – lautet: »Als wäre die Zeit stillgestanden.«[21]

Bis vor Kurzem hatten Wahlen im seit Jahrhunderten unveränderten Leben des Appenzellerlandes einen hohen Stellenwert. Seit dem Beginn des 14. Jahrhunderts wurden dort von einer *Landsgemeinde* genannten Institution Wahlen durchgeführt, wohl die weltweit älteste Form direkter Demokratie. An Wahltagen versammelten sich alle wahlberechtigten Männer auf dem Landsgemeindeplatz und trugen entweder ein Schwert oder ein Bajonett bei sich. Diese Waffen, die oft über Generationen hinweg vom Vater an den Sohn vererbt wurden, dienten als eine Art Wahlkarte; kein anderer Beweis der Staatsbürgerschaft war nötig – oder zulässig. (In Innerrhoden, wo sich dieser Brauch gehalten hat, müssen Frauen offizielle Wahlkarten vorlegen, Männer hingegen nur ihre Schwerter mitbringen.) Die Wahlen wurden öffentlich durchgeführt; man stimmte entweder per Zuruf oder Handzeichen ab. Es gab keine Wahlurnen, keine elektronischen Wahlmaschinen und mit Sicherheit keine Frauen.

Wie rechtfertigten die Appenzeller Männer diesen Ausschluss? In gewissem Maße verließen sie sich – vor allem während der frühen Jahre des Kampfs um das Frauenwahlrecht – auf dieselben Argumente, die überall auf der Welt vorgebracht wurden:

dass die politische Mitbestimmung Frauen unweiblich mache (»Es gibt nichts Unerfreulicheres als eine superintellektuelle Frau«, meinte ein Schweizer Gegner des Frauenwahlrechts[22]); dass die meisten Schweizer Frauen eigentlich gar nicht wählen wollten (weil »sie Einfluss auf ihre Männer nehmen können und mit ihrer Situation zufrieden sind«[23]); dass die häusliche Sphäre zerstört werde, wenn man Frauen dazu »zwinge«, am öffentlichen Leben teilzunehmen; dass in der Schweiz seit über hundert Jahren Frieden herrsche, das Land sich aus zwei Weltkriegen herausgehalten habe und zu großem Wohlstand gelangt sei, und all das ohne die Stimmen der Frauen. Warum also sollte man reparieren, was gar nicht kaputt sei? Die Politik sei einfach das Geschäft der Männer, und man könne es den Frauen nicht zutrauen, die Interessen der Nation zu schützen.

All diese Argumente verblassten jedoch neben dem stärksten, beständigsten und zugleich auch einzigartigen Einwand der Schweizer gegen das Wahlrecht der Frauen: dass es die Tradition der rein männlichen *Landsgemeinde* und alles, wofür diese stehe, vernichte. Dazu gehörte ironischerweise die ungewöhnlich lange und stabile demokratische Tradition der Schweiz.

Lee Ann Banaszak, Professorin für politische Wissenschaften an der Pennsylvania State University, die sich eingehend mit der Schweizer Frauenwahlrechtsbewegung befasste, erklärt diesen Widerstand mit dem Gefühl der Wahlrechtsgegner, dass »diese einzigartige politische und historische Institution, die von großer Bedeutung war und die Ursprünge direkter Demokratie repräsentierte, zerstört werden würde, wenn man Frauen das Wahlrecht verlieh«.

Wahlrechtsgegner gaben sogar Studien in Auftrag, die zeigten, dass die Landsgemeindeplätze, auf denen traditionell die Wahlen abgehalten wurden, nicht groß genug waren, um die gesamte erwachsene Bevölkerung unterzubringen – was hieß, dass entweder die *Landsgemeinde* abgeschafft werden oder das Wahlrecht auf Männer beschränkt bleiben musste.

Doch die *Landsgemeinde* repräsentierte auch noch etwas anderes. In der Schweiz war das Wahlrecht stets mit dem Militärdienst verknüpft (so erklären sich die Schwerter und Bajonette) – und so wie das Militär förderte auch die *Landsgemeinde* eine Clubmentalität, die Frauen ausschloss und ein ausgesprochen maskulines Ehr- und Pflichtgefühl entstehen ließ. »In den 1960er-Jahren gehörten die Kommunalwahlen zu einer der letzten Bastionen der Männer«, sagte Regina Wecker, Professorin für Frauen- und Geschlechtergeschichte in Basel. »Es ging nicht allein um das Wählen. Man ging dorthin, wählte und traf sich anschließend in der Wirtschaft. Es ging also um Gemeinschaftsgefühl, um Identität und um Einfluss.« Frauen zur Wahl zuzulassen, drohte all das zu untergraben – eine jahrhundertealte Tradition zu beenden, den Zusammenhalt der Gemeinschaft zu zerstören und Männer wie Frauen ihres angestammten Platzes in der Gesellschaft zu berauben. Das Frauenwahlrecht würde, so hieß es, das, was das Appenzellerland einmalig machte, ausradieren.

Aus heutiger Sicht – in einer Zeit, in der die Opposition gegen das Frauenwahlrecht den meisten Menschen vorsintflutlich erscheint[24] –, ist es verlockend, sich über die Appenzeller Wahlrechtsgegner lustig zu machen und ihre Argumente als kindisch abzutun. Schließlich geht es hier um eine Gruppe von Menschen, die felsenfest davon überzeugt war, dass das Recht zu wählen abhängig sei vom Besitz eines vom Vater an den Sohn vererbten ... nun ja, nennen wir es Schwert. Auf das Sich-Lustigmachen werde ich am Ende des Kapitels noch näher eingehen. Zunächst möchte ich mich jedoch auf etwas konzentrieren, das wir mit ihnen gemeinsam haben. Dabei handelt es sich weder um die Vorstellung einer politischen Unterlegenheit von Frauen (die die meisten Leser, wie ich annehme, lächerlich finden werden), noch um den Wunsch, die Geschichte und Traditionen ihrer Gemeinschaft zu pflegen (was die meisten Leser, wie ich annehme, vernünftig finden werden). Es geht vielmehr um ein Problem, das uns alle als Mitglieder von Glaubensgemeinschaften plagt. Ich nenne dieses Problem das Uneinigkeitsmanko; es setzt sich aus vier Elementen zusammen.

Zusammengefasst lassen sich diese Elemente so beschreiben: Erstens erfahren wir in Gemeinschaften überdurchschnittlich viel Unterstützung für unsere Ideen. Zweitens schirmen sie uns vor abweichenden Meinungen von Außenseitern ab. Drittens sorgen sie dafür, dass wir Meinungen, die von außen an uns herangetragen werden, unbeachtet lassen. Schließlich unterdrücken sie die Entstehung von Meinungsverschiedenheiten innerhalb der Gemeinschaft. Diese Elemente bilden eine Art gesellschaftliches Gegenstück zur Bestätigungstendenz der Kognition, und sie rufen dasselbe Problem hervor. Welche anderen Tugenden unsere Gemeinschaften auch immer haben mögen, sie sind gefährlich, wenn es darum geht, die Einstellung zu fördern, dass wir recht haben, und uns gegen Zweifel immunisieren.

Von den vier Elementen des Uneinigkeitsmankos liegt das erste auf der Hand. Da sich Gemeinschaften, wie wir gesehen haben, um gemeinsame Überzeugungen bilden oder diese pflegen, haben wir dort in hohem Maße mit Menschen Umgang, die unsere Meinungen teilen. (Bedenken Sie nur, dass sich in Innerrhoden die Opposition gegen das Frauenwahlrecht im Jahr 1959, als dieses weltweit mehr und mehr die Norm darstellte, auf 95 Prozent und mehr belief.) Diese ständige Bestätigung unserer Vorstellungen lässt uns zwangsläufig glauben, dass diese sowohl richtig als auch normal sind, auch wenn das nicht der Fall ist. Das Uneinigkeitsmanko ist deshalb in seiner Umkehrung ein Zustimmungsüberschuss.

Die Kehrseite all dieser Bestätigung – und der zweite Grund für unser Uneinigkeitsmanko – ist, dass wir zu selten mit Quellen konfrontiert werden, die unsere Vorstellungen infrage stellen. Wir alle holen uns gerne eine zweite Meinung ein, wenn es um medizinische Fragen geht, doch in den meisten anderen Belangen begnügen wir uns nur allzu bereitwillig mit der Meinung, die wir bereits haben. Religiöse Fundamentalisten lesen im Allgemeinen in ihrer Freizeit nicht Darwin, wie Thomas Gilovich feststellte[25]. Ebenso fehlt uns normalerweise die Motivation, uns über Meinungen zu informieren, mit denen wir nicht übereinstimmen.

Anderen Meinungen aus dem Weg zu gehen ist leicht, da die meisten von uns wenig Zeit mit Menschen verbringen, deren Einstellungen sich stark von den eigenen unterscheiden. Und selbst wenn wir Zeit mit solchen Menschen verbringen, sprechen wir nur selten über unsere Meinungsverschiedenheiten. Wir reden über das Wetter und nicht den Klimawandel, über unseren Urlaub und nicht die gerade vorgenommene Abtreibung. Man kann uns dieses Verhalten kaum vorwerfen, da es gesellschaftlich stark gefördert wird: Für mich ist es Teil unseres Uneinigkeitsmankos, doch die meisten Menschen würden gute Manieren dazu sagen. »Tu oder sag nur Dinge, die anderen angenehm sind«[26], riet Emily Post, die Nestorin der amerikanischen Etikette.

Der Verdacht, dass es ohnehin unmöglich sei, andere zu einer Meinungsänderung zu bewegen, ist weit verbreitet.[27] Und er ist nicht unbegründet, was uns zum dritten Grund für unser Uneinigkeitsmanko führt: Selbst wenn wir auf Informationen von außen stoßen, die unsere Überzeugungen infrage stellen, ignorieren wir sie normalerweise. So sehr wir uns auf Informationen von Menschen verlassen, denen wir trauen, so sehr lehnen wir Informationen aus unbekannten oder uns unsympathischen Quellen ab.

Die Appenzeller Gegner des Frauenwahlrechts sind hierfür ein typisches Beispiel. Als das Frauenwahlrecht in der Schweiz landesweit durchgesetzt wurde und weltweit kaum noch wegzudenken war, erhöhte sich der Druck von außen auf die Kantone, Frauen zu Wahlen zuzulassen. Doch die Appenzeller ließen sich nicht beirren – eben *weil* dieser Druck von außen kam. So schrieb Banaszak in einem Buch, in dem sie die Schweizer und die amerikanische Frauenwahlrechtsbewegung miteinander verglich, die Schweizer Gegner dieser Bewegung hätten das Wahlrecht der Frauen als eine »unerwünschte Reform« betrachtet, »die ihnen von der Nationalregierung, von Politikern, der Presse und ausländischen Einflüssen aufgezwungen werde«[28]. Falls der Druck von außen die Männer von Appenzell überhaupt zu etwas bewegte, dann zu einer noch extremeren Haltung. Banaszak zitiert eine Suffragette, die einen Mann aus Appenzell kennengelernt hatte, der durchaus geneigt war, das Frauenwahlrecht zu unterstützen, bis »er an der *Landsgemeinde* teilnahm und den Kordon von Menschen sah – niemand davon aus Appenzell –, in dem man [aus Protest] so laut schrie, dass die Mitglieder um Ruhe bitten mussten«.[29] Statt uns zur Neubewertung unserer Vorstellungen zu bringen, sorgt Opposition von außen dafür – vor allem Opposition, die wir als bedrohlich oder beleidigend empfinden –, dass wir uns noch mehr auf die Hinterbeine stellen.

Das führt zu dem Dilemma, dass wir, egal was wir tun, immer das Falsche tun – weil es nämlich auch *ohne* Druck von außen dazu kommen kann, dass wir uns an Überzeugungen klammern. Hier haben wir es mit dem berüchtigten Phänomen zu tun, das als Groupthink (Gruppendenken)[30] bekannt ist. 1972 definierte der Psychologe Irving Janis das Gruppendenken als »eine Form des Denkens, die für Menschen typisch ist, die einer hoch kohäsiven Gruppe angehören, deren Streben nach Einmütigkeit stärker ist als die Motivation, Handlungsalternativen realistisch einzuschätzen«. Am häufigsten ist Gruppendenken bei homogenen, eng zusammengewachsenen Gemeinschaften anzutreffen, die stark von jeglicher Kritik sowohl von innen als auch von außen isoliert sind und sich selbst als andersartig empfinden oder sich sogar von außen bedroht fühlen. Zu den Symptomen des Gruppendenkens gehören die Zensur anderer Meinungen, die Ablehnung oder Rationalisierung von Kritik, der Glaube an die eigene moralische Überlegenheit und die Dämonisierung aller, deren Überzeugungen denen der Gruppe widersprechen. Typischerweise führt dies zu einer unvollständigen oder ungenauen Bewertung von Informationen, zur Vernachlässigung von möglichen Alternativen, zu vorschnellen Entscheidungen und der Weigerung, diese Entscheidungen, sobald sie gefallen sind, eventuell zu revidieren.

Muss ich an dieser Stelle Namen nennen? Janis führte als Beispiele dafür, wie man zum Opfer von Gruppendenken werden kann, die Kennedy-Regierung während der Schweinebucht-Krise sowie die Johnson-Regierung an, die beschloss, den Vietnamkrieg auszuweiten. Viele Leser werden zweifellos in Gedanken die Regierung von Bush jr. und deren Anzettelung des Irakkriegs hinzufügen. Es steht außer Frage, dass die Folgen des Gruppendenkens katastrophal sein können, doch nicht nur das. Die Zugehörigkeit zu Glaubensgemeinschaften – die, wie ich schon bemerkt habe, sowohl unvermeidlich als auch angenehm und psychologisch notwendig ist – kann unsere Ansichten stark radikalisieren. Es ist, als wäre unsere innere Welt seltsamerweise geräumiger als die äußere und biete Platz für einen hohen Grad an Vieldeutigkeit, die jedoch nur allzu oft durch den Einfluss der Gruppe, der wir angehören, oder durch die Skepsis von Außenseitern verhindert wird. Das legt nahe, dass unsere Gemeinschaften eine Gefahr für unsere intellektuelle und moralische Gesundheit darstellen können. Und das wiederum legt nahe, dass wir uns alle ständig in einem Dilemma befinden – denn so wie es für unseren Intellekt und unsere Moral gefährlich ist, in unserem Denken immer abhängig von anderen zu sein, so ist es (wie wir gesehen haben) auch unmöglich, immer nur unabhängig von anderen zu denken.

Es ist jedoch *nicht* unmöglich, bewusst die Gefahren des Gruppendenkens anzugehen. Irving Janis schlug eine Reihe von Möglichkeiten vor: etwa ausdrücklich zu Uneinigkeit zu ermuntern, jemandem die Rolle des Advocatus Diaboli zuzuweisen und sich aktiv um Input von außen zu bemühen. Viele Menschen führen Präsident Kennedys Handhabung der Kubakrise als Beispiel für den erfolgreichen Versuch an, dem Gruppendenken entgegenzuwirken (es scheint, dass er aus der Invasion in der Schweinebucht etwas gelernt hatte), andere empfinden Obamas Bekenntnis zu »deutlichen Worte innerhalb des Weißen Hauses«[31] als einen Grund zu Optimismus. Mein Lieblingsbeispiel stammt hingegen aus dem Talmud, den rabbinischen Schriften, die als Kommentar zur Thora und als Basis des orthodoxen Judentums dienen. Diesen Schriften zufolge darf bei Prozessen, bei denen die Todesstrafe gefordert wird, kein einstimmiges Urteil vorliegen; sollte dies dennoch der Fall sein, muss der Angeklagte freigelassen werden[32]. Diese Vorkehrung soll sicherstellen, dass in Situationen, in denen das Leben eines Menschen auf dem Spiel steht, wenigstens eine Person durch abweichende Meinung ein Gruppendenken verhindert.

Gruppendenken entsteht durch Elemente des Uneinigkeitsmankos, die ich bereits vorgestellt habe: unverhältnismäßig starke Unterstützung für unsere Überzeugungen, Abschirmung vor abweichenden Meinungen und die Neigung, diese unbeachtet zu lassen, wenn wir ihnen dann doch begegnen. Aber es weist auch auf das vierte und letzte Element hin: die Unterdrückung von Zweifeln oder Meinungsverschiedenheiten innerhalb einer Gemeinschaft. Manchmal handelt es sich um eine ganz leichte oder auch selbst auferlegte Form der Unterdrückung – um ein instinktives Zurückscheuen vor allem, was die Gruppe, der wir treu sind, oder die psychologische Infrastruktur unseres Lebens stören könnte. Diese Form von Selbstzensur spielte mit Sicherheit bei der weitverbreiteten Opposition gegen das Frauenwahlrecht im Appenzellerland eine Rolle. Dort stimmten nicht nur 95 Prozent der Bürger beim ursprünglichen Referendum gegen das Frauenwahlrecht, sie taten es sogar öffentlich durch Handzeichen. Stellen Sie sich vor, Sie würden Ihre Hand heben, wenn 95 Prozent Ihrer Nachbarn dies nicht tun – und denken Sie dann an die Asch-Studien zur Beurteilung von Linien.

Manchmal erfolgt die Unterdrückung von Dissens innerhalb einer Gemeinschaft jedoch bewusst und offen. Gruppenkonformität wird schon immer mithilfe von Ächtung, Ausschluss und Gewalt durchgesetzt, wie Joseph Jastrow in *The Story of Human Error* anmerkt. »Das Labor ist eine späte Errungenschaft der Menschheit«, schrieb er. »Das Zepter, das Schlachtfeld, die Arena, der Mob, Ketzertribunale und der Scheiterhaufen sind weitaus ältere Instrumente zur Formung von Weltbildern, direkt und effektiv.«[33] Mit anderen Worten: Macht geht vor Recht. In unzähligen Gemeinschaften, früheren wie heutigen, wird das Weltbild vor allem per Anordnung korrigiert, und Mitglieder der Gemeinschaft werden durch die Androhung von Gewalt davon abgebracht, anderer Meinung zu sein.[34] Diese Art der Beeinflussung spielte jedoch beim Kampf um das Frauenwahlrecht im Appenzellerland keine Rolle. Wollen wir ihm in aller Schärfe begegnen, müssen wir einen kurzen Abstecher in einen ganz anderen Teil der Welt machen.

1990 konvertierte ein Afghane namens Abdul Rahman zum Christentum. Solche Übertritte sind in Afghanistan, einem Land, das zu 99 Prozent muslimisch ist, sehr selten. Rahman hatte jedoch für eine katholische Wohltätigkeitsorganisation gearbeitet, die Flüchtlingen medizinische Hilfe bot, und schließlich den Glauben seiner Kollegen angenommen. Nach seiner Konversion brach alles in seinem Leben zusammen. Seine Frau, die eine fromme Muslima blieb, ließ sich von ihm scheiden, weil er nun ein Ungläubiger war. Aus demselben Grund verlor er auch den Streit um das Sorgerecht für seine beiden Töchter. Seine Eltern verstießen ihn mit der Begründung: »Weil er vom Islam zu einer anderen Religion konvertiert ist, wollen wir ihn nicht mehr in unserem Haus haben.«[35]

All das war schon schlimm genug. Doch 2006 wurde Rahman von der afghanischen Polizei wegen Abfall vom Glauben festgenommen und ins Gefängnis geworfen. In Übereinstimmung mit der Scharia der Hanafi-Schule forderten die Ankläger die Todesstrafe. Einer von ihnen, Abdul Wasi, sagte, Rahman solle »von der muslimischen Gesellschaft ausgeschlossen und getötet werden«[36]. Der afghanische Generalstaatsanwalt unterstützte diese Ansicht und drängte darauf, den Gefangenen zu hängen. Erst durch gewaltigen internationalen Druck wurde Rahman aus dem Gefängnis entlassen. Aufgrund einer drohenden Lynchjustiz gewährte Italien ihm Asyl, sodass Rahman aus seinem Heimatland floh. Aus seinem Haus vertrieben, von seinen Lieben getrennt und dazu verurteilt, unter Fremden zu weilen, wurde Abdul Rahman, der Muslim, der Christ geworden war, im Grunde zum *juif errant*.

Rahmans Fall ist extrem, egal welche Maßstäbe man anlegt. Doch kritisiert, geächtet und bedroht zu werden, den Verlust von Familie, Freunden, Besitz und Arbeitsplatz zu erleiden – dies sind nur allzu gängige Folgen, wenn wir mit den vorherrschenden Werten unserer Gemeinschaften brechen. Selbst die Tatsache, dass Rahman ins Exil gehen musste, ist zwar hart, aber nicht ungewöhnlich. Wenn man bedenkt, dass alle unsere Einstellungen eine Art Mitgliedsausweis für eine Gruppe von Gläubigen darstellt, überrascht es nicht, dass die Aufgabe eines Weltbildes oft den Ausschluss aus der Gruppe nach sich zieht – oder zumindest unseren Status innerhalb der Gruppe und das Gefühl, dort willkommen zu sein, beträchtlich schmälert. (Ein wenig entschärft wird die Sache dadurch, dass das Gefühl der Ablehnung oft auf Gegenseitigkeit beruht. Sobald eine Überzeugung für uns nicht mehr attraktiv ist, verlieren manchmal auch ihre Anhänger einiges an Anziehungskraft für uns.)

Rahmans Fall zeigt noch einen weiteren wichtigen Punkt im Verhältnis von Überzeugungen und Gemeinschaften. Mit der Gemeinschaft kommt man nicht in Schwierigkeiten, weil man eine Überzeugung hat, die diese Gruppe verachtet, sondern weil man eine Überzeugung aufgibt, die dieser lieb und teuer ist. Wie schwierig es auch für Nichtmuslime sein mag, in Afghanistan zu leben – nach dem afghanischen Recht wird ein Mensch, der im christlichen Glauben aufgewachsen ist, normalerweise nicht zum Tode verurteilt. Abdul Rahmans krasse Probleme haben nichts damit zu tun, dass er sich zum Christentum bekannte, sondern dass er sich vom Islam losgesagt hatte.

Wenn wir uns noch einmal all das vergegenwärtigen, was wir bisher über die Funktionsweise von Gemeinschaften gelernt haben, so leuchtet das ein. Abgeschottete Gruppen sind zwar relativ immun gegen Meinungen von außen, jedoch äußerst abhängig von der Aufrechterhaltung ihres Glaubenssystems von innen. Deswegen kann ein Dissens innerhalb der Gemeinschaft im Unterschied zur Opposition von außen sehr destabilisierend sein. Denken Sie nur noch einmal an die Asch-Studien und die Beurteilung der Linien: Wenn nur einer der Helfer des Versuchsleiters mit der richtigen Antwort anfängt, tun alle Probanden dies auch. In gewisser Weise ist dieses Ergebnis ermutigend, denn es zeigt, dass eine einzige Person, die frei ihre Meinung äußert, die Macht der Konformität durchbrechen kann – wie der kleine Junge, der darauf hinwies, dass der Kaiser ja gar nichts anhatte[37]. Auf der anderen Seite zeigt es jedoch auch, dass ein einsamer Dissident die Geschlossenheit einer ganzen Gemeinschaft zerstören kann. Aus dieser Perspektive sind Zweifel und Dissens eine Art Seuche, die sich ausbreiten und die Gesundheit der Gemeinschaft zerstören kann. Deswegen schreiten viele Gemeinschaften schnell zur Tat, um die Nonkonformisten unter ihnen zu heilen, unter Quarantäne zu stellen oder zu vertreiben (im Extremfall sogar zu eliminieren).

Wenn ein Einzelner, der nur in einem einzigen Punkt von der allgemeinen Meinung abweicht, den Zusammenhalt der gesamten Gemeinschaft gefährden kann, so kann dieser auch – was vielleicht noch viel beängstigender ist – die Natur des Glaubens an sich gefährden. Genau hierauf habe ich zu Beginn des Kapitels hingewiesen: Wenn unser Weltbild sich in dem Moment, in dem wir eine Grenze überschreiten (oder dem katholischen Mitarbeiter einer Hilfsorganisation begegnen), ändern können, dann scheint die Wahrheit nichts weiter als eine bestimmte Weltsicht zu sein. Das ist beunruhigend, weil die Wahrheit ja eigentlich universell sein sollte. Shahnawaz Farooqui, ein muslimischer Journalist und Kommentator, der die Todesstrafe für Abdul Rahman befürwortete, sagte klar und deutlich: »Er wird hingerichtet werden müssen, denn wenn jemand die Wahrheit zunächst bejaht und dann zurückweist oder leugnet, gerät das gesamte Paradigma der Wahrheit in Gefahr.«[38]

Farooqui hatte recht – nicht was Rahman und die Todesstrafe betrifft, sondern weil das Bejahen und spätere Ablehnen einer Überzeugung das gesamte Paradigma der Wahrheit gefährdet. Irrtümer stören uns, wie ich in diesem Buch aufzuzeigen versuche, zum Teil deswegen, weil sie nicht nur unser Vertrauen in eine bestimmte Überzeugung, sondern unser Vertrauen in den

Glauben überhaupt erschüttern. Wenn wir feststellen, dass eine unserer früheren Ansichten falsch war, dann erahnen wir einen Moment lang die prinzipielle Möglichkeit des Irrtums: unser Geist, die Welt, die Kluft zwischen beiden – das ganze Programm. Wie wichtig und lebensverändernd (und ja befriedigend) diese Erkenntnis auch sein mag, sie läuft dem zuwider, was ich als eine der Hauptfunktionen einer Gemeinschaft beschrieben habe: unser Gefühl zu stärken, dass wir recht haben, und uns vor beständigen Herausforderungen zu schützen.

Kein Wunder also, dass Glaubensgemeinschaften derlei Erkenntnisse ausblenden und Apostaten in große Schwierigkeiten bringen. Erkennen wir einen persönlichen Irrtum, dann kränkt das unseren Stolz. Doch weisen wir eine Überzeugung zurück, die wir mit anderen teilen, steht unendlich viel mehr auf dem Spiel. Dazu gehören die praktischen und emotionalen Vorteile, mit einer Gemeinschaft konform zu gehen, aber auch die Gemeinschaft selbst – das Vertrauen, die Achtung, die Gesellschaft und die Liebe der Menschen, die wir am besten kennen. Und was noch schwerer wiegt: Dazu zählt auch das Vertrauen in den Fortbestand unserer eigenen Identität (zum Beispiel als frommer Muslim) und unser Glaube an die Existenz der Wahrheit. Abgesehen von dem Verlust von Leib und Leben (die bisweilen tatsächlich in Gefahr sind) könnte der Preis, unrecht zu haben, kaum höher sein, die Erfahrung nicht schlimmer.

Wenn so viel auf dem Spiel steht, dann ist es durchaus sinnvoll an den Werten einer Gemeinschaft teilzuhaben, darauf zu bestehen, dass unser Weltbild korrekt ist, und jene zu verdammen, die es von sich weisen oder verraten. Diese starre Loyalität gegenüber der Gemeinschaft ist manchmal jedoch nicht ungefährlich. Wie sowohl die Beispiele in diesem Kapitel als auch der Lauf der Geschichte zeigen, kann das blinde Festhalten an einer Gemeinschaft so entsetzliche Folgen haben, dass man nur noch mit Abscheu darauf reagieren möchte. Ich möchte niemanden davon abbringen, sich angesichts von Unrecht zu entrüsten, doch moralische Entrüstung bringt uns letztlich nicht weiter. Wer will schon auf der falschen Seite der Geschichte landen – doch wer fragt sich schon, ob wir vielleicht einmal nicht die Guten sind.

So lautet die Frage also nicht, ob die Gemeinschaften in den genannten Beispielen moralisch fehlten. Das taten sie. Die Frage ist, wie sie imstande waren, sich dabei voll und ganz im Recht zu fühlen. Und sie lautet auch: Können wir – also Sie und ich – uns sicher sein, dass wir uns anders verhalten hätten?

Das würden wir natürlich alle gerne glauben. Doch 100 Prozent von uns würden auch gerne glauben, dass sie zu den 25 Prozent der Probanden in den Asch-Studien gehört hätten, die selbst angesichts eines gegenteiligen Gruppenkonsenses weiterhin die richtigen Antworten gaben. Ich bezeichne dies als Résistance-Fantasie. Wir alle würden gerne glauben, dass wir, hätten wir während des Zweiten Weltkriegs in Frankreich gelebt, zu jenen heldenhaften Seelen gehört hätten, die gegen die Nazi-Okkupation gekämpft und geholfen haben, die Verfolgten in Sicherheit zu bringen. Die Realität ist jedoch, dass nur etwa zwei Prozent der französischen Bürger sich aktiv an der Widerstandsbewegung beteiligten. Vielleicht hätten Sie und ich dazugehört, doch unsere Chancen stehen nicht gut. Niemand von uns kann mit Sicherheit sagen, dass er sich anders verhalten hätte als die schweigende Masse im besetzten Frankreich. Wir können auch nicht mit Sicherheit sagen, wie wir uns verhalten hätten, wenn wir in ebendieser Ära ein deutscher Staatsbürger gewesen wären – oder im Jahr 1971 ein Bürger des Appenzellerlands, oder im heutigen Afghanistan ein frommer Muslim. Und, was genauso beängstigend und noch wichtiger ist: Wir können uns auch nicht sicher sein, dass bestimmte Überzeugungen, die wir heute haben, sich nicht in Zukunft als völlig ungerecht herausstellen werden. Hier geht es um Irrtums-Blindheit als moralisches Problem: Wir können nicht wissen, ob das, was wir heute richtig finden, sich eines Tages als moralisch unhaltbar erweisen wird – für uns oder historisch gesehen. Wie wir gesehen haben, sind die Bande einer Gemeinschaft so mächtig und die Blende ihrer Linse so klein, dass niemand von uns weiß, ob er wirklich freier handelt und klarer sieht als jemand, dessen Handeln von der Geschichte widerlegt wurde.

Das soll nicht heißen, dass wir nicht zu einer gewissen eigensinnigen Freiheit des Geistes fähig sind. Schließlich sind wir keine Automaten, und im Unterschied zu Szenarien aus der Science-Fiction kann uns nicht einmal die strengste Gemeinschaft vollständig einer Gehirnwäsche unterziehen. Zugegeben, unsere Freunde, Familien, Kirchen, Nachbarn und Nationen haben großen – ja äußerst großen – Einfluss auf uns. Doch Weltbilder sind genau wie Maultiere und Zentauren im Grunde genommen hybride Wesen: halb gehören sie in die Öffentlichkeit der Gesellschaft, halb in die Privatheit unserer Herzen. Im besten Fall halten die beiden Bereiche sich gegenseitig in Schach. Die Menschen um uns herum bewahren uns davor, Dinge zu glauben, die (wie Penn Jillette es formulierte) »völlig verrückt« sind, während unsere innere Stimme sich immer wieder erhebt und die Oberflächenspannung bricht, die eine Gemeinschaft ansonsten in eine Blase verwandeln könnte.

Wenn die Balance intakt bleibt, können wir die Freuden des Gemeinschaftslebens genießen, ohne Angst davor, unsere Autonomie (ganz zu schweigen unsere Seele) aufgeben zu müssen. Sobald sich das Gewicht jedoch zu der einen oder der anderen Seite neigt, besteht entweder die Gefahr, dass ein Einzelner nicht mehr von der Gesellschaft, oder die noch wesentlich größere Gefahr, dass eine Gesellschaft nicht mehr von ihren Individuen kontrolliert werden kann. Wollen wir die Balance halten, müssen wir verstehen, was sie vernichten kann. Diesem Thema möchte ich mich nun zuwenden: der Anziehungskraft des Sicherheitsgefühls und den Verheißungen, die eine Gruppe Gleichgesinnter zu Fanatikern werden lässt.

Kapitel 8
Der Reiz der Gewissheit

Genau genommen gibt es keine Gewissheit;
es gibt nur Menschen, die sich gewiss sind.
Charles Renouvier, *Essais de Critique Générale*

Das Problem begann wie so oft mit Steuern. Im Jahr 6 n. Chr. beschloss das Römische Reich, das seine Politik territorialer Expansion und Kontrolle beschleunigte, den Juden der Provinz Judäa (heute Westjordanland) steuerliche Abgaben aufzuerlegen. Bis zu diesem Zeitpunkt hatten die dort ansässigen Juden schon siebzig Jahre unter einer unberechenbaren und oft grausamen römischen Herrschaft gelebt, sodass die Steuerfrage nicht ganz oben auf der Liste ihrer Beschwerden stand. Doch die Abgaben wurmten sie, und die Frage, was man dagegen unternehmen könne, führte zu einer Spaltung der Gemeinschaft. Die Mehrheit folgte dem Rat des Hohepriesters Joasar und stimmte zögernd zu, im Interesse des Friedens den Forderungen nachzukommen.

Doch eine Handvoll Juden, angeführt von Judas von Galiläa, erhob sich. Empört über das, was er als Joasars Komplizenschaft mit der römischen Herrschaft betrachtete, gelobte Judas, eine neue jüdische Sekte zu gründen, deren Mitglieder laut Josephus, dem jüdischen Historiker des ersten Jahrhunderts, »mit grosser Zähigkeit an der Freiheit hängen und Gott allein als ihren Herrn und König anerkennen«[1].

Das klingt nach einer ehrenwerten Haltung. Und einer mutigen: Judas und seine Anhänger, eine kleine, marginalisierte Minderheit, legten sich mit einem der mächtigsten Reiche der Geschichte an. Das mag sie dafür prädestinieren, von ihren jüdischen Glaubensbrüdern, damals wie heute, als Helden verehrt zu werden. Doch für Josephus und andere vor und nach ihm waren sie nicht viel mehr als Verbrecher und Mörder. Judas' Sekte praktizierte eine Politik der verbrannten Erde. (Diese richtete sich auch gegen die eigenen Leute, die sie der Nahrung und Unterkunft beraubten, um sie dazu zu zwingen, sich dem Kampf der Sekte anzuschließen.) Sie rechtfertigte die Ermordung nicht nur von Römern, sondern auch von jüdischen »Kollaborateuren« (im Prinzip von allen, die weniger kompromisslos waren als sie selbst) und förderte durch ihre extreme Gewalt und die Weigerung zu verhandeln die Zerstörung Jerusalems und die Brutalität der römischen Vergeltungsschläge. Josephus berichtet von einem typischen Überfall – der Plünderung der jüdischen Enklave Engedi –, bei dem die wehrhaften Männer flohen, »während sie, was der Flucht nicht gewachsen war, Frauen und Kinder über 700 an der Zahl, niedermetzelten«. Der Historiker beschreibt die Sekte und ihr Vermächtnis so:

Kein Leid gab es, von dem infolge der Hetzarbeit jener beiden Männer unser Volk nicht heimgesucht worden wäre. Ein Krieg nach dem anderen brach aus, und es konnte nicht fehlen, daß die Juden unter den beständigen Angriffen schwer litten. Ihre wahren Freunde, die ihnen hätten beistehen können, hatten sie verloren; Räuber machten das Land unsicher, und viele der edelsten Männer wurden ermordet... So wurde die Neuerungssucht und das Rütteln an den althergebrachten Einrichtungen den Übeltätern selbst zum Verderben. Judas und Sadduk [ein anderer Führer des Aufstands] nämlich, die eine vierte Philosophenschule gegründet und bereits zahlreiche Anhänger um sich versammelt hatten, brachten nicht nur augenblicklich den Staat in grenzenlose Verwirrung, sondern säten auch für die Zukunft durch Lehren, die bis dahin kein Mensch je gehört hatte, all das Unheil, das gar bald anfing, Wurzel zu treiben.

Wer waren die Mitglieder dieser »vierten Philosophenschule« mit all ihrer unphilosophischen Brutalität? Wir haben es hier mit den ursprünglichen Zeloten zu tun. Von Judas' Schicksal ist nichts überliefert, doch die meisten anderen Zeloten kamen während des ersten jüdischen Krieges um, der 66 n. Chr. begann und vier Jahre später mit der Zerstörung des Tempels in Jerusalem und der Niederlage der Juden endete. Eine kleine Gruppe von Überlebenden verschanzte sich in der Festung Masada, nahe dem Toten Meer, wo sie drei Jahre lang einer Belagerung durch die Römer standhielt. Als die Römer schließlich die Festung einnahmen, entdeckten sie, dass deren 960 Bewohner sich gegenseitig getötet hatten (Selbstmord war nach hebräischem Recht verboten), statt sich von den Römern gefangen nehmen oder umbringen zu lassen.[2]

Wie die allgemeine Verwendung ihres Namens nahelegt, war das Vermächtnis der Zeloten nicht ideologischer, sondern methodischer Natur. Mord im Namen des Glaubens, ob dieser religiös begründet war oder nicht, hatte es auch schon vor ihrer Zeit gegeben, doch sie machten ihn zur gängigen Praxis. Zweitausend Jahre nach dem Tod des letzten Zeloten, der zur Sekte des Judas von Galiläa gehörte, haben Tausende andere Zeloten dieses Vermächtnis am Leben erhalten – das heißt in dessen Namen getötet. Diese neuzeitlichen Zeloten stammen aus ganz unterschiedlichen Verhältnissen und haben sehr unterschiedliche Ansichten. Paradoxerweise ist ihnen allen jedoch eine Überzeugung gemeinsam: dass sie und nur sie im Besitz der Wahrheit sind. (Das Wort »Zelot« leitet sich ab von einem griechischen Wort, das so viel bedeutet wie »auf die Wahrheit bedacht sein« –

sie als die eigene zu hüten.) Die Zeloten eint also die unbeding-
te Überzeugung, dass sie recht haben. Hinter all den symboli-
schen Einsen und Nullen, die Extremisten für ihre ideologischen
Binärcodes verwenden – wir/sie, gleich/anders, gut/böse – steht
am Ende richtig/falsch. Blinder Eifer verneint die Möglichkeit
des Irrtums.

Die Überzeugung, dass wir uns unmöglich irren können,
nennt man Gewissheit. Dieser Überzeugung sind wir inzwischen schon häufiger begegnet, und zwar in Gestalt von Menschen, die sich sicher sind, dass sie sehen können, oder sich sicher sind, das sie *tatsächlich* sehen, was sie sehen. In den meisten Fällen hat diese Spielart der Gewissheit wohl weniger mit
blindem Eifer zu. So besteht ein himmelweiter Unterschied zwischen dem Beharren darauf, beim Orion recht zu haben, und der
Ermordung der Protestanten, Muslime, Juden, Bigamisten, Got-
teslästerer, Sodomiten und Hexen, die unser Land besudeln.
Nicht jeder, der von einer leidenschaftlichen Gewissheit erfüllt
wird, ist ein Torquemada.

Andererseits besteht gar kein so großer Unterschied zwischen
Gewissheit und blindem Eifer. Wir sind der engen Beziehung
zwischen diesen beiden Formen bereits kurz im Zusammenhang mit der Annahme des Bösen begegnet. Wenn ich unerschütterlich an die Richtigkeit meiner eigenen Überzeugungen
glaube, so folgt daraus, dass, wer meine Ansichten nicht teilt, die
Wahrheit leugnet und andere zur Unwahrheit verleitet. Von hier
aus ist es nur ein kleiner Schritt hin zu dem Gedanken, dass ich
das moralische Recht oder sogar die moralische Pflicht habe, solche Menschen zum Schweigen zu bringen, durch Bekehrung,
Zwang und wenn nötig Mord. Es ist in der Tat ein so kleiner
Schritt, dass es in der Geschichte nur so strotzt von Fällen, in denen absolute Überzeugungen zu Gewalt und einer Absage an die
Vernunft führten. Normalerweise assoziieren wir ideologisch

motiviertes Blutvergießen mit bestimmten Institutionen: extremistischen Religionen (die Kreuzzüge, die Inquisition), mit rassischem oder ethnischem Überlegenheitsdenken (der Völkermord in Ruanda, das Dritte Reich) und totalitären Staaten (Stalinismus, die Roten Khmer).[3] Doch Institutionen sind keine übermenschlichen Gebilde, die den Menschen manipulieren, ihren eigenen Zwecken zu dienen. Institutionen *haben* keine Zwecke. Sie werden ganz und gar von Menschen entworfen, geschaffen und aufrechterhalten. Die Gewissheit, die sie sich zunutze machen, ist die Gewissheit – oder die Sehnsucht danach –, die bereits in jedem von uns steckt.

Blinder Eifer beginnt also mit anderen Worten im eigenen Hause. Die Gewissheit, die übel missbraucht wird, unterscheidet sich ihrem Wesen nach nicht von dem Augenblick rechthaberischen Zorns, der uns mitten im Streit auf den Gedanken bringt, dass allein unser Gegenüber irrational, unnachgiebig und im Unrecht sei. Wir können uns vielleicht nicht in den plündernden Zeloten wiedererkennen, die Engedi verwüsteten. Wir werden vielleicht nie – wir wollen es jedenfalls stark hoffen – zu Gewalt greifen, um anderen Menschen unsere Weltanschauung aufzuzwingen. Aber auch wir sind die Hüter unserer Wahrheit.

Wir haben bereits gesehen, wie es dazu kommt, dass wir glauben, unser Weltbild sei das überlegene. Unser Gefühl der Gewissheit wird geschürt durch das Gefühl zu wissen – dieses innere Gefühl, dass etwas einfach *ist*, dieses einfache Verb sagt im Grunde alles. Manchmal fallen die Idee des Wissens und die Idee der Gewissheit tatsächlich zusammen. Doch für die meisten von uns bedeutet Gewissheit mehr als Wissen. Der große amerikanische Satiriker Ambrose Bierce definierte sie als »aus vollem Halse irren«[4], und der Umstand, dass sie von den Dächern gepfiffen wird, macht sicherlich ihre Besonderheit aus. Verglichen mit dem Gefühl des Wissens (das, per definitionem ein Gefühl, ein innerer Zustand ist), ist sie viel stärker und weit mehr nach außen gerichtet. Sie ist, so könnte man sagen, ein öffentlicheres, handlungsorientiertes Analogon zum Wissen.[5]

Das Gefühl zu wissen ist also weniger ein Synonym für Gewissheit als vielmehr eine Voraussetzung dafür. Und wir haben noch weitere Voraussetzungen kennengelernt. Zum Beispiel unsere Sinnesempfindungen, die so unmittelbar und überzeugend sind, dass sie unanfechtbar erscheinen. Oder die logische Notwendigkeit zu denken, dass unsere Überzeugungen auf Fakten basieren – eine Folge des Weil's-wahr-ist-Gebots. Da sind die Vorurteile, die zum Tragen kommen, wenn wir die Beweise für und wider etwas durchgehen. Und da ist die Tatsache, dass unser Weltbild und unsere Gruppe sich gegenseitig stärken, sodass wir ihm nicht untreu werden können, ohne Gefahr zu laufen, die Unterstützung, den Status und das Gefühl der Identität zu verlieren, das die Zugehörigkeit zu einer bestimmten Gesellschaft mit sich bringt.

Diese Faktoren sind dem Gefühl der Gewissheit förderlich – obwohl sie uns vor ihm warnen sollten. Wir haben schließlich erfahren, dass Wissen eine unbrauchbare Kategorie und das Gefühl, etwas zu wissen, kein verlässlicher Indikator für Exaktheit sind. Wir haben gesehen, dass unsere Sinne versagen können, dass unser Geist uns in die Irre führt und unsere Gemeinschaften uns blind machen. Und wir haben auch gesehen, dass Gewissheit zu einer moralischen Katastrophe führen kann. Überdies schrecken wir oft vor der Gewissheit anderer zurück, selbst wenn diese sie nicht dazu benutzen, Ungerechtigkeit und Gewalt zu entschuldigen. Die Gewissheit derer, mit denen wir nicht übereinstimmen – egal ob es dabei darum geht, wer Präsident werden oder wer den Abwasch machen sollte –, erscheint uns nie gerechtfertigt. Häufig finden wir sie sogar abscheulich, und allzu oft betrachten wir sie als Zeichen einer überstarken emotionalen Bindung an eine Idee oder als Anzeichen für eine borniert, ängstliche oder störrische Geisteshaltung. Im Gegensatz dazu empfinden wir unsere eigene Gewissheit einfach als Begleiterscheinung der Tatsache, dass wir im Recht sind, halten sie für gerechtfertigt, weil es um eine gerechte Sache geht. Bemerkenswert ist, dass wir daran trotz unseres flexiblen, fantasievollen, extrapolierfreudigen Geistes nichts ändern können. Wir können oder wollen nicht wahrhaben, dass unsere eigene Gewissheit von außen betrachtet genauso unziemlich und fragwürdig erscheinen muss wie die Gewissheit, die wir bei anderen verabscheuen.

Zu den entscheidendsten und gefährlichsten Merkmalen der Gewissheit zählt, dass sie einen Wandel der Perspektive verhindert. Wenn wir uns Geschichten ausdenken und uns an ihnen erfreuen, weil wir Fantasie haben, und wenn Empathie heißt, die Geschichten anderer Menschen ernstzunehmen, dann verringert oder zerstört die Gewissheit beide Fähigkeiten. Wenn wir in unseren Einstellungen gefangen sind, spielen die Geschichten anderer Menschen – und damit die Menschen an sich – keine Rolle mehr für uns. Dies geschieht auf historischer Ebene (Zeloten interessieren sich nie für den Einzelnen und seine Geschichte, es sei denn, sie dient den Zwecken der Gruppe), aber auch auf individueller. Das glauben Sie nicht? Dann hören Sie sich einmal zu, wenn Sie das nächste Mal mit einem Familienmitglied streiten. Wenn wir Rücksichtnahme und Großzügigkeit hinter uns lassen, dann sind wir selbstgefällig, herablassend, höhnisch und ausgesprochen streitsüchtig. Und das mit Menschen, die wir lieben.

Selbstgewissheit erweist sich demnach für zwei Eigenschaften als tödlich, die uns erst richtig menschlich machen: Fantasie und Empathie. Sie wird von Philosophen als intellektuell unhaltbar verspottet. (Voltaire nannte sie »absurd«, und Bertrand Russell nannte sie »ein intellektuelles Laster«.) Sie wird weithin als

»mörderisch« verurteilt (so in den Worten des Schriftstellers Will Durant). Bei anderen finden wir sie lächerlich, wenn nicht widerwärtig. Das ist kein schöner Zustand. Warum also ist die Selbstgewissheit für uns dennoch so attraktiv?

Stellen Sie sich einmal einen Mann vor, der eine Bergtour in den Alpen unternimmt, als ihm plötzlich der Weg durch eine enge, aber furchtbar tiefe Gletscherspalte versperrt wird. Es gibt keinen sicheren Weg um die Spalte herum, und der Mann kann auch nicht denselben Weg wieder zurückgehen. Die Frage ist also nicht, was der Mann tun sollte; er muss über die Spalte springen. Die Frage ist, wie er sich dabei fühlt.

Dieses hypothetische Szenario entwarf William James, um uns dabei zu helfen, über den Wert der Gewissheit nachzudenken[6]. Während die meisten seiner Philosophenkollegen die Gewissheit als intellektuell unhaltbar oder moralisch abstoßend oder beides kritisierten, beschloss James, sie zu verteidigen. Oder zumindest teilweise zu verteidigen. Auch er erkannte die potenziellen moralischen Folgen der Gewissheit, und sie beunruhigten ihn – doch der Pragmatiker in ihm argumentierte, dass sie auch praktische Vorteile habe. Wie intellektuell ehrenwert Zweifel auch sein mochten, so James, sie würden unserem hypothetischen Wanderer einen schlechten Dienst erweisen. Für ihn wäre es besser, voll und ganz daran zu glauben, dass er die Spalte überspringen kann.[7]

Selbst wenn wir uns auf unsicherem Boden bewegen, sollten wir uns, wie James mit diesem Beispiel zeigen wollte, nicht von dem unerschütterlichen Glauben abbringen lassen. Es gibt unzählige Fälle, in denen sich unser eigenes Leben oder das Leben überhaupt durch eine leidenschaftliche Überzeugung zum Besseren verändert hat. »Es gibt also Fälle«, wie James sagte, »in denen der Glaube seine eigene Verwirklichung hervorbringt.«[8]

In solchen Situationen ist Gewissheit die beste Wahl, der Zweifel hingegen eine schlechte – im besten Fall kontraproduktiv, im schlechtesten gefährlich. Doch es gibt auch Gelegenheiten, wo Gewissheit die bessere Wahl ist, weil der Zweifel keine echte Alternative darstellt. Mit diesem Argument verteidigte der Philosoph Ludwig Wittgenstein (wiederum nur teilweise) die Gewissheit. Im Gegensatz zu seinen Kollegen, die glaubten, dass Gewissheit an sich absurd sei, argumentierte Wittgenstein, dass die *Un*gewissheit zuweilen keinen Sinn mache. Wollen wir durchs Leben kommen, so Wittgenstein, haben wir keine andere Wahl, als bestimmte Überzeugungen für absolut zu halten. Diese Überzeugungen dienen als eine Art Basis für den Rest unserer Weltanschauung. Statt sie infrage zu stellen, benutzen wir sie, um all unsere *anderen* Fragen zu stellen und zu beantworten. »Am Grunde des begründeten Glaubens«, schrieb Wittgenstein, »liegt der unbegründete Glaube.«[9] Nicht schlecht begründet, wohlgemerkt, sondern überhaupt nicht begründet.[10]

Als Beispiel für einen solchen Glauben führt Wittgenstein seine Überzeugung an, dass er zwei Hände hat. (Das war das extremste Beispiel, das er hätte wählen können, und zwar aus demselben Grund, aus dem Anosognosie das extremste Beispiel für den Irrtum ist: weil Ansichten über unsere Körper im Wesentlichen immun gegen Zweifel sind.) Für diese und andere Grundüberzeugungen, so argumentierte er, können wir buchstäblich keine überzeugenden Gründe liefern, denn der Glaube selbst ist »so sicher wie irgendetwas, was ich als Evidenz dafür anführen könnte«. Wenn er gefragt würde, wie viele Hände er habe, so fuhr Wittgenstein fort, würde er sich »nicht durch Hinschauen davon vergewissern. Ja, ich weiß nicht, warum ich meinen Augen trauen sollte, wenn ich überhaupt dran zweifelte.« In diesen wie in vielen anderen Fällen ist Wittgenstein zufolge der Zweifel das Absurde und die Gewissheit die einzig vernünftige Option.

Wittgenstein verteidigte also die Gewissheit mit der Begründung, dass sie manchmal zwingend notwendig sei – dass wir, ohne uns gewisser Dinge sicher zu sein, über alles andere erst gar nicht nachdenken könnten. (Das erinnert stark an Kuhns Aussage, dass wir die Welt ohne Theorien nicht verstehen können.) James verteidigte demgegenüber die Gewissheit mit der Begründung, dass sie manchmal eine für unser Überleben und unseren Erfolg unerlässliche Handlungshilfe darstelle. Jedes dieser Argumente weist jedoch auf Folgendes hin: dass die Gewissheit evolutionär gesehen von Vorteil ist. Eine Überzeugung infrage zu stellen erfordert, wie schon an früherer Stelle erwähnt, mehr kognitive Ressourcen – und stellt potenziell ein größeres Risiko dar –, als sie einfach anzunehmen. Aus diesem Grund bezeichnet William Hirstein (der Autor von *Brain Fiction*) den Zweifel als »einen kognitiven Luxus«, der »nur in hochentwickelten Nervensystemen anzutreffen ist«[11].

Hirstein hat recht. Es wird wohl kaum möglich sein, eine skeptische Molluske zu finden. Und was für unsere kollektive Vergangenheit gilt, gilt, evolutionär gesehen, auch für unsere individuelle Entwicklung – weswegen es wohl auch kaum möglich ist, ein skeptisches einjähriges Kind zu finden. »Das Kind lernt, indem es dem Erwachsenen glaubt«, stellte Wittgenstein fest. »Der Zweifel kommt *nach* dem Glauben.«[12] Er kommt auch in unterschiedlichen Formen und Phasen. Es ist eine Sache, die Existenz des Nikolaus anzuzweifeln, eine andere, die Richtigkeit eines Berichts anzuzweifeln, und eine dritte, die Richtigkeit eines Berichts anzuzweifeln, den man selbst geschrieben hat. Wie erfahren wir in diesen unterschiedlichen Stufen des Zweifelns sind, hängt von vielen Faktoren ab: inwieweit wir emotional dazu in der Lage sind, Unsicherheit zu ertragen (darüber gleich mehr), wie oft wir einer kritischen Prüfung ausgesetzt sind und wie oft wir eine solche vornehmen mussten. Zweifeln, so scheint es, ist eine Fertigkeit – eine, die, wie wir an früherer Stelle gesehen haben, gelernt und geübt werden muss. Im Gegensatz dazu scheint Leichtgläubigkeit eher dem Instinkt verbunden.

Der Zweifel setzt also nach dem Glauben ein, sowohl auf dem langen Weg der Evolution als auch auf dem kürzeren unserer eigenen emotionalen und intellektuellen Entwicklung. Und wir können den Zeitrahmen sogar noch enger stecken: Immer dann, wenn wir Informationen über die Welt verarbeiten, setzt der Zweifel nach dem Glauben ein. Zu diesem Ergebnis gelangten zumindest der Psychologe Daniel Gilbert und seine Kollegen 1990 in einer Studie, mit der sie eine Behauptung des niederländischen Philosophen Baruch de Spinoza überprüfen wollten[13]. Spinoza behauptete, dass wir neue Informationen immer automatisch als wahr einstufen und nur rückwirkend (wenn überhaupt) als falsch zurückweisen. Diese Behauptung stand dem intuitiveren und – zumindest Descartes zufolge – optimaleren Modell der Kognition zuwider, wonach wir zunächst die Wahrscheinlichkeit abwägen, dass eine neue Information wahr ist, und sie dann dementsprechend annehmen oder ablehnen. Um dies zu veranschaulichen, greife ich auf ein Beispiel von Gilbert zurück: »Gürteltiere können mit Weichkäse aus einem Dickicht gelockt werden.« Wenn Spinoza recht hat, dann glauben Sie zunächst diesen Satz, schon allein dadurch, weil Sie ihn lesen. Diesem Modell zufolge gehört der Glaube zu unserer kognitiven Standardausstattung, während Zweifel oder Unglauben einen zweiten zusätzlichen Akt erfordern.

Wir alle haben Erfahrungen gemacht wie die, auf die Spinoza hinauswollte. Wenn ich, wie Gilbert und seine Kollegen schreiben, mit meinem Wagen unterwegs bin und plötzlich mitten auf der Straße einen Dackel sehe, werde ich ihm ausweichen, lange bevor ich zu einer Entscheidung darüber gelangen kann, ob die vorliegende Aussage (»Da ist ein Dackel mitten auf der Straße«)

richtig oder falsch ist. Man könnte noch einen Schritt weitergehen und behaupten, dass ich auch ausweichen würde, wenn ich mitten auf der Straße ein *Einhorn* sähe – obwohl ich, wenn ich mir die Zeit nähme, über die Situation nachzudenken, sicher zu dem Schluss kommen würde, dass es keine Einhörner gibt, weder mitten auf der Straße noch sonst wo. Tatsächlich sind die meisten von uns schon einmal Fantasiegebilden ausgewichen. Vor nicht allzu langer Zeit ging ich in Manhattan unter einem Gerüst hindurch, als ich plötzlich zur Seite sprang und die Arme schützend über den Kopf hielt. Vielleicht lag es an einem Lichtreflex, vielleicht hat mir auch mein peripheres Sehen einen Streich gespielt – wer weiß das schon? –, auf jeden Fall hatte eine zufällige Fehlzündung meiner Synapsen bei mir den falschen, aber schlimmen Eindruck erweckt, dass ein Teil des Gerüsts auf mich herabfalle. Das stimmte Gott sei Dank nicht, doch ich verhielt mich, als ob es der Fall sei – aus sehr guten Gründen, die zudem die evolutionäre Nützlichkeit der Gewissheit unterstreichen.

Manchmal verhalten wir uns also so, als sei eine Aussage wahr, noch bevor wir die Möglichkeit haben, uns ein Urteil über sie zu bilden. Gilbert und seine Kollegen wollten herausfinden, ob dies nur auf unser Verhalten oder auch auf unseren Glauben zutrifft. Wenn nicht nur ein, sondern zwei Prozesse – die ursprüngliche Akzeptanz und das anschließende Ablehnen – nötig sind, um etwas nicht zu glauben, dann ist es wahrscheinlich, dass Menschen unwahre Dinge eher glauben, wenn sie unterbrochen werden, sobald sie von ihnen erfahren, so die Forscher. Und so war es auch. In einer Reihe von Experimenten zeigte sich, dass Probanden, die unmittelbar nachdem sie neue Informationen erhalten hatten, abgelenkt wurden, eine falsche Aussage eher für wahr hielten, eine wahre Aussage aber nicht eher für falsch. Es war, als reiche schon allein das geistige Bild einer Aussage (das Gürteltier, das auf den Camembert zusteuert), um die Probanden dazu zu bringen, sie zu glauben – ein weiteres Beispiel dafür, dass wir unsere Vorstellungen von der Welt mit der Realität verwechseln.

Abgesehen davon, dass die Forschung Spinozas Aussage bestätigt, hilft sie auch zu erklären, warum wir viel eher zu Gewissheit als zu Zweifeln neigen. Hierbei handelt es sich jedoch nicht nur um eine neurologische, sondern auch um eine emotionale Wahrheit. Gewissheit mag praktisch, logisch und evolutionär gesehen notwendig sein, doch die simple Wahrheit ist: Gewissheit fühlt sich gut an. Sie vermittelt uns die tröstliche Illusion, dass unsere Umgebung stabil ist, dass sie beherrschbar ist und dass sie uns folglich Sicherheit bietet. Was ebenso wichtig ist: Sie gibt uns das Gefühl, informiert, intelligent und mächtig zu sein. Und wenn wir uns sicher sind, werden wir zu Herren unserer Landkarten: Die äußeren Grenzen unseres Wissens und die äußeren Grenzen der Welt sind eins geworden.

So gesehen ist unsere Abneigung gegen den Zweifel so etwas wie eine emotionale Platzangst. Unsicherheit überlässt uns unserem Schicksal in einem Universum, das zu groß, zu offen, zu unklar ist. Selbst Voltaire, der die Gewissheit als absurd abtat, gab im gleichen Atemzug zu, dass Zweifel »unangenehm« sind. »Unangenehm« ist untertrieben, beschreibt die Sache jedoch recht genau: Der offene Raum des Zweifels verursacht uns Unbehagen und macht uns unfähig, uns zu entspannen oder uns sicher zu fühlen. Während die Gewissheit uns mit Antworten beruhigt, konfrontiert uns der Zweifel mit Fragen, nicht nur über unsere Zukunft, sondern auch über unsere Vergangenheit: die Entscheidungen, die wir getroffen haben, die Überzeugungen, die wir hatten, die Menschen und Gruppen, denen wir ergeben waren, unsere Art zu leben. Was die Sache noch schlimmer macht: Sich mit der eigenen Unsicherheit zu konfrontieren, kann auch bedeuten, sich der Unsicherheit überhaupt zu stellen – der traurigen Tatsache, dass kein Sterblicher irgendetwas auf dieser Welt voll und ganz wissen kann und dass wir deswegen unsere Lieben nicht vor Irrtümern, Unfällen und Katastrophen schützen können.

Kein Wunder also, dass wir uns eher von der Gewissheit angezogen fühlen. Weil wir umgekehrt den Zweifel fürchten, möchte ich mich nun drei Repräsentanten des chronischen Zweifels zuwenden: Hamlet, dem für seine Unentschlossenheit berühmten Prinzen von Dänemark; John Kerry, dem Präsidentschaftskandidaten der Demokraten, dem seine Gegner Entscheidungsunfähigkeit vorwarfen; und einer Gestalt der modernen amerikanischen Politik, dem unentschiedenen Wechselwähler.

Passenderweise beginnt das berühmteste Drama der Welt über den Zweifel mit einer Frage. Der Schauplatz ist Dänemark kurz nach dem Tod seines Königs (Hamlets Vater), und die Frage, die über die Bühne schallt, ist zugleich banal und schaurig. »*Wer da?*« Nun, unter anderem der Geist des toten Königs, der ein letztes Mal mit seinem Sohn sprechen möchte. Als Hamlet erscheint, erklärt der Geist ihm, dass er, der König, keines natürlichen Todes gestorben ist, sondern von seinem eigenen Bruder, Claudius, ermordet wurde, der inzwischen Hamlets verwitwete Mutter geheiratet und den Thron bestiegen hat. Der Geist fleht Hamlet an, Claudius zu töten, um diesen Mord zu rächen. Das tut Hamlet auch, doch erst – nachdem er sich fünf lange Akte lang den Kopf darüber zermartert hat – mit seinem allerletzten Atemzug. Zu diesem Zeitpunkt sind auch die meisten anderen bedeutenden Figuren tot, einschließlich der Mutter und dreier Freunde (bei denen er selbst Hand angelegt hat), die vielleicht alle noch leben könnten, wäre Hamlet nicht von Zweifeln geplagt worden. In Hamlets eigenen Worten: »Der angebornen Farbe der Entschließung / Wird des Gedankens Blässe angekränkelt.«[14]

In der Folge geriet Hamlets Unentschlossenheit so in den Mittelpunkt – selbst Siebtklässler schreiben Hausarbeiten darüber –, dass sie nunmehr für seinen Charakter zu stehen scheint. Das war jedoch nicht immer der Fall. Dem Kritiker Harold Jenkins zufolge galt Hamlet zumindest die ersten hundertfünfzig Jahre seines literarischen Lebens als »energisch, kühn und heldenhaft«[15] – ein Opfer der Umstände, nicht seiner Psyche. Doch dann äußerte sich im 18. Jahrhundert der Schriftsteller James Boswell über »die Unentschlossenheit, die einen so großen Teil von [Hamlets] Charakter bildet«, und die Beschreibung blieb hängen. In den folgenden hundert Jahren und unterstützt durch zusätzliche Kommentare von Persönlichkeiten wie Goethe und Coleridge wurde der Hamlet geboren, den wir heute kennen: ein Mann, den seine Unentschlossenheit derart lähmt, dass er unfähig ist zu handeln.

Wenn es stimmt, dass jede Generation den Hamlet bekommt, den sie verdient, dann wäre es interessant herauszufinden, warum die britischen Theaterbesucher des 18. Jahrhunderts einen so paralysierten und von Zweifeln geplagten Prinzen brauchten. Was an dem politischen und kulturellen Klima dieser Zeit ließ Handeln und Überzeugung, Denken und Zweifel zu solch gewichtigen Themen werden? Was immer es auch war, es ist noch heute da – und Boswells Charakterisierung von Hamlet muss erst noch überzeugend durch eine andere ersetzt werden. Der Prinz, der in unserem modernen Bewusstsein lebt, der uns fasziniert und verrückt macht, ist der »ewige Grübler« (wie Coleridge sagte[16]).

Bei dieser inzwischen zum Standard gewordenen Interpretation ist der Zweifel Hamlets tragischer Fehler, verantwortlich für seine inneren Qualen wie auch die Katastrophen, die sich in diesem Stück ereignen. Doch etwas ist seltsam an dieser Interpretation des *Hamlet*, und an Hamlet selbst. So versucht der Prinz bereits im dritten Akt – also zwei Akte bevor es ihm dann schließlich gelingt –, Claudius umzubringen. Dass er aus Versehen Claudius' Berater Polonius tötet, ist auf ein Versehen und nicht auf mangelnde Entschlossenheit zurückzuführen. Und Hamlet zögert auch nicht, den Mord an seinen beiden Schulfreunden Rosenkranz und Güldenstern zu arrangieren, als er erfährt, dass sie ihn bespitzeln – wohl kaum das Handeln eines Mannes, den ein Kritiker als »Prince Pussyfoot«[17] (Prinz Samtpfötchen) bezeichnete.

Dennoch: Hamlet *kämpft* mit Zweifeln. Zwar hat er mehr von einem Mann der Tat, als wir es ihm im Allgemeinen zugestehen, neigt jedoch eindeutig auch zum Grübeln – ein Mann, der sich der Widersprüche und Komplexität der Situation bewusst ist und den die Möglichkeit des Irrtums beunruhigt. Wir wissen, dass er glaubt, dass unsere Fähigkeit zur Reflexion nicht dazu da ist, »um ungebraucht in uns zu schimmeln«[18], und wir beobachten, wie diese nicht nur bei der Frage zum Tragen kommt, ob er seinen Onkel töten soll, sondern auch bei der Frage nach dem Für und Wider, seinem eigenen Leben ein Ende zu setzen (»Sein oder Nichtsein«), und allgemeiner: bei der Frage nach dem Sinn des Lebens sowie des Lebens nach dem Tod.

Zweifeln zu können ist also eindeutig Teil von Hamlets Veranlagung. Die Frage ist jedoch, warum so viele Kritiker diese Eigenschaft bemängeln. Es ist ja nicht so, als könne der Prinz sich vierzehn Szenen lang nicht entscheiden, ob er ein Sandwich mit Speck, Salat und Tomaten oder einen Hühnersalat bestellen soll. Dieser Mann wurde gebeten, einen Mord zu begehen. Und nicht nur irgendeinen, sondern einen Königsmord, bei dem es sich quasi auch um einen Vatermord handelt: um den bewussten Mordanschlag auf einen Mann, der zugleich sein König, sein Onkel, sein Stiefvater und der Mann seiner Mutter ist. Eine solche Situation würde wohl jeden vernünftigen Menschen nachdenklich stimmen. (Und so wurde Hamlet in der Zeit vor Boswell gesehen: als vernünftiger Mensch in einer unzumutbaren Lage.)

Als sei dieses ethische, politische und familiäre Dilemma nicht genug, hat Hamlet auch noch ein anderes Problem. Er weiß nicht aus erster Hand von dem Mord, den er rächen soll. Versetzen Sie sich einmal in seine Lage. Ihnen wurde aufgetragen, ein schreckliches Verbrechen zu begehen – von einem *Geist*. Was, wenn der Geist gelogen hat? Was, wenn er möchte, dass Sie um seiner eigenen unergründlichen und möglicherweise hinterhältigen Zwecke willen einem unschuldigen Menschen das Leben nehmen? Was, wenn Ihre Sinne Sie getäuscht haben und da überhaupt kein Geist war? Mit anderen Worten: Sein Zweifel entspricht der Situation sowie der Bedeutung und Schwere der Tat, die er erwägt.

Warum empfinden wir Hamlets Zweifel dann als so problematisch? In der Literatur wie im wirklichen Leben spricht nur wenig dafür, dass ein Verbrechen aus Leidenschaft ein Happy End nach sich zieht, dass übereiltes Handeln zu fruchtbaren Ergebnissen führt oder dass heißblütige Weltführer sich darin hervortun, Frieden herzustellen oder zu wahren.[19] Warum also haben wir weiterhin das Gefühl, der Zweifel sei Hamlets Problem und ein Mehr an Gewissheit die Lösung?

Die Antwort liegt nicht in Hamlets Charakter, sondern in seinem Stand. Es ist uns völlig gleichgültig, ob etwa Reynaldo, Polonius' Diener, glaubt oder zweifelt – doch Hamlet ist ein Prinz, und die Überzeugungen unserer Führer (selbst fiktionaler, wie es scheint) nehmen wir sehr ernst. Und das nicht ohne Grund. Wir wissen, dass Gewissheit vor allem für Politiker nützlich ist, die Dutzende wichtige Entscheidungen treffen müssen, während der Rest von uns nur auszuknobeln versucht, was wir am Freitagabend unternehmen sollen. Zögere bei jeder Entscheidung fünf Akte lang, und dein Staatsschiff wird ordentlich Schlagseite haben.

Doch die praktischen Vorteile alleine sind keine Erklärung dafür, warum wir die Gewissheit bei unseren Führern als so wünschenswert und den Zweifel als so unerträglich erachten. Im Gegenteil: Schon allein aus pragmatischen Gründen sollten wir ein gewisses Maß an Zweifel in der politischen Arena begrüßen, da selbst die flüchtigste Bekanntschaft mit der Geschichte zeigt, dass eine unerschütterliche Gewissheit eine katastrophale Eigenschaft eines Führers sein kann. Doch offensichtlich haben wir es hier nicht mit reinem Pragmatismus zu tun. Wie in allen anderen Bereichen, wird er auch in der Politik von Gefühlen begleitet (und oft von ihnen überrollt). Und emotional schlägt, wie wir bereits gesehen haben, unser Herz ganz klar für die Gewissheit.

Als hiervon an früherer Stelle die Rede war, ging es um unsere *eigene* Gewissheit und unseren *eigenen* Zweifel – darum, wie angenehm es sich anfühlt und welches Gefühl der Sicherheit es uns verleiht, wenn wir standhaft sind. Doch wir finden auch die Gewissheit anderer Menschen äußerst attraktiv. Wir alle haben diese Anziehungskraft schon einmal erfahren. Ich habe einen ziemlich guten Orientierungssinn, und doch ist es schon vorgekommen, dass ich einer Freundin eine völlig falsche Straße entlang gefolgt bin (ohne auch nur darüber nachzudenken), einfach weil sie so zuversichtlich ausschritt. Ähnlich folgen wir denen, die eine große Gewissheit ausstrahlen, auch im übertragenen Sinne auf Wegen aller Art, ohne uns zu fragen, wohin sie (oder wir) gehen. Wie schon bei unserer eigenen Gewissheit betrachten wir fälschlicherweise auch die Gewissheit der anderen als Zeichen dafür, dass sie recht haben.

Wie die meisten der Verhaltensweisen, die uns irreleiten können, ist es nicht per se irrational, einem selbstsicheren Führer zu folgen. In der Regel sorgt dies für eine völlig vernünftige Arbeitsteilung. Den Führern in einer Gruppe bleibt der Ärger erspart, zu viele Köche in der Küche zu haben – was ihnen die Sache erleichtert, da auch sie sich, obwohl sie Gewissheit verkörpern, sich selbst nach ihr sehnen. Und wir, die wir ihnen folgen, sind von der Last befreit, Entscheidungen treffen zu müssen, und frei, uns auf andere Dinge zu konzentrieren.

Besser noch: Manch eigener Zweifel wird gelindert, wenn wir einem selbstsicheren Führer folgen – weil nämlich die Gewissheit anderer *uns* ein Gefühl der Sicherheit vermittelt. Sozialpsychologen zufolge sind sowohl der Zweifel als auch die Gewissheit so ansteckend wie ein Schnupfen[20]: Unsere Zuversicht nimmt zu, wenn die Menschen um uns herum Sicherheit ausstrahlen, und unsere Zweifel lodern auf, wenn wir von zögerlichen Menschen umgeben sind. So überrascht es nicht, dass wir in der Politik (wie auch in der Wirtschaft, beim Militär oder in der Schule) normalerweise die Ultrazuversichtlichen dazu auserwählen, uns zu führen. William Hirstein, der Autor von *Brain Fiction*, behauptet sogar, dass wir, wenn es um unsere Machthaber geht, oft denken, dass »eine Antwort, auch wenn sie vielleicht falsch ist, besser ist als überhaupt keine«[21]. Das heißt: Führer, die wanken, beunruhigen uns mehr als solche, die Fehler machen.[22]

Das bringt uns natürlich zu John Kerry und der Wahl von 2004, bei der Kerry den Kampf gegen den damaligen Amtsinhaber George W. Bush aufnahm. Auf der einen Seite stand Kerry, der in einem Krieg gekämpft hatte, den er später ablehnte, und einem anderen Krieg zustimmte, den er zuvor verurteilt hatte – zwei Gründe, wenn auch nicht die einzigen, aus denen die Rechte ihn als wankelmütig abstempelte. Auf der anderen Seite stand Bush, der schwierige geopolitische Fragen auf gröbste Weise vereinfachte und der es nicht duldete, wenn man seine Meinung infrage stellte – zwei Gründe von vielen, warum die Linke ihn als autokratisch und gefährlich naiv abstempelte. In gewissem Sinne könnte man die berühmt-berüchtigte Polarisierung der Wählerschaft von 2004 folgendermaßen beschreiben: Wähler, die ei-

nen Sinneswandel bedenklich fanden, versus Wähler, die Uner-
schütterlichkeit bedenklich fanden.

Seinen Gegner zu beschuldigen, dass er seine Meinung geändert habe, gehört zugegebenermaßen zu den üblichen Schach-
zügen im Programm der amerikanischen Politik. Doch in John
Kerrys Fall *war* die Anschuldigung das Programm. Nicht nur
sein Sinneswandel in Bezug auf Vietnam und den Irak wurden
kritisiert. Kerrys Kritiker warfen ihm auch Wankelmut vor, was
die Todesstrafe betraf, die Sozialreformen, die soziale Sicherheit,
die Homoehe, die Affirmative action (die bevorzugte Behandlung ethnischer Minderheiten und Frauen bei der Besetzung von
Arbeits- und Ausbildungsplätzen), den Patriot Act (Anti-Terror-
Gesetz) oder den No Child Left Behind Act (Bildungsgesetz, das
die Qualität der öffentlichen Schulen in den USA verbessern
soll). Jay Leno schlug zwei mögliche Slogans für die Kerry-Kam-
pagne vor: »Sich entscheiden ist verdammt schwer« und »Wechselwähler – ich bin wie ihr!« Während der Republican Convention machten die Delegierten eine Art La-Ola-Welle, wann immer
Kerrys Name fiel: die visuelle Darstellung seines Schwankens.
Für zehn Dollar konnte man ein Paar Flip-Flops (to flip-flop:
plötzlich seine Meinung ändern) mit Kerrys Gesicht darauf kaufen. Oder man konnte Anti-Kerry-Wahlkampf-Buttons mit Bildern von Waffeln (der engl. Begriff »waffle« bedeutet: Waffel und
Geschwafel) oder von Heinz-Ketchup-Flaschen tragen – Letztere
eine indirekte Anspielung auf Kerrys Frau, Teresa Heinz Kerry,
und ein direkter Hinweis auf seine angebliche Unentschlossenheit: »57 Standpunkte zu jedem Thema.« (Heinz wirbt auf jeder
Packung damit, dass man 57 verschiedene Ketchupsorten produziert).

Manche Vorwürfe, die man Kerry machte, waren falsch – so etwa der, dass man, wenn man in Vietnam gedient habe, diesen
Krieg nicht als politisches Desaster betrachten könne. Andere

waren berechtigt – wie die Behauptung, dass er seine Ansicht über vorgeschriebene Mindeststrafen nicht nach sorgfältiger Prüfung geändert habe, sondern aufgrund des politischen Drucks, »hart gegen Verbrechen« vorzugehen. Doch die Stichhaltigkeit (oder die Haltlosigkeit) dieser Vorwürfe ist nicht der springende Punkt. Und war es auch nie. In unserer politischen Kultur steht immer die Frage, ob ein Politiker gute Gründe für seine Meinungsänderung hatte, hinter der zurück, dass er überhaupt seine Meinung geändert hat.

Nehmen wir nun John Kerrys stark verspottete Aussage, er sei für den Irakkrieg gewesen, bevor er gegen ihn war. Zugegeben, dieser politische Sinneswandel war völlig legitim. Fast jeder von uns kennt Menschen, die einen vergleichbaren Sinneswandel vollzogen haben. Und viele von uns *gehören* selbst dazu: Von den 76 Prozent der Amerikaner, die den Krieg unterstützten, als er 2003 begann, hatte die Hälfte ihm bis 2007 ihre Unterstützung entzogen[23]. In den Jahren dazwischen waren der Öffentlichkeit neue Informationen zugänglich gemacht worden, die Situation im Irak hatte sich geändert, und die Glaubwürdigkeit der Bush-Administration war verblasst. Es gab nur noch wenig Hoffnung, dass wir den Irakern ein besseres Leben ermöglichen könnten. Und die Kosten des Krieges – gerechnet in Dollar, Menschenleben und Amerikas Imageschaden in der internationalen Gemeinschaft – überstiegen alles, was man sich an jenem Tag im Jahr 2003, als Bush »Auftrag ausgeführt« meldete, hatte vorstellen können. Dies war also zweifellos eine Situation, in der die von hoher Gesinnung zeugende, wenn auch leicht spöttische Erwiderung von John Maynard Keynes angebracht gewesen wäre: »Wenn sich die Fakten ändern, ändere ich meine Meinung. Was tun Sie, Sir?«

Keynes' Taktik war gut. Doch so wie Kerrys Meinungsänderungen steht sie im Widerspruch zu dem Charakter unserer politischen Kultur. In der Politik wird es *per se* bewundert, eine Sache durchzuziehen (und verunglimpft, den Kurs zu ändern) – und zwar ohne Rücksicht darauf, wohin dieser Kurs führen könnte. So stellte schon die berühmte verstorbene Historikerin Barbara Tuchman fest: »Und doch ist einer Regierung nichts mehr zuwider, als Irrtümer einzusehen, Verlusten ein Ende zu machen, den Kurs zu ändern.«[24] Womit wir wieder bei Hamlet wären: Wir nehmen die Unsicherheit, das Zögern und die Umkehr wahr, ohne zu bemerken (oder uns zu überlegen), was dazu geführt hat. Egal wie verdienstvoll Zweifel und das Eingeständnis von Irrtum sein mögen, wir hassen sie bei unseren politischen Führern, weil wir sie – wenn auch zu unrecht – für Schwäche halten[25]. Doch Ausnahmen gibt es: Manche Menschen sind von glühender Überzeugung genauso unbeeindruckt wie andere von Unentschlossenheit.

Doch selbst für den, der Zweifel toleriert, gibt es eine gewisse Grenze. Was George Bush und John Kerry angeht, mag die Öffentlichkeit 2004 geteilter Meinung gewesen sein, genau wie 2008 bei John McCain und Barack Obama, doch zumindest in einem Punkt waren alle einig: in der Verachtung des Wechselwählers. Selbst der Umgang der extremen Linken mit der extremen Rechten und umgekehrt nahm sich im Vergleich mit dem Hass, der Verachtung und dem Spott, der den Unentschlossenen entgegenschlug, geradezu respektvoll aus. Zwei Beispiele – beide aus der Zeit der Präsidentschaftswahlen von 2008 – sollen dies veranschaulichen. Während der Comedyshow *The Daily Show*[26] präsentierte Jon Stewart ein Kreisdiagramm, das die Wechselwähler in vier fiese Kategorien unterteilte: »Selbstdarsteller, rassistische Demokraten, chronisch Unsichere und Dumme.« Danach schrieb der Humorist David Sedaris einen Furore machenden Artikel für den *New Yorker*, in dem er sich folgende Situation in einem Flugzeug vorstellte: »Die Flugbegleiterin kommt mit dem Essenswagen den Gang entlang und hält schließlich neben meinem Sitz. ›Kann ich Sie zu dem Hühnchen überreden?‹, fragt sie. ›Oder ziehen Sie den Teller Scheiße mit Stückchen von zerbrochenem Glas darin vor?‹ Bei dieser Präsidentschaftswahl Unentschlossenheit zu zeigen«, schrieb Sedaris, »wäre so wie einen Moment zu zögern und dann zu fragen, wie das Hühnchen zubereitet wurde.«[27]

Und so stellt man sich den Unentschlossenen gemeinhin vor: als bedürftig, unsicher, ideologisch suspekt, nicht in der Lage, zwischen Hühnchen und Scheiße zu wählen – mit einem Wort: als Memme. Was genau regt uns an diesem Menschen so auf? Eine Erklärung – eine vernünftige und recht genaue – wäre die, dass wir Unsicherheit bei der Wählerschaft aus demselben Grund fürchten und verachten, aus dem wir sie bei den von uns gewählten Politikern fürchten und verachten. So wie wir uns darauf verlassen, dass unsere politischen Führer täglich wichtige Entscheidungen treffen, wollen wir uns bei einer so wichtigen Sache wie einer Wahl auf unsere Mitwähler verlassen können, und sind über all jene, die dazu nicht in der Lage sind, entsetzt und beunruhigt. Und obwohl diese unentschiedenen Wähler nicht so viel Macht haben wie der Präsident, üben sie doch, im Verhältnis zu ihrer Anzahl, unverhältnismäßig viel Macht aus. Unser Ärger liegt also zum Teil auch an dem Gefühl, dass der gesamte Wahlprozess und unsere eigene politische Zukunft von der winzigen Fraktion der Wähler, die sich nicht entscheiden können, als Geisel genommen wird.

Etwas sagt mir aber, dass wir, selbst wenn wir dieses Problem besser in den Griff bekommen – indem wir etwa das Wahlmännergremium abschaffen und damit den Einfluss unentschiedener Wähler beträchtlich schmälern würden –, auf solche Menschen dennoch mit Entrüstung und Verachtung reagieren würden. Denn wenn unsere einzige Sorge der Ausgang der Wahlen wäre, dann sollten wir uns viel mehr über die Millionen von Wählern aufregen, die anderer Meinung sind als wir, als über den geringen Prozentsatz der Unentschlossenen. Stattdessen haben wir, wenn es hart auf hart kommt, immer mehr Sympathie für unsere politischen Gegner. Diese möchten vielleicht den Teller Scheiße haben, aber schließlich stimmen sie uns in einem Punkt zu: Manche Dinge erfordern einen festen Standpunkt.

Unentschlossene Wähler machen uns wahnsinnig, weil sie angestrengt über etwas nachdenken, worüber die meisten von uns überhaupt nicht nachdenken müssen. Damit konfrontiert, eine für uns völlig klare Wahl zu treffen, sind sie unsicher, was sie glauben sollen; deswegen zögern sie, schwanken sie und warten auf weitere Informationen. In anderen Zusammenhängen empfinden wir solch ein Verhalten als vernünftig, ja sogar lobenswert. In der Tat gleicht das Verhalten dieser Menschen stark dem Verhalten des idealen Denkers, dem wir in unserer Diskussion der Beweise begegnet sind. Das heißt nicht, dass der durchschnittliche unentschlossene Wähler den idealen Bürger-Philosophen repräsentiert, dem wir alle nacheifern sollten. (Wie wir weiter oben gesehen haben, ist dieser ideale Denker gar nicht so ideal.) Doch er steht für Möglichkeiten, die der Rest von uns ausschließt: die Fähigkeit, Unsicherheit auszuhalten.

Wenn der unentschlossene Wähler eine Stärke hat, dann ist es die: Er weiß, dass er sich irren könnte. Wenn wir Übrigen eine Stärke haben, dann die, dass uns unsere Überzeugungen sehr am Herzen liegen. So widersprüchlich diese beiden Stärken auf den ersten Blick auch sein mögen, sie lassen sich theoretisch miteinander in Einklang bringen. Der Psychologe Rollo May äußerte sich einmal über den »scheinbaren Widerspruch, sich einerseits voll engagieren zu müssen, sich andererseits darüber klar zu sein, daß wir möglicherweise Falsches tun«[28]. May plädiert hier nicht für Mäßigung oder dafür, unsere Zivilcourage

aufzugeben. Er will vielmehr sagen, dass wir uns unsere Zivilcourage – und unsere Überzeugungen – bewahren können, auch
wenn wir uns von den Einschränkungen der Gewissheit frei machen. Unser Engagement für eine Idee, so folgerte er, »ist dann
am gesündesten, wenn es nicht *ohne*, sondern *trotz* des Zweifels erfolgt.«

Die meisten von uns wollen nicht doktrinär sein. Die meisten
von uns wollen keine Eiferer sein. Und dennoch ist es sehr
schwer, Mays Maxime in die Praxis umzusetzen. Selbst wenn wir
die besten Absichten haben, können wir oft nicht von unseren
Vorstellungen Abstand nehmen. Natürlich kann die Gewissheit
uns genauso wenig vor Irrtümern schützen wie eine Überzeugung dadurch wahr wird, dass wir sie laut herausbrüllen. Aber
sie kann uns, zumindest vorübergehend, davor schützen, uns
unserer Fehlbarkeit zu stellen.

Der Psychologe Leon Festinger dokumentierte diese schützen-
de Wirkung der Gewissheit in den 1950er-Jahren in einer Studie,
die uns den inzwischen berühmten Begriff »kognitive Dissonanz«[29] bescherte. Zusammen mit mehreren Kollegen und eingeweihten Helfern infiltrierte Festinger eine Gruppe von Menschen, die an die Weltuntergangsprophezeiungen einer klein-
bürgerlichen Hausfrau namens Marian Keech (ein Pseudonym)
glaubten. Keech behauptete, sie stehe in Kontakt mit einer jesus-
ähnlichen Gestalt aus dem Weltraum, die ihr Botschaften über
Besuche von Außerirdischen sende, über Landungen von Raum-
schiffen und die bevorstehende Zerstörung der Welt durch eine
Flut. Als sich keine dieser Prophezeiungen bewahrheitete, glaubten deren treueste Anhänger, wie Festinger feststellte, noch stärker daran als zuvor.[30]

Die Überzeugungen von Keech und ihrer Gruppe waren ungewöhnlich, ihr Verhalten, als diese Überzeugungen sich als falsch
erwiesen, jedoch nicht. Ob Sie an fliegende Untertassen oder die

freie Marktwirtschaft oder irgendetwas anderes glauben, Sie werden (so wie alle anderen) versuchen, sich mithilfe der Gewissheit davor zu drücken, der Möglichkeit ins Gesicht sehen zu müssen, dass Sie sich irren könnten. Erinnern Sie sich an den Warner-Brothers-Kojoten, der über das Klippenende hinausläuft, aber erst herunterfällt, als er nach unten schaut? Gewissheit ist unser Weg, nicht nach unten zu schauen.

All das wirft die Frage auf: Was macht uns denn solche Angst dort unten? Wie die meisten Ängste ist die Angst vor Irrtümern halb real, halb gespenstisch. Es stimmt nicht, dass es nichts zu fürchten gibt außer der Angst selbst, da Falsches Folgen für unser Leben haben kann. Aber es *stimmt*, dass die Angst vor Fehlern uns nur schadet. Sie erschwert es uns, Irrtümer zu vermeiden (man kann eine Klippe nicht umgehen, wenn man sie nicht sieht) und uns und anderen zu verzeihen, sie begangen zu haben. Deswegen ist es für alle Beteiligten viel besser, sich die Erfahrung des Irrtums vorzustellen, als sich zu weigern, sie überhaupt anzusehen. Dorthin werden wir uns also jetzt begeben: über die Klippe, wenn Sie so wollen – um herauszufinden, wie es sich anfühlt zu fallen, und was uns dort unten erwartet.

TEIL III

Irrtumserfahrung

Kapitel 9
Sich irren

Jetzt ist die Leiter weg,
Ich krieche um den Leitergrund, verroht
Lieg ich beim Lumpensammler Herz im Kot.
W. B. Yeats, »Der Verrat der Zirkustiere«

Bis jetzt ging es in diesem Buch darum, wie wir uns irren – wie uns die Sinne, der Verstand oder unsere Loyalität zu Irrtümern verleiten können. In den nachfolgenden Kapiteln werden wir uns mit der Frage beschäftigen, was passiert, sobald wir diese Irrtümer erkennen: wie wir reagieren, wenn unsere Ansichten sich als falsch erweisen, und wie diese Erfahrung uns verändert. Diese Kapitel beschreiben das Stadium »vor« beziehungsweise »nach« dem Irrtum.

Zunächst jedoch geht es um etwas anderes: um die Frage, was *während* des Irrtums passiert – um den Augenblick, in dem das Gefühl, recht zu haben, in das Gefühl umschlägt, unrecht zu haben. Psychologisch wie auch strukturell bildet dieser Augenblick die zentrale Erfahrung des Irrtums. Genau hier gibt ein Teil unseres alten Selbst seinen Geist auf, und ein Teil einer neuen Persönlichkeit beginnt sich zu rühren. Das zeigt, dass dieser Moment für unsere Entwicklung von entscheidender Bedeutung ist. Er ist entscheidend dafür, warum wir uns vor Irrtümern fürchten und sie hassen. Und es ist fast unmöglich, ihn zu beschreiben.

Auf diese Schwierigkeit habe ich in Kapitel 1 hingewiesen, als ich schrieb, dass wir über Irrtümer nicht in der ersten Person Präsens sprechen können. Den Moment, in dem wir formal gesehen sagen könnten: »Ich habe unrecht«, gibt es einfach nicht. Denn in dem Augenblick, in dem uns bewusst wird, dass eine Überzeugung falsch ist, geben wir sie damit auch schon auf. Dennoch: *Etwas* muss passieren zwischen dem Gedanken, dass wir recht haben, und dem Wissen, dass das nicht stimmt. Das Wesen dieses »Etwas« lässt sich aber nur sehr schwer fassen. In den meisten Fällen ändern sich unsere Überzeugungen einfach zu schnell oder zu langsam, um die tatsächliche Begegnung mit dem Irrtum genau feststellen zu können.

Wenden wir uns als Erstes dem langsamen Wandel einer Vorstellung zu. Manche werden einfach im Lauf der Zeit ausgehöhlt und verschwinden schließlich ganz oder verändern sich bis zur Unkenntlichkeit, ohne dass es je zu einer Krise kommt. Eine große Bandbreite von Überzeugungen – ob triviale (die Überzeugung, dass man in Schlaghosen fantastisch aussieht) oder bedeutsame (der Glaube an Gott) – erliegen dieser Art von tektonischer Verschiebung. Es liegt in der Natur der Sache, dass dieser langsame, allmähliche Wandel extrem schwer zu fassen ist. Wer kann schon sagen, wann Berge zu Wiesen oder Gletscher zu Grasland werden? Die vergleichbaren menschlichen Veränderungen spielen sich in einem viel kleineren Zeitrahmen ab, aber sie lassen sich fast genauso schwer ausmachen.

Wenn es um die Beobachtung kaum wahrnehmbarer, langsamer natürlicher Prozesse geht – das Blühen von Blumen, die Bildung von Wetterlagen, das Wandern von Sternen am Himmel –, verlassen wir uns auf die Zeitraffertechnik. Wollten wir die Irrtümer isolieren, die unserem eigenen allmählichen Wandel implizit sind, würden wir eine Art inneres Äquivalent dazu benötigen – das wir zufällig auch haben. Leider handelt es sich hierbei um das Gedächtnis, das, wie wir erfahren haben, für seine Unzuverlässigkeit bekannt ist. Zudem ist es am unzuverlässigsten, wenn es darum geht, sich genau an vergangene Ansichten zu erinnern. Dieser Effekt ist ausführlich dokumentiert worden. So bat der Psychologe Greg Markus im Jahr 1973 über 3000 Menschen, ihre Einstellung zu einer Reihe gesellschaftlicher Themen, einschließlich der Affirmative action, der Legalisierung von Marihuana und der Gleichberechtigung der Frau zu bewerten (und zwar auf einer Sieben-Punkte-Skala, die von keinerlei Zustimmung bis zu völliger Zustimmung reichte). Zehn Jahre später bat er dieselben Menschen, ihre Einstellung noch einmal zu bewerten – und sich auch zu erinnern, was genau sie zehn Jahre zuvor über bestimmte Themen dachten. Die Bewertung ihrer früheren Einstellungen spiegelte vor allem die aktuelle Ansicht der Probanden wider, nicht aber ihre Überzeugungen von 1973. Die Einstellungsänderung hatte also mit der Zeit nicht nur das Falsche getilgt. Der Wandel selbst war verschwunden.[1]

Das aber ist die Art von revisionistischer Geschichtsschreibung, die George Orwell in seinem Roman *1984* beschrieb und anprangerte. Der Romanheld, Winston Smith, arbeitet im Archiv des Wahrheitsministeriums daran, die Fakten und Vorhersagen in alten Zeitungsartikeln so zu verändern, dass sie der gegenwärtigen Realität entsprechen. Diese Änderungen sollen helfen, die Illusion absoluter Unfehlbarkeit zu nähren, die wiederum dem Erhalt absoluter Macht dient: Winston ist ein Diener (und letztlich ein Opfer) eines faschistischen Staates. Natürlich bedeutet die Tatsache, dass unsere Erinnerungen demselben Zweck dienen können wie ein imaginäres Wahrheitsministerium, nicht, dass wir alle Protofaschisten sind. Im Unterschied zu den bewussten Verzerrungen, die Orwell beschrieben hat, läuft die ständige Überarbeitung unserer Erinnerungen weitgehend unbewusst ab und ist normalerweise harmlos. Doch wie Orwells Zeitungsarchiv dienen unsere Erinnerungen oft dem zauberhaften Zweck, dafür zu sorgen, dass unsere Fehler still und leise verschwinden.

Diese Beobachtung machte der Psychologe und Politikwissenschaftler Philip Tetlock, als er Längsstudien zur Vorhersagegenauigkeit sogenannter »Experten« durchführte – Akademiker, Fachleute, Politikbesessene und dergleichen. Selbstverständlich setzte sich Tetlock, nachdem die vorhergesagten Ereignisse eingetroffen waren oder auch nicht, wieder mit seinen Probanden in Verbindung und stellte fest, dass sie sich systematisch falsch an ihre Vorhersagen erinnerten und glaubten, diese seien viel genauer gewesen, als seine Aufzeichnungen es zeigten. Das führte, so Tetlock, zu »einem methodischen Ärgernis: Es ist schwierig, jemanden zu fragen, warum er sich geirrt hat, wenn der denkt, dass das gar nicht der Fall ist.«[2]

Das gilt nicht nur für Experten, sondern für uns alle. Weil wir die Vergangenheit so umdeuten, dass sie mit der Gegenwart übereinstimmt, beseitigen wir die Notwendigkeit (und die Möglichkeit), uns mit unseren Fehlern auseinanderzusetzen. Wenn wir meinen, wir hätten schon immer geglaubt, was wir im Moment glauben, gibt es keine Brüche, keinen Wechsel, keine Irrtümer und vor allem kein altes Selbst, über das wir Rechenschaft ablegen müssen.

Wenn der allmähliche Wandel unserer Haltungen uns vor der Erfahrung des Irrtums schützt, indem er ihn so abschwächt, dass er praktisch verschwindet, so geschieht bei einer plötzlichen Änderung derselben genau das Gegenteil: Die Erfahrung wird fast bis zur Unkenntlichkeit verdichtet. Bei einem plötzlichen Einstellungswandel geht mit der Erkenntnis, dass wir unrecht hatten, unmittelbar die Erkenntnis einer neuen Wahrheit einher. Hier lässt sich unsere Irrtumserfahrung vergleichen mit einem jener Teilchen in der Atomphysik, die so kurzlebig und instabil sind, dass sie praktisch im selben Moment entstehen und wieder zerfallen. Meistens können Physiker die Anwesenheit solcher Teilchen (oder eher die *vergangene* Anwesenheit solcher Teilchen)

nur indirekt entdecken, indem sie eine Änderung der Materie-
und Energiemenge in einem geschlossenen System beobachten.
Dasselbe gilt für unsere Hochgeschwindigkeitsirrtümer. Wir
überspringen die eigentliche Irrtumserfahrung so schnell, dass
der einzige Beweis dafür, dass wir uns geirrt haben, der ist, dass
sich in uns etwas verändert hat.

Die Neigung, direkt von A nach B zu springen, verrät etwas
Wichtiges über die Art, wie wir unsere Einstellungen ändern –
und auch was wir dabei *nicht* tun. Der Wissenschaftsphilosoph
Thomas Kuhn beantwortete die Frage, wie Wissenschaftler reagieren, wenn ihre Lieblingstheorien sich als unhaltbar erweisen, so: »Wenn sie mit Anomalien konfrontiert werden, und sei-
en diese noch so schwerwiegend und langandauernd«, schrieb
Kuhn, »... so verwerfen sie doch nicht das Paradigma, das sie in
die Krise hineingeführt hat.«[3] Die Sache verhält sich vielmehr so:
»Wenn eine wissenschaftliche Theorie einmal den Status eines
Paradigmas erlangt hat, wird sie nur dann für ungültig erklärt,
wenn ein anderer Kandidat vorhanden ist, der ihren Platz einnehmen kann.« Das heißt, wissenschaftliche Theorien brechen
nur selten unter dem Gewicht ihrer eigenen Unzulänglichkeit
zusammen. Sie stürzen nur, wenn eine neue und scheinbar bessere Überzeugung auftaucht, um an ihre Stelle zu treten.

Was für die Wissenschaftler gilt, gilt auch für uns. Manchmal
fühlen wir uns im Leben hin- und hergerissen – zwischen zwei
Jobs, zwischen zwei Liebhabern oder dem einen und dem anderen Zuhause. Doch so gut wie nie fühlen wir uns zwischen zwei
Annahmen hin- und hergerissen. Statt Überzeugungen nach ihren eigenen Vorzügen zu beurteilen, picken wir uns irgendwelche heraus und bleiben an ihnen hängen, bis etwas Besseres des
Weges kommt.[4] An dieser Strategie ist an sich nichts falsch –
vielleicht ist sie sogar die einzig wirklich brauchbare[5] –, aber sie
reduziert den Moment des Sich-Irrens auf Nanosekunden. Wir

haben mit einer Sache absolut recht bis genau zu dem Augenblick, in dem wir unsere Meinung um 180 Grad drehen.

Manchmal jedoch stolpern wir. Da versuchen wir, vom Vorher zum Nachher zu springen, von A zu B, und fallen stattdessen in die Spalte zwischen beiden. Das ist das Terrain des puren Irrtums – der Abgrund, in dem wir uns wiederfinden, wenn sich unsere Einschätzung als falsch erwiesen hat und wir nichts haben, womit wir sie ersetzen könnten. Es ist kein angenehmer Ort. Und ich kann Ihnen (trotz meiner Begeisterung für den Irrtum und meinem Bemühen, seinen guten Ruf wiederherzustellen) nur davon abraten, dort viel Zeit zu verbringen. Die Tatsache, dass wir uns geirrt haben, ärgert uns vielleicht oder verwirrt uns oder verpasst unserem Ego einen Dämpfer. Doch die Tatsache, dass wir uns im Irrtum *befinden* – in einem Irrtum feststecken, ohne einen Ausweg zu sehen –, versetzt uns einen gewaltigen Schlag.

Zu den Menschen, die alles über diesen Raum des puren Irrens wissen, gehört Anita Wilson[6]. Als ich Anita kennenlernte, war sie einunddreißig Jahre alt, lebte in New York City und arbeitete als Sonderschullehrerin. Unser Gespräch vermittelte mir den Eindruck, dass sie eine sehr gute Lehrerin sein muss. Sie wirkte ruhig, mitfühlend, vernünftig und freundlich, und ich mochte sie sofort. Doch der Weg, hin zu ihrem Beruf, nach New York, zu Gelassenheit und Glück –, war gewunden und qualvoll.

Im Alter von acht Jahren zog Anita mit ihrer Familie von Chicago ins Kalifornische Längstal, wo sie sich von »ganz normalen Christen, die in die Kirche gehen« in »Vollblut-Evangelikale« verwandelten. Als Kind und als junge Erwachsene war Anita tiefgläubig. Ihre Freizeit verbrachte sie damit, religiöse Schriften an Fremde zu verteilen und an den verschiedenen Jugendprogrammen ihrer Kirche teilzunehmen. Sie machte sich Sorgen, dass ihre Freunde in Chicago in die Hölle kommen würden. Sie machte sich aber auch Sorgen, dass *sie selbst* in die Hölle kommen würde. »Ich erinnere mich genau daran, dass ich dachte, ich würde nicht älter als dreißig werden, weil bis dahin die Entrückung stattfinden würde«, sagte sie mir. »Und ich erinnere mich an Augenblicke panischer Angst: Was, wenn die Entrückung stattfand und meine Mom mitgenommen wurde, aber nicht ich? Ich fragte mich besorgt, ob ich wirklich gerettet werden würde: Glaubte ich ganz fest daran, dass Jesus wirklich gelebt hat? Doch ich schob den Gedanken beiseite, weil ich in die Hölle kommen würde, wenn ich es nicht glaubte – und ich glaubte *definitiv* daran.«

Anita war eine begabte Künstlerin und wurde mit zwanzig Jahren an der Kunsthochschule in New York aufgenommen. Überraschenderweise ließen ihre Eltern sie gehen. (»Ich glaube, sie hatten Angst, mich ganz zu verlieren, wenn sie sich mir entgegenstellten«, erinnerte sie sich. »Ich glaube auch, dass sie davon ausgingen, ich wäre innerhalb von sechs Monaten wieder da.«) Kurz vor ihrer Abreise kam ein Mitglied der Kirche – eines, das in der Gemeinde sehr beliebt und für Anita wie eine ältere Schwester und zweite Mutter gewesen war – bei einem Autounfall ums Leben. Das führte zum ersten bewussten Riss in Anitas Glauben. »Es gab da eine Frau, die das Wesen dessen verkörperte, was Jesus zu lehren versuchte. Und sie hatte endlich das, was sie sich wünschte: einen Mann, drei kleine Kinder – sie war dreißig, als sie starb. Ich war wirklich traurig und sehr wütend, und ich erinnere mich an all dies Gesinge und Geklatsche in der Kirche und dass es überhaupt keinen Raum für Trauer gab. Die taten alle so, als sei sie jetzt da, wo sie hingehöre. Da dachte ich zum ersten Mal: Was für ein Blödsinn!«

Anita zog nach New York, wo sie einen Mann kennenlernte, der (aus Mangel an einer besseren Bezeichnung) ein praktizierender Atheist war. So wie dies bei anderen der Glaube tut, präg-

te sein Nichtglaube seine Moralvorstellungen und sein Weltbild –
und auch die Gemeinschaft, in der er lebte, denn seine Eltern und
viele seiner Freunde waren ebenfalls nicht religiös. Kaum zu
glauben, doch Anita und dieser Mann verliebten sich ineinander.
Ihre Beziehung führte dazu, dass Anita das evangelikale Christentum, mit dem sie aufgewachsen war, schließlich ablehnte und
das Weltbild ihres Freundes übernahm. So dramatisch dieser
Wandel erscheinen mag, er war, so Anita, »relativ leicht. Ich hatte die Unterstützung all dieser Menschen, die nicht an Gott glaubten, und sie waren intelligent und kultiviert. Und es war so erfrischend, mit Leuten zusammen zu sein, die gerne mehr über die
Welt erfahren wollten und keine Angst hatten, Fragen zu stellen.«
Dann trennten sich Anita und ihr Freund – und hier beginnt
ihre Geschichte des Irrtums eigentlich erst. Als sie den Atheisten
und seine Gemeinschaft kennengelernt hatte, war sie einem
Glaubenssystem begegnet, das sich völlig von dem unterschied,
mit dem sie aufgewachsen war. Mit zwei unterschiedlichen und
nicht miteinander zu vereinbarenden Weltbildern konfrontiert –
ein fast Kuhn'scher Paradigmenkonflikt –, entschied sie sich für
das Weltbild ihres Freundes. Doch als die Beziehung dann in die
Brüche ging, brach auch die Unterstützungsstruktur zusammen, die diese Entscheidung sowohl vertretbar als auch erstrebenswert gemacht hatte, und mit ihr das Glaubenssystem. Inzwischen war es jedoch zu spät, zum Glauben der Familie zurückzukehren. Der hatte zu viele Löcher bekommen und stand
zu stark im Widerspruch zu der Welt, in der sie lebte, und zu ihrer inneren Stimme. Tausend Jahre vor Anita hatte der persische
Philosoph Al-Ghazali über genau dieses Problem nachgedacht.
Darüber, dass sich der Bruch mit einer Überzeugung nicht rückgängig machen lässt, schrieb er: »Den Wunsch, zu einer unterwürfigen Anhängerschaft zurückzukehren, kann es nicht geben,
denn eine Voraussetzung dafür, ein unterwürfiger Anhänger zu

sein, ist die, dass man nicht weiß, dass man einer ist.«[7] Doch wenn jemand erkennt, dass seine früheren Glaubenssätze falsch waren, fuhr Al-Ghazali fort, »zerbricht das Glas des unterwürfigen Anhängens – ein irreparables Zerbrechen und ein Schlamassel, der nicht mehr durch Flicken und Zusammenstückeln repariert werden kann. Es kann nur«, so Al-Ghazali, »durch Feuer geschmolzen und dann neu geformt werden.«[8]

Durch Feuer geschmolzen: Das ist der entscheidende Satz. Dazu erzogen, vor einer buchstäblichen Hölle Angst zu haben, fand Anita sich plötzlich im übertragenen Sinne in einer Hölle wieder. Nach der Trennung fiel sie »in ein tiefes Loch«. Sie glaubte nicht länger an die Religion ihrer Kindheit, aber sie wusste auch nicht, wie sie ohne sie leben und was sie stattdessen glauben sollte. Ohne es zu wollen, hatte sie mit einer Überzeugung gebrochen – einer alles umfassenden Überzeugung –, ohne einen Ersatz parat zu haben: die Voraussetzungen für reines Irren. Und genau an diesem Punkt war Anita angelangt. Sie hatte sich nicht nur geirrt, was das Christentum angeht, sondern auch in puncto Atheismus, und zwar nicht irgendwann in der Vergangenheit, sondern in diesem Moment.

Wie sieht er aus, dieser normalerweise schwer fassbare Raum ungelösten, anhaltenden Irrtums? »Das erste Wort, das mir in den Sinn kommt, ist panische Angst«, sagte mir Anita. »Ständige panische Angst. Also ständig, tagein, tagaus. Ich erinnere mich, dass ich irgendwann dieses Aha-Erlebnis hatte, dass ich gleichzeitig panische Angst haben *und* meine Wäsche machen konnte.« Und um die Vorstellung zu belegen, dass sich der Irrtum manchmal nicht vom Wahnsinn unterscheiden lässt, sagte sie: »Ich weiß, dass das extrem klingt, aber ich war dem Wahnsinn so nahe, wie man es nur sein kann. Wenn man über Religion spricht, spricht man über sein gesamtes Weltbild. Und wenn man anfängt, das infrage zu stellen, wenn die Gewissheit zu schwinden beginnt, sieht man sich mit einem inneren Chaos konfrontiert – einem absolut bitteren Kampf um das eigene Leben. Es war so unglaublich verwirrend. Ich hatte keine Ahnung, wer ich war, was ich glaubte, was ich nicht glaubte. Ich fühlte mich wie ein Kleinkind, das sich mitten in Manhattan verlaufen hat.«

Ein kleines Kind, alleine an einem der überwältigendsten Orte der Welt: Über dieses Bild habe ich während der Arbeit an diesem Buch – aber nicht nur dann – oft nachgedacht. Warum ich immer wieder zu diesem Bild zurückkehre? Weil es so viel von der schwer fassbaren Erfahrung des Irrtums einfängt: die plötzliche Erkenntnis, wie riesig die Welt ist und wie winzig, verletzlich und verwirrt wir uns selbst in ihr fühlen; die absolute Ursprünglichkeit unserer emotionalen Reaktion in solchen Situationen: Panik, Schmerz, Wut; die Angst, dass wir nicht die Fähigkeit oder die Mittel haben, unseren Weg zurück in die Welt zu finden. Und irgendwie empfinden wir das Ganze auch als ungerecht, sind empört und haben das schmerzliche Gefühl, dass wir überhaupt nicht dort sein sollten – dass ein grausames oder gedankenloses Wesen, das mächtiger ist als wir, uns unserem Schicksal überlassen hat. (Wie viel schlimmer muss dieses Gefühl noch sein, wenn das Verlorene der Glaube an Gott ist, dessen Aufgabe eben die ist, der Erwachsene für Erwachsene zu sein: *Vater unser, der Du bist im Himmel.*)

Anitas Bild des verlorenen Kindes fängt auch noch einen anderen Aspekt der Erfahrung puren Irrtums ein. Angesichts von radikalem Irrtum kommt uns plötzlich nicht nur die Welt unsicher, unbekannt und neu vor, sondern auch unser Selbst. Sully, der erste Irrtumsforscher, schrieb im Jahr 1888, dass »jede grosse Umwandlung unserer Umgebung zu einer partiellen Verwirrung des Ich führen kann. Denn nicht nur die grossen und heftigen Veränderungen in unserer Umgebung erzeugen tiefgreifende Veränderungen unserer Gefühle und Vorstellungen, sondern, da die Vorstellung des Ich in einer Richtung wesentlich eine Beziehung auf das Nichtich ist, so wird jede grössere Umwälzung des einen Gliedes das Erkennen des anderen stören.«[9] Achtzig Jahre später sagte die Soziologin Helen Merrell Lynd fast dasselbe. »Da sich das Vertrauen in das eigene Selbst und die Außenwelt gemeinsam entwickeln, sind auch der Zweifel am eigenen Selbst und der Zweifel an der Außenwelt miteinander verwoben.«[10] Auch Anita brachte diesen Gedanken zum Ausdruck, als sie ihre Erfahrung, mit der Vergangenheit zu brechen, zum Teil als »intensive Trauer um die eigene Identität« beschrieb.

Wenn wir im Raum des Irrtums festsitzen, fühlen wir uns in zweierlei Hinsicht verloren: in der Welt und in uns selbst. So schmerzlich das klingen mag, es kann auch erlösend sein. Auch dies legt das Bild des Kleinkindes nahe, das sich alleine in New York befindet. Ein schwerwiegender Irrtum macht uns wieder jung, im schwierigsten wie auch im besten Sinne. Die schwierigen Aspekte habe ich bereits kurz angesprochen: Wir werden klein und ängstlich, opfern einen Teil unserer Selbsterkenntnis, verlieren das Gefühl für unseren Platz in dieser Welt. Und dennoch: Setzen Sie ein Kind mitten auf dem Times Square ab, und es wird, auch wenn es sich verloren fühlt, früher oder später in Ehrfurcht hochschauen. Ebenso wird es den meisten von uns trotz aller Verzweiflung über unseren Irrtum schließlich gelingen, hochzuschauen und etwas von dem Staunen eines Kindes über die Weite und das Geheimnisvolle der Welt zu spüren. Wir werden uns schließlich auch daranmachen, diesen großen neuen Raum zu erforschen – den außerhalb von uns, aber auch den in uns. Die wichtigste Lehre aus einer Irrtumserfahrung ist vielleicht die, wie viel wir noch tun müssen, um endlich erwachsen zu werden. »Die Zeit nach der Trennung war unglaublich dunkel, schwarz, trostlos«, erinnerte Anita Wilson sich. »Doch letztlich war es auch eine fantastische Erfahrung des Suchens und Lernens. Vorher habe ich mich immer nur nach anderen gerichtet. Jetzt habe ich wirklich das Gefühl, ich selbst zu sein. Es klingt stark nach einem Klischee, aber ich musste wirklich diese schreckliche Erfahrung machen, mich selbst zu verlieren, um mich schließlich zu finden.«

Die Erfahrung des absoluten Irrtums beraubt uns all unserer Vorstellungen, einschließlich der über uns selbst. Es ist keine angenehme Erfahrung – wir fühlen uns nackt bis auf die Knochen –, aber sie macht etwas ganz Seltenes möglich: wirklichen Wandel. Und wir werden gegen Ende des Buches Folgendes sehen: Wenn wir den Augenblick des Irrtums jedes Mal, wenn wir ihm begegnen, wahrnehmen könnten – ihn verlangsamen und ausdehnen könnten, statt ihn wie gewöhnlich auf bloße Momente zu verdichten, und ihn beschleunigen und komprimieren könnten, statt ihn auf Jahre oder Jahrzehnte auszudehnen –, würden wir in seinem Kern ein ums andere Mal Wandel sehen. Das hilft, unsere Abneigung gegen Irrtümer zu erklären, denn die meisten von uns haben eine gewisse Abneigung gegen Veränderungen. Und es erklärt auch, warum der Ort des puren Irrtums ein so großes emotionales Chaos und Drama bereithält. Im Grunde genommen ist er eine psychische Baustelle voller Gruben und Abrissbirnen und Kräne: der Ort, an dem wir unser Selbst zerstören und wieder aufbauen, an dem der Boden nachgibt und alle Leitern weg sind.

Wir können also innerhalb der Erfahrung des Irrtums leiden, sie überspringen oder sie mit der Zeit abschwächen. Letztlich ist das Ergebnis jedoch dasselbe: Wir bewegen uns vom Glauben zum Unglauben. Aber weil wir das Unrechthaben so verabscheuen und weil so viele Kräfte daran mitwirken, uns das Gefühl des Richtigliegens zu verschaffen, ist es fast schon ein Wunder, dass wir diesen Übergang überhaupt schaffen. Und doch gelingt es uns *tatsächlich* hin und wieder. Eine der großen Herausforderungen der Irrtumsforschung ist die, herauszufinden, was dieses Etwas ist und wie es funktioniert – und warum es das sehr oft nicht tut.

Eines wissen wir mit Sicherheit: Die bloße Konfrontation mit der Vorstellung, dass wir uns irren, reicht selten aus, um uns zum Nachgeben zu bewegen. Wie wir bereits gesehen haben, erhalten wir die Information, dass wir unrecht haben, ziemlich oft – und fast genauso oft ignorieren wir sie fröhlich.

Die roten Fähnchen in unserer Umgebung sind im Grunde genommen eine Art Zwangsfunktion[11] – der Kunstbegriff des Ingenieurs für Merkmale der physischen Welt, die uns auf die Tatsache aufmerksam machen, dass wir einen Fehler begehen. Wenn Sie gerade aus dem Lebensmittelladen kommen und versuchen, in einen schwarzen Ford F-150 einzusteigen, der zufällig jemand anderem gehört, wird der Schlüssel sich nicht im Schloss drehen – eine der vielen Zwangsfunktionen, die schon lange zum Standard in der Autoindustrie gehören.

Zwangsfunktionen sind im Großen und Ganzen sehr effektiv. Sie können Sie jedoch nicht davon abhalten, Ihren Schlüssel mit Gewalt in das Schloss zu stecken, ihn zu drehen, bis er fast bricht, ihn wieder herauszuziehen, ihn zu betrachten, ihn umgekehrt ins Schloss zu stecken, die Sache schließlich aufzugeben, zur Beifahrertür zu gehen und ihr Glück dort zu versuchen – wobei Ihnen dann die unbekannte Windelpackung und das Fehlen Ihres Kaffeebechers auffällt und Ihnen endlich ein Licht aufgeht. Wie dieses Beispiel zeigt, unterscheidet sich das Feedback unserer Umgebung nicht sehr vom menschlichen Feedback: Es kann die Aufmerksamkeit auf unsere Fehler lenken, aber es kann uns nicht zwingen, sie zuzugeben. Tatsache ist, dass – abgesehen von unserem eigenen Verstand – im Grunde genommen keine Macht auf Erden uns davon überzeugen kann, dass wir uns irren. Wie sehr uns die Hinweise anderer Menschen oder unserer Umgebung auch auf die Sprünge helfen mögen, die Wahl, dem Irrtum ins Gesicht zu schauen, treffen wir letztlich ganz alleine.

Warum sind wir manchmal dazu in der Lage, manchmal jedoch nicht? Zum einen ist es, wie wir bereits gesehen haben, viel schwieriger, eine Überzeugung aufzugeben, wenn wir keinen Ersatz für sie haben. Zum anderen ist es, wie Leon Festinger bei der Erforschung der kognitiven Dissonanz feststellte, viel schwieriger, wenn es sich um eine sehr tiefe Überzeugung handelt – wenn bereits, um einen Begriff aus der Volkswirtschaft zu borgen, erhebliche versunkene Kosten entstanden sind. Traditionell ist mit versunkenen Kosten Geld gemeint, das bereits ausgegeben wurde und nicht wieder zurückzubekommen ist. Nehmen wir einmal an, Sie haben fünf Riesen für einen Gebrauchtwagen bezahlt, und drei Wochen später hat er einen Platten. Als Sie den Wagen zur Werkstatt bringen, sagt Ihnen der Mechaniker, dass beide Hinterreifen erneuert werden und die Achse vermessen werden muss. Wumm: Ihre Kosten haben sich gerade um 250 Dollar erhöht. Einen Monat später gibt die Kupplung den Geist auf. Sie lassen sie reparieren – für glatte 900 Dollar –, doch schon bald bekommen Sie auch Probleme mit der Zündung. Wie sich herausstellt, ist die Benzinpumpe kaputt. Und schwupp, sind weitere 350 Dollar weg. Jetzt haben Sie 1500 Dollar dafür ausgegeben, um die Kiste, die Sie für 5000 Dollar gekauft haben, am Laufen zu halten.

Sollten Sie Ihren Wagen nun loswerden und einen anderen kaufen oder sollten Sie das Beste hoffen und ihn behalten? Ein Wirtschaftswissenschaftler würde sagen: Wofür Sie sich auch entscheiden, Sie sollten die 6500 Dollar, die Sie bereits ausgegeben haben, nicht mit einbeziehen. Das sind Ihre versunkenen Kosten, und da das Geld sowieso weg ist, würde ein rational handelnder Mensch es ignorieren. Doch wir Menschen sind bekannt dafür, dass wir versunkene Kosten nur ganz schlecht ignorieren können, weil wir nicht wirklich rational handeln. Wir sind *quasi*-rationale Akteure, bei denen der Verstand sich die Bühne für immer mit dem Ego, der Hoffnung und der Sturheit, dem Abscheu und der Loyalität teilt. Das Ergebnis ist, dass wir in puncto Schadensbegrenzung sehr schlecht sind – und das nicht nur, wenn es um Geld geht. Wir werden auch durch die versunkenen Kosten unseres Handelns verführt: Denken Sie an jene Bergsteiger, die ihre Everesttour fortsetzen, obwohl die Wetteranzeichen ihnen eindeutig sagen, dass sie umkehren sollten. Und natürlich werden wir von den versunkenen Kosten unserer Überzeugungen verführt.

Diese Glaubensinvestitionen können sehr gering sein – das Scheibchen Ego, das wir auf eine freundschaftliche Wette setzen –, aber sie können im übertragenen Sinne auch das Äquivalent unserer Lebensersparnisse sein. Nehmen wir etwa Anita Wilsons früheren Glauben an die Wahrheit der Bibel. Ihre versunkenen Kosten waren das Vertrauen in ihre Eltern, ihre Stellung und Beziehungen innerhalb der Gemeinschaft, ihre öffentliche Identität, ihr Selbstwertgefühl und zwanzig Jahre ihres Lebens. Das ist eine beachtliche Liste, und wir haben noch nicht einmal die vielen nachgeordneten Wertmaßstäbe genannt (wie die Verdienste der Evolutionstheorie und die moralische Rechtmäßigkeit von Abtreibungen) oder auch die weniger nachgeordneten Vorstellungen über die Natur und den Sinn des Lebens. Ist ein Schöpfergott für die Existenz der Welt und alles in ihr Enthaltene verantwortlich? Wacht ein liebender Gott über mich? Werde ich am Tag des Jüngsten Gerichts gerettet werden? *Wird* es überhaupt einen Tag des Jüngsten Gerichts geben? Grundsätzlich: Bin ich, betrachtet man das große Ganze, klug, redlich, rechtschaffen, im Recht? Kann ich mich sicher fühlen? Einen Glauben zu haben, der all diese Fragen beantwortet, heißt, ihm so verhaftet zu sein, dass die psychischen Kosten unermesslich sind.

Wie beim Gefühl des Rechthabens ist auch hier das Problem, dass unsere Investition in einen Glauben (oder unsere Gleichgültigkeit ihm gegenüber) nicht unbedingt in Zusammenhang mit dessen Wahrheit steht. Wie hoch die versunkenen Kosten auch sein mögen, sie können eine falsche Werthaltung genauso wenig in eine richtige verwandeln, wie ein neuer Reifen ein Schrottauto unschrottig machen kann. Die versunkenen Kosten stehen jedoch in enger Beziehung zu unserer Loyalität. Je mehr wir in eine Überzeugung investieren, desto schwieriger können wir uns von ihr lösen. Wie Anita sagte: »Sich zu irren ist nicht immer gleich, da gibt es Abstufungen, einiges ist erträglich, anderes nicht. Sich in puncto Hölle zu irren ist schwer erträglich. Aber das liegt zum Teil daran, dass ich, wenn ich mich in diesem Punkt irre, völlig am Ende bin.«

Das bringt uns zu unserem Hauptpunkt zurück: Angesichts der Macht versunkener Kosten und unserer Fähigkeit, negatives Feedback, was unsere Wertmaßstäbe angeht, zu ignorieren, ist es ein Wunder, dass überhaupt jemand es *jemals* schafft, einen Irrtum zuzugeben. Dass wir es manchmal tun, spricht für das menschliche Bewusstsein – wobei jedoch völlig offen ist, für welchen Teil davon. Es ist schon schwierig genug, den Augenblick des puren Irrtums auszumachen; noch schwieriger ist es, das zu isolieren, was in uns vorgeht, wenn wir unseren Irrtümern ins Gesicht sehen oder auch nicht. Vermutlich hat es viel mit dem jeweiligen Kontext zu tun: mit dem, was um uns herum und in uns geschieht.

Was um uns herum geschieht, lässt sich auf zwei Fragen reduzieren. Erstens: Inwieweit sind wir einer Infragestellung unserer Überzeugungen ausgesetzt oder vor ihr geschützt? Behaupten wir, dass Menschen, die anderer Meinung sind als wir, »in einer

Glocke leben«, dann meinen wir damit, dass ihre Umgebung sie nicht zwingt (oder befähigt), sich mit den Fehlern ihrer Anschauungen auseinanderzusetzen. Und zweitens: Machen die Menschen in unserer Umgebung es uns leicht oder schwer, unsere Irrtümer zuzulassen? Die Anhänger des Kults, den Leon Festinger untersucht hat, waren öffentlichem Spott ausgesetzt, als ihre Prophezeiungen sich nicht bewahrheiteten. Dieser Spott war, wie Festinger betonte, nicht nur gemein, sondern auch, wie im Fall der Schweizer Frauenwahlrechtsgegner, kontraproduktiv. »Der Hohn von Ungläubigen«, schrieb er, »macht es den Anhängern eines Glaubens einfach viel schwerer, sich aus der Bewegung zurückzuziehen und zuzugeben, dass sie sich geirrt haben.«[12] So sehr wir es auch genießen mögen, hämisch über die Irrtümer anderer zu frohlocken, ein solches Verhalten gibt diesen Menschen wohl kaum einen Grund, ihre Meinung zu ändern.[13]

Während der uns umgebende Kontext noch relativ einfach funktioniert, ist der innere hoffnungslos kompliziert. Wie alle dynamischen Systeme wird unsere Innenwelt von einer Art Chaostheorie beherrscht: Sie reagiert in unberechenbarer Weise sehr empfindlich auf geringfügige Schwankungen und ist, oft scheinbar willkürlich, schnell beunruhigt. Da ist schwer zu erklären, warum Demut und Humor sich manchmal gegenüber Stolz und Empfindlichkeit durchsetzen, und noch schwieriger, den Ausgang vorherzusagen. Deshalb wird unsere Fähigkeit, Fehler einzugestehen, immer ein Geheimnis bleiben – beherrscht, wie andere Dinge auch, von unseren wechselnden Stimmungen.

Wir begegnen dem Irrtum von Mal zu Mal anders, und das hat auch mit unserem Alter zu tun. Fehler zuzugeben ist eine intellektuelle und (vor allem) emotionale Kompetenz, und als solche geht sie mit unserer kognitiven und psychischen Entwicklung einher. So spiegeln die Intoleranz, die wir normalerweise Jugendlichen, und die Weisheit, die wir älteren Menschen zuschreiben,

unter anderem unterschiedliche Entwicklungsstadien. Für Teenager ist typisch, dass sie glauben, alles zu wissen, und deswegen
gerne auf die Fehler anderer hinweisen – doch wehe dem Erwachsenen, der es wagt, auch nur anzudeuten, dass die Kids sich
irren könnten. (Diese Neigung von Teenagern kann dem Einstellungswandel sowohl förderlich als auch hinderlich sein. Als ich
Anita Wilson fragte, wie sie es geschafft habe, ihre Einstellung zu
etwas so Fundamentalem wie ihrem Glauben zu ändern, antwortete sie, das habe teilweise mit dem Alter zu tun gehabt. »Dass
ich im Grunde genommen noch ein Teenager war, hat mir die
Sache leichter gemacht, denn so war es ja völlig normal, dass ich
anderer Meinung war als meine Eltern.«)[14]

Im Gegensatz dazu basiert die Weisheit, die wir bei älteren
Menschen wahrnehmen, auf ihrem hart erkämpften Wissen,
dass *niemand* alles weiß. Auf lange Sicht, so erkennen sie, setzen
wir Dinge in den Sand, verstehen Ideen falsch, beurteilen Situationen falsch, unterschätzen andere Menschen, überschätzen uns
selbst – und nicht nur einmal. Die Weisheit der Älteren ist also
eine Form der Demut, die eine weniger strenge Beziehung zur
Welt ermöglicht. (Traurigerweise führt die Entwicklungskurve
manchmal wieder an den Ausgangspunkt zurück. Die Tatsache,
dass das Alter den Menschen auch mürrisch und festgefahren
machen kann, ist ebenfalls ein Ergebnis der kognitiven Entwicklung – oder in diesem Fall eher der kognitiven Degeneration. Deswegen kommen uns die Älteren manchmal vor wie Pubertieren-
de, die sich wie die Geier auf die Fehler anderer stürzen und sich
nicht davon abbringen lassen, dass sie selbst immer recht haben.)

Irrtümer einzugestehen hat also, sowohl mittelbar als auch
unmittelbar, ein wenig damit zu tun, in welcher Phase unseres
Lebens wir uns befinden. Doch sie hat sehr viel damit zu tun, *wer*
wir sind. Es wäre leicht zu sagen, dass arrogante, starrsinnige
und engstirnige Menschen mehr Schwierigkeiten hätten, Fehler

zuzugeben, als bescheidene, neugierige, änderungsbereite Zeitgenossen. Doch so einfach ist es nicht. Zum einen haben wir alle etwas von den genannten Eigenschaften. Zum anderen grenzt
diese Erklärung an einen Zirkelschluss: Zu sagen, dass starrsinnige, engstirnige Menschen nicht zugeben können, unrecht zu
haben, klingt fast so, als würde man sagen, dass Menschen, die
nicht zugeben können, unrecht zu haben, nicht zugeben können,
unrecht zu haben. Es stimmt schon, aber es verrät uns nichts darüber, *warum* jemand eine ganz bestimmte Beziehung zu Irrtümern hat.

Eine bessere Erklärung fand Irna Gadd, eine Psychoanalytikerin aus New York: »Irrtümer zu tolerieren«, sagte Gadd, »hängt
von unserer Fähigkeit ab, Gefühle zu tolerieren.« Die meisten
Fehler sind auch nicht annähernd so emotional belastend wie
der krasse Irrtum, den Anita Wilson erfuhr, doch mit fast allen
geht *irgendein* Gefühl einher: leichte Bestürzung, ein Moment, in
dem wir uns ganz dumm vorkommen, Schuldgefühle, weil wir
einen Menschen, der letztlich recht hatte, so von oben herab behandelt haben – ich könnte noch fortfahren. Es ist die Vorah-
nung dieser Gefühle und das Zurückschrecken vor ihnen, was
uns eine so starke Abwehrhaltung einnehmen lässt. In dieser
Hinsicht ist die Erfahrung des puren Irrtums, so selten sie auch
sein mag, am aufschlussreichsten: Unser Widerstand ist im
Grunde ein Widerstand dagegen, mit zu wenigen Gewissheiten
und zu vielen Gefühlen alleingelassen zu werden.

Für manche Menschen ist diese Erfahrung einfach unerträglich. Während meines Gesprächs mit Anita Wilson fragte ich sie,
ob ihre Eltern (mit denen sie weiterhin engen Kontakt hat) je ihren Glauben infrage gestellt hätten, nachdem sie selbst ihm ab-
geschworen hatte. »Mom ist insgeheim ein bisschen nachgiebi-
ger«, erzählte sie mir. »Aber mein Vater ist streng. Einmal hat er
zu mir gesagt: ›Wenn ich nicht glaube, dass jedes Wort in der Bi-

bel wahr ist, dann weiß ich nicht, was ich glaube.‹ Woraufhin ich meinte, dass es alle möglichen Stellen in der Bibel gibt, die man nicht wörtlich nehmen kann, dass es Dinge gibt, die nicht wahr sein können, wenn andere Dinge wahr sind, und dass es Dinge gibt, die mein Dad eindeutig nicht glaubt – die Sache mit den menstruierenden Frauen und so weiter. Aber er muss an dieser Gewissheit festhalten. Ohne sie würde seine Welt auseinanderfallen. Er würde verrückt werden. Ich weiß ehrlich gesagt nicht, ob er stark genug wäre, damit klarzukommen.«

Wir alle kennen Menschen wie Anitas Vater – Menschen, deren Strenge dem Schutz einer gewissen Zerbrechlichkeit dient, Menschen, die nicht nachgiebig sein können, weil sie dann Gefahr laufen würden zu zerbrechen. Im Grunde genommen sind wir alle hin und wieder so rigide. Auch wenn wir psychisch noch so robust sind, es ist schwer, sich immer wieder den eigenen Irrtümern zu stellen. Und manchmal können wir das einfach nicht. Manchmal sind wir zu erschöpft oder zu traurig oder fühlen uns ohnehin fehl am Platz, dass wir es nicht riskieren wollen, uns noch schlechter zu fühlen (oder auch einfach nur *mehr* zu fühlen), und werden störrisch oder abwehrend oder ausgesprochen gemein. Das Ironische daran ist natürlich, dass auch diese Gefühle nicht sonderlich berauschend sind – und sie haben auch keine besonders angenehmen Interaktionen mit anderen Menschen zur Folge. Es ist uns dann zwar gelungen, die Zugbrücke hochzuziehen, die Zinnen zu besetzen und einer Konfrontation mit unserer Fehlbarkeit aus dem Weg zu gehen. Aber es wird uns auch gelungen sein (falls »gelungen« das richtige Wort ist), einen Konflikt mit einem anderen Menschen herbeizuführen – nicht selten mit jemandem, den wir lieben. Und es wird uns überdies gelungen sein, die damit verbundene Einsamkeit zu spüren.

Schließlich bringt unsere Unfähigkeit, uns Irrtümern zu stellen, noch ein weiteres, weniger offensichtliches Problem mit sich. Wenn Irrtümer zuzugeben von der Fähigkeit abhängt, Gefühle auszuhalten, so liegt das daran, dass das Unrechthaben so wie das Trauern oder Sichverlieben im Grunde genommen eine emotionale Erfahrung ist. Solche Erfahrungen können qualvoll sein, doch die Wahrheit ist: Wenn man sie nicht gemacht hat, hat man nicht richtig gelebt. Und das gilt nicht nur für die Liebe und für Verluste, sondern auch für Irrtümer. Natürlich können sie wehtun, doch die einzige Möglichkeit, sich vor diesem Schmerz zu schützen, ist die, sich vor neuen Erfahrungen und anderen Menschen zu verschließen. Und das zu tun heißt, das Leben mit dem Bad auszuschütten.

Glücklicherweise brauchen wir das aber nicht zu tun. Irrtümer anzunehmen mag zwar erratisch und mysteriös sein, doch wir wissen: Das ist nicht starr. Wie alle Fähigkeiten erwächst auch diese aus uns und kann somit von uns gepflegt oder vernachlässigt werden. Meistens entscheiden wir uns für Letzteres, woraus Distanz und Abwehr resultieren. Doch wenn Sie diese Verhaltensweisen je in einer echten Beziehung ausprobiert haben, dann wissen Sie, dass sie schnell zu einer Katastrophe führen können. Der einzige Weg, dies zu vermeiden, ist der, sich anders zu *verhalten*: die Abwehr durch Offenheit und die Distanz durch Intimität zu ersetzen. Ich habe an früherer Stelle gesagt, dies sei kein Selbsthilfebuch, da mein vorrangiges Ziel (aus praktischen wie aus philosophischen Gründen) nicht darin besteht, uns dabei zu helfen, Fehler zu vermeiden. Doch wenn es um das Gegenteil geht – nämlich darum, Fehler *nicht* zu vermeiden –, können wir alle erdenkliche Hilfe gebrauchen. Das Ziel der restlichen Kapitel dieses Buches besteht also darin, dem Irrtum näher zu kommen: nahe genug, um die Erfahrungen anderer Menschen mit Irrtümern zu beleuchten, und schließlich nahe genug, um mit unseren eigenen zu leben.

Kapitel 10
Wie falsch?

Wer das erste Knopfloch verfehlt, kommt
mit dem Zuknöpfen nicht zu Rande.
Johann Wolfgang von Goethe

Am Morgen des 22. Oktober 1844 versammelten sich überall auf der Welt Menschen, um gemeinsam auf den Weltuntergang zu warten. Sie trafen sich – vor allem in New York und Neuengland, aber auch im Rest der Vereinigten Staaten und in Kanada sowie in England, Australien und Südamerika – zu Hause, in Kirchen und zu Erweckungsversammlungen unter freiem Himmel. Niemand weiß, wie viele es waren. Manche Fachleute geben ihre Zahl mit 25 000 an, andere mit über einer Million, doch die meisten glauben, dass es mehrere Hunderttausend waren. Welche Zahl es auch gewesen sein mag, die Gruppe, die sich an diesem Tag versammelt hatte, war zu groß, um sie als Kult abzutun, und zu bunt gemischt, um sie als Sekte zu beschreiben. Zu den Gläubigen gehörten Baptisten, Methodisten, Episkopale, Lutheraner und Mitglieder verschiedener anderer christlicher Konfessionen, plus eine Handvoll konfessionsloser ehemaliger Atheisten. Sie bildeten einen fast perfekten Querschnitt der Gesellschaft Mitte des 19. Jahrhunderts. Soziologen behaupten oft, dass sich in erster Linie die Armen und Entrechteten von einem apokalyptischen Glaubensgut angesprochen fühlen – jene, denen das Leben nach dem Tod mehr verspricht, als das Leben auf Erden ihnen je zu bieten vermag. Doch an jenem Tag im Jahr 1844 versammelten sich Richter, Anwälte und Ärzte, Bauern, Fabrik-

arbeiter und befreite Sklaven, die Gebildeten und die Ungebildeten, die Reichen und die Verarmten gleichermaßen, um auf die
Entrückung zu warten.

Was diese bunt zusammengewürfelte Gruppe einte, war der
Glaube an die Lehre eines gewissen William Miller, eines Predi-
gers, der die Bibel ausgewertet und das Datum der Wiederkunft
Christi berechnet hatte. Miller wurde 1782 als ältestes von sechzehn Kindern und als Enkel eines Baptistenpfarrers geboren. Als
er vier Jahre alt war, zog seine Familie in den Norden des Staates
New York, wo die landesweite religiöse Erweckung, die als Se-
cond Great Awakening (zweite große Erweckungsbewegung) bekannt werden sollte, gerade ihren Anfang nahm. In späteren Jahren wurde der Teil des Staates, in dem Miller lebte, als Burned-
Over District bezeichnet, weil dort die Intensität des religiösen
Eifers so groß war, dass es kaum jemanden gab, den man noch
nicht bekehrt hatte.

Die Zeit, der Ort und Millers Abstammung, alles weist hier
auf einen zukünftigen Religionsführer hin – doch als junger
Mann schwor Miller dem Christentum ab. Ihm machten, wie er
später schrieb, »Ungereimtheiten und Widersprüche in der Bibel zu schaffen«, und auf Anraten seiner Freunde in Vermont,
wohin er mit seiner frisch Angetrauten gezogen war, begann er
Voltaire, Hume und Thomas Paine zu lesen. Alle drei Denker
wiesen die Autorität des Glaubens zurück und gaben dem eigenständig rationalen Denken den Vorzug. Schließlich schloss sich
Miller ihrem Denken an.

Doch dann kam es 1812 zum Britisch-Amerikanischen Krieg.
Manch einer hat auf dem Schlachtfeld wieder zu Gott gefunden,
und so auch Miller. Als Hauptmann der 30. Infanterie kämpfte
er in der Schlacht von Plattsburgh, in der zahlenmäßig unterle-
gene amerikanische Truppen die Briten besiegten und dazu beitrugen, eine entscheidende Wende im Krieg herbeizuführen. Für

Miller war dieser völlig unerwartete Sieg ein Zeichen für das Wirken Gottes: »Ein so überraschendes Ergebnis, das allen Erwartungen widersprach, schien mir das Werk einer höheren Macht zu sein«, schrieb er später. Allerdings drängt sich hier die Frage auf, ob der entscheidende Faktor für Millers Sinneswandel nicht die Begegnung mit dem Tod war. Schon seit Längerem hatte ihn der Gedanke beschäftigt, dass der Rationalismus, trotz all seiner Vorzüge, »untrennbar mit der Leugnung einer zukünftigen Existenz (das heißt, dem Leben nach dem Tod) verbunden« war – ein Mangel, der Miller als Zeuge des verheerenden Wütens dieser Schlacht noch deutlicher geworden sein muss. (Und auch nachdem er seinen Vater und seine Schwester verloren hatte, die beide etwa in der Zeit des Krieges starben.) Statt die Möglichkeit zu akzeptieren, dass es kein Leben nach dem Tod gab, kehrte der vom Weg abgekommene Baptist zur Bibel zurück und schrieb: »Dem ziehe ich den Himmel und die Hölle der Heiligen Schrift vor, die zu respektieren ich versuchen werde.«

Doch die Widersprüche des Christentums, die Miller in der Vergangenheit geplagt hatten, plagten ihn noch immer. Im Jahr 1816 forderte ihn ein Freund aus Voltaire-Tagen heraus, entweder diese Widersprüche zu versöhnen oder aber die Bibel ganz aufzugeben. Miller nahm den Fehdehandschuh auf. In den nächsten Jahren sollte er ein aus vierzehn Regeln bestehendes System entwerfen, um die Bibel von Widersprüchen zu befreien. Er pries dieses System für den Rest seines Lebens als einfach und unfehlbar an, doch einem Außenstehenden wäre es nicht zu verdenken, sollte er Mühe damit haben, die Unterschiede zwischen den Regeln zu erkennen. (Regel Nr. 8: »Die Dinge haben immer eine übertragene Bedeutung – so bedeuten etwa Berge Regierungen, Tiere Königreiche und Wasser Menschen.« Regel Nr. 10: »Die Dinge haben manchmal zwei oder mehr Bedeutungen; so symbolisiert das Wort Tag in einem übertragenen Sinn drei verschiedene Zeitabschnitte: 1. Einen unbestimmten Zeitabschnitt. 2. Einen bestimmten Zeitabschnitt, nämlich ein Jahr. 3. Tausend Jahre.« Regel Nr. 11. »Woher weiß man, dass ein Wort im übertragenen Sinn verwendet wird? Macht es, so wie es da steht, Sinn und vergewaltigt die einfachen Naturgesetze nicht, muss es wörtlich verstanden werden; ist dies nicht der Fall, muss es im übertragenen Sinn verstanden werden.«) Diese Interpretationsregeln brachten Miller zu dem Schluss, dass der Weltuntergang bevorstand. So stand es in der Bibel geschrieben, so musste es sein.

Viele Menschen haben, geht es um den Fortbestand der Erde, ganz eigene Vorstellungen – natürlich auch bei der Frage des Perpetuum mobile, der Gesundheitsrisiken der Mikrowelle und dessen, was wirklich in Waco passierte –, doch nur wenige erfahren internationale Anerkennung und schaffen es, Scharen von Anhängern um sich zu versammeln. Aller Wahrscheinlichkeit nach hätte Miller seine Tage damit verbracht, unbeachtet über die Wiederkunft Christi zu predigen, hätte er sich nicht zufällig mit einem gewissen Joshua Himes zusammengetan. Himes war Rasputin, Warren Buffet, Karl Rove und William Randolph Hearst in einer Person: ein cleverer Berater, ein hervorragender Spendenbeschaffer, ein brillanter Politiker und ein Public-Relations-Genie. Die beiden lernten sich 1839 kennen, als Miller, eine unauffällige Figur unter den Wanderpredigern, einer kleinen Menschenmenge in Exeter, New Hampshire, ganz bescheiden seine Lehre darlegte. Die winzige Miller-Bewegung überzeugte Himes, und er machte sich daran, sie zu gestalten. Sofort gab er zwei Zeitungen heraus, *Signs of the Times* und *The Midnight Cry*, die zusammen schon bald eine wöchentliche Auflage von 60 000 erzielten (andere Zeitschriften folgten), sowie Millionen Exemplare von Flugschriften, Liederbüchern und illustrierten Plakaten, die den Zeitplan des Weltuntergangs erklärten, und richtete dann überall im Land Bücherdepots ein, um diese Publikationen an den Mann zu bringen. Er drängte Miller, seine Botschaft nicht nur in Kleinstädten und ländlichen Gemeinden, sondern auch in den Großstädten an der Ostküste zu verkünden. Gleichzeitig gab er den Bau eines riesigen Zeltes in Auftrag, um in ländlichen Gegenden große Erweckungsversammlungen abhalten zu können. Dann stellte er weitere Pfarrer (seiner eigenen Schätzung nach an die 400) ein, statt nur Gemeindemitglieder anzuwerben, und so den Einfluss der Neubekehrten zu vergrößern. Dann entwarf er einen so strengen Predigtplan, dass amerikanische Präsidentschaftswahlkämpfe sich dagegen wie harmlose Waldspaziergänge ausnehmen. All dies zusammen mit dem Zeitgeist, der religiösem Eifer gegenüber aufgeschlossen war, ließen die Miller-Bewegung schon bald zu einem Begriff werden.

Anfänglich legte die Lehre der Milleriten den Zeitpunkt der Wiederkehr Christi nicht genau fest. Dieser hing nämlich von der Erfüllung anderer obskurer Prophezeiungen ab, und die Milleriten diskutierten ausführlich, ob sich jene Prophezeiungen bereits erfüllt hätten oder nicht. Miller selbst hatte schon länger lediglich behauptet, die Entrückung werde wahrscheinlich »um das Jahr 1843« stattfinden. Zu einer genaueren Angabe gedrängt, sagte er schließlich, dass er davon ausgehe, dass der Weltuntergang irgendwann zwischen dem 21. März 1843 und dem 21. März 1844 stattfinden werde. Als letzteres Datum verstrich, ohne dass etwas geschah, wurden Millers Anhänger unruhig, glaubten aber gleichzeitig, dass der Tag des Jüngsten Gerichtes kurz bevorstehen müsse. (Denken Sie an Leon Festinger, der feststellte, dass nicht in Erfüllung gegangene Prophezeiungen oft zu einem noch stärkeren Festhalten an einer Überzeugung führen.) Schließlich schlug nicht Miller selbst, sondern einer seiner Anhänger, der Prediger Samuel Snow, den 22. Oktober als Datum vor und präsentierte die Berechnungen, die dieses Datum angeblich rechtfertigten.

Vielleicht sorgte das Klima der Angst und Erwartung dafür, dass Snows Vorschlag solche Durchschlagskraft hatte. Innerhalb kürzester Zeit wurde die Wiederkehr Christi im Oktober für die einfachen Mitglieder der Miller-Bewegung zu einem Glaubensgrundsatz. Miller, Himes und andere Prominente der Bewegung sprangen nicht so schnell auf den Zug auf, ob aus Verärgerung über Snows Vermessenheit oder weil das Nichteintreten ihrer früheren Vorhersagen sie ernüchtert hatte. Miller selbst schrieb, er sei erst »zwei oder drei Wochen vor dem 22. Oktober, als deutlich wurde [dass der Glaube an Snows Datum] solche Beliebtheit erlangt hatte ... zu der Überzeugung gelangt, dass es das Wirken Gottes war«. (Fünfzig Millionen Milleriten können sich nicht irren.) Zu Beginn des schicksalhaften Monats herrschte unter den Frommen weitgehend Einigkeit: Die lang erwartete Entrückung stand kurz bevor.

Was immer sonst man über Miller, Himes und ihre Anhänger sagen mag, eines steht fest: ihr Glaube war in der Mehrzahl der Fälle aufrichtig. Dem Zeitgeist entsprechend kann die Ernsthaftigkeit dieses Glaubens an Taten gemessen werden – oder manchmal auch an fehlenden Taten. Viele Anhänger der Miller-Bewegung schlugen 1844 die Bestellung ihrer Felder aus, weil sie glaubten, dass der Weltuntergang noch vor dem Winter stattfände. Von denen, die ihre Felder im Frühling bepflanzt hatten, ließen viele die Feldfrüchte zur Erntezeit verrotten, weil schon bald weder die Rechtschaffenen noch die Verdammten irdische Nahrung brauchen würden. Rinder und andere Tiere wurden geschlachtet, um die Hungrigen zu ernähren. Die Gläubigen beglichen ihre weltlichen Schulden und gaben den Rest ihres Geldes und ihres Besitzes weg, oft um ihren ärmeren Brüdern zu helfen, ihre Rechnungen zu bezahlen.[1] Himes stellte Anfang Oktober in Erwartung einer Zeit, in der der Journalismus – dieser weltlichste aller Berufe – irrelevant sein würde, seine Zeitungen ein. In den letzten Tagen vor der erwarteten Endzeit verließen Familien ihre Häuser und zogen in Kirchen, auf Felder und an andere Andachtsstätten, um gemeinsam mit anderen Frommen auf den Richterspruch Gottes zu warten. Und so fand die Morgendämmerung des 22. Oktober die Milleriten vor: hoffnungsvoll, angsterfüllt, freudig, allem entfremdet außer den Glaubensbrüdern, in vielen Fällen gerade obdachlos und mittellos geworden – und bereit, zutiefst bereit, ihrem Schöpfer entgegenzutreten.

Wir wissen natürlich, was als Nächstes passiert. Die Sonne geht auf. Die Sonne geht unter. Der Messias erscheint nicht. Die Welt geht nicht unter. Diese Ereignisse (oder passender, diese Nichtereignisse) sind unter Historikern als die Große Enttäuschung bekannt. Für moderne Ohren klingt das Wort »Enttäuschung« seltsam untertrieben, doch die Milleriten selbst verwendeten es, um damit ein ganzes Spektrum an Emotionen abzudecken: Schock, Verwirrung, Demütigung, Verzweiflung, Trauer. Viele Milleriten hinterließen schriftliche Berichte von diesem Tag, und viele davon bringen diese Qualen deutlich zum Ausdruck. Einer dieser Chronisten, ein Mann namens Washington Morse, beteuerte, dass die »Enttäuschung derer, die an die Wiederkehr Christi glaubten ... sich nur vergleichen lässt mit dem Leid der Jünger bei der Kreuzigung [sic] ihres Herrn«. Einem anderen, Hiram Edson, »schien es, dass der Verlust aller irdischen Freunde im Vergleich dazu nichts gewesen wäre. Wir weinten und weinten, bis der Tag erlosch.« Und ein dritter, Luther Boutelle, beschrieb, wie »unbeschreiblich traurig die Gläubigen und Sehnsuchtsvollen [waren]. Noch immer in der kalten Welt! Keine Erlösung – der Herr ist nicht gekommen! ... Alle schwiegen, außer um zu fragen: ›Wo sind wir?‹ und ›Was nun?‹«

In der Tat: Was nun? Was tut man, wenn man eines Morgens mit der Gewissheit aufwacht, dass man dem Erlöser gegenüberstehen und am Abend in den Himmel fahren wird, nur um sich am nächsten Morgen in einer ganz und gar unveränderten Welt wiederzufinden? Was tut man, wenn man sich wieder den alltäglichen Pflichten des irdischen Lebens gegenübersieht – die Ernte einholen, Vorräte anlegen, die Kinder füttern, sich das »Ich hab's dir doch gesagt« der Nachbarn anhören muss?

Für die leidgeprüften Milleriten wird die vorrangige Aufgabe gewesen sein, sich um diese Alltagsdinge zu kümmern. Philosophisch betrachtet sahen sie sich jedoch einem gravierenden Problem gegenüber. Wir wissen – und im Grunde genommen mussten auch sie es sich eingestehen –, dass Millers Lehre falsch gewesen war. Aber *wie* falsch? Diese Frage verfolgt uns nach fast allen bedeutenden Fehlern. Unsere erste Aufgabe besteht dann darin, das Ausmaß und die Natur des Irrtums zu ermitteln. Wo genau sind wir vom Weg abgekommen? Was haben wir getan? Und wie weit sind wir gegangen?

Diese Fragen stellen für uns eine intellektuelle wie auch emotionale Herausforderung dar. Uns mit dem wahren Ausmaß und der Natur unserer Irrtümer auseinanderzusetzen, ist eine große psychische Herausforderung. Von entscheidender Bedeutung ist, dass diese beiden Herausforderungen sich nicht voneinander trennen lassen: Wenn wir die emotionale Arbeit, unsere Fehler anzunehmen, nicht leisten können, können wir auch nicht die konzeptionelle Arbeit leisten, herauszufinden, wo, wie und warum wir sie gemacht haben. (Das ist einer der Gründe dafür, warum Abwehr so schlecht ist für Problemlösungen und Fortschritt jeder Art: in Beziehungen, im Geschäftsleben, bei kreativen und intellektuellen Tätigkeiten.) Weiter unten werden wir uns eingehender unserem Hang widmen, Fehler zu entschuldigen oder herunterzuspielen und uns so lange wir können an den kleinsten Hoffnungsschimmer zu klammern, doch noch recht zu haben. Zuerst müssen wir jedoch verstehen, was hier auf dem Spiel steht. Das heißt, wir müssen verstehen, warum unsere Antwort auf die »Wie falsch?«-Frage so bedeutsam ist.

Stellen Sie sich einmal vor, was passierte, als die Milleriten sich diese Frage stellten. Als ihre Vorhersagen nicht eintrafen, sannen sie nach Gründen, um zu verstehen, was schiefgegangen war. Und sie wurden mit Annahmen nur so überschwemmt – zu viele, um sie genau beurteilen zu können, ja sogar zu viele, um ihnen nachgehen zu können.[2] Anderthalb Jahre nach der Großen Enttäuschung rief Enoch Jacobs, ein ehemaliger Gläubiger, aus: »Auf was für einem Meer widerstreitender Annahmen treiben die Massen in den letzten achtzehn Monaten dahin. Sehnt ihr euch nicht danach, Ruhe vor diesen Elementen zu haben?«

Die manische Verbreitung neuer Theorien als Folge eines größeren Irrtums ist völlig normal. Dem Wissenschaftshistoriker Thomas Kuhn zufolge ist die Zeit zwischen dem Zusammenbruch eines alten Glaubenssystems und der Etablierung eines neuen *immer* durch die Explosion konkurrierender Hypothesen gekennzeichnet[3]. Jede dieser Hypothesen repräsentiert eine andere Antwort auf die »Wie falsch?«-Frage: Wir konstruieren unsere neuen Theorien vor allem auf der Grundlage dessen, was unserer Meinung nach an den alten falsch war. Mit anderen Worten: Indem wir ermitteln, wo wir in der Vergangenheit vom Weg abgekommen sind, ermitteln wir auch, wo wir in Zukunft enden werden.

Das macht deutlich, dass die Antwort auf die »Wie falsch?«-Frage auch diktiert, was wir verwerfen müssen und woran wir weiterhin festhalten können. Überzeugungen existieren schließlich nicht isoliert voneinander. In dieser Hinsicht sind Überzeugungen wie die Balken in einem Gebäude oder die Wörter in einem Satz: Man kann nicht einen Teil eliminieren und erwarten, dass die Stabilität oder die grundlegende Bedeutung des Ganzen unverändert bleibt. Sich zu irren zieht also manchmal eine ganze Reihe von so weitreichenden Veränderungen nach sich, dass das, was sich schließlich herausbildet, kaum noch Ähnlichkeit mit dem Alten hat.

Mein Freund Mark erlebte diesen ideologischen Dominoeffekt, als ihm klar wurde, dass er schwul war. »Um mich zur Homosexualität zu bekennen«, erklärte er, »musste ich einiges von dem, was ich bis dahin geglaubt hatte, verwerfen« – nämlich das, was er selbst über Schwule gedacht hatte. Aufgrund seiner katholischen Erziehung waren ihm ein Großteil dieser Überzeugungen von der Kirche vermittelt worden. Deren Lehre zur Homosexualität infrage zu stellen, führte dazu, dass er auch andere katholische Lehren anzweifelte (und in vielen Fällen verwarf). »Ich war überrascht festzustellen«, so erzählte er mir, »dass ich bei dem Prozess [des Sich-Outens] vieles über Bord werfen musste, auch Dinge, die nichts mit dem Schwulsein zu tun hatten.«

Natürlich *musste* Mark all diese Überzeugungen nicht über Bord werfen – und an diesem Punkt wird es interessant. Auf jeden Menschen wie ihn kommt jemand anderes, der die Haltung der katholischen Kirche zur Homosexualität ablehnt, ihre anderen Lehren jedoch weiterhin akzeptiert. Mark beantwortete die »Wie falsch?«-Frage auf die eine Weise (quasi mit »völlig falsch«), doch andere Menschen, die praktisch im selben Boot sitzen wie er, haben sie anders beantwortet.

Das ist der Punkt bei der »Wie falsch?«-Frage: Auf die Bewertung der Fehler kommt es an.

Nehmen wir die Milleriten. Sie alle standen vor der gleichen Aufgabe: herauszufinden, was schiefgelaufen war. Wo genau hatten sie einen Fehler gemacht? Ein Extrem der möglichen Antworten bildet das glatte Abstreiten des Irrtums. Sie denken vielleicht, dass jeder Millerit nach der Großen Enttäuschung wenigstens hätte zugeben müssen, sich bis zu einem gewissen Grad geirrt zu haben – das Weiterbestehen des Planeten war ja schließlich der zwingende Beweis par excellence. Aber nein: Die wirklich Zähen unter den Milleriten weigerten sich zuzugeben, dass sie sich überhaupt geirrt hatten. Stattdessen bewiesen sie ihre Vorstellungskraft und behaupteten, in einem etwas verwirrenden Akt revisionistischer Theologie, Christus wäre *wirklich* zur Erde zurückgekommen – indem er in die Herzen seiner Anhänger eingekehrt sei, die nun mit ihm im (irdischen) Paradies weilten[4].

Ist Abstreiten das eine Extrem der möglichen Antworten auf die »Wie falsch?«-Frage, so wird das andere durch ein Eingeständnis des Irrtums definiert. Von den Milleriten, die akzeptierten, dass sie sich geirrt hatten, schworen einige dem Glauben an Gott völlig ab. Andere trennten sich einfach von der organisierten Religion. Wieder andere wiesen nur die Lehre von William Miller zurück. Das zeigt, dass auch ein Eingeständnis ganz verschiedene Formen annehmen und für den Betroffenen sehr unterschiedliche Folgen haben kann.

Im folgenden Kapitel werden wir uns noch eingehender mit diesen beiden Extremen – Abstreiten und Eingestehen – befassen. Zunächst möchte ich mich jedoch auf die schwierige Mitte unserer »Wie falsch?«-Antworten konzentrieren. Diese Antworten sind weder durch unser völliges Eingestehen noch durch glattes Abstreiten gekennzeichnet, sondern dadurch, dass wir unsere Fehler herunterspielen, ihnen ausweichen, den Rückwärtsgang einlegen, sie rechtfertigen oder ihr Ausmaß auf ein Minimum reduzieren. Ich brauche Ihnen nicht zu erzählen, dass diese Art der Reduzierung sehr verbreitet ist.

Am Morgen nach der Großen Enttäuschung hatte Hiram Edson eine Vision. Von ihm stammte auch schon die an früherer Stelle zitierte Aussage, dass die Ereignisse des 22. Oktobers 1844 ein schwererer Schlag gewesen seien als der Verlust aller Freunde auf Erden. Sie können sich also vorstellen, wie er sich am 23. Oktober fühlte. In seinen Betrachtungen über das Ausmaß des Fehlers vom vergangenen Tag schrieb er: »Meine Wiederkunftserfahrung ist die reichste und heiterste meiner bisherigen christlichen Erfahrungen. Wenn sie sich als Fehlschlag erwiesen hätte, was wären dann meine anderen christlichen Erfahrungen wert gewesen? Hat sich die Bibel als Reinfall erwiesen? Gibt es keinen Gott – keinen Himmel – keine goldene Heimstatt – kein Paradies? Ist all dies nichts weiter als ein gut ausgedachtes Märchen? Entbehren unsere Hoffnungen und Erwartungen an diese Dinge jeglicher Realität?«

In dem Bemühen, diese düsteren Gedanken zu verscheuchen oder wenigstens etwas Gutes in der Welt zu tun, machte Edson sich auf, seine Glaubensbrüder zu trösten.[5] Doch sobald er das tat, da »schien sich der Himmel meinem Blick zu öffnen«, so berichtete er später, »und ich sah klar und deutlich, dass unser Hohepriester, statt das Allerheiligste des himmlischen Heiligtums zu verlassen, um zur Erde herabzukommen... zum ersten Mal an jenem Tag die zweite Kammer dieses Heiligtums betrat; und dass er vor seiner Rückkehr auf diese Erde im Allerheiligsten eine Arbeit zu erledigen hatte.« Der 22. Oktober, so schlussfolgerte Edson, war also nicht der Tag der Wiederkehr Christi, sondern der, an dem Christus seinen Platz im Allerheiligsten des Himmels eingenommen hatte, um von dort aus als Vorbereitung für seine Rückkehr die Bedingungen auf Erden zu prüfen.

Diese Lehre, die Edson quasi ad hoc formulierte, ist als die Lehre vom Untersuchungsgericht bekannt. Zwei andere Milleriten, Ellen White und ihr Ehemann James White, formalisierten sie und gründeten auf ihrer Basis die Siebenten-Tags-Adventisten[6]. Im Grunde genommen tauschten die Adventisten ein widerlegbares (und widerlegtes) irdisches Ereignis gegen ein unwiderlegbares himmlisches Ereignis aus – ein bisschen theologische

Taschenspielerei, die den Erfolg der neuen Sekte ermöglichte. Heute können die Siebenten-Tags-Adventisten 15 Millionen Mitglieder in rund zweihundert Ländern vorweisen. Die Orthodoxen unter ihnen glauben weiterhin, dass Christus seit 1844 damit beschäftigt ist, die Seelen auf Erden zu beurteilen, und dass das Weltende kommen wird, wenn er diese Arbeit erledigt hat.

Für jene frommen Siebenten-Tags-Adventisten war Hiram Edsons Vision eine von Gott gesandte Botschaft. So mancher Leser interpretiert die Sache aber vielleicht anders. Die Großzügigeren unter Ihnen denken vielleicht, dass Edsons Vision sehr stark der Art von Vision ähnelte, die die blinde Hannah hatte. So wie jene ein Notizbuch und einen sonnengebräunten Arzt »sah«, so »sah« er seinen Erlöser in der zweiten Himmelskammer. Damit wäre Edson dann im Grunde genommen ein Konfabulierer: Wie Hannah brachte er eine ehrliche, aber unhaltbare Erklärung für seinen Irrtum vor. Weniger großzügige Leser stellen diese Ehrlichkeit vielleicht infrage und betrachten Edsons Vision einfach als eine geschickte – und, wie das Schicksal es wollte, folgenschwere – Art, das Gesicht zu wahren.

Denken Sie nur an die Ausrede, es habe am Zeitrahmen gelegen: »Ich habe mich geirrt, aber warte nur bis nächstes Jahr.« Der Kern dieser Ausrede ist, dass ich recht habe, die Welt jedoch dem Zeitplan hinterherhinkt. Wie falsch meine Überzeugungen in diesem Moment auch erscheinen mögen, sie werden sich schließlich bestätigen. Das war genau das Argument vieler Milleriten, die, laut einem Gelehrten der Bewegung, »damit fortfuhren, Zeiten [für die Wiederkehr Christi] für die nächsten sieben Jahre festzulegen. Manche sahen das Ende für den 23. Oktober um sechs Uhr morgens vor, andere für den 24. Oktober. Man verband große Erwartungen mit dem 22. Oktober 1845, dem Jahrestag der Großen Enttäuschung, sowie dem 22. Oktober 1846 und 1847. Und auch 1851, der Sieben-Jahres-Punkt, stärkte den Glauben an die Wiederkunft Christi.«[7] Während Hiram Edson behauptet hatte, Miller habe mit dem Datum recht gehabt, sich jedoch in dessen Bedeutung geirrt, behaupteten diese anderen Milleriten, sie hätten hinsichtlich des bevorstehenden Weltuntergangs recht gehabt, sich jedoch ein bisschen hinsichtlich des Zeitpunkts vertan. Im Grunde genommen stuften sie eine Glaubenskrise zu einem Rechenfehler herunter.

Die Zeitrahmen-Ausrede ist ein Dauerbrenner unter politischen Analysten, Aktienmarktbeobachtern und allen anderen, die je versucht haben, die Zukunft vorherzusagen (also unter uns allen). George W. Bush machte von ihr im Jahr 2006 Gebrauch, als er – in Reaktion auf Meinungsumfragen, die zeigten, dass 70 Prozent der Amerikaner seine Kriegsführung im Irak kritisierten –, behauptete, dass der »lange Marsch der Geschichte«[8] ihn rechtfertigen würde. Diese Aussage zeigt die Implikation der Zeitrahmen-Rechtfertigung: Wie sehr ich mich auch irren mag, ich habe immer noch *mehr* recht als diejenigen, die die Sache nur im Augenblick betrachten: Denn ich bin ein Visionär, imstande, die Lage aus einer entfernteren, erhabeneren (ja gottähnlichen) Perspektive zu sehen. Das Problem mit der Zeitrahmen-Ausrede ist, dass sie zwar fast immer funktioniert, oft jedoch lächerlich wirkt.

Eine zweite und ähnlich beliebte Aber-Strategie ist die Ausrede, es sei eine knappe Sache gewesen. Hier lautet die Behauptung nicht, dass unsere Vorhersage schließlich eintreffen wird, sondern dass sie *um ein Haar* eingetroffen wäre. (»Ich hatte unrecht, aber nur ein bisschen.«) Das war im Grunde genommen Hiram Edsons Behauptung: Zugegeben, Christus war nicht auf die Erde herabgekommen – aber, hey, er war in das Allerheiligste des Himmel eingetreten. Eine Knappe-Sache-Ausrede wäre auch folgende: die Behauptung, dass meine Vorhersage völlig richtig gewesen wäre, hätte es da nicht diesen kleinen Vorfall ge-

geben (heftigen Regen am Wahltag, ein Sattelzug, der einen Ver-
kehrsstau auf der Autobahn verursachte, ein Schmetterling, der
in Brasilien mit den Flügeln schlug). Auf ihren unbestreitbar
wahren, aber völlig absurden Kern reduziert, lautet die Knappe-
Sache-Ausrede: Wenn ich nicht unrecht gehabt hätte, hätte ich
recht gehabt.

Im Unterschied zu den anderen Ausreden war die Überraschungs-Ausrede für die Anhänger der Miller-Bewegung ohne
Wert, denn sie konnten ja schlecht behaupten, dass Gottes all-
mächtiger Plan unerwartet gescheitert sei. (Für Gott, sollte man
meinen, gibt es keine Überraschungen.) Aber sie konnten sich
einem gleichfalls beliebten »Ja, aber« bedienen und taten das
auch: anderen Menschen die Schuld zu geben. Bei dieser Rechtfertigung lagern wir im Grunde genommen unsere Irrtümer
aus. Klar, wir haben Mist gebaut, aber nur, weil wir einer Quelle
vertraut haben, die sich als unzuverlässig erwies, oder einem
Führer gefolgt sind, der sich als unehrlich entpuppt hat oder irgendwelchen Illusionen aufgesessen ist.

Was, so fragt man sich, soll man von einer Rechtfertigung halten, die sowohl vernünftig und unvernünftig ist? Die Situation
der einfachen Milleriten verdeutlicht dies. Nach der Großen Enttäuschung beschuldigten viele von ihnen zwangsläufig Miller, sie
vom rechten Weg abgebracht zu haben. Doch was immer die
Masse der Milleriten auch beeinflusst haben mag, zu ihrem
Glauben gezwungen wurden sie nicht. (Was ja auch gar nicht
möglich gewesen wäre, denn tiefer Glaube ist zwangsläufig eine
private Angelegenheit.) Und sie konnten fairerweise auch nicht
behaupten, man habe sie im Ungewissen gelassen. Die Miller-
Bewegung gehörte nicht zu den religiösen Sekten, deren Glaube
auf geheimen Mysterien basiert, die nur den Hohepriestern bekannt sind; die weite Verbreitung ihrer Glaubenssätze und die
Berechnungen, die deren Rechtfertigung dienten, waren sowohl

die Mittel als auch die Botschaft der Bewegung. Und schließlich waren die Milleriten auch nicht hintergangen worden. William Miller war kein Bernie Madoff, und seine Anhänger waren im Unterschied zu Madoffs Kunden nicht absichtlich getäuscht worden. Sie hatten einfach einem Experten vertraut, der, wie sich herausstellte, einem Irrtum erlegen war. In dieser Hinsicht verdienen sie bis zu einem gewissen Grad unser Mitgefühl. Wie wir gesehen haben, funktionieren alle Gesellschaften durch Expertenwissen, und wir alle verlassen uns in Bereichen, wo wir uns nicht auskennen, auf andere. Doch in freien Ländern wählen wir uns unsere Führer aus, und wir sind verpflichtet, dies sorgfältig zu tun. Unser eigenes Geschick und das Geschick unserer Länder steht und fällt damit.

Und dennoch: Miller *hatte* sich geirrt. Und das gab er auch zu – in mancher Hinsicht, wie wir gleich sehen werden, gründlicher und würdevoller als die meisten seiner Anhänger. Doch er konnte der Versuchung nicht widerstehen, von einem vierten und letzten ja, aber Gebrauch zu machen, einem, das ich die »Vorsicht ist besser als Nachsicht«-Ausrede nennen möchte. Wenn wir zu der Knappe-Sache-Ausrede oder der Überraschungs-Ausrede greifen, dann behaupten wir, dass wir zwar unrecht, aber beinahe recht hatten. Wenn wir uns der Zeitrahmen-Ausrede bedienen, so behaupten wir, dass wir nur scheinbar unrecht haben, sich jedoch schon bald herausstellen wird, dass wir doch recht haben. Miller seinerseits behauptete, dass er sich zwar geirrt, aber den richtigen Fehler gemacht habe. Besser, blinden Alarm zu schlagen und sich zu irren, so argumentierte er, als nichts zu sagen und gefressen zu werden. »Selbst jetzt erfüllt es mich mit mehr Zufriedenheit, dass ich meine Mitmenschen gewarnt habe, als wenn ich meine Stimme nicht erhoben hätte, obwohl ich sie in Gefahr wähnte«, schrieb Miller. »Wie sehr hätte ich es bedauert, hätte ich ihnen vorenthalten, was ich für die Wahrheit hielt, und schließlich durch Nachlässigkeit meinerseits Seelen hätten umkommen müssen!« Nachdem er sein Möglichstes getan hatte, um seine Glaubensbrüder zu schützen, wollte Miller seinen Irrtum nicht bedauern. »Ich kann mich also nicht dafür tadeln«, folgerte er, »bewusst das getan zu haben, was ich für meine Pflicht hielt.«[9]

Doch es ist nur ein schmaler Grat zwischen dem Erklären und dem Wegerklären unserer Fehler. Oft fangen wir damit an, die »Wie falsch?«-Frage ganz aufrichtig zu beantworten, nehmen schließlich jedoch Zuflucht zum Ja, aber. Wenn wir auf der Suche nach der Ursache unseres Irrtums denselben Weg noch einmal zurückgehen, stellen wir fest, dass es sich noch immer richtig anfühlt, ihn genommen zu haben, und fangen fast zwangsläufig an, Entschuldigungen vorzubringen. (Wir alle haben schon einmal gesagt: »Hör mal, ich versuche nicht, das Geschehene zu rechtfertigen, ich will es nur erklären«, um dann innerhalb kürzester Zeit festzustellen, dass wir uns in alle Richtungen rechtfertigen.) Auch hier wird die flüchtige Natur des Irrtums deutlich: Es scheint, als würde ein Fehler, sobald wir ihn erklären können, sich nicht mehr als solcher anfühlen.

Dieser Konflikt zwischen dem Gefühl, sich geirrt zu haben, und dem Gefühl, recht zu haben, kommt vielleicht am besten in William Millers eigener Reaktion auf die Große Enttäuschung zum Ausdruck. Wir haben Kenntnis von dieser Reaktion durch Millers *An Apology and Defense*. Schon der Titel spiegelt die beiden Impulse wider, die ich gerade beschrieben habe, und inhaltlich vermengt Miller die Übernahme von Verantwortung mit dem Glauben an seinen Glauben. »Da alle Menschen gegenüber der Gemeinschaft für die Ansichten, die sie verbreiten, verantwortlich sind«, schrieb Miller, »hat die Öffentlichkeit das Recht, von mir eine ehrliche Aussage dahingehend zu erwarten, dass sich die Vorhersage von der Wiederkehr Christi Anno Domini

1843/44, an die ich fest geglaubt hatte, nicht erfüllt hat.« Diese ehrliche Aussage wird dann schnell geliefert: »Denn wir waren zweifellos enttäuscht«, fuhr er fort. »Wir hatten die Wiederkehr Christi zu diesem Zeitpunkt erwartet; und nun zu behaupten, wir hätten uns nicht geirrt, wäre unehrlich. Wir sollten uns nie schämen, unsere Irrtümer offen einzugestehen.«

Getreu seinem Wort lehnte Miller es ab, jene Irrtümer mit einer der komplizierten Erklärungen zu übertünchen, die unter seinen Anhängern so in Mode waren. »In keine der neuen Annahmen, die aus dieser Bewegung kommen, habe ich Vertrauen«, so bekannte er, »dass Christus als der Bräutigam gekommen sei, dass die Tür der Gnade verschlossen gewesen sei, dass es keine Erlösung für Sünder gebe, dass die siebte Trompete erschollen sei oder dass es auf irgendeine Weise die Erfüllung einer Prophezeiung gewesen sei.« Nur wenige populäre Führer – ob in Politik oder Religion – haben jemals ihre Fehler so grundlegend und ungeschminkt zugegeben.

Das Bemerkenswerteste an Millers *Apology* ist aber nicht die Tatsache, dass er seine Fehler zugibt, sondern dass er unbeirrt an seinem Glauben festhält. Im Gegensatz zu der Trauer und der Gewissensprüfung, von denen andere Milleriten berichteten, gibt es hier kein Weinen, kein Grübeln, keine dunklen Nächte des Zweifelns und Verzweifelns. Tatsache ist, dass William Miller von einem so tiefen Glauben erfüllt war, dass nichts, aber auch gar nichts ihn von diesem abbringen konnte, mochte es auch noch so viele Widrigkeiten und Gegenbeweise geben. Obwohl er es ablehnte, sich auf die Seite derer zu schlagen, die sofort damit begannen, das Datum der Apokalypse neu zu berechnen, glaubte er fest daran, dass sie kommen würde, und zwar bald. (Er spekulierte tatsächlich, dass Gott diese Verzögerung vielleicht geplant habe, damit mehr Menschen Zeit hätten, die Bibel zu studieren und ihre Seele zu retten – die Große Enttäuschung als eine Art spirituelle Schlummertaste.) Durch die Ereignisse des 22. Oktobers nicht entmutigt, blickte er sich um und sah, dass »sich die Zeichen der Zeit zunehmend verdichten; und die prophetischen Perioden haben uns, wie ich glaube, in die Nähe des Ereignisses gerückt.« Er beendet seine *Apology* mit einer Ermahnung seiner Leser: »Ihr, meine Brüder, die ihr Christen genannt werdet, wollt ihr nicht die Schrift auf die Nähe der Wiederkunft Christi prüfen?« Denn dieses, so schrieb er – vor hundertfünfundsechzig Jahren – »sind eindeutig die letzten Tage«.

Kapitel 11

Leugnen und Eingestehen

»Es würde mir nicht gefallen, unrecht zu
haben«, sagte Poirot. »Das ist nicht – wie
sagt man? – mein métier.«
Agatha Christie, *Der Mord an Roger Ackroyd*

Am 29. Juli 1985 nahmen sich Penny Beerntsen und ihr Mann
Tom früher frei und gingen zum Strand. Ihr zehnjähriger Sohn
war an diesem Tag zum Spielen bei einem Freund, doch die elf-
jährige Tochter begleitete sie. Die Familie lebte im südöstlichen
Wisconsin, und der Strand, den sie gewählt hatte, lag am Ufer
des Michigansees.

Es war ein wunderschöner Hochsommertag, und am frühen
Nachmittag beschloss Penny, joggen zu gehen. Sie lief drei Mei-
len am Wasser entlang und kehrte dann wieder um. Etwa eine
Meile von ihrem Mann und ihrer Tochter entfernt, warf sie einen
Blick auf die Uhr; es war zehn vor vier. Als sie wieder hochschau-
te, tauchte ein Mann aus den Sanddünen auf.

Ein Bruchteil einer Sekunde reicht manchmal, um eine Situation zu erfassen. Penny wusste sofort, was der Mann wollte, und
entschied sich blitzartig dafür, auf den See zuzuhalten. Zu spät
wurde ihr klar, dass das Wasser sie nur langsamer machte. Als
sie wieder ans Ufer kam, hatte der Mann sie eingeholt. In dem
Moment, in dem er sie in den Würgegriff nahm, schossen ihr
zwei Gedanken durch den Kopf. »Ich erinnere mich sehr genau
an sie«, sagte Penny mir. »Der erste war, dass ich ruhig bleiben
musste. Und der zweite war: ›Ich muss mir diesen Kerl genau

anschauen, damit ich ihn, wenn ich das hier überlebe, identifizieren kann.‹«

Der Mann zerrte Penny in die Dünen, sagte ihr, er habe ein Messer, und verlangte, dass sie Geschlechtsverkehr mit ihm habe. Sie wehrte sich: zuerst, indem sie über ihre Familie sprach – ihre beiden Kinder, ihren Mann, der bald nach ihr suchen würde – dann, indem sie aktiv Widerstand leistete. Der Mann lag direkt auf ihr, und, so Penny: »Ich erinnere mich, dass ich dachte: Ich muss dafür sorgen, dass er irgendwo blutet, ich muss irgendwo Spuren hinterlassen. Und da habe ich versucht, ihm das Gesicht zu zerkratzen. Doch jedes Mal, wenn ich nach ihm gegriffen habe, hat er die Arme durchgestreckt, die länger waren als meine. Und dann hat er angefangen, mich zu würgen.« Der Mann tat dies drei- oder viermal; dabei wartete er jedes Mal, bis Penny ohnmächtig zu werden drohte, und fragte sie dann, ob sie bereit sei, Sex zu haben. Als sie sich weiterhin weigerte und wehrte, wurde er wütend, packte ihren Kopf und stieß ihn gegen den Boden, bis sie schließlich das Bewusstsein verlor.

Als sie wieder zu sich kam, war der Mann verschwunden. Penny war nackt, und an ihren Händen klebte Blut. Sie konnte nur noch verschwommen sehen und hatte Sprachstörungen wie ein Schlaganfallopfer. Langsam kroch sie auf Handgelenken und Knien zurück zum Strand, darauf bedacht, die Handflächen vom Sand fernzuhalten, damit das Blut, falls es ihrem Angreifer gehörte, als Beweis gegen ihn verwendet werden konnte. Als sie zum Ufer kam, schrie sie um Hilfe. Ein junges Paar am Strand entdeckte sie, wickelte sie in ein Handtuch, nahm sie in die Mitte und machte sich mit ihr auf den Weg zu ihrer Familie.

Seit Penny auf die Uhr geschaut hatte, war etwa eine Stunde vergangen. Ihr Mann hatte sich inzwischen Sorgen gemacht. Sicher, dass etwas nicht stimmte, hatte Tom Beerntsen seine Mutter angerufen und gebeten, seine Tochter abzuholen, gleich darauf die Polizei angerufen und sich dann auf die Suche nach Penny gemacht. Auf halber Strecke fand er sie – blutig, desorientiert, zwischen zwei Fremden dahintaumelnd. Er nahm sie auf den Arm und rannte zu einem wartenden Krankenwagen, der Penny schnell in die nächstgelegene Notaufnahme brachte. Als sie dort ankamen, war die Polizei bereits eingetroffen. Nachdem man Pennys Schnittwunden genäht, Röntgenaufnahmen gemacht und die Vergewaltigung dokumentiert hatte, fragte ein Polizist sie, ob sie sich ihren Angreifer habe ansehen können. Inzwischen konnte sie wieder sprechen. Ja, sagte Penny, das habe sie.

Das englische Wort »witness« (Zeuge) leitet sich (logischerweise, wenn man darüber nachdenkt, auch wenn ich das nie getan hatte) von dem Wort »wit« (Verstand, Geist, Witz) ab. Heute verwenden wir »wit« meistens, um einen beißenden Humor zu beschreiben, doch früher wurde dieses Wort in der Bedeutung von Verstand oder Geist verwendet, so wie in der Redewendung »seine Sinne beisammen haben«. Ursprünglich hieß »wit« jedoch einfach »Wissen«.

Ein Zeuge ist also jemand, der weiß. Das ist ein etymologisches Faktum, aber auch, und vor allem, ein psychologisches. Wir halten uns (wie bereits erwähnt) für Autoritäten bei Ereignissen, die wir selbst beobachtet oder erlebt haben. Wie Wittgensteins zwei Hände scheinen die Dinge, die wir mit eigenen Augen sehen, keine Zweifel zuzulassen. Wir behandeln unsere Lebenserfahrungen so wie unsere mathematischen Axiome, nämlich als Selbstverständlichkeit – nicht als Dinge, die eine Bestätigung erfordern, sondern als das Fundament unseres restlichen Wissens über die Welt.

Die persönliche Erfahrung als Garant der Wahrheit hat im Rechtswesen eine besondere Bedeutung. Die Aussage eines Augenzeugen ist eins der ältesten Beweismittel und das bei Weitem zwingendste. Tatsächlich ist erst in den letzten zwanzig Jahren ein anderes Beweismittel aufgetaucht, das ihm den Rang streitig macht: der DNA-Test.

DNA-Tests sind nicht unfehlbar. Alles, woran Menschen beteiligt sind, kann auch durch menschlichen Irrtum verfälscht werden, und genetische Untersuchungen bilden da keine Ausnahme. Biologisches Material kann verlorengehen, mit dem falschen Aufkleber versehen oder kontaminiert werden. Faule oder inkompetente Laboranten können die Tests verpfuschen, skrupellose Ermittlungsbeamte die Ergebnisse verfälschen. Doch in Anbetracht eines Kontrollsystems, das diese Probleme entdecken und verhindern soll, ist der DNA-Test wohl die beste Lösung, die dem Rechtssystem zur Verfügung steht. Er ist relativ einfach, replizierbar, hat eine sehr geringe Fehlertoleranz und stellt – im Unterschied zur Blutgruppenbestimmung und anderen früheren wissenschaftlichen Beweisen – praktisch eine Eins-zu-eins-Übereinstimmung zwischen der biologischen Probe und der Person dar, von der sie stammt. (Hier geht es schließlich um dieselbe Technologie, auf die wir bei der Feststellung der Vaterschaft und der Suche nach passenden Organspendern vertrauen.) Nicht ohne Grund wird er als »Enthüllungsmaschine«[1] bezeichnet.[2]

Die Einführung von DNA-Untersuchungen in das Rechtssystem hat zu einer Pattsituation zwischen einer der ältesten und einer der neuesten Beweisformen geführt. Mit zunehmendem Wissen der Richter und Geschworenen über DNA-Tests werden diese sich langfristig aber immer mehr durchsetzen.[3] Doch die Zeugenaussage spielt auch weiterhin eine wichtige Rolle, und in Fällen, in denen keine DNA-Probe zur Verfügung steht, trägt sie den Sieg davon. Von allen vor Gericht präsentierten Beweisen – physischen, biologischen, Leumunds-, Sachverständigenbeweisen, schriftlichen Dokumenten – hat eine souveräne Zeugenaussage nach wie vor den stärksten Einfluss auf das abschließende

Urteil der Geschworenen[4]. Unser Glaube an die Exaktheit unserer eigenen Erfahrung zeigt sich nirgendwo deutlicher als vor Gericht, und nirgendwo ist er wichtiger.

Doch denken Sie einmal darüber nach, was passiert, wenn wir tatsächlich Zeugnis über etwas ablegen. 1902 kam es bei einer hitzigen Diskussion zwischen zwei Studenten eines Colleges zu Gewalt. Einer der Studenten bedrohte den anderen mit einer Schusswaffe, der Professor ging dazwischen, um ihn zu überwältigen, und mitten in diesem Chaos fiel ein Schuss. Doch die Schießerei war inszeniert, und zwar von einem Professor für Kriminologie an der Universität Berlin namens Franz von Liszt[5]. Nachdem man den mutmaßlichen Schützen abgeführt hatte, wurden die zitternden Studenten gebeten, einzeln zu berichten, was passiert war, und das so detailliert wie möglich. Von Liszt verglich dann ihre Berichte mit den Versuchsanweisungen, an das die Schauspieler sich haargenau gehalten hatten.

Die Ergebnisse dieser Studie waren und sind beunruhigend. Die besten Augenzeugen lagen bei 25 Prozent der Fakten daneben, die schlechtesten bei 80 Prozent. So schrieb ein weiterer Professor, der das Experiment beobachtet hatte: »Menschen, die das Ganze schweigend beobachtet hatten, wurden Worte in den Mund gelegt, den Hauptbeteiligten Handlungen angedichtet, für die es keinerlei Hinweise gab, und wichtige Episoden der Tragikomödie waren bei einer Reihe von Zeugen völlig aus dem Gedächtnis verschwunden.«

Mit dieser ersten Studie zur Exaktheit von Augenzeugenberichten leistete von Liszt einen außerordentlichen Beitrag sowohl zur Psychologie als auch zur Kriminologie. (Und zur Pädagogik, da Variationen dieses Experiments nun zum festen Bestandteil von Psychologie-Einführungskursen geworden sind.) Seine Studie wurde in den letzten hundert Jahren unzählige Male wiederholt, wobei es, was die Genauigkeit der Augenzeugenberichte betraf, keine messbaren Verbesserungen gab. Und doch haben diese Experimente praktisch keinen Einfluss auf das Vertrauen in Augenzeugenberichte gehabt und kaum mehr Einfluss auf deren gesetzlichen Status.

Dennoch unterstreichen sie eine wichtige Tatsache, eine, die in diesem Buch in verschiedener Gestalt immer wieder auftaucht: Die hohe Glaubwürdigkeit von Berichten aus der Perspektive der ersten Person ist kein guter Indikator für deren Wahrheitstreue. Es ist, als würden wir, wenn wir unter diesem Bann stehen, die andere mögliche Bedeutung von »erste Person« vergessen. In der Literatur nämlich bezeichnet sie das Gegenteil von unwiderlegbarer Autorität. Sie bedeutet begrenzte Allwissenheit. Sie bedeutet Unzuverlässigkeit. Sie bedeutet Subjektivität. Sie ist ganz einfach die Geschichte einer Person.

Nachdem Penny Beerntsen von der Notaufnahme auf ihre Station im Krankenhaus gebracht worden war, fertigte ein Zeichner der Polizei in Anwesenheit des Sheriffs nach ihrer Beschreibung ein Phantombild des Angreifers an. »Gleich nachdem er damit fertig war«, erinnerte sie sich, »habe ich sie gefragt, ob sie einen Verdächtigen im Sinn hätten, und sie haben die Frage bejaht.« Der Sheriff hatte neun Fotos mitgebracht, legte sie auf Pennys Nachttisch und fragte sie, ob einer der Männer wie ihr Angreifer aussähe. Penny sah sich die Verbrecherfotos an und deutete auf einen Mann namens Steven Avery. Noch am gleichen Abend hatte man Avery bereits verhaftet.

Penny wurde am folgenden Tag aus dem Krankenhaus entlassen. Am nächsten Abend erhielt sie zu später Stunde einen obszönen Anruf von jemandem, der mit den Einzelheiten der Vergewaltigung vertraut zu sein schien – nichts, was er nicht den Zeitungsberichten hätte entnehmen können, aber die Sache machte ihr trotzdem Angst. Am nächsten Morgen rief sie bei der

Polizei an, um von dem Anruf zu berichten. Dort beschloss man, eine Gegenüberstellung durchzuführen, um sicherzugehen, dass der richtige Mann hinter Gittern saß. »Da standen acht Männer hinter der Glasscheibe«, sagte Penny. »Ich versuchte, mir jeden von ihnen sorgfältig anzusehen, so wie ich es mit den Bildern getan hatte, und als die Reihe dann an Steve war, hatte ich ein völlig flaues Gefühl im Magen. Ich fing an zu zittern, spürte, wie alle Farbe aus meinem Gesicht wich und wie sich meine Nackenhaare aufstellten.« Für Penny war Avery der Gesuchte. Sie identifizierte ihn noch ein weiteres Mal am 9. Dezember 1985, als der Prozess begann und sie vor Gericht erklärte, sie sei sich »absolut sicher«, dass er ihr Angreifer sei. Der Prozess dauerte eine Woche. Am Ende wurde Steven Avery wegen versuchten Mordes und Körperverletzung mit einer Waffe zu zweiunddreißig Jahren Gefängnis verurteilt. Zu diesem Zeitpunkt war er dreiundzwanzig Jahre alt.

Der Prozess brachte die Sache für Penny zu einem gewissen Abschluss, doch als sie versuchte, wieder ein normales Leben zu führen, stellte sie fest, dass sie oft wütend wurde – nicht um sich ein wenig Luft zu machen, sondern unberechenbar und unkontrolliert: auf ihren Mann, auf ihre Kinder, auf sich selbst. Anfang 1987 erfuhr sie dann von einem Vortrag über Restorative Justice (wiedergutmachende, stärkende Gerechtigkeit) in einer nahegelegenen Universität. Restorative Justice, ein Alternativmodell zur Strafjustiz, konzentriert sich eher auf die Auswirkungen, die Verbrechen auf Einzelne und auf Gruppen haben, als auf den Staat, und zwar mit dem Ziel der Übernahme von Verantwortung, der Wiedergutmachung und Versöhnung. Penny besuchte den Vortrag, und plötzlich machte es klick. Sie wartete erst gar nicht dessen Ende ab, sondern eilte sofort nach Hause, schnallte sich ihre Langlaufskier an, fuhr mitten im Winter zum Strand, an dem sie vergewaltigt worden war, und hielt Abrechnung. »Ich erinnere mich, dass ich mir selbst sagte: ›Steve, du hast keine Macht mehr über mich.‹ Und ich erinnere mich an das Gefühl, als sei eine große Last von mir gefallen.« Sie ließ sich in Restorative Justice und Opfer-Täter-Mediation ausbilden und arbeitete anschließend in den Gefängnissen von Wisconsin.

»Meine Heilung fand vor allem in Hochsicherheitsgefängnissen statt«, erzählte sie mir. »Als ich das erste Mal dorthin ging, dachte ich, ich würde einen Haufen Monster besuchen, die irgendwie anders seien als der Rest von uns. Doch ich fand heraus, dass wir an irgendeinem Punkt im Leben alle Opfer sind und an anderen Punkten alle Täter. Auch wenn unsere Vergehen nicht so schwer sind, dass wir im Gefängnis landen, tun wir doch anderen Menschen weh.« Penny nahm als Freiwillige an Diskussionsrunden teil, die dem Zweck dienten, Gefängnisinsassen die Wirkungen von Gewaltverbrechen auf die Opfer zu verdeutlichen. Dabei ging es ihr nicht darum, die Insassen dazu zu bringen, Reue um der Reue willen zu empfinden. Sie wollte ihnen helfen, die Verantwortung für ihr Handeln zu übernehmen und den Rest ihres Lebens sinnvoll zu gestalten. »Niemand von uns kann das, was er in der Vergangenheit getan hat, ungeschehen machen«, sagte sie. »Deswegen habe ich ihnen als Erstes immer gesagt, dass die sinnvollste Entschuldigung die ist, den Rest seines Lebens verantwortungsvoll zu gestalten.« Die Vergangenheit lässt sich nicht nur nicht ändern, sie lässt sich auch nicht leugnen – deswegen sprach Penny bei den Diskussionsrunden immer wieder darüber, wie wichtig es ist, Fehler zuzugeben.

Während Penny im Strafvollzug tätig war, arbeitete Steven Avery daran, aus dem Gefängnis herauszukommen. Nachdem man ihn schuldig gesprochen hatte – er hatte auf unschuldig plädiert –, gründeten seine Eltern den Steven Avery Defense Fund (Steven-Avery-Verteidigungsfonds). Averys Anwälte fochten den Schuldspruch an, doch das Berufungsgericht bestätigte ihn. Die

Verteidigung legte auch gegen diese Entscheidung Berufung ein, doch der Oberste Gerichtshof von Wisconsin lehnte es ab, den Fall anzunehmen. Danach hatte es lange Zeit den Anschein, als hätte Avery keine Alternativen mehr. 1985 waren DNA-Tests in den USA noch so gut wie unbekannt. Der einzige physische Beweis, der beim ursprünglichen Prozess präsentiert worden war, war ein Haar, das man an Pennys Shirt gefunden und von dem die Anklage behauptet hatte, es stimme mikroskopisch (nicht genetisch) mit Averys Haaren überein. Doch im Lauf der Jahre wurde die forensische Verwendung von DNA üblicher, und 1996 rief Avery das Gericht an, das biologische Material noch einmal neu zu untersuchen. Mithilfe einer Technologie, die man heute als primitiv bezeichnen würde, untersuchte ein Kriminallabor Hautpartikel, die man im Krankenhaus unter Pennys Fingernägeln gefunden hatte, und fand drei verschiedene DNA-Spuren. Eine Spur stammte von Penny, die zweite konnte nicht eindeutig und die dritte weder Penny noch Avery zugeordnet werden. Ein Richter entschied, dass die Ergebnisse nicht beweiskräftig seien, und Avery blieb hinter Gittern.

Die Revisionsverfahren und Anhörungen waren für Penny vor allem deswegen schwer zu ertragen, weil sie sie immer wieder direkt mit dem Erlebnis konfrontierten. Doch die unglaubliche Hartnäckigkeit von Avery und seiner Familie stimmte sie immer wieder auch nachdenklich. »Ich hatte schließlich mit Gefängnisinsassen gearbeitet«, sagte sie, »und miterlebt, dass die meisten von ihnen es irgendwann einfach aufgeben, Berufung einzulegen. Deswegen habe ich mich gewundert, warum dieser Mensch so hartnäckig war.« 2001 erfuhr sie dann, dass das Wisconsin Innocence Project – Teil einer nationalen Organisation, die DNA-Beweise verwendet, um für die Aufhebung von Fehlurteilen zu sorgen – zugestimmt hatte, Averys Fall zu übernehmen. Pennys erste Reaktion war Wut: »Ich hatte das Gefühl, jetzt geht die Sache wieder los, das Ganze wird nie ein Ende nehmen. Und wenn diese DNA ihn nicht entlastet oder nicht beweiskräftig ist, wird es dann in zwei Jahren eine weitere Anhörung geben?« Aber sie war auch erschüttert. »Ich erinnere mich, dass ich dachte: Sie nehmen wahrscheinlich nicht jeden Fall an, der auf ihrem Tisch landet. Warum aber haben sie sich bereit erklärt, diesen zu übernehmen?«

Einzelne Akteure können schnell handeln – im Bruchteil eben der Sekunde, die es dauert, auf die Armbanduhr zu schauen oder zum Wasser zu laufen. Doch Systeme sind ungleich langsamer. Im Fall Avery gab es Verzögerungen wegen rechtlicher sowie technischer Fragen. Es gab Verzögerungen, weil jemand beschäftigt war, weil jemand im Urlaub war, weil neuere Fälle Priorität erhielten. Aus den Monaten wurde ein Jahr, dann zwei, dann zweieinhalb. Unterdessen saß Avery im Gefängnis, und Penny lebte ihr Leben – zog ihre Kinder groß, führte den Eis- und Süßwarenladen, der ihr und ihrem Mann gehörte, und arbeitete in Gefängnissen. Eines Tages im Frühjahr 2003 öffnete sie dann die Haustür, um zu sehen, wie ihr Mann auf die Auffahrt fuhr, gefolgt von ihrem Anwalt. Als Tom Beerntsen aus dem Wagen stieg, war er aschfahl im Gesicht. Ein Blick genügte, und Penny wusste sofort, was los war. »O Gott!«, rief sie aus. »Er war es nicht.«

Die meisten Opfer von Gewaltverbrechen, die ihre Angreifer falsch identifiziert haben, tun sich enorm schwer, ihren Fehler einzugestehen. 1991 verließ ein Mann namens Glen Woodall ein Gefängnis in West Virginia, nachdem er vier Jahre von zweimal lebenslänglicher Freiheitsstrafe für zwei nicht begangene Vergewaltigungen abgesessen hatte[6]. In Woodalls Fall hatte der Rechtsapparat besonders schwer versagt. Es war schon schlimm genug, dass die Opfer, die ihren maskierten Angreifer kaum hatten se-

hen können, hypnotisiert worden waren, um ihr Erinnerungs-
vermögen »zu verbessern«, eine Praxis, die von den meisten Juristen als manipulativ und unzuverlässig abgelehnt wird. Viel
schlimmer war jedoch Folgendes: Die Verurteilung kam nur
durch wissenschaftlichen Betrug zustande. Ein Mitarbeiter im
Kriminallabor in West Virginia, der für die Untersuchung der
Blutproben verantwortlich war, hatte einfach die Ergebnisse gefälscht. Woodall wurde durch einen DNA-Test entlastet und erhielt vom Staat eine Entschädigung von einer Million Dollar –
ein bemerkenswertes Eingeständnis eines Irrtums, da Menschen, die zu Unrecht verurteilt werden, nur selten eine höhere
Entschädigung für ihr Martyrium erhalten.[7] An dem Tag, an dem
Woodall entlassen wurde, lief dennoch eines der beiden Opfer zu
dem Wagen, in dem er transportiert wurde, hämmerte weinend
gegen die Tür und verhinderte, dass sie geöffnet wurde. Trotz der
Diskreditierung des Wissenschaftlers, des massiven öffentlichen
Aufschreis, der öffentlichen Anhörungen und der DNA blieb sie
davon überzeugt, dass Woodall der Angreifer war, den sie nie gesehen hatte.

Die Reaktion dieser Frau war insofern ungewöhnlich, als sie
in aller Öffentlichkeit erfolgte – und in gewissem Sinne ziemlich
mutig. Doch ungebrochener Glaube an die Schuld der Entlasse-
nen ist bei Menschen, die ähnliche Situationen erlebt haben,
häufig anzutreffen. Das ist sicherlich verständlich, und hier kein
Mitgefühl zu haben ist schwer. Erst ein Martyrium zu erleben,
um dann zu erfahren, selbst für das Martyrium eines anderen
verantwortlich zu sein; jemanden als Gewalttäter einzustufen,
nur um herauszufinden, dass auch er, so wie man selbst, ein Opfer ist; zu erleben, dass die Angelegenheit, die man zu einem wie
auch immer gearteten »Abschluss« gebracht hat, wieder von vor-
ne aufgerollt wird – wer kann schon von sich behaupten, das alles in Würde hinzunehmen? Kann man das überhaupt von je-

mandem erwarten? Viel leichter wäre es, alles zu leugnen und den Dingen überhaupt nicht ins Auge zu sehen.

Leugnen hat einen schlechten Ruf. Leugnen ist schließlich keine Reaktion auf die Fakten. Es ist eine Reaktion auf die Gefühle, die diese Fakten hervorrufen – und manchmal sind diese Gefühle einfach zu schwer zu ertragen.

Diese Sichtweise wurde wie so viele unserer Vorstellungen von der menschlichen Natur ursprünglich von Sigmund Freud formuliert. Freud definierte das Leugnen beziehungsweise Abstreiten als die Weigerung, die Existenz oder die Wahrheit unwillkommener Fakten anzuerkennen, und zählte es zu den Abwehrmechanismen, die wir unbewusst verwenden, um uns vor Angst oder Verzweiflung zu schützen. Mit geringfügigen Korrekturen ist dies seit damals die Standarddefinition. 1969 beschrieb die Schweizer Psychiaterin Elisabeth Kübler-Ross die fünf Phasen der Trauer, zu denen auch das Nichtwahrhabenwollen gehört[8]. Dank dieser inzwischen allgemein anerkannten Beschreibung gilt es nun als eine normale – ja, sogar prototypische ursprüngliche Reaktion auf ein Trauma. Kübler-Ross entwickelte ihr Modell primär anhand der Reaktionen von Menschen, bei denen eine unheilbare Krankheit diagnostiziert wurde, doch seine Gültigkeit für eine Reihe von anderen unwillkommenen Schockerlebnissen wird allgemein anerkannt: den Tod eines geliebten Menschen, eine schwächende Krankheit oder Verletzung, eine Scheidung, den Verlust des Arbeitsplatzes und so weiter.

Beim Leugnen im Fall eines Traumas haben wir es in der Tat mit einer tiefgreifenden psychischen Reaktion zu tun. Hier ein besonders verrücktes Beispiel: Mindestens zwanzig Prozent aller schwer kranken Menschen, denen man sagt, dass sie bald sterben werden, *vergessen* dies innerhalb weniger Tage[9] – eine so extreme Form des Leugnens, dass die unliebsame Information nicht einfach nur abgelehnt, sondern völlig ausgelöscht wird.

Wie Kübler-Ross feststellte, ist diese Reaktion gesund. (Zumindest am Anfang; irgendwann muss der Kranke natürlich einen Schritt weiter gehen, wenn er mit seiner Krankheit fertig werden will, und auch die Hinterbliebenen müssen einen Schritt weiter gehen, wenn sie mit ihrem Verlust fertig werden wollen.) Abstreiten ist eine natürliche Reaktion auf Angst und Schmerz, und es mildert einen Schlag, der zu plötzlich kommt und ansonsten zu schwer zu verkraften wäre. Wenn es um das Abwehren schlimmer Nachrichten geht, erkennen wir zumeist diese Schutzfunktion an und reagieren dementsprechend mit Mitgefühl. Doch wie verhält es sich mit der anderen Form der Abwehr – der hartnäckigen, rasend machenden, Vogel-Strauß-artigen Weigerung, unsere eigenen Fehler einzugestehen?

Fakt ist: Diese andere Art ist gar *nicht so anders*. Ob es sich um Irrtümer oder um Katastrophen handelt, wir blenden unwillkommene Informationen aus, um uns selbst vor Unbehagen, Angst und Trauma zu schützen. Auch hier ist das Abstreiten ein Abwehrmechanismus, doch in diesem Fall schützt er uns vor der Erfahrung des Irrens. Wir haben bereits gesehen, dass diese Erfahrung heftige und oft schmerzliche Gefühle hervorrufen kann und dass unsere Grundüberzeugungen sich nicht von unserer Identität, unseren Gemeinschaften und unserem Gefühl des Aufgehobenseins und Glücks trennen lassen. Kein Wunder also, dass alles, was unsere Grundüberzeugungen infrage stellt, selbst ein Trauma ist – eines, das genauso schnell eine Abwehrreaktion hervorruft wie jedes andere erschütternde Ereignis.

Beim unbewussten Leugnen, der Abwehr, um die es hier geht, handelt es sich um eine unbewusste Täuschung – in diesem Fall täuschen wir vor allem uns selbst. Deswegen wird das unbewusste Leugnen auch oft als Selbsttäuschung bezeichnet. Es erfordert, eine Wahrheit von uns fernzuhalten, die zu kennen wir nicht ertragen können.

Wie es uns gelingt, uns selbst zu täuschen, ist ein Rätsel, das bislang weder die Psychologie noch die Philosophie zu lösen vermochte. Um zu verstehen, was daran so schwierig ist, stellen Sie sich einmal vor, dass ein Paar aus Ihrer Bekanntschaft, Roger und Anna, Beziehungsprobleme hat: Anna hat eine Affäre, was Roger absolut nicht wahrhaben will. Anna kommt regelmäßig erst um zehn oder elf Uhr abends nach Hause (»Überstunden im Büro«, erklärt sie Roger) und fährt an den Wochenenden alleine weg (»alte Freunde besuchen«). Sie verbringt sehr viel Zeit am Telefon, und wenn Roger zufällig hereinkommt, fährt sie schuldbewusst zusammen, ändert den Tonfall, beendet die Unterhaltung und sagt, dass sie mit ihrer Mutter gesprochen habe. Als Roger eines Tages den gemeinsamen Computer benutzt, ist Annas E-Mail-Account geöffnet, und er erhascht einen Blick auf eine Zeile der (nicht an ihn gerichteten) E-Mail, die lautet:»Liebling, wann kann ich Dich wiedersehen?« – was er als liebevolle, an eine Freundin gerichtete Frage abtut. Sie und andere wohlmeinende Freunde versuchen vorsichtig, Roger zu warnen. Doch trotz vieler Hinweise in dieser Sache ist er sich sicher, dass Anna ihn nie betrügen würde.

Von außen betrachtet – sagen wir, aus Ihrer Perspektive – lässt sich leicht erkennen, dass Roger Annas Affäre leugnet. Sein Glaube an ihre Treue ist zwar rührend, aber einfach falsch. Es liegt auf der Hand, warum Anna ihn täuschen konnte. Ihr Freund hat schließlich keinen direkten Zugang zu ihrer inneren Welt, und sie kann ihre wahren Gefühle, Wünsche und Handlungen für sich behalten, wenn sie möchte. Viel schwieriger zu verstehen ist, wie Roger sich selbst täuschen konnte. Um sich vor Informationen über Annas Affäre zu schützen, muss er genug wissen, um ihnen auszuweichen – genug, um nicht den Rest der E-Mail zu lesen, zu viele Fragen über das Wochenende zu stellen oder sie spät abends in ihrem Büro mit einem Imbiss und Blumen zu überraschen. Doch wenn er genug weiß, um den Informationen bewusst aus dem Weg zu gehen, wie kann er dann gleichzeitig *nicht* von Annas Affäre wissen? Will ich mich selbst täuschen, schrieb Sartre, »muss ich die Wahrheit genau kennen, um sie umso sorgfältiger vor mir zu verstecken«[10]. Um Dinge zu leugnen – Dinge nicht zu wissen, die wir angesichts der vorhandenen Beweise wissen *müssten* –, müssen wir also der Betrüger *und* der Betrogene sein.

Wie aber schafft der menschliche Geist das?[11] Die Mehrzahl derer, die sich mit dieser Frage ernsthaft beschäftigt haben, kommt zu dem Schluss, dass das nur möglich ist, wenn er sich spaltet. So versuchten (unter anderem) Platon, Aristoteles, Augustinus und Freud das Leugnen mithilfe getrennter, halbautonomer und halb sich bekriegender Anteile des Selbst zu erklären: Geist und Wille, Geist und Seele, Bewusstes und Unbewusstes, das gespaltene Ego und das Selbst. Diese Beschreibungen des im Konflikt befindlichen Selbst sind faszinierend, doch letzten Endes bringen sie uns einer Lösung des Rätsels der Selbsttäuschung nicht näher. Die Philosophin Sissela Bok hat darauf hingewiesen, dass die Vorstellung von einem gespaltenen Selbst nur eine Metapher sei. Es ist leicht, dies zu vergessen, weil es eine ungewöhnlich gute Metapher ist – so gut, dass wir nun denken, wir seien so. Doch auch wenn sie uns fasziniert, die Vorstellung eines gespaltenen Selbst ist eine Analogie, keine Erklärung. Unser Gehirn ist keine zweistöckige Wohnung, in der sich bekriegende Nachbarn leben, und die Frage, wie wir den komplizierten Akt der Selbsttäuschung bewerkstelligen, bleibt ein Geheimnis.

Dieses Geheimnis ist vor allem deswegen von Bedeutung, weil es sich auf die moralische Stellung des Leugnens auswirkt. Wenn unser Geist bildlich gesprochen gespalten ist, sodass der eine Teil nicht merkt, dass wir uns irren und der andere aktiv daran arbeitet, dass dies auch so bleibt, wer trägt dann die Verantwortung für die Irrtümer? Nur ein Teil unseres Selbst – und wenn ja, welcher? Oder müssen wir unser gesamtes Selbst dafür verantwortlich machen, obwohl wir völlig im Dunkeln tappen? Oder können wir, wenn wir etwas nicht wahrhaben wollen, nicht für unsere Irrtümer verantwortlich gemacht werden? Sind wir in solchen Augenblicken einfach zweifache Opfer – zum einen eines verborgenen Teils unseres Selbst und zum anderen des Traumas, das uns erst dazu brachte, der Wahrheit den Rücken zuzukehren?

All diese Fragen sind Ausdruck eines ethischen Dilemmas: Sollten wir für die Weigerung, uns unsere Fehler einzugestehen, zur Verantwortung gezogen werden oder nicht? Bis jetzt habe ich für Mitgefühl plädiert, und zwar mit der Begründung, dass Leugnen eine natürliche Reaktion auf ein Trauma ist. Aber es braucht nicht viel, um dieses Argument ernsthaft infrage zu stellen. Was ist mit Menschen, die den Holocaust leugnen? Was ist mit dem ehemaligen südafrikanischen Präsidenten Thabo Mbeki, der dem wissenschaftlichen Konsens zum Trotz darauf beharrte, dass Aids nicht durch HIV verursacht werde und mit Medikamenten kontrolliert werden könne – eine Realitätsverweigerung, die dazu führte, dass schätzungsweise 320 000 Südafrikaner sterben mussten, dass unzählige Kinder zu Waisen wurden und dass das Land von einer Wirtschaftskrise erfasst wurde?[12] Mitgefühl wäre in diesem Fall sicherlich unangemessen, ja gefährlich.

Peter Neufeld ist der Co-Direktor des Innocence Project und Mitgründer der zuvor erwähnten Organisation, die mithilfe von DNA-Beweisen dafür sorgt, dass strafrechtliche Fehlurteile aufgehoben werden. Neufeld und seine Kollegen wollen nicht nur dafür sorgen, dass unschuldige Menschen aus dem Gefängnis entlassen werden, sie arbeiten auch an der Verbesserung von Strafrechtsverfahren, um die Anzahl der irrtümlicherweise hinter Gitter Gebrachten zu verringern. Das heißt, dass Neufeld viel Zeit damit verbringt, Menschen zu sagen, dass sie sich irren oder dass ihre Arbeitsweise zu Ungerechtigkeit führt und gefährlich fehlerträchtig ist. Da bleibt es nicht aus, dass der Umgang mit dem Abstreiten de facto zu seiner Tätigkeitsbeschreibung gehört.

Als ich Neufeld in seinem Büro in Lower Manhattan traf, ging er mit mir zunächst die vielen unterschiedlichen Stadien des Abstreitens durch, denen er regelmäßig begegnet. Dabei wies er sofort darauf hin, dass nicht jeder all diese Stadien durchläuft oder überhaupt irgendeins von ihnen: Viele Menschen, die im Gesetzesvollzug arbeiten, unterstützen die Bemühungen des Innocence Projects, die Unschuld von zu Unrecht Verurteilten nachzuweisen. Einige tun dies jedoch nicht, und die Dreistigkeit und das Ausmaß ihres Leugnens sind manchmal kaum zu fassen. Das beginnt schon damit, so Neufeld, dass sie sich sogar der Wahrheitssuche widersetzen: Ein Ankläger lehnt einfach das Ersuchen des Innocence Projects nach einem DNA-Test ab – obwohl die Ankläger ständig selbst genetische Tests verwenden, um einen Schuldspruch zu erreichen. (Zwar genehmigen viele Bundesstaaten ihren Gefangenen in gewissem Umfang die Durchführung von DNA-Tests, doch der Oberste Gerichtshof der USA entschied im Jahr 2009, dass Sträflinge kein verbürgtes Recht auf solche Tests haben[13].) Deswegen verbringen Neufeld und seine Kollegen Tausende von Stunden allein mit dem Versuch, die Genehmigung zur Durchführung von DNA-Tests zu erhalten, was sie Tausende von Dollar kostet.

Früher oder später geben die Richter jedoch normalerweise dem Ersuchen statt. Sie denken vielleicht, dass der Fall erledigt sei, wenn die Ergebnisse den Sträfling entlasten – doch stattdessen wenden die Ankläger oft ein, das Testverfahren sei bestimmt fehlerhaft gewesen, und bestehen darauf, dass es wiederholt wird. Wenn die Ergebnisse den Sträfling dann erneut entlasten, zaubert der unnachgiebige Ankläger plötzlich eine neue Theorie über den Hergang der Tat aus dem Hut, die die DNA-Beweise irrelevant macht. Diese Strategie beeindruckt die Richter nur selten, und zu diesem Zeitpunkt ordnen die meisten von ihnen an, dass der Sträfling entlastet und freigelassen wird.

Doch hier endet die Sache nicht unbedingt, denn die Richter können die Ankläger nicht davon abhalten, einen Fall wieder aufzunehmen. »Wir verlassen nach einer Entlastung den Gerichtssaal«, erzählte mir Neufeld, »und der Ankläger sagt: ›Wir sind noch immer der Meinung, dass Ihr Mandant schuldig ist, und wir werden den Fall neu verhandeln.‹« Monate vergehen, »und schließlich kommt der Ankläger wieder und sagt: ›Wir sind damit einverstanden, die Anklage fallen zu lassen, aber nicht weil Ihr Mandant unschuldig ist, sondern weil es nach all dieser Zeit schwierig ist, Zeugen zu bekommen.‹ Oder: ›Wir wollen es dem Opfer nicht noch einmal zumuten, aussagen zu müssen, nachdem die Sache zunächst einmal abgeschlossen war.‹« Diese Ankläger geben den Fall auf, doch nicht ihre Überzeugung, dass sie recht haben. »Es gibt eine Kategorie von Anklägern und Kriminalbeamten«, erklärte Neufeld, »die trotz allem immer noch sagen: ›Ich weiß nicht warum, ich kann Ihnen keine logische Erklärung geben, aber ich zweifle keinen Augenblick lang daran, dass Ihr Mandant schuldig ist.‹«

Um Ihnen die Stadien des Abstreitens an einem Beispiel zu erläutern, muss ich Sie mit Michael McGrath bekannt machen, dem ehemaligen Generalstaatsanwalt von Montana.[14] 1987 gab es in der Stadt Billings ein besonders schlimmes Verbrechen: Ein Einbrecher war zu später Stunde durch das Schlafzimmerfenster eines achtjährigen Mädchens geklettert und vergewaltigte sie mehrmals. Der Täter, der in der Unterwäsche des Mädchens Sperma und Schamhaare hinterlassen hatte, war dem Opfer unbekannt, und das Mädchen konnte ihn nur ganz allgemein beschreiben (blondes Haar, blasse Haut, Akne). Auf der Grundlage dieser Beschreibung fertigte ein Zeichner ein Phantombild an, woraufhin ein Polizist erwähnte, dass es große Ähnlichkeit mit einem Jungen habe, den er in der Woche zuvor bei einer Prügelei mit einem anderen Schüler auf dem Parkplatz der Highschool erwischt habe. Der Name des Jungen war Jimmy Ray Bromgard, und er wurde innerhalb kurzer Zeit festgenommen, vor Gericht gestellt (aufgrund der Aussage des Mädchens sowie eines Spurensicherungsexperten, der behauptete, Bromgards Haar sei identisch mit den Haaren, die man am Ort des Verbrechens gefunden habe) und zu vierzig Jahren Gefängnis verurteilt.

Im Jahr 2000 übernahm das Innocence Project den Fall, testete das Sperma und kam zu dem Ergebnis, dass es nicht von Bromgard stammen konnte. Und nun der Auftritt von Generalstaatsanwalt Michael McGrath! Der akzeptierte die DNA-Ergebnisse, brachte jedoch eine neue Erklärung dafür vor. Vielleicht, so meinte er, sei Jimmy Bromgard eine Chimäre. In der griechischen Mythologie bezeichnet das Wort Chimäre ein Ungeheuer, das teils Löwe, teils Ziege, teils Drache ist. In der modernen Biologie ist eine Chimäre ein zweieiiger Zwilling, bei dem sich aufgrund des Todes des anderen Zwillings in utero zwei Arten von DNA vermischt haben. Bei Menschen ist Chimärismus extrem selten; insgesamt wurden bislang 30 Fälle verzeichnet[15]. Dennoch bestand McGrath darauf, Bromgard weiteren Tests zu unterziehen. Dabei stellte man fest, dass sein Blut, sein Samen und sein Speichel genetisch identisch waren und dass keinerlei Zusammenhang zu dem am Ort des Verbrechens gefundenen Material bestand.

Dann wurde die Sache grotesk. Das Innocence Project schickte die Schamhaare zum FBI, um sie erneut testen zu lassen, und auch diesmal lautete das Ergebnis, dass sie nicht von Bromgard stammten – obwohl der Kriminaltechniker von Montana, Arnold Melnikoff, aufgrund einer Mikroskopanalyse bei Gericht ausgesagt hatte, die Chance, dass die Haare von jemand anderem als Bromgard stammten, stünde eins zu 10 000. Das Ergebnis des DNA-Tests ließ überall in Montana die Alarmglocken schrillen, denn Melnikoff war kein Geringerer als der Leiter des staatlichen Kriminallabors und hatte in dieser Eigenschaft in Hunderten anderer Fälle ausgesagt. Eine Untersuchung ergab, dass Melnikoff wissenschaftlich unseriös war, dass er die Haarergebnisse erfunden und die Geschworenen belogen hatte. Bromgard wurde nach fast fünfzehn Jahren Haft freigelassen und verklagte den Staat Montana wegen der widerrechtlichen Verurteilung.

Im Rahmen des Prozesses ließ Peter Neufeld Generalstaatsanwalt Michael McGrath unter Eid aussagen – eine außergerichtliche eidliche Aussage, die sich als Musterbeispiel des Abstreitens erwies. Darüber hinaus erweist sie sich als Musterbeispiel noch anderer Themen dieses Buches: der Ablehnung von Gegenbeweisen, dem Aufstellen völlig komplizierter Hypothesen, um unsere Grundsätze zu schützen, einer völlig schrägen Logik und vor allem der Tatsache, dass wir unser Gefühl, recht zu haben, über alle Werte stellen, wie Wahrheit, Fairness oder Ehre.

McGrath ließ sich, als er seine Aussage machte, nicht von seiner felsenfesten Überzeugung abbringen, dass Jimmy Ray Bromgard trotz allem der Hauptverdächtige im Vergewaltigungsfall von Billings war. Jimmy Ray Bromgard erhielt am Ende eine Haftentschädigung von 3,5 Millionen Dollar. Michael McGrath indessen versuchte vergeblich zu verhindern, dass seine eidliche Aussage an die Öffentlichkeit gelangte.

Schlimm an dieser Geschichte ist, dass sie nicht ungewöhnlich ist. Neufeld sagte mir, dass es unzählige davon gibt. Da war etwa die Kriminallaborantin in einem Vergewaltigungs- und Mordfall, die auch dann noch glaubte, Neufelds Mandant sei schuldig, nachdem die DNA-Tests diesen als Täter ausgeschlossen und einen anderen Mann belastet hatten. »›Was meinen

Sie?‹, habe ich sie gefragt«, erzählte mir Neufeld. »›Welchen wissenschaftlichen Beweis gibt es, dass er es getan hat? Welchen *nicht* wissenschaftlichen Beweis gibt es, dass er es getan hat?‹ Und sie hat geantwortet: ›Ich weiß, dass er es getan hat. Als ich bei seinem Prozess ausgesagt habe, sah ich Mord in seinen Augen.‹«[16] Oder nehmen wir den Fall von Calvin Johnson, einem afroamerikanischen Honors-Studenten und Starathleten, der 1983 wegen der Vergewaltigung einer Weißen festgenommen wurde, ein Verbrechen, das er nicht begangen hatte. Als eine konventionelle (nicht genetische) Analyse der Schamhaare, die man am Tatort sichergestellt hatte, zeigte, dass die Haare nicht denen von Johnson entsprachen, gab der für diesen Fall zuständige Staatsanwalt zu bedenken, dass sie vielleicht nicht vom Täter stammten, sondern aus einer öffentlichen Toilette oder dem Waschsalon, in dem das Opfer seine Bettwäsche und Kleidung wusch. Das war der Moment, so Johnson später, als ihm klar wurde: »Ihm geht es nicht um mich, um mein Leben. Er will nur eine Verurteilung.« Das gelang dem Staatsanwalt auch: Johnson hatte schon fast sechzehn Jahre einer lebenslangen Freiheitsstrafe abgesessen, bevor er durch einen DNA-Test entlastet wurde.

All die Kriminallaboranten, Ankläger und Generalstaatsanwälte sind nicht die Opfer der Verbrechen, die sie untersuchen und verfolgen. Sie waren nicht dem Trauma der Gewalt und der Vergewaltigung ausgesetzt und auch nicht dem Folgetrauma des Rechts- und Medienzirkus. Sie sind angeblich Profis. Außerdem sind sie, wie Neufeld schreibt, Profis, die, »um ihren Lebensunterhalt zu verdienen, von der Logik abhängig und Teil eines Systems sind, das auf die Verwendung von Beweisen und von Vernunft gründet, um dafür zu sorgen, dass Gerechtigkeit waltet«. Was in aller Welt ist also ihr Problem?

Die Antwort ist, dass ihre Karriere auf dem Spiel steht. (»Die Ankläger machen sich mit diesen großen Fällen einen Ruf«, sagte Neufeld, und sie können ihn sich mit derlei Fällen auch wieder verderben.) Doch ein anderes, weniger verachtenswertes Motiv für ihr Leugnen ist, dass auch diese Menschen sich vor einem Trauma schützen. »Es ist sehr schwierig zuzugeben: ›Okay, ja, ich habe bei der Verurteilung eines Unschuldigen eine Rolle gespielt, dabei, ihn seiner Freiheit zu berauben, oder, Gott bewahre!, seines Lebens‹«, erklärte Neufeld. Der Alptraum, den der Ankläger bei einem Fehlurteil erleidet, ist natürlich nichts im Vergleich zu dem Alptraum des Opfers und des zu Unrecht Angeklagten. Aber es ist dennoch ein Alptraum, der mit Sicherheit zu schlaflosen Nächten führt und dazu, dass der Glaube an die eigene Arbeit, das eigene Urteilsvermögen, den eigenen moralischen Wert erschüttert wird. Selbst wenn unsere Irrtümer relativ harmlos sind, so stellt die Erfahrung, unrecht zu haben, doch leicht unser Selbstbild infrage, wonach wir gute, ehrliche, intelligente und verlässliche Menschen sind. Die Mitwirkung an einem Fehlurteil vergrößert dieses Problem um ein Tausendfaches, weil die Folgen des Irrtums so schwerwiegend und die Menschen, die Gewaltverbrechen juristisch verfolgen, in der Regel nicht ohne Grund davon überzeugt sind, dass sie der Gerechtigkeit dienen.

In den Achtzigerjahren des 20. Jahrhunderts schloss sich eine junge Kriminalbeamtin namens Margot Hill der damals neu gebildeten Abteilung für Sexualverbrechen des Boston Police Department an. Hill war, laut Neufeld, »eine wahre Überzeugungstäterin: Sie sah sich in der Rolle der Patronin aller Vergewaltigungsopfer dieser Welt.«[17] Leider stimmte dieses Selbstbild, dass sie der Wahrheit und Gerechtigkeit diene, nicht immer mit ihrem Verhalten überein. Hill hatte Schwierigkeiten zuzugeben, dass die Männer, die in ihren Augen Vergewaltiger waren, unschuldig sein könnten – und als sie in einem Fall erfuhr, dass die Ergebnisse des Kriminallabors ihren Hauptverdächtigen entlasteten, versteckte sie die Beweise und erwähnte sie nie gegenüber dem Staatsanwalt. Der Verdächtige, der in der Tat unschuldig war, verbrachte zehn Jahre hinter Gittern. Bis heute bestreitet Hill, irgendetwas falsch gemacht zu haben.

Wenn jemand je Grund zu der Annahme hatte, sich auf der Seite des Rechts zu befinden, war das zweifellos Penny Beerntsen. Nach ihrem traumatischen Erlebnis brachte sie nicht nur die Kraft auf, ihr Leben wieder in Ordnung zu bringen, sondern auch anderen Menschen dabei zu helfen – und nicht nur irgendwelchen Menschen, sondern Sträflingen, einschließlich solcher, die ohne Weiteres ihre Angreifer hätten sein können. Und wenn jemand je Grund zu der Überzeugung hatte, im Recht zu sein, dann war das ebenfalls Penny. Noch während der Vergewaltigung hatte sie sich darauf konzentriert, ihren Angreifer korrekt identifizieren zu können. Selbst als er sie schlug und würgte, zwang sie sich dazu, sich seine Gesichtszüge einzuprägen. Anschließend kroch sie, gebrochen, traumatisiert und unfähig zu gehen, auf den Handgelenken zum Seeufer, um das Blut an ihren Händen als Beweis zu erhalten.

Es wäre also nicht verwunderlich gewesen, wenn Penny Beerntsen ihren Irrtum geleugnet hätte. Sie hatte ein Trauma überlebt, bei dem Verdrängen durchaus angemessen und sogar notwendig ist. Durch ihr Verhalten während und nach der Vergewaltigung hatte sie sich (soweit man das überhaupt kann) das Recht verdient, sich für gerecht zu halten und im Recht zu fühlen. Als die DNA-Ergebnisse Steven Avery entlasteten, hätte sie sie leicht ignorieren können. Wie so viele Menschen, die in Justizirrtümer verwickelt werden, hätten die Beweise sie kalt lassen können. Sie hätte weiterhin auf Averys Schuld bestehen können und darauf, recht zu haben. Das hätte sie tun können. Aber sie tat es nicht.

Vielleicht lag es an ihrem Pflichtgefühl, der Fähigkeit zum Mitgefühl und ihrem ausgeprägten Sinn für Gerechtigkeit. Vielleicht lag es an der jahrelangen Arbeit in den Gefängnissen, daran, dass sie gelernt hatte, die Insassen als Menschen zu sehen und ihnen zu helfen, sich ihren Verbrechen zu stellen. Vielleicht lag es an der Tatsache, dass sie der Wissenschaft vertraute. Wahrscheinlich war es von allem etwas. Als Penny Beerntsens Anwalt und ihr Mann ihr die Nachricht von Steven Averys Unschuld brachten, akzeptierte sie jedenfalls sofort, dass sie sich geirrt hatte. Und fast im gleichen Augenblick begann eine der dunkelsten Phasen ihres Lebens. »Es klingt vielleicht seltsam«, sagte Penny mir, »aber es ist wirklich so: Der Tag, an dem ich erfuhr, dass ich die falsche Person identifiziert hatte, war viel schlimmer als der Tag, an dem ich überfallen wurde. Mein erster Gedanke war: ›Ich verdiene es nicht zu leben.‹«

Penny fühlte sich in zweierlei Hinsicht schuldig. Zum einen deshalb, weil sie mitgeholfen hatte, einen Mann achtzehn Jahre lang für ein Verbrechen ins Gefängnis zu schicken, das er nicht begangen hatte. Doch als sie später erfuhr, wer sie tatsächlich überfallen hatte, setzte eine zweite Schuldwelle ein. Wie in rund vierzig Prozent aller Fehlurteile entlasteten die DNA-Ergebnisse nicht nur den ursprünglichen Verdächtigen, sondern identifizierten auch den eigentlichen Täter – in diesem Fall einen Mann namens Gregory Allen, der inzwischen bereits wegen der Vergewaltigung einer anderen Frau hinter Gittern saß. Die Vergewaltigung war außerordentlich brutal gewesen – Allen war dafür zu sechzig Jahren Gefängnis verurteilt worden –, und die Behörden verdächtigten ihn, wie Penny erfuhr, in den Jahren zwischen dem Angriff auf Penny und seiner Inhaftierung im Jahr 1996 noch weitere acht bis zehn Frauen vergewaltigt zu haben. »Ich dachte ständig an diese Frauen«, sagte Penny mir. »Oh Gott, wie hatte ihr Leben sich wegen eines von mir begangenen Fehlers verändert!«

In den Monaten und Jahren nach dem Eingeständnis ihres Irrtums lernte Penny sehr viel darüber, wie es dazu hatte kommen können. Erstens war da die Fehlbarkeit der Wahrnehmung und der Erinnerung. »Alle machten ein Theater darum, dass ich Steven dreimal identifiziert hatte«, sagte sie – einmal auf den Fotos, die man ihr im Krankenhaus gezeigt hatte, einmal bei der Gegenüberstellung und einmal vor Gericht. »Aber ich weiß jetzt, dass es stimmt, was die Gedächtnisexperten sagen: Du hast nur einen Versuch. Sobald ich ein Foto ausgewählt hatte, wurde es zu meinem geistigen Bild des Vergewaltigers. Von diesem Moment an war es dieses Gesicht, an das ich mich erinnerte, nicht das Gesicht des Mannes, der mich am Strand angegriffen hat.«

Penny erfuhr aber auch, inwiefern das Sheriff's Department ihr, Avery und der Gerechtigkeit geschadet hatte. Die Beamten hatten Pennys Fotoauswahl durch die Aussage beeinflusst, Avery sei der Verdächtige, den sie im Kopf hätten. Sie hatten ihr gesagt, sie solle mögliche Zweifel verbergen. (Als der Staatsanwalt sie das erste Mal fragte, wie sicher sie sich hinsichtlich der Identifikation sei, hatte sie gesagt: neunzig Prozent. Seine Antwort, Penny zufolge: »Wenn Sie im Zeugenstand stehen, sollten Sie hundert Prozent sagen.«) Darüber hinaus hatte man konventionelle Haaranalysen als Beweis zugelassen, obwohl dieses Verfahren allgemein als wertlos angesehen wird.[18]

Das Ungeheuerlichste war jedoch, dass das Sheriff's Department anderen Hinweisen nicht nachgegangen war. Eine Woche nach Averys Festnahme hatte das örtliche Polizeirevier Penny angerufen, um ihr zu berichten, dass man jemand anderen verdächtige – jemand, der Avery sehr ähnlich sehe und gewalttätig sei. Die Polizei war ihm zwei Wochen lang auf den Fersen gewesen, hatte am Tag des Überfalls jedoch zu viel zu tun, um ihn im Auge zu behalten. Penny gab diese Informationen an das Sheriff's Department weiter, doch »die sagten mir«, so Penny,

»ich solle nicht mit der Polizei sprechen. Das würde mich nur verwirren. Sie würden sich die Sache ansehen. Was ich als herablassend empfand – so als überfordere dies meinen kleinen weiblichen Verstand.« Später erfuhr sie aus dem Bericht des Generalstaatsanwalts von Wisconsin über Averys widerrechtliche Verurteilung, dass der Sheriff von der Polizei gefragt wurde, ob er den zusätzlichen Verdächtigen als Täter in Betracht ziehe. Der Sheriff hatte geantwortet: »Wir haben unseren Mann« und es abgelehnt, im Fall des anderen Mannes Ermittlungen anzustellen. Dieser Mann war Gregory Allen.

Als sie von Averys Unschuld erfuhr, wusste Penny von all dem jedoch so gut wie nichts. Sie hatte Schuldgefühle und versuchte zu verstehen, wie sie sich in einer so wichtigen Sache so sehr hatte irren können. DNA-Entlastungen finden in der Regel große Beachtung in den Medien, und Averys Bild war in den Wochen nach Bekanntgabe dieser Nachricht fast täglich in den Zeitungen und im Fernsehen. »Ich erinnere mich, dass ich versucht habe, sein Gesicht zu studieren. Ich nahm die Zeitung in die Hand und sah mir das Bild an, und obwohl ich verstandesmäßig begriff, ›das ist nicht der Mann, der dir wehgetan hat‹, reagierte ich nach wie vor sehr emotional. Ich hatte noch immer Angst – ich zitterte noch immer, meine Nackenhaare stellten sich noch immer auf –, weil das Gesicht, das ich so viele Jahre lang in meinen Rückblenden und Alpträumen gesehen hatte, seines war.«

Erstaunlicherweise ließ Penny sich durch ihre Angst nicht davon abhalten, mit Avery Kontakt aufzunehmen. Kurz nachdem er entlastet worden war, schrieb sie ihm einem Brief, in dem sie sich, so gut sie konnte, für ihren Fehler entschuldigte.[19] »Als ich vor Gericht ausgesagt habe«, schrieb sie, »habe ich aufrichtig geglaubt, dass Sie mein Angreifer waren. Ich habe mich geirrt. Ich kann Sie nicht um Vergebung bitten, und ich verdiene diese Vergebung auch nicht. Ich kann Ihnen nur in tiefster Demut sagen,

wie leid es mir tut.« Sie bot auch an, persönlich alle Fragen zu beantworten, die er oder seine Familie haben mochten, ein üblicher
Schritt bei einer Opfer-Täter-Mediation. Damit machte sie deutlich, dass sie dieses Mal sich selbst als den Täter und Avery als das
Opfer betrachtete.

Fünf Monate später trafen sich Penny, Avery und ihre Anwälte zum ersten Mal außerhalb eines Strafgerichts.»Ich glaube, ich
war noch nie im Leben so nervös«, erinnerte sie sich. »Ich hörte
mein Herz klopfen. Doch als Steve den Raum betrat und ich aufstand, zu ihm hinüberging und ihm die Hand entgegenstreckte,
schüttelte er sie sehr herzlich.« Avery ist ein ruhiger Zeitgenosse
und ein bisschen lernbehindert, sodass Penny das Reden übernahm. Aber sie wusste, dass er in der Vergangenheit sein Mitgefühl für sie zum Ausdruck gebracht hatte – an dem Tag, als er aus
dem Gefängnis entlassen wurde, hatte er den Medien gesagt:
»Ich mache dem Opfer keine Vorwürfe.« Auch hatte sie das Gefühl, dass er ihr verständnisvoll zuhörte. Am Ende des Treffens
fragte sie ihn, ob sie ihn umarmen dürfe. Ohne zu antworten
nahm er sie ungestüm in den Arm. »Ich habe«, erinnerte sich
Penny, »so, dass nur er es hören konnte, zu ihm gesagt: ›Steve,
es tut mir so leid.‹ Und er hat geantwortet: ›Es ist okay, Penny, es
ist vorbei.‹ Das war das Barmherzigste, das jemand je zu mir gesagt hat.«

Aber natürlich war es nicht vorbei. In vielerlei Hinsicht fing
Penny gerade erst an, sich mit dem, was war, abzufinden. Sie
freundete sich mit den Anwälten des Innocence Project an –Leute, auf die sie zunächst eher wütend reagiert hatte – und erfuhr
mehr über Fälle wie ihren eigenen. Vor Averys Entlastung habe
sie, so Penny, »im Fernsehen eine Sendung über eine widerrechtliche Verurteilung gesehen und gedacht: ›Ach komm schon,
wie oft kommt so was im wirklichen Leben schon vor!‹« Jetzt sehe sie das Ganze mit anderen Augen. »Ich glaube wirklich, dass

99,9 Prozent aller Polizisten sich niemals absichtlich auf die falsche Person einschießen, aber es gibt so viel Engstirnigkeit.« Das weiß sie, weil sie es selbst erlebt hat. »Wenn die Leute gesagt haben: ›Könnte Steven nicht unschuldig sein?‹, habe ich mir sofort alle Beweise ins Gedächtnis gerufen, die auf seine Schuld hinzudeuten schienen. Ich habe mich auf alles fixiert, was zu bestätigen schien, dass er der Richtige war.« Dies ist die Bestätigungstendenz in Aktion, und Penny erlebte auch noch eine andere Form derselben: das Ignorieren oder Missdeuten aller Beweise, die ihren Glauben an Averys Schuld infrage stellten. Während des Prozesses hatten sechzehn Zeugen unabhängig voneinander ausgesagt, dass Avery am Tag der Vergewaltigung auf der Arbeit gewesen sei, doch Penny tat ihre Geschichten als unglaubwürdig ab, weil sie sich zu sehr ähnelten – ein hervorragendes Beispiel dafür, die Gegenbeweise als Beweise *für* die eigenen Annahmen zu interpretieren.

Als sie mehr über die Umstände lernte, die zu einer widerrechtlichen Verurteilung beitragen, begriff Penny verstandesmäßig, wie ihr eigener Fehler hatte passieren können. Emotional quälte dieser Irrtum sie jedoch weiterhin. Nie sollte sie vergessen, dass Avery von seinem fünfundzwanzigsten bis zu seinem einundvierzigsten Lebensjahr im Gefängnis gesessen hatte – während der besten Jahre seines Lebens –, dafür war sie verantwortlich. Schließlich beschloss sie, nach der Maxime zu handeln, die sie immer den Insassen zu vermitteln versucht hatte: Die beste Wiedergutmachung ist die, den Rest seines Lebens verantwortungsvoll zu gestalten. Über ihre Freunde beim Innocence Project nahm sie Kontakt zu anderen Opfern auf, die ihre Angreifer falsch identifiziert hatten.

Eines Tages rief eine Frau bei ihr an, die gerade erfahren hatte, dass der Mann, der dafür im Gefängnis saß, sie vergewaltigt zu haben, unschuldig war. Die Frau leugnete dies nicht, aber sie war völlig schockiert und verzweifelt. Penny sagte ihr, dass das Geschehene nicht ihre Schuld sei – dass es nicht die Arbeit der Opfer, sondern der Polizei sei, Verbrechen gründlich und fair zu untersuchen. Sie erinnerte die Frau daran, dass sie unter traumatischen Umständen ihr Bestes getan habe. Sie gestand zu, dass die Frau ihren Fehler nicht ungeschehen machen oder dem Freigesprochenen die Jahre zurückgeben könne, die er hinter Gittern verbracht habe, wies aber darauf hin, dass es keinem von beiden nütze, wenn sie sich selbst nicht vergebe. »Und da ging mir ein Licht auf«, erzählte Penny mir. »Plötzlich wurde mir klar: Oh Gott, ich würde über diese Frau nie so urteilen, wie ich über mich selbst geurteilt habe. Das half mir, endlich mit der Sache klarzukommen – mit der Tatsache, dass weder ich noch sonst jemand ein böser Mensch ist, weil wir einen schrecklichen Fehler begangen haben.«

Die Geschichte von Penny Beerntsen und Steven Avery, die schon tragisch und kompliziert genug ist, hat jedoch ein schlimmes Nachspiel. Im März 2007, weniger als vier Jahre, nachdem man ihn aus dem Gefängnis entlassen hatte, wurde Avery verhaftet, vor Gericht gestellt und für den 2005 begangenen Mord an Teresa Halbach, einer 25-jährigen Frau aus Wisconsin, verurteilt.[20] Es ist das erste und bisher einzige Mal in der Geschichte des Innocence Projects, dass ein Entlasteter in der Folge ein Gewaltverbrechen begangen hat.

Als ich von der Verurteilung erfuhr, wollte ich Pennys Geschichte aus diesem Buch herauslassen. Das war in erster Linie eine emotionale Reaktion: Ich wollte nicht über den Mord schreiben, ich wollte nicht, dass irgendein dem Opfer Nahestehender mit zusätzlichen Medienberichten konfrontiert würde, und ich wollte Halbachs Leben und Tod nicht auf einen Epilog in der Geschichte von jemand anderem reduzieren. Doch es war auch eine politische Reaktion. Ich glaube an die Arbeit des Innocence Projects, und ich befürchtete, der schon weit verbreiteten Ansicht Vorschub zu leisten, dass es hinter Gittern keine unschuldigen Menschen gibt, wenn ich die Aufmerksamkeit auf Averys völlig atypische Geschichte lenkte.

Schließlich beschloss ich aller Vorbehalte zum Trotz, mir Penny zum Vorbild zu nehmen. Trotz ihres dreifachen Alptraums – der Vergewaltigung, der falschen Identifizierung, dem Mord – schaffte sie es, dem Drang zu widerstehen, das Geschehen zu simplifizieren. »Es gibt Menschen, die fest daran glauben, dass die DNA-Analyse falsch war, dass Steve mein Angreifer war«, sagte Penny mir. »Der Hilfssheriff, der ehemalige Hilfssheriff, unzählige Menschen haben gesagt, man habe mich betrogen. Das Ergebnis der Analyse sei entweder gefälscht worden oder fehlerhaft. Vielen Leuten fällt es immer noch schwer, zu akzeptieren, dass die Analyse korrekt war.« Penny selbst macht sich keine Illusionen, dass hier ein Fehler vorliegen könnte. Sie weiß, dass der DNA-Test nicht nur Avery entlastet, sondern einen anderen Mann belastet hat – einer der Avery ähnlich sah, im selben Viertel lebte, der Polizei als gefährlich bekannt war und derzeit im Gefängnis sitzt, weil er, basierend auf einer DNA-Analyse, für eine andere Vergewaltigung verurteilt wurde.

Penny glaubte auch nicht, was andere Leute sagten: dass man Avery den Halbach-Mord untergeschoben habe, dass die Polizeibeamten sich dafür rächen wollten, dass die widerrechtliche Verurteilung ein schlechtes Licht auf sie geworfen habe. Penny wusste durch ihren eigenen Prozess, dass Avery für seine Grausamkeit gegenüber Tieren bekannt war. Sie wusste auch, dass er einmal eine Nachbarin von der Straße gedrängt und ein Gewehr auf sie gerichtet hatte und dann erst zurückgewichen war, als er merkte, dass sich auch ihre kleine Tochter im Wagen befand. In den Jahren, in denen Avery im Gefängnis gesessen hatte, waren diese Fakten für Penny beinahe ein Trost gewesen, denn sie überzeugten sie davon, dass sie den richtigen Mann beschuldigt hatte. Nach seiner Entlastung hatte sie diese Vorfälle irgendwie ignoriert. Doch als Avery des Mordes an Halbach beschuldigt wurde, kamen sie ihr wieder in den Sinn, und dieses Mal schaute sie nicht weg. Penny wusste, dass Avery mit Problemen belastet war und zu Gewalt neigte, auch wenn er sie nicht vergewaltigt hatte.

Für Penny war das Verdrängen also nie eine Alternative. Zumindest sagt sie das. Dennoch ist es, wie wir gesehen haben, *immer* eine Alternative, und zwar eine sehr attraktive. Verdrängen schützt uns vor Schmerz, Zorn, Schuldgefühlen und Veränderung.

Beim Verdrängen geht es nicht nur um die Weigerung, die schwierige, komplizierte, unschöne *äußere* Welt zu akzeptieren, so wie es beim Akzeptieren auch nicht nur darum geht, dass wir die Fakten anerkennen. Es geht auch und vor allem darum, dass wir uns selbst akzeptieren.

Kapitel 12
Herzschmerz

Man kämpft gegen seine Oberflächlichkeit, seine Seichtheit, um ohne irreale Erwartungen, ohne ein Übermaß an Vorurteil, Hoffnung und Überheblichkeit an die Menschen heranzugehen, man versucht so wenig gepanzert wie möglich zu sein ... und doch wird man sie unfehlbar missverstehen. Ebenso gut könnte man tatsächlich das Gehirn eines Panzers haben. Man missversteht sie, bevor man ihnen überhaupt begegnet, schon während man daran denkt, ihnen zu begegnen; man missversteht sie, wenn man mit ihnen zusammen ist; und dann geht man nach Hause und erzählt jemand anderem von der Begegnung, und da versteht man sie schon wieder falsch. Da umgekehrt natürlich das Gleiche gilt, ist das Ganze im Grunde nichts als ein blendendes Gaukelspiel, bar jeglichen Verstehens, eine schier erstaunliche Farce aus Missverständnissen. Und doch, wie sollen wir uns denn in dieser furchtbar wichtigen Angelegenheit verhalten, die man die anderen Leute nennt und die jeden Sinns, den wir ihr beilegen, beraubt wird und stattdessen einen Sinn annimmt, der einfach lachhaft ist, so schlecht sind wir alle dafür gerüstet, die inneren Vorgänge und geheimen Absichten des jeweils anderen zu erkennen? ... Jedenfalls bleibt die Tatsache, dass es im Leben nicht darum geht, Menschen richtig zu verstehen. Leben heißt, die anderen misszuverstehen, sie immer und immer wieder misszuverstehen und sie dann, nach reiflicher Erwägung, noch einmal misszuverstehen. Daran merken wir, dass wir am Leben sind: Wir irren uns.

Philip Roth, *Amerikanisches Idyll*

Raoul Felder ist Scheidungsanwalt. Genauer gesagt, er ist Scheidungsanwalt von Berühmtheiten wie Elizabeth Taylor, Martin Scorsese, Mike Tyson oder 50 Cent. Wenn Ihnen in der Liebe Unrecht geschieht und Sie sehr reich, sehr berühmt oder beides sind, dann ist Felder Ihr Mann.

Sie sollten einmal versuchen, reich und berühmt zu werden und sich scheiden zu lassen, nur um einmal in Felders Wartezimmer zu sitzen. Damals, in der Zeit vor dem 11. September, als Rudy Giuliani (auch ein Mandant von Felder) damit beschäftigt war, Midtown Manhattan von Triple-X-Läden zu säubern, so als handele es sich um die Höhlen von Tora Bora, schaute Felder in einem frisch beschlagnahmten Sexshop vorbei und ergatterte ein paar Dinge. Sie können eines davon in seinem Wartezimmer bewundern: den »Liebestester«, ein rund 1,50 m hoher Apparat, wie man ihn sicher auch in den Vergnügungsparks von Coney Island findet, der verspricht, mithilfe eines Love-O-Meters (null bis unwiderstehlich) Ihren Sexappeal zu messen. Oder Sie können Ihren Blick auf einem anderen von Felders Funden ruhen lassen: einem Lebensmittelautomaten der Art, wie sie in den Dreißiger- und Vierzigerjahren des vorigen Jahrhunderts überall in New York zu finden waren. Dieser bietet in Art-déco-Schrift warme Gerichte an. Oder Sie können einfach die Wände betrachten, an denen unzählige eingerahmte Titelseiten von Zeitschriften hängen, die Felder selbst zeigen. »Dr. Estranged Love« (Dr. entfremdete Liebe) heißt es auf einer von ihnen. Eine andere – passenderweise von *Vanity Fair* – zeigt den berühmten Anwalt rittlings auf einem lebensgroßen Plastiktiger.

Wenn man in Felders Wartezimmer sitzt, umgeben von dieser merkwürdigen Mischung aus Kitsch, Ironie, Selbstverherrlichung und Schund, wird einem etwas klar: Nicht allein Ehen kommen hierher, um zu sterben. Hier stirbt auch die *Idee* der Ehe. All unsere edlen Vorstellungen von der Schönheit und Dauerhaftigkeit der Liebe, der Romanze, dem Hochzeitskuchen, den Ringen, den Versprechen: All das wird durch den exzentrischen Stilmix des Wartezimmers entweder verulkt oder niedergemacht. Zugegeben, jede Scheidung weist auf die Möglichkeit hin, dass wir eine völlig falsche Vorstellung von der Liebe haben, doch nicht jeder Scheidungsanwalt verwandelt diese Tatsache in ein Modestatement. Felder hat sein Büro jedoch so gestylt, dass es wie ein besonders geschmackloser Friedhof für den Traum von der wahren Liebe wirkt. Ebenso hat er sich selbst als besonders exzentrischer Bestatter der Liebe gestylt – was uns zu der Frage führt, was ich in seinem Wartezimmer tat. Da ich weder berühmt noch reich noch verheiratet bin, war ich nicht dort, um mich scheiden zu lassen. Ich war dort, um mit Felder darüber zu sprechen, warum die Menschen sich so in der Liebe irren.

Von Anfang an hatte ich den Eindruck, dass es sich beim Thema Irrtum und Liebe um eine ganz eigene Geschichte, ja sogar um *die* Geschichte handelt. Wir liegen ja gern richtig, vor allem in Bezug auf andere Menschen – und das umso mehr, wenn Liebe im Spiel ist. Um zu verstehen, warum, müssen wir jedoch viel früher ansetzen – vor dem Ehemündigkeitsalter, vor unserer ersten Schwärmerei, ja sogar vor der Entwicklung unseres Bewusstseins. Genau wie unser Wunsch nach Nahrung und Sicherheit entwickelt sich (und wie wir sehen werden in engem Zusammenhang mit diesen) der Wunsch, andere Menschen richtig zu verstehen, und zwar vom Moment der Geburt an.

Allerdings sind wir zunächst einmal darauf angewiesen, dass andere Menschen *uns* richtig verstehen. Unser Überleben hängt davon ab, dass die Menschen, die für uns sorgen, unsere Bedürfnisse erkennen und erfüllen – in erster Linie um des körperlichen Wohlbefindens und der Sicherheit willen, aber auch (und nicht weniger wichtig) wegen der emotionalen Sicherheit und Nähe. Mit zunehmendem Alter erhöht sich die Chance, dass diese Bedürfnisse befriedigt werden, weil unser sich entwickelnder Intellekt sich der Aufgabe widmet, andere Menschen zu verstehen. »Eine der frühesten und wichtigsten Herausforderungen in unserer Entwicklung besteht darin, den emotionalen Ton eines Augenblicks korrekt interpretieren zu lernen«, stellt die Analytikerin Irna Gadd fest. Wenn uns das gelingt, werden wir belohnt: Unsere Bedürfnisse und unsere Wünsche werden erfüllt, und wir werden in den Kreis derer aufgenommen, die man gerne um sich hat. Gelingt uns das nicht, kann es – abhängig von unserem familiären Umfeld – schnell passieren, dass wir ein negatives Feedback erhalten. Wir bekommen nicht das, was wir möchten oder brauchen, wir werden ignoriert oder korrigiert, wir irritieren oder erzürnen unsere Eltern, Geschwister oder Betreuer. Am Ende fühlen wir uns gedemütigt, beschämt oder einfach unendlich allein.

Es macht also Sinn, dass wir so viel Wert darauf legen, andere Menschen richtig zu verstehen.[1] Und es macht auch Sinn, dass uns das im Großen und Ganzen so erstaunlich gut gelingt. Das Telefon klingelt, Sie gehen dran, Ihre Mutter sagt Hallo, und Sie wissen – obwohl Sie tausende Meilen von ihr entfernt sind und sich nur auf ein einziges Wort stützen können –, dass etwas nicht in Ordnung ist. Ein bestimmter Gesichtsausdruck huscht über das Gesicht eines Fremden, und Sie können wahrscheinlich seine Gefühle korrekt ableiten. Sie und eine Freundin befinden sich in einer aberwitzigen Sitzung und vermeiden es tunlichst, einander anzusehen, denn wenn Sie das täten, würden Sie so viel von dem wissen, was gerade im Kopf der anderen vor sich geht, dass Sie beide laut loslachen würden. Dieses unmittelbare Verstehen des anderen gehört zu den alltäglichsten Dingen des Lebens; wir erleben es dutzende Male pro Tag, meistens ohne es zu bemerken. Dennoch zählt es zu den außergewöhnlichsten menschlichen Fähigkeiten. Jemand anderen zu verstehen, zu ermessen, was in seiner Welt vor sich geht, in sein Herz und seinen Verstand zu sehen: Wenn dies zunächst eine Fähigkeit ist, die uns am Leben erhält, so ist sie letzten Endes eine, die das Leben lebenswert macht.

Und das legt nahe, dass unser Bedürfnis, von anderen verstanden zu werden, mit zunehmendem Alter nicht nachlässt. Dazu noch einmal Gadd: »Die Menschen kommen oft in mein Büro und wollen wissen: Sind Sie verheiratet? Haben Sie Kinder? Sind Sie geschieden? Sind Sie schwul? Stammen Sie aus New York? Leben Ihre Eltern noch beide? Doch was Sie wirklich fragen, ist: Können Sie mich verstehen?« (Auf die Annahme, dass wir einen gemeinsamen Hintergrund und gemeinsame Erfahrungen haben müssen, um einander wirklich zu verstehen, werden wir in Kürze zurückkommen.) Wir nehmen es schwer, wenn diese Art von Verständnis ausbleibt. Denken Sie nur daran, wie quälend das Gefühl ist, nicht verstanden zu werden, und wie frustrierend es ist, wenn jemand etwas von Ihnen glaubt, das Sie für unwahr halten. Umgekehrt gibt es kaum etwas Schöneres als das Gefühl, von jemandem richtig verstanden zu werden. Tatsächlich ist dieses Gefühl, wie wir gleich sehen werden, eine unerlässliche Voraussetzung für unsere wichtigsten Beziehungen und das Kennzeichen für Verliebtheit.

Der arme Charles Swann[2]. Im ersten Band von Prousts *Auf der Suche nach der verlorenen Zeit* beobachten wir, wie er so dumm ist, sich glücklos in eine Frau namens Odette de Crecy zu verlieben. Eine schlechte Wahl: Odette ist habgierig, anmaßend, vulgär, unberechenbar und grausam. Doch damit nicht genug. Neben ihrer Persönlichkeit gilt es auch noch ihren Lebenslauf zu bedenken: in jungen Jahren die Arbeit im Bordell, die spätere Karriere als Kurtisane, mindestens eine lesbische Affäre, zahlreiche Orgien und Gerüchte über anonymen Sex in den waldigeren Bereichen des Bois de Boulogne. (Wenn Sie noch nie Proust gelesen haben und Sie dies hier nicht dazu anregt, es vielleicht doch einmal zu tun, dann weiß ich auch nicht ...) Von Anfang an ist es für jeden außer Charles klar, dass Odette mit ihm verkehrt, weil sie sein Geld und seinen Stand liebt, doch nicht ihn selbst.

Doch egal: Unser Held ist völlig vernarrt. Wie schlecht er auch behandelt wird, Swann ist und bleibt bereit zu glauben, was er sich erhofft hat – dass Odette seiner Liebe würdig ist und dass sie ihm so leidenschaftlich zugetan ist wie er ihr. Er erträgt nicht nur ihre Geistlosigkeit und Untreue, sondern auch die Gesellschaft ihrer langweiligen, ungebildeten, herausgeputzten Freundinnen. Und mit ertragen meine ich *ertragen*: Charles Swanns Liebschaft dauert zehn Jahre (und zweihundert Seiten) und gipfelt in der Ehe und der Geburt einer Tochter, bevor Odette de Crecy ihn für einen wohlhabenderen Mann verlässt und Charles zur Vernunft kommt. Die Geschichte endet mit seinem Ausruf: »Wenn ich denke, daß ich mir Jahre meines Lebens verdorben habe, daß ich sterben wollte, daß ich meine größte Leidenschaft erlebt habe, alles wegen einer Frau, die mir nicht gefiel, die nicht mein Genre war!«[3]

Sich in der Liebe irren: Scarlett O'Hara hat es in *Vom Winde verweht* getan, Pip in *Große Erwartungen*, Cécile tat es in *Gefährliche Liebschaften*, ich habe es 1999 getan, und irgendwann haben Sie es sicher auch getan.[4] Dass der Liebes-Irrtum ein bleibendes Thema der Literatur ist, liegt unter anderem daran, dass er leider auch ein Dauerthema des Lebens ist. Aber es liegt auch daran, dass es hier um eine große (vielleicht *die* große) psychologische Geschichte geht. Wir werden vollkommen allein in diese Welt hineingeboren, unser seltsamer, grenzenloser Geist gefangen in einem ganz normalen, wurmartigen Körper – der Zustand, der Nietzsche dazu veranlasste, uns verwundert als »Zwitter von Pflanze und Gespenst«[5] zu bezeichnen. Wir verbringen unser Leben mit dem Versuch, diese fundamentale Trennung zu überwinden, was uns jedoch nie vollständig gelingt. So sehr wir es auch versuchen mögen, wir gewinnen keinen direkten Zugang zur inneren Welt anderer Menschen – zu ihren Gedanken und Gefühlen, ihren Geschichten, ihren geheimen Wünschen, ihren tiefsten Überzeugungen. Und wir können ihnen auch keinen direkten Zugang zu unserer inneren Welt gewähren. Mögen wir auch eine wunderbare Nähe zu anderen Menschen empfinden, es bleibt zwischen uns und ihnen immer ein Rest Geheimnis. Und so wie die Kluft zwischen uns und allem anderen bedeutet, dass wir uns hinsichtlich von Tatsachen, Erinnerungen, Überzeugungen und Vorhersagen irren können, so bedeutet dieser Rest, dass wir uns auch in anderen Menschen täuschen können.

All diese Irrtümer gleichzusetzen hat jedoch etwas Merkwürdiges. Denn unsere Vorstellungen von anderen Menschen fühlen sich ganz anders an als unsere Vorstellungen von Gott oder dem globalen Finanzsystem. Der Unterschied ist der: Wenn ich versuche, einen anderen Menschen zu verstehen, versucht mein Geist, aus einem anderen Geist schlau zu werden. Das heißt, dass ich eine Überzeugung über etwas entwickle, das ich – zumindest in einem sehr elementaren Sinn – *bin*. So sehr einzelne Menschen sich auch voneinander unterscheiden, wir haben alle ungefähr die gleichen mentalen Strukturen und Begabungen: die Sinne, ein Nervensystem, ein menschliches Bewusstsein und ein menschliches Unbewusstes. Dadurch stehen uns für den Versuch, einander zu verstehen (und misszuverstehen), andere Mittel zur Verfügung als für den Versuch, die Dinge zu verstehen.

Eines dieser Mittel, die Kommunikation, ist unverzichtbar. Im Unterschied zur Triborough Bridge oder dem globalen Finanzsystem können Menschen einander von sich selbst erzählen. Und auch wenn Wörter vielleicht unsere Trennung vom reinen Wesen der Dinge kennzeichnen (wie Locke behauptete[6]), so bringen sie uns doch näher zusammen. Dank der Sprache können wir über unsere inneren Zustände sprechen, wozu uns ein reiches und verlässliches Vokabular zur Verfügung steht. Nicht dass dieses Vokabular oder die Kommunikation immer *völlig* verlässlich ist: Meine Mitteilungen erfordern Ihre Interpretationen, was, wie auch bei anderen Interpretationsprozessen, schiefgehen kann. Trotz potenzieller Fallen gehört die Fähigkeit, uns über unsere Gedanken und Gefühle auszutauschen, zu den ganz zentralen Aspekten des Menschseins.

Ein anderes Mittel, einander zu verstehen, ist die Schlussfolgerung. Das heißt, wir können aufgrund der Vertrautheit mit unseren eigenen inneren Zuständen auf die inneren Zustände anderer Menschen schließen.[7] Das folgende Beispiel für diese Art der Extrapolation mag uns banal anmuten: »Du machst dir Sorgen, weil dein Zwergschnauzer verschwunden ist? Das verstehe ich, weil ich einen Dackel habe und am Boden zerstört wäre, wenn ihm etwas passieren würde.« Doch selbst diese beiden Sätze implizieren ein gemeinsames Verständnis von Bindung, Liebe, Angst, Herzschmerz und Hoffnung. Für ein simples Beispiel zeigt dies bereits einen recht großen Bereich unserer emotionalen Landschaft. Und das macht deutlich, dass, könnten wir nicht auf der Basis unserer Emotionen und Erfahrungen Schlüsse ziehen, völlig verloren wären, wenn es darum geht, andere Menschen zu verstehen. Fragen Sie sich selbst: Wenn sich Ihr Geist und mein Geist nicht so ähnlich wären, gäbe es dann noch Hoffnung, dass wir einander verstünden?

Das ist die Frage, über die der zeitgenössische amerikanische Philosoph Thomas Nagel in seinem berühmten Essay mit dem Titel »Wie fühlt es sich an, eine Fledermaus zu sein?«[8] nachdachte. Das Hauptthema von Nagels Essay ist für uns hier nicht von Belang (es geht um das jahrhundertealte, als Geist-Körper-Problem bekannte philosophische Problem), und ich könnte verstehen, wenn Sie sich fragten, wie *das* überhaupt für unser Thema relevant sein könnte. Betrachtungen über die Natur von Fledermäusen werden Ihnen im Zusammenhang mit gegenseitigem Verstehen, romantischer Liebe und der Frage, warum es uns wichtig ist, uns in anderen Menschen nicht zu irren, irrelevant erscheinen, es sei denn, Sie mögen Vampire. Doch die Art, wie

Nagel über Fledermäuse dachte, kann uns etwas darüber verraten, wie wir über einander denken.

Nagel wies als Erstes darauf hin, dass Fledermäuse Säugetiere sind und als solche mit an Sicherheit grenzender Wahrscheinlichkeit so wie Hunde, Delfine und Sie und ich ein Bewusstsein haben. Also muss es eine innere Erfahrung des Fledermausseins geben; es muss sich nach etwas anfühlen, eine Fledermaus zu sein, wohingegen es sich wahrscheinlich nach nichts anfühlt, eine Amöbe oder eine Klangwelle oder ein Stein zu sein. Doch was genau das Fledermaussein ausmacht, so Nagel, werden wir nie wissen. Der Unterschied zwischen unserer Art des Bewusstseins und dem von Fledermäusen ist einfach zu groß. (»Jeder«, schreibt Nagel, »der mit einer aufgeregten Fledermaus eine gewisse Zeit in einem geschlossenen Raum verbracht hat, weiß, was es heißt, einer von Grund auf *fremden* Lebensform zu begegnen.«[9]) Beginnen wir mit dem Problem der Wahrnehmung. Fledermäuse leben in derselben Welt wie wir (und manchmal im selben Haus), doch durch ihr sensorisches System gefiltert muss diese Welt vollkommen anders aussehen als durch unseres. Wir Menschen können versuchen, uns vorzustellen, wie es sein muss, wenn die Welt durch ein Echolot wiedergegeben wird, so wie wir es uns auch vorstellen können, im Dunkeln herumzufliegen, uns von Insekten zu ernähren und unsere Tage mit dem Kopf nach unten schlafend auf dem Dachboden zu verbringen. Diese Übung sagt mir, laut Nagel, »aber nur, wie es für *mich* wäre, mich wie eine Fledermaus zu verhalten. Doch das ist nicht die Frage. Ich will wissen, wie es für eine *Fledermaus* ist, eine Fledermaus zu sein.« Leider ist das etwas, das wir nicht wissen können. Die einzige Möglichkeit es zu erfahren, wäre, selbst eine Fledermaus zu sein.

Weder beginnt das Problem noch endet es mit Fledermäusen. Denn ebenso ist es uns nicht möglich, so Nagel, voll und ganz die innere Welt eines Menschen zu verstehen, der von Geburt an taub und blind ist. Und wahrscheinlich ist es für einen solchen Menschen auch nicht möglich, voll und ganz unser mit Gesehenem und Gehörtem vollgepfropftes Innenleben zu verstehen. Hier stößt das Schlussfolgern durch Analogien an seine Grenzen: Je unterschiedlicher Sie und ich sind, desto weniger können wir uns miteinander identifizieren, und umso schwieriger wird es sein, einander zu verstehen. Wenn wir uns in einer anderen Person überhaupt nicht wiederfinden können – wenn deren Überzeugungen, Hintergrund, Reaktionen und Gefühle zu stark im Widerspruch zu unseren stehen –, können wir uns nicht vorstellen, dass sie uns irgendwie ähnelt. Diese Art der Entmenschlichung führt normalerweise zu nichts Gutem. So weist Nagel in seinem Essay darauf hin, dass es an Grausamkeit grenzt – und zweifellos die Vorbedingungen dafür schafft –, die Realität oder den Wert von Erfahrungen nur deshalb zu leugnen, weil wir selbst sie nicht verstehen können.[10] Tatsächlich war der entscheidende Punkt seines Essays folgender: Nur weil wir die innere Realität eines anderen Wesens nicht verstehen können, wird diese Realität nicht weniger real.

Wenn es um die Beziehung zwischen Menschen und Fledermäusen geht, ist Nichtverstehen unvermeidlich. Nicht jedoch, so Nagel, wenn es um die Beziehung zwischen Mensch und Mensch geht. Wie merkwürdig Ihr Nachbar, wie unberechenbar Ihr Boss und wie undurchschaubar der seltsam ruhige neue Freund Ihrer Tochter auch sein mag, bei keinem von ihnen handelt es sich um eine »grundlegend fremde« Lebensform. Allen Menschen stehen quasi dieselben Mittel zur Verfügung, einander zu verstehen: Sehvermögen, nicht Echolot; gehen, nicht fliegen; menschliches Bewusstsein, nichts anderes. Der Kampf, bis hin zu dieser Erkenntnis, selbst angesichts unterschiedlicher Hintergründe und Erfahrungen, bildet das Herzstück vieler religiöser und moralischer Lehren und gehört zu den wichtigsten und ehrenwertesten Aufgaben des Menschen.

Doch diese Aufgabe ist nicht immer leicht. Selbst wenn Sie einer Fledermaus nicht im Geringsten ähneln, mir aber umso mehr, gibt es dennoch einen Riesenunterschied zwischen der Art, wie ich Sie verstehe, und der, wie ich mich selbst verstehe. Ich verstehe Sie vielleicht, indem ich Sie mit mir vergleiche, also *Analogien* bilde, aber ich kann Sie *als* Selbst nicht verstehen. Das Selbst kann per definitionem nur von innen heraus verstanden werden. Dieses Verständnis ist nicht unbedingt korrekt. Wie wir im nächsten Kapitel sehen werden, kann uns die Selbsterkenntnis durchaus im Stich lassen. Aber es unterscheidet sich stark von einem äußeren Verständnis, der einzigen Weise, wie ich andere Menschen verstehen kann.

Dieser fundamentale Unterschied in der Perspektive hat eine wichtige praktische Folge. Da wir andere Menschen nur von außen betrachtet kennen, gehen wir davon aus, dass es *möglich* ist, sie von außen zu kennen. Wir glauben, dass wir andere allein anhand ihrer Worte und Taten ziemlich gut verstehen können. Da wir uns selbst aber nur von innen betrachtet kennen, glauben wir gleichzeitig, dass man uns *nur* von innen kennen kann. Wir alle leben tagein, tagaus mit einer komplizierten inneren Realität: mit unseren Stimmungsschwankungen, der Vielschichtigkeit unserer Gefühle, dem Entscheidungsgremium in unserem Gehirn, die wir nicht ausblenden können, den Dingen, die wir fühlen, aber nie aussprechen. Das gibt uns leicht das Gefühl, dass es ohne den Zugang zu dieser reichen, dynamischen inneren Welt niemandem möglich ist, unsere wahre Natur zu verstehen.[11]

Ein banales, aber nicht weniger bemerkenswertes Beispiel hierfür stammt aus einer Studie, die Emily Pronin, eine Psychologin der Stanford University, zusammen mit drei Kollegen durchführte[12]. Bei dieser Studie gab man den Probanden Wortfragmente (wie »_ _ N N E R« und B_ _ T« und »C H E _ _«) und forderte sie auf, diese mit dem ersten Wort, das ihnen in den Sinn komme, zu vervollständigen. Anschließend bat man sie, schriftlich zu erklären, was ihre Antworten ihrer Meinung nach über ihre Interessen, ihre Motivation und ihre Gemütsverfassung verraten. Dann gab man ihnen die Antworten eines anderen Teilnehmers und fragte sie, was diese über seinen Charakter preisgäben. (Bei der Hälfte der Teilnehmer war die Reihenfolge umgekehrt: Sie bewerteten zuerst die Wortwahl eines anderen Probanden und dann erst ihre eigene.) Wie die nachfolgende Tabelle zeigt, ist die Diskrepanz zwischen den Bewertungen recht lustig. Dieselbe Person, die etwa die Wahl ihrer Wörter als »Zufall« charakterisierte und meinte, dass sie nichts über sie aussagen würden, zog folgenden Schluss aus der Wahl einer anderen Person: »Ich glaube, dieses Mädchen hat ihre Periode ... Ich glaube auch, dass sie das Gefühl hat, dass sie selbst oder jemand anderes in einer unehrlichen sexuellen Beziehung steckt.«

Diese Studie zeigt unser Talent, auf der Basis äußerst spärlicher Informationen weitreichende und spezifische Schlussfolgerungen zu ziehen, etwas, dem wir bereits an vielen Stellen dieses Buches begegnet sind. Aber es enthüllt auch den Unterschied, wie wir die Schlussfolgerungen über andere beziehungsweise dieselben über uns von anderen gefühlsmäßig bewerten. Es ist, als würden wir andere Menschen als psychologische Kristalle betrachten, bei denen alles Wichtige auf der Oberfläche sichtbar wird, uns selbst hingegen als psychologische Eisberge, bei denen ein Großteil dessen, was zählt, versunken und unsichtbar ist.

Hier nun einige der Antworten aus einem Wortfragment-Experiment der Psychologen Emily Pronin, Justin Kruger, Kenneth Savitsky und Lee Ross. Jeder Buchstabe steht für einen bestimmten Teilnehmer: Antwort »A« in Spalte eins stammt von derselben Person wie Antwort »A« in Spalte zwei und so weiter.

Analyse der eigenen Vervollständigungen	Analyse der Vervollständigungen eines anderen Teilnehmers
A »Ich bin ziemlich überzeugt davon, dass sie überhaupt nichts aussagen.«	**A** »Er scheint nicht viel zu lesen, da (für mich) die naheliegendste Vervollständigung von B _ _ K ›book‹ wäre. BEAK [Schnabel] scheint mir eine ziemlich willkürliche Wahl zu sein und könnte auf Unkonzentriertheit hindeuten.«
B »Ich halte nichts von diesen Wortvervollständigungen als Maßstab für meine Persönlichkeit.«	**B** »Ich habe das Gefühl, dass der Betreffende zwar sehr eitel, doch im Grunde genommen ein netter Kerl ist.«
C »Diese Wortvervollständigungen scheinen überhaupt nicht viel über mich auszusagen... Zufallsprodukte.«	**C** »Die Person scheint zielorientiert und konkurrenzbetont zu sein.«
D »Manche Wörter, die ich geschrieben habe, stehen wohl im Widerspruch zu meiner Weltsicht. So hoffe ich z. B., dass ich mir nicht immer darüber Gedanken mache, S T A R K, der B E S T E oder der G E W I N N E R zu sein.«	**D** »Ich habe das Gefühl, dass der oder die Betroffene sehr oft im Leben müde ist. Außerdem glaube ich, dass er oder sie vielleicht gerne engeren Kontakt mit dem anderen Geschlecht hätte. Möglicherweise spielt die Person auch gerne Spiele.«
E »Ich glaube nicht, dass meine Wortvervollständigungen so viel über mich aussagen... sie waren ein Zufallsprodukt.«	**E** »Ich glaube, dieses Mädchen hat ihre Periode... Wenn man sich die Wörter WHORE [Hure], SLOT [Schlitz] (ähnlich wie *slut* [Schlampe]), CHEAT [betrügen] ansieht, dann glaube ich auch, dass sie das Gefühl hat, dass entweder sie selbst oder jemand anderes in einer unehrlichen sexuellen Beziehung steckt...«
F »Ich glaube, Wortvervollständigungen sind in dieser Hinsicht begrenzt [irgendetwas über den Probanden zu enthüllen].«	**F** »Er scheint sich auf Konkurrenz und Gewinne zu konzentrieren. Diese Person könnte ein Athlet sein oder jemand, der sehr konkurrenzbetont ist.«
G »Für fast jedes Wort kam mir nur eine mögliche Lösung in den Sinn.«	**G** »Wenn ich raten müsste, würde ich sagen, dass dieser Proband ein typischer Naturliebhaber ist.«

Hierbei handelt es sich in erster Linie um ein methodisches Problem: Wir glauben, andere Menschen auf der Basis von Kriterien, die wir für uns selbst ablehnen, kennen zu können. Aber es ist auch und vor allem ein emotionales Problem. Als Pronin und ihre Kollegen die Wortfragment-Studie für *The Journal of Personality and Social Psychology* ausarbeiteten, nannten sie ihren Aufsatz: »Du kennst mich nicht, aber ich kenne dich« – ein Titel, der zunächst wie eine Spöttelei klingt, doch dann zu einer Klage wird. Wenn man mich nur von innen her richtig kennen kann, dann kann mich außer mir selbst niemand richtig kennen. Diese Isoliertheit lässt sich mildern (durch die Intimität mit anderen Menschen) oder verdrängen (indem man nicht über sie nachdenkt), aber ausmerzen lässt sie sich nicht. Sie ist, wie ich zu Beginn dieses Kapitels gesagt habe, die grundlegende Bedingung unserer Existenz.

Es wird erzählt (die Geschichte ist so wunderbar, dass ich hoffe, sie stimmt, auch wenn ich sie nicht belegen konnte), dass der südafrikanische Schriftsteller J. M. Coetzee einmal gebeten wurde, seinen Lieblingsroman zu nennen. Coetzee antwortete, das sei *Robinson Crusoe* von Daniel Defoe – weil die Geschichte eines Mannes, der sich alleine auf einer Insel befinde, die einzige Geschichte sei, die es gebe.[13]

Crusoe nannte seine kleine Insel die »Insel der Verzweiflung« – sehr passend. Verzweiflung – tiefe und existenzielle – rührt von dem Bewusstsein her, dass wir auf der Insel unseres Selbst ausgesetzt sind, dass wir dort alleine leben und sterben werden. Wir sind von allen anderen Inseln abgeschnitten, egal wie zahlreich und nah sie uns erscheinen; wir können nicht über die Meerenge schwimmen oder unsere Insel gegen eine andere eintauschen, auch wissen wir nicht mit Sicherheit, ob die anderen außerhalb unserer eigenen Vorstellung überhaupt existieren. Und wir kennen ganz gewiss nicht die Besonderheiten des Lebens auf diesen Inseln – die innere Erfahrung unserer Mutter, der besten Freundin, des Liebsten oder unseres Kindes. Zwischen uns und ihnen – ja, zwischen uns und allem – besteht eine Kluft.

Dieser Kluft sind wir in diesem Buch immer und immer wieder begegnet. Es ist dieselbe, die uns vom Rest des Universums trennt und uns zu Spekulationen verdammt; dieselbe, deren Existenz uns anfällig für Irrtümer macht. Wie wir festgestellt haben, ist das plötzliche Erkennen dieser Kluft der Kern der Irrtumserfahrung. Und jetzt stellt sich heraus, dass das Erkennen dieser Kluft auch der Kern der Verzweiflungserfahrung sein kann. Diese Erfahrung erinnert uns daran, dass wir allein auf unseren Inseln sind, abgeschnitten voneinander und von den wesentlichen Wahrheiten der Welt. Unsere Irrtümer und unsere Existenzangst entspringen ein und derselben Quelle.

In diesem Licht betrachtet, ist es kein Wunder, dass wir es hassen, uns zu irren. Es erinnert uns, wie indirekt auch immer, an diese Kluft zwischen uns und der Welt: an die Grenzen – *all* die Grenzen – des Menschseins. Und es ist auch kein Wunder, dass die meisten von uns so gewissenhaft daran arbeiten, dieser Kluft im Alltagsleben auszuweichen. Wir gehen zur Arbeit, schauen auf dem Nachhauseweg in der Bar vorbei, treffen uns mit Freunden, ziehen unsere Kinder groß – weil das zum Leben gehört, aber auch weil sie Strategien sind, um die Angst vor der Isoliertheit in Schach zu halten. Kierkegaard, der schon Existenzialist war, bevor es den Existenzialismus gab, verglich uns in dieser Hinsicht mit jenen frühen amerikanischen Pionieren, die in der Hoffnung, die Wölfe zu verscheuchen, die ganze Nacht auf ihre Töpfe und Pfannen trommelten[14].

Die Wölfe zu verscheuchen ist ein Anfang. Doch von all den Strategien, um mit dieser Kluft umzugehen, ist unsere liebste die, die verspricht, die Kluft ganz aufzuheben – unsere einsame Insel in ein Paradies zu verwandeln, das Getrenntsein in eine ekstatische Vereinigung. Diese Strategie ist unsere letzte und größte Hoffnung, der Isolation des Daseins zu entkommen und der Verzweiflung zu entgehen. Ich spreche natürlich von der Liebe.

In Platons *Gastmahl*[15] passiert Folgendes: Ein paar Typen gehen zu einer Party, betrinken sich und sitzen dann da und erzählen Unsinn über die Liebe. Von den sieben Monologen, die angeblich in jener Nacht gehalten wurden, haben zwei Unsterblichkeit erlangt. Der erste ist die berühmte Rede über die »Ursprünge der Liebe«, die Platon dem großen griechischen Komödiendichter zuschreibt. Platon, der Aristophanes Worte in den Mund legt, die nicht ganz ernst gemeint sind, lässt ihn erklären, dass die ersten Menschen jeweils aus zwei Männern, zwei Frauen oder einem Mann und einer Frau zusammengesetzt waren – Doppelwesen von solch außergewöhnlicher Klugheit und solchem Mut, dass sie es wagten, ein Komplott gegen die Götter zu schmieden. Zeus, den diese Hybris erzürnte, zerschnitt deshalb die ursprünglichen Menschen in zwei Hälften, sodass sie und ihre Nachkommen den Großteil ihres Lebens damit verbrachten, nach ihrem fehlenden Gegenstück zu suchen. Deswegen, so sagt Aristophanes, ist das, worauf die Seele [beider Liebenden] »voll Verlangen hingerichtet ist ... [der Wunsch] vereinigt und verschmolzen mit dem Geliebten aus zweien eins zu werden«. Und, so folgert er: »Die Begierde also und das Streben nach dem *Ganzen* nennt man Eros.«[16]

Wenn Sie *Das Gastmahl* gelesen haben, dann wissen Sie, dass Platon aus Aristophanes weitgehend eine komische Figur gemacht hat. Doch die Vorstellung des Dichters von der Liebe unterschied sich gar nicht so sehr von der des Philosophen – das heißt von der platonischen Liebe, dem zweiten bleibenden Vermächtnis dieses frei ersonnenen Gastmahls. Heutzutage verwenden wir den Begriff »platonische Liebe« meistens im Unterschied zur fleischlichen Liebe. Doch für Platon hatte sie noch eine tiefere Bedeutung. Für ihn war die höchste Form der Liebe intellektuell – die Liebe zweier Seelen. Diese Liebe, so behauptete er, brachte uns wieder in Kontakt mit den kosmischen Wahrheiten, denen, die wir intuitiv verstanden hatten, bevor unsere Seele ihre unvollkommene, fleischgewordene Form annahm und wir aus unserer Einheit mit dem Universum gerissen wurden. Für Platon wie für Aristophanes stellte die Liebe ein verlorenes Ganzes wieder her.

Zweitausendfünfhundert Jahre später: Die Weltbevölkerung ist von hundert Millionen auf sieben Milliarden angewachsen. Unzählige Ideen, Bücher, Trinkgelage, Liebschaften, Sprachen, Religionen, Städte, Kulturen und Nationen sind auf dieser Erde erblüht und wieder von ihr verschwunden. Das alte Griechenland ist zerstört. Die Scheidung in gegenseitigem Einvernehmen wird vierzig. Anzeigen für lesbische Hochzeiten erscheinen in der *New York Times*. Und dennoch hat sich unser Verständnis von der Liebe kaum geändert. Über die Jahrhunderte hinweg, von den Tagen Platons bis hin zu unserer Zeit und über alle Schichten hinweg hält sich die Vorstellung von der Liebe als der Verbindung zweier Seelen. Diese Vorstellung war lebendig auf jenem Gutshof in Yorkshire namens Wuthering Heights, auf dem Catherine über Heathcliff sagte: »Woraus auch unsere Seelen gemacht sein mögen, seine und meine gleichen sich.«[17] Sie erscholl 1988 aus jedem Radio in Amerika, als Phil Collins mit seinem Song über »two hearts living in just one mind«[18] die Spitze der Charts erklomm. Sie überlebt, altersgrau, doch wacker, wenn wir von unseren »Seelenfreunden« und unserer »besseren Hälfte« sprechen. Und sie lebt auch in unseren erlesensten literarischen Traditionen weiter; so etwa bei Shakespeare, halb ernst, halb flehend, in den Anfangszeilen eines seiner berühmten Sonette: *Lass mich für die Vermählung lauterer Seelen kein Hemmnis dulden!*[19]

Die Vermählung zweier Seelen: Die eindringliche Botschaft lautet, dass Liebe nicht mit dem Herzen beginnt, sondern mit der Suche nach einer Gemeinschaft zweier Geister. Die Liebe soll uns aus unserer Isolation retten, aus der grundlegenden und manchmal beängstigenden Einsamkeit des Menschseins. Shakespeare fährt fort:

> Die Liebe lässt sich von der Zeit nicht prellen,
> Mag die auch jede Rose niedermähn;
> Sie lässt sich nicht vom schnellen Wechsel fällen,
> Bleibt bis zum Jüngsten Tage aufrecht stehn.

Mit anderen Worten: Der Körper muss sich der Zeit beugen (dem Sensenmann in Straßenkleidung), doch die Zeit beugt sich der Liebe. So wie für Shakespeare nichts die wahre Liebe hindern kann, so gibt es auch kein Ende dieser Liebe. Um unser existenzielles Verzweiflungsproblem zu lösen, muss die Liebe andauern, bis dass der Tod uns scheidet. Besser noch: Sie muss sogar den Tod überdauern. Bei Shakespeare bleibt sie bis zum »Jüngsten Tag« bestehen, doch andere behaupten, dass die Liebe uns völlig außer Reichweite des Sensenmanns bringt. Hier noch einmal Phil Collins: »Together forever, till the end of time.« Gewährt uns unsterbliche Liebe und ewiges Leben, und es wird uns allen gut gehen.

Die vereinten Seelen, ihre Vereinigung, die die Zeit und den Tod überdauert – das ist nicht nur Thema von Sonetten und Popsongs. Es spiegelt unser *Fühlen* wider. Dem Paarberater Harville Hendrix zufolge kann die gesamte Erfahrung des Sichverliebens auf nur vier charakteristische Emotionen reduziert werden. Die erste, so sagt er, ist ein Gefühl des Erkennens – das, was uns zu unserer neu gefundenen Liebe sagen lässt (die Zitate stammen von Hendrix): »Ich weiß, dass wir uns gerade erst kennengelernt haben, aber irgendwie habe ich das Gefühl, dich bereits zu kennen.« Die zweite ist ein Gefühl der Zeitlosigkeit: »Wir sind zwar erst seit Kurzem befreundet, aber ich kann mir gar nicht vorstellen, dich irgendwann mal nicht gekannt zu haben«, die dritte ein Gefühl der Wiedervereinigung: »Wenn ich bei dir bin, fühle ich mich nicht mehr allein; ich fühle mich ganz, vollständig«, und die vierte ein Gefühl der Notwendigkeit: »Ich kann nicht ohne dich leben.«[20] Womit wir wieder bei Aristophanes wären. Wir sprechen von unseren Partnern, als seien sie ein lange verlorener Teil unseres Selbst – und sind uns sicher, dass sie für immer bei uns bleiben werden. Wir wissen, dass sie uns nie betrügen werden, wissen, dass wir sie nie betrügen werden. Noch nie haben wir uns so verstanden gefühlt; nie hat sich etwas so richtig angefühlt.

Bemerkenswert an dieser Vorstellung von Liebe ist, wie tief sie verwurzelt ist – in unseren Herzen genauso wie in unserer Kultur –, obwohl sie überhaupt nicht der Realität entspricht. Wir entlieben uns. Wir fragen uns, ob wir überhaupt je verliebt waren. Wir betrügen und werden betrogen, verlassen und werden verlassen. Schließlich meinen wir, unseren Geliebten oder unsere Geliebte gar nicht richtig gekannt zu haben. In der kühlen Dämmerung der Ernüchterung blicken wir zurück auf unsere Leidenschaft – ihr Nach-Nachglühen – und sind so verblüfft über unser Verhalten, dass wir es als vorübergehenden Irrsinn abhaken.

Kurz gesagt, wir irren uns regelmäßig in puncto Liebe. Man könnte sogar sagen, dass die Liebe ein Irrtum *ist* oder uns zumindest sehr wahrscheinlich in die Irre führen wird. Sherlock Holmes, die literarische Verkörperung unseres viel geliebten, wenn auch vor Kurzem diskreditierten idealen Denkers, »sprach von den zarteren Gefühlen nur voller Spott und Hohn«[21]. Für ihn war Liebe »Sand im Getriebe«, der unausweichlich in den Irrtum führte. Dieser Gedanke steckt auch hinter dem Ausspruch: Liebe macht blind – was heißen soll, dass sie *uns* blind macht, wenn wir uns verlieben. Eros und Cupido, der griechische und der römische Gott der Liebe, werden oft mit verbundenen Augen dargestellt, und Ate, die griechische Göttin der Verblendung, wird manchmal auch die blinde Göttin genannt. (Dem Mythos zufolge verachtete Ate den Erdboden und zog es vor, sich auf den Köpfen von Männern fortzubewegen: Verblendung zermalmt die Vernunft.) Wir sagen auch, dass wir unseren Geliebten »berauschend« finden, dass wir »vernarrt« und »betrunken vor Liebe« sind. Und wir sprechen (in Anlehnung an Sokrates) vom »Liebeswahn«[22] oder (in Anlehnung an Beyoncé) davon, »verrückt vor Liebe« zu sein. Diese Ausdrucksweisen deuten darauf hin, dass es sich bei der Liebe wie beim Irrtum um einen veränderten Zustand handelt – und dass dementsprechend die Art, wie wir unsere Geliebten darstellen, wohl zumindest ein bisschen schief ist.

In kleinen Dosen können die meisten diesen Vorwurf akzeptieren. Uns ist klar, dass wir nicht die objektivsten Richter unserer Geliebten sind, da wir, schon weil wir lieben, per definitionem unseren Anspruch auf Objektivität aufgeben. »Der eine küßt das Muttermal seiner Freundin, den andern macht die Schnupfennase seiner Agnes selig, und die Schielaugen seines Sohnes nennt der Vater schmachtend. Ich frage euch nun: Was ist das denn anderes als unverfälschte Torheit?«[23], so Erasmus. Wenn es um Menschen geht, die wir lieben, gehört es einfach dazu, sich in gewissem Umfang ein bisschen zu irren.

Sich tendenziell ein bisschen zu irren, ist jedoch etwas ganz anderes, als sich komplett im großen Stil zu irren. Das Gefühl, sich in der Liebe völlig zu irren, lässt sich mit keiner anderen Erfahrung vergleichen – und dennoch: Strukturell sind Liebesirrtümer Fehleinschätzungen wie alle anderen, und sie unterlaufen uns auch aus den gleichen Gründen. Wir werden beeinflusst von den Konventionen und Vorurteilen unserer Gemeinschaften, wir ziehen auf der Basis dürftiger Beweise schnelle und weitreichende Schlussfolgerungen (es gibt eine ganze Armada psychologischer Forschungen, die zeigen, dass wir, wenn wir anderen Menschen zum ersten Mal begegnen, innerhalb der ersten sechzig Sekunden einen starken, oft anhaltenden Eindruck hinterlassen – tatsächlich oft innerhalb der ersten *zwei* Sekunden[24]), und wir zögern, diese Schlussfolgerungen zu ändern oder zu revidieren, sobald wir sie einmal gebildet haben.[25] (Nichts von all dem hält uns davon ab, uns für genaue Beobachter unserer Mitmenschen zu halten. So stellte François de La Rochefoucauld, ein französischer Schriftsteller des 17. Jahrhunderts, fest: »Jeder klagt über sein Gedächtnis, niemand klagt über sein Urteilsvermögen.«[26])

So wie uns die Gründe, warum wir uns in der Liebe irren, vertraut sind, so ist uns auch die Flugbahn vertraut, der diese Irrtümer folgen. Wenn wir verliebt sind, können wir uns nicht vorstellen, dass wir es jemals nicht sein könnten – eine Art Irrtumsblindheit des Herzens. Doch wenn wir unseren Geliebten verlassen, kehrt sich die Sache um: Wir können kaum glauben, dass wir je wirklich verliebt waren. Wenn wir der Verlassene sind (und manchmal sogar, wenn wir der Verlassende sind), sind wir tief erschüttert, die Ordnung unseres bisherigen Lebens und unseren Lebensplan verloren zu haben. Und oft behandeln wir unsere Geliebten so, wie wir unsere Annahmen behandeln: Eine, die nicht ganz funktioniert, weisen wir erst zurück, wenn wir eine neue haben, mit der wir sie ersetzen können. Das ist einer der Gründe dafür, warum so viele Menschen Affären haben, wenn sie ihre Beziehungen beenden, und sich nach einer schwierigen Trennung in eine neue Beziehung stürzen, um sich über die verlorene hinwegzutrösten.

Strukturell gesehen unterscheiden sich Liebesirrtümer also kaum von anderen Irrtümern. Emotional gesehen bilden sie jedoch eine Klasse für sich: überraschend, unvergesslich, niederschmetternd und unbegreiflich.[27] Natürlich können gewisse andere Irrtümer ihnen Konkurrenz machen oder sie sogar klein erscheinen lassen; einen Eindruck davon haben wir in den vergangenen Kapiteln erhalten. Doch wer erlebt schon einen traumatischen Glaubensverlust oder die falsche Identifizierung eines Angreifers? Den meisten von uns wird aber irgendwann das Herz gebrochen werden, sehr wahrscheinlich mehr als einmal. Und wenn das passiert, erleben wir nicht nur eine, sondern zwei Arten von Liebesirrtümern. Zum einen den Irrtum über eine bestimmte Person – der Verlust des Glaubens an eine Beziehung, egal ob sie vorbei ist, weil unser Partner uns verlassen hat oder weil wir enttäuscht waren. Und zum anderen müssen wir feststellen, dass wir uns Illusionen über die Liebe als solche gemacht haben. Der spezifische Irrtum könnte uns das Herz brechen, doch der allgemeine Irrtum verschlimmert den Liebeskummer merklich. Ein geliebter Mensch, der Teil unserer Seele ist, kann für uns nicht falsch sein, und wir können uns bei ihm auch nicht irren. Eine ewige Liebe kann nicht enden. Und doch tut sie es, und da stehen wir dann – versunken im Elend, das ob seiner Unvorstellbarkeit nur umso größer ist.

Gegen den speziellen Irrtum können wir nur wenig ausrichten – doch was ist mit dem allgemeinen Irrtum? Warum machen wir uns eine Vorstellung von der Liebe zu eigen, die das Ende unserer Beziehungen noch entsetzlicher, demütigender und schmerzlicher werden lässt? Es gibt schließlich weniger romantische und realistischere Geschichten von der Liebe: die coole biochemische etwa, in der die einzigen Helden Hormone sind; die unerbittliche evolutionäre, in der die Vermählung der Seelen durch die Vererbung von Genen ersetzt wird; oder auch eine, die dem Leben überdrüssig ist, in der die Liebe zwar bereichernd und lohnend, doch unberechenbar und unbeständig ist – nicht Shakespeares unbeirrbare, die Zeit überdauernde Liebe, sondern sein Bild der Liebe als umherirrendes Schiff. Diese Geschichten sollten zumindest dazu beitragen, uns für den Schlag zu wappnen, den uns das Ende der Liebe versetzt.

Doch zu welchem Preis? Lösen wir uns von der romantischen Vorstellung der Liebe, dann verzichten wir auch auf den Schutz, den sie uns vor Einsamkeit und Verzweiflung zu bieten scheint. Die Liebe vermag die Kluft zwischen uns und der Welt nicht zu überbrücken, ist sie doch selbst ein Beweis für diese Kluft – nur eine weitere menschliche Annahme über uns, die Menschen, die wir lieben, über das intime »Wir«. Doch wie hoch auch immer der Preis, wir wollen die Liebe als etwas betrachten, das völlig losgelöst ist vom irdischen, unvollkommenen Reich der Theorie. Wie die Liebe von Aristophanes' vereinten Paaren, bevor sie die Götter erzürnt hatten, wie die Liebe von Adam und Eva, bevor sie aus dem Garten Eden vertrieben wurden, ganz so soll unsere eigene Liebe der Kluft zwischen uns und der Welt enthoben sein und sie überwinden.

Doch in mancher Hinsicht scheint diese Strategie zum Scheitern verurteilt. Wie jeder, der es schon einmal erlebt hat, weiß, dass Liebeskummer nicht nur mit Einsamkeitsgefühlen verbunden ist, die bald vorübergehen, sondern uns auch an die Einsamkeit des Lebens selbst erinnert. Hat uns der Liebeskummer erst einmal in seiner Gewalt, dann lässt sich die kleinere Krise eines gebrochenen Herzens nicht mehr von der größeren Krise existenzieller Verzweiflung unterscheiden. Und doch hat der Wahnsinn Methode. Die Vorstellung von der alles übersteigenden Liebe kann uns nicht vor allem Leid bewahren, doch legt sie uns nahe, dass die Momente unseres Getrenntseins Einzelfälle sind, kein fortdauernder, unausweichlicher Zustand. Und das wiederum hilft uns, solche Augenblicke abzutun und ins Reich des Vergessens zu verdrängen, um weiterleben zu können.

Dieses Muster aber kennen wir bereits, denn unser normales Irrtumsverhalten folgt ihm auch. Wie ich zu Beginn dieses Buches festgestellt habe, gehen wir davon aus, dass wir normalerweise recht haben und dass es sich bei unseren Irrtümern, egal wie oft wir ihnen erliegen, nur um vereinzelte Vorfälle handelt. Das mag eine pragmatische Entscheidung sein – eine Strategie, den Tag mit einem Minimum an Schwierigkeiten zu überstehen –, aber es ist auch eine emotionale Entscheidung. Denn wenn wir ständig mit der Möglichkeit rechnen, dass wir uns irren könnten, sind wir uns auch ständig der Kluft zwischen uns und dem Universum bewusst. Dieses Bewusstsein zwingt uns zu dem Eingeständnis, dass wir jenseits der Gewissheit, dass wir im tiefsten und letzten Sinne allein sind, nicht mit Sicherheit die Wahrheit übereinander oder die der Welt erkennen können. Das erklärt, warum wir so hart daran arbeiten, allem, was uns an unsere Fehlbarkeit erinnert, auszuweichen, und warum uns selbst unsere relativ trivialen Fehler solches Unbehagen bereiten. Und es hilft auch erklären, warum es so besonders unerträglich ist, sich in der Liebe zu irren. Liebe, die die Seelen eint und die Zeit und den Tod überdauert, transzendente, unfehlbare, unvergängliche Liebe: Uns hier zu irren, können wir uns nicht leisten. »Falls man als Trug enthüllte meine Sicht / Schrieb ich noch nie, und Liebe gäb es nicht!«, so Shakespeare.[28]

Wunderschön, wunderschön – aber blättern Sie weiter. In den nächsten vier Sonetten dieser Reihe erfahren wir, dass Shakespeare (oder zumindest sein dichterisches Ich) seine Liebe betrogen hat: »Wie oft hat sich mein Herz schon schlimm vertan!« Wir haben es hier vielleicht mit dem größten Chronisten zeitloser, transzendentaler Liebe zu tun, und dennoch wusste auch er von ihrem Scheitern. Doch da er es ablehnte zuzugeben, dass irgendetwas »die Vermählung lautrer Herzen« hindern könne, ist es Zeit, zu jemandem zurückzukehren, dem derlei Skrupel fremd sind.

Raoul Felders Exzesse beschränken sich nicht auf das Wartezimmer. Sein Büro ist ein riesiges Schnickschnack-Museum: Globen, Plaketten, Baseballmützen, Fotos der Reichen und Berühmten, Spielzeug, Zeitungsausschnitte, ein Picasso-Original. Sein Schreibtisch ist so groß, dass ein kleines Privatflugzeug darauf landen könnte, doch so überladen mit Kuriositäten, dass ich Probleme hatte, ein freies Plätzchen für meinen winzigen Kassettenrekorder zu finden. Und sein Hang zu kunterbunten Sammlungen und zur Zurschaustellung ist nicht auf die Dekoration begrenzt. In den nicht einmal ganz anderthalb Stunden mit mir zitierte er Yeats, Kissinger, Newton, Santayana, Churchill (zweimal), T. S. Eliot, Kipling, aus *Casablanca* und einen Taxifahrer aus Berlin. Er könnte sich pro Aphorismus bezahlen lassen und würde immer noch einen Riesengewinn machen. Doch wohlklingende Zitate über die Vermählung zweier Seelen sind nicht sein Ding. Felders Spezialität ist die Lösung der Liebesfesseln, und seine Aussagen sind entsprechend scharf. Zu ihm geht man nicht, um sich romantisch inspirieren zu lassen, auch nicht, um eine Eheberatung zu bekommen. Will man sich aber, so wie ich es tat, ein lebhaftes Bild davon machen, wie es ist, wenn die ganze romantische Vorstellung von Liebe in sich zusammenfällt, dann ist man bei ihm richtig.

Die Leute kommen mit zwei Grundgefühlen in sein Büro, sagt Felder. Erstens haben sie das Gefühl, dass man ihnen zutiefst unrecht getan hat. »Wenn eine Ware nicht pünktlich geliefert wird und man den Lieferanten verklagen muss, ist das keine große Sache«, sagt Felder. »Aber wenn die Leute hier reinkommen, dann könnte man denken, dass sie über den Untergang der westlichen Kultur sprechen, oder darüber, dass Dschingis Khan die Dörfer plündert, statt über eine kleine Sache, die sich im dritten Stock der Park Avenue ereignet hat.« Zweitens sind sie unglaublich selbstgerecht. »Die Leute kommen hier rein und sagen: ›Sie werden nicht glauben, was mir passiert ist; so was haben Sie vorher noch nie gehört‹« – obwohl Felder schon *alles* gehört hat. »Und dann«, fährt er fort, »muss man sich anhören, dass sie schuldlos und er ein Trottel ist, oder, umgekehrt, dass er der Märchenprinz und sie die böse Hexe des Westens ist. Wenn man schließlich beide im selben Raum hat, kommt es einem so vor, als würden sie über zwei unterschiedliche Ehen reden. Doch jeder glaubt felsenfest an die Wahrheit dessen, was er sagt.«

Felders Ansicht nach kann das Ego seiner Mandanten nur eines ertragen: das Gefühl, absolut im Recht zu sein. »Die Leute wollen nicht glauben, dass sie sich überhaupt irren«, sagt er, »und schon gar nicht in der Liebe. Gemeinhin gilt sie als unsere klügste Entscheidung. Doch das ist sie nicht; sie ist eher die dümmste. Welche anderen wichtigen Entscheidungen treffen wir auf der Basis von Hormonen? Trotzdem ist es definitiv die bedeutsamste. Angesichts des derzeitigen Stands des Zivilrechts ist die Ehe wahrscheinlich das größte Geschäft, das man jemals macht, und eindeutig eine der wichtigsten persönlichen Entscheidungen.«

Bei einer Sache, bei der so viel auf dem Spiel steht, »ist es ein Riesenschock, wenn man die eigene Fehlbarkeit einsehen muss«, sagt Felder. (Das gilt umso mehr, bemerkt er, für Mandanten, die es gewöhnt sind, Autorität und Kontrolle auszüüben. »Inwieweit die Leute an ihre Fehlbarkeit glauben, hängt davon ab, wie viel Macht sie im Leben haben«, sagt er. »Je höher man aufsteigt, desto häufiger ist man von Menschen umgeben, die sagen, dass man recht hat; dementsprechend ist man es immer weniger gewöhnt, dass einem jemand widerspricht oder dass man unrecht hat.«) Selbst wenn man seine Fehlbarkeit akzeptieren kann, ist die besondere Krise einer gescheiterten Ehe eine erstaunlich bittere Pille. »Durch die Scheidung wird man völlig verunsichert.«

Zumindest dann, wenn man sich der Sache stellt. Doch viele von uns tun das nicht. Stattdessen entscheiden wir uns wie bei so vielen unserer Fehler für das Leugnen. Obwohl sich unsere Beziehung auflöst, verweigern wir uns der Einsicht, dass unsere Vorstellungen und Träume von der Zukunft falsch waren. Dann stößt sich unser Geliebter lediglich die Hörner ab oder leidet unter einer Midlife-Crisis, unsere Geliebte löst lediglich ihre Probleme mit der Nähe. Früher oder später, so sagen wir, wird er oder sie wieder zur Vernunft und zu uns zurückkommen. Oder wir akzeptieren, dass die Beziehung vorbei ist – vielleicht beenden wir sie sogar selbst –, leugnen aber, dass wir zu ihrem Ende beigetragen haben. »Du bist nicht der Mensch, in den ich mich verliebt habe«, behaupten wir – als ob allein die Unstetigkeit des geliebten Menschen, ob im wörtlichen oder im übertragenen Sinne, an allem schuld sei. »Die Leute schaffen es einfach nicht, sich wie verletzliche Wesen zu verhalten, und schieben stattdessen alles auf ihre Verflossenen«, so Felder. »Sie sagen nicht: ›Okay, vielleicht habe ich mich hier geirrt.‹ Sie sagen: ›Ich hatte recht, und sie hat sich nicht ganz normal verhalten.‹«

Für Felder – einen zugegebenermaßen völlig abgeklärten Beobachter der Lage – ist dieser Drang, unserer Verantwortung aus dem Weg zu gehen, wenn die Liebe sich als Irrtum erweist, so stark, dass er an Mordlust grenzt. Die meisten Leute sprechen es nicht aus, sagt er, »aber sie wünschen sich, ihr Verflossener oder in Bälde Verflossener würde einfach sterben. Ein paarmal habe ich tatsächlich erlebt, dass jemand gesagt hat: ›Warum gehst du nicht einfach und stirbst irgendwo?‹ Aber ich glaube, die empfinden alle so. Wut, Demütigung, das Gefühl, betrogen worden zu sein – da bröckelt die Fassade der Zivilisation ganz schnell.«

Wer mit der Verflossenen gut auskommt, findet Felders Behauptung vielleicht übertrieben. Doch selbst wenn sie nur auf einen winzigen Teil aller Fälle zutrifft, ist das Maß an Antipathie, das Felder beschreibt, alarmierend. Und selbst wenn viele Ehen in aller Freundschaft enden (oder zumindest ohne Totschlag) – sie enden; heutzutage immerhin fast vierzig Prozent.[29] Das sind eine Menge Liebesirrtümer. Schließlich waren die meisten dieser Leute ursprünglich einmal total verliebt. Wie Felder meinte: »Niemand hat je geheiratet und gesagt: ›Die Sache wird eine halbe Stunde halten, und dann lassen wir uns scheiden.‹« Was also hat all diese Leute von der Romanze und den Hochzeitsglocken weg und hin zu dem Schluss getrieben, dass ihr einstiger Seelenfreund der falsche war?

Das ist keine Frage, die Scheidungsanwälte beantworten können. Deren Job beginnt, wenn Beziehungen enden. Um zu verstehen, warum Beziehungen überhaupt scheitern, müssen wir uns an jemand anderen wenden – an einen Hüter, keinen Totengräber der romantischen Liebe. Einen solchen haben wir bereits flüchtig kennengelernt: Harville Hendrix, seit über dreißig Jahren Eheberater, Leiter eines Therapieausbildungs- und -zertifizierungsprogramms und Autor von drei Bestsellern über Beziehungen. So wie Felder ein berühmter Scheidungsanwalt berühmter Persönlichkeiten ist, ist Hendrix ihr berühmter Psychologe. Er ist es, den Oprah Winfrey als »Eheflüsterer« bezeichnet hat.

Als ich mit Hendrix sprach, erklärte er, dass wir die romantische Liebe im ersten Stadium auf eine Weise erleben, die unsere Dichter und Liedermacher mit Stolz erfüllen würde. »In den frühen Stadien der Liebe erlebt man tatsächlich eine Art Bewusstseinsfusion«, sagte er. »Menschen, die sich verlieben, scheinen für eine Weile miteinander zu verschmelzen.« Diese Phase des Verschmelzens ist die glücklichste Zeit im Leben der meisten Paare. Schließlich zeigen sich jedoch die ersten Risse – sowohl was das Gefühl der Einheit als auch die Zufriedenheit der Paare anbelangt. »Irgendwann fängt man an zu differenzieren«, erklärte Hendrix. »Man sagt: ›Ich bin ich und nicht du, und ich denke dieses und nicht jenes.‹« Hierbei kann es sich um banale Meinungsverschiedenheiten handeln – »›Eigentlich mag ich diese Art Filme nicht‹ oder ›Ich mag Pecannusseis wirklich lieber als Vanilleeis, auch wenn es Spaß gemacht hat, es manchmal mit dir zu essen‹«, so die Beispiele von Hendrix – oder auch um bedeutendere: unterschiedliche Glaubensvorstellungen, unterschiedliche Kindererziehungsideale, unterschiedliche sexuelle Wünsche, ein unterschiedliches Verhältnis zu Geld. In gewissem Sinne, sagt Hendrix, spielt es keine große Rolle, welcher Art diese Unterschiede sind. Allein die Tatsache, dass es sie gibt, stellt ein Problem dar: »Der Machtkampf, der nach der romantischen Phase stattfindet, wird immer durch etwas ausgelöst, das innerhalb der Beziehung bis dahin verleugnet oder übersehen wurde oder das der eine dem anderen bisher vorenthalten hat.«

Nicht dass einer der Partner gelogen hat, so Hendrix – obwohl Beziehungspartner einander oft der Lüge bezichtigen. »Es gibt in der romantischen Liebe vielmehr ein stillschweigendes Übereinkommen«, fuhr Hendrix fort, »die Realität nicht anzutasten. Wenn dann schließlich zwei unterschiedliche Realitäten ins Bild kommen, entsteht ein echter Konkurrenzkampf darum, wer im Besitz der Wahrheit ist. Es kommt zu einer Art Grabenkrieg: ›Ich habe recht‹. ›Nein, ich habe recht.‹ ›Nein, hab ich nicht getan.‹ ›Doch, hast du.‹ Die Leute werden verunsichert, weil sie das Gefühl haben, dass ihr Weltbild angegriffen wird. Und dann werden sie wütend, was den Versuch darstellt, den anderen dazu zu bringen, seine Realität aufzugeben, damit man die eigene nicht aufgeben muss.«

Wenn wir eine enge Beziehung eingehen, verpflichten wir uns, unser Leben mit jemandem zu teilen, und stellen früher oder später fest, dass wir auch mit dessen Realität leben. Aber wir *wollen* nicht unbedingt mit der Realität unseres Partners leben. Wir wollen nur, dass er oder sie unsere eigene Realität unterstützt. Dies nicht zu tun, stellt den Bruch eines stillschweigenden Vertrags dar – der Verpflichtung, unser Weltbild zu bestätigen. Denn schließlich handelt es sich um den Menschen, dessen Aufgabe es ist, uns vollkommen zu verstehen und unser Weltbild bis ins letzte Detail zu teilen (denken wir jedenfalls, bewusst oder auch nicht), und sein Versäumnis, dies zu tun, empfinden wir als unerträglich und bedrohlich.

Auch deshalb streiten wir uns gerade innerhalb unserer engen Beziehungen, weil genau dort unsere Grundwerte am ehesten infrage gestellt werden. Erinnern Sie sich daran, wie Gemeinschaften auf internen und externen Dissens zu reagieren pflegen? Wenn Fremde unsere Ansichten nicht teilen, können wir sie ignorieren oder verunglimpfen, ohne Einbußen in unserem Glück. Stimmen jedoch unsere Partner nicht mit uns überein, ist das Problem nicht so leicht vom Tisch. Wir spüren, wie ihre Realität auf unsere übergreift, und wir müssen mit dem Unbehagen fertig werden, dass wir es mit zwei sich widersprechenden Weltsichten zu tun haben sowie mit der besorgniserregenden Möglichkeit, dass wir vielleicht nachgeben müssen und uns irren könnten. Natürlich können wir auch unsere Partner ignorieren und verunglimpfen – und viele Menschen tun dies auch –, doch nur mit traurigen Folgen für alle Beteiligten.

Die bessere Lösung wäre die, sagt Hendrix, die Realität unseres Partners neben unserer eigenen anzuerkennen. »Die Leute müssen lernen, zuzuhören, zuzuhören und nochmals zuzuhören, bis sie schließlich begreifen, dass ihr Partner seine eigene innere Welt hat – dass sie selbst Äpfel und ihr Partner Orangen mag, und dass es in Ordnung ist, Orangen zu mögen. Eins meiner Axiome lautet, dass man, wenn man in einer Beziehung leben will, begreifen muss, dass man mit einer anderen Person lebt. Diese Person bist nicht du. Sie ist nicht mit dir verschmolzen. Sie entspricht nicht deinem Bild davon, wer sie ist. Sie steckt nicht in deinem Gehirn. Sie weiß nicht, was du denkst, und du weißt nicht, was sie denkt. Du musst also einen Schritt zurücktreten und Neugier an die Stelle bloßen Reagierens setzen. Du musst Fragen stellen. Du musst zuhören.«

Das klingt ziemlich einfach, ist aber schwieriger umzusetzen, als man denkt. Die Verquickung all dessen – recht haben und geschätzt werden zu wollen – hilft erklären, warum sich Meinungsverschiedenheiten in engen Beziehungen zuweilen nicht nur wie Verrat anfühlen, sondern wie Zurückweisung. Das ist ein Grund dafür, warum dumme Streitigkeiten darüber, wer das Geschirr abwäscht, sich manchmal zu epischen Schlachten auswachsen, in denen es darum geht, ob unser Partner uns zuhört, uns versteht, uns mag. Die Moral aus der Geschichte ist offenkundig: Wir können lernen, mit Meinungsverschiedenheiten zu leben, solange wir uns geschätzt und geliebt fühlen. Diese Schlussfolgerung hat sich im Verlauf dieses Buches immer und immer wieder aufgedrängt. Wir sind ihr im tiefsten kognitiven Sinn bei unserer Diskussion des Induktionsschlusses begegnet, bei der deutlich wurde: Wenn wir uns irren, so heißt das nicht, dass etwas mit uns nicht stimmt. Und wir sind ihr im tiefsten emotionalen Sinn im Kapitel über Leugnen und Eingestehen begegnet, als Penny Beerntsen klar wurde, dass weder sie noch sonst jemand ein schlechter Mensch ist, weil er oder sie einen schlimmen Fehler macht.

Wir sollten also akzeptieren, dass wir uns von Zeit zu Zeit irren, in Frieden mit den gelegentlichen Irrtümern anderer leben und dennoch lieben und geliebt werden. Das ist etwas so Grundlegendes, dass es schon wieder banal anmutet, und dennoch läuft es unserem vorherrschenden Modell von der romantischen Liebe zuwider. Es gibt keinen Raum für Divergenzen, Meinungsverschiedenheiten oder Irrtümer in der romantischen Version der Liebe von Seelenfreunden, die Aristophanes und andere dargelegt haben. Um diesen Eventualitäten Rechnung tragen zu können – und das sollten wir –, brauchen wir ein umfassenderes Modell der Liebe. Bei diesem Modell gründet Liebe nicht darauf, dass wir die Welt des anderen teilen, indem wir miteinander verschmelzen. Sie gründet vielmehr darauf, dass wir sie teilen, jedoch so, als wären wir Teil einer gemeinsamen Geschichte.

Diese Analogie ist nicht zufällig. Was für eine Geschichte gilt, gilt auch für die Liebe: Damit sie funktioniert, täte man gut daran, sich auf das Reden wie auf das Zuhören zu verstehen. Und so wie der Erfolg von Geschichten davon abhängt, dass wir uns verzaubern lassen, verlangen Beziehungen von uns, unser Weltbild beiseite zu schieben, um uns vom Weltbild eines anderen Menschen faszinieren zu lassen. Das ist märchenhafte Liebe in einem völlig anderen Sinne. Bei dieser Liebe geht es nicht darum, idyllisch in unseren Ähnlichkeiten zu leben, sondern friedlich (und voller Freude) in unseren Unterschieden. Sie wird uns nicht von einer übernatürlichen Macht geschenkt; wir müssen um sie kämpfen und sie uns verdienen, langsam und mühevoll. Und es geht auch nicht um ewige Liebe. Es geht darum, uns von der Liebe wandeln zu lassen.

Kapitel 13
Wandel

Allzuhäufig verwandeln Raupen sich in
Schmetterlinge und behaupten dann steif
und fest, schon in ihrer Jugend kleine
Schmetterlinge gewesen zu sein.

G. E. Vaillant, Werdegänge

Am 4. April 1968, dem Tag, an dem Martin Luther King ermordet wurde, gab Claiborne Paul Ellis eine Party. Damals betrieb Ellis eine Tankstelle in Durham, North Carolina – und leitete nebenbei die dortige Ortsgruppe des Ku-Klux-Klan. Als der Radiosender von dem geglückten Attentat berichtete, stieß Ellis einen Freudenschrei aus und trommelte sogleich die Mitglieder seiner Ku-Klux-Klan-Gruppe zusammen, um mit ihnen Kings Tod zu feiern. »Wir haben bei der Tankstelle eine richtige Party gefeiert«[1], sollte er später dem berühmten Journalisten Studs Terkel erzählen, »und uns echt gefreut, dass dieser Hurensohn tot war.«

C. P. Ellis, wie jeder ihn nannte, wuchs in einer Zeit, in der die Weißen ihre Vormachtstellung in North Carolina immer mehr ausbauten, in armen Verhältnissen und bildungsfern auf. Anfang der Sechzigerjahre gab es in diesem Staat 112 Klan-Gruppen, die zusammen an die acht- oder neuntausend Mitglieder hatten[2]. Bundesermittlungsbeamten sowie der Anti-Defamation League zufolge handelte es sich um die aktivste und am besten geführte Ku-Klux-Klan-Sektion der USA. Jesse Helms, der spätere, für seinen Rassismus bekannte Senator des Staates, kommentierte damals wöchentlich die Nachrichten im Fernsehen und in Radiosendern in Raleigh – Plattformen, die er regelmäßig dazu nutzte, Martin Luther King und die Bürgerrechtsbewegung zu beschuldigen, Amerika zerstören zu wollen, und sich über den »rein wissenschaftlichen« Beweis auszulassen, dass schwarze Menschen weißen Menschen unterlegen seien. Für Ellis – dessen Vater gewalttätig und alkoholabhängig gewesen war, der in der achten Klasse die Schule verlassen und mit siebzehn geheiratet hatte und der, obwohl er tagein, tagaus arbeitete, kaum genug Geld hatte, um seine drei Kinder zu bekleiden, von denen das letzte blind geboren wurde und entwicklungsbehindert war – bedeutete die Vormachtstellung der Weißen, dass seine schwierige Existenz ein wenig erträglicher wurde. Der Klan lieferte ihm eine Erklärung dafür, warum sein Leben so schwer war (wegen der Schwarzen), und bot ihm eine Gemeinschaft. Ellis arbeitete sich in dieser Gruppe schnell nach oben und wurde schließlich zum Exalted Cyclops (Lokalen Führer), das heißt zum Klanführer des KKK von Durham ernannt. Schon bald wussten die Weißen, die in der Stadt an den Hebeln der Macht saßen, wer Ellis war, und begannen, mit ihm zusammenzuarbeiten, wenn auch hinter verschlossenen Türen. (Wie Ellis später Terkel berichtete: »Ratsmitglieder riefen mich an: ›Die Schwarzen werden heute Abend herkommen und unverschämte Forderungen stellen. Wie wär's, wenn ein paar von euch hier auftauchten und ein Gegengewicht schafften?‹«[3]) Dank des Klans genoss Ellis zum ersten Mal in seinem Leben ein gewisses Maß an Selbstvertrauen, Respekt und Macht.

Dann geschah etwas: C. P. Ellis' Leben kreuzte sich, in zwar geringer, aber bedeutender Hinsicht, mit dem Lauf der Geschichte. 1970 stellte die amerikanische Bundesregierung 75 Millionen Dollar bereit, um in North Carolinas Schulen die Aufhebung der Rassentrennung durchzusetzen. Von den Bundesmitteln wurden 80 000 Dollar für eine Reihe von Workshops bereitgestellt, mit denen die Bürger von Durham dazu gebracht werden sollten, an der Integration mitzuwirken.

Für die Organisatoren der Workshops ging es zunächst darum, die wichtigsten Anführer der Stadt auszumachen und von der Teilnahme zu überzeugen. Einer der mit dieser Aufgabe Betrauten war Joe Becton, der damalige Leiter der Durham Human Relations Commission. Becton erkannte, dass die armen weißen Bürger der Stadt, die die Integration ablehnten, den Prozess zum Scheitern bringen könnten, wenn man sie nicht beteiligte, und dass diese Gruppe am besten vom Führer des ortsansässigen KKK repräsentiert werden würde. Ellis' ursprüngliche Reaktion auf die Einladung war unmissverständlich: »Ich habe nicht vor, mit einem Haufen Nigger zu verkehren.«[4] Doch Becton ließ nicht locker. Er beharrte darauf, dass Ellis' Anhänger einen Sprecher bräuchten – und schließlich gab Ellis nach.

In der Zwischenzeit bemühten die Workshop-Organisatoren sich, in Durham einen zweiten Sprecher zu rekrutieren, und zwar Ann Atwater für die afroamerikanische Gemeinde. So wie Ellis der Sprecher der verarmten und entrechteten weißen Bürger Durhams sein sollte, so sollte Atwater die verarmten und entrechteten schwarzen Bürger der Stadt repräsentieren. Atwater hatte wie Ellis ein schweres Leben gehabt. Wie Ellis war Atwater wütend über ihr Schicksal, und wie er setzte sie diese Wut in Aktivismus um – sie organisierte Mieterinitiativen gegen skrupellose Vermieter, klärte Sozialhilfeempfänger über ihre Rechte auf, plante Sit-ins und Kundgebungen gegen rassische und wirtschaftliche Ungerechtigkeit und war die De-facto-Bürgermeisterin von Hayti, dem armen Schwarzenviertel von Durham.

Ellis war Atwater schon vor den Workshops begegnet und nicht gerade von ihr angetan, wie seine damaligen Gefühle ihr gegenüber zeigen: »Wie ich sie hasste – entschuldigen Sie den Ausdruck, ich verwende ihn jetzt nicht mehr –«, erzählte er Studs

Terkel, »wie ich diese schwarze Niggerin hasste. Dieses große, fette Weib. Erst veranstaltete sie mal acht Demonstrationen, und schon hatten die zwei oder drei Schwarze an der Supermarktkasse.«[5] Wie nicht anders zu erwarten, lief die Begegnung beim ersten Treffen zur Planung der Integrationsworkshops nicht sonderlich gut. Laut dem Journalisten Osha Davidson, der die Beziehung zwischen C. P. Ellis und Ann Atwater in seinem Buch *The Best of Enemies* (1996) aufzeichnete, brachte Ellis den Ball damit ins Rollen, dass er wegen des eigentlichen Anlasses der Workshops die Beherrschung verlor: dass Rassismus ein Problem in den Schulen war. »Wenn wir in den Schulen keine Nigger hätten, *hätten* wir keine Probleme«, brüllte er. »Das Problem sind die *Nigger*.«[6] Atwater, selbst auch nicht gerade eine zurückhaltende Seele, zahlte es ihm mit gleicher Münze heim. »Das Problem ist, dass wir in Durham dumme Cracker (Cracker: Bezeichnung für arme Weiße) haben wie C. P. Ellis!«

Das war kein vielversprechender Anfang, aber zumindest ein aufschlussreicher. Bill Riddick, der die Workshops leiten sollte, erkannte sofort, dass es unter den Anwesenden Ellis und Atwater waren, die seine Bemühungen retten oder sabotieren konnten, und dass seine vorrangige Aufgabe darin bestand, die beiden zur Zusammenarbeit zu bewegen. Da Riddick kein Mann für halbe Sachen war, bat er sie, bei den Desegregations-Workshops gemeinsam den Vorsitz zu übernehmen.

Mit diesem Vorschlag löste Riddick allgemeines Entsetzen aus. Die afroamerikanische Gemeinde und ihre Verbündeten waren empört: Niemand, der noch bei klarem Verstand war, würde einen KKK-Führer dazu einladen, bei einem Desegregationsausschuss den Vorsitz zu führen. Auch Ellis war entsetzt. Sein erster Gedanke war, wie er später Davidson erzählte: »Kommt gar nicht infrage, dass ich mit diesem Mädchen zusammenarbeite!«[7] Sein Widerstand wurde jedoch durch zwei Faktoren abgeschwächt. Erstens war er durch den Klan daran gewöhnt, Führungspositionen zu übernehmen, und der Gedanke, eine Rolle in einem größeren, stadtweiten Prozess zu spielen, reizte ihn. Zweitens hatte Ellis überraschenderweise insgeheim bereits akzeptiert, dass die Rassentrennung sich auf Dauer nicht mehr aufrechterhalten ließ. Er kannte das Urteil des Obersten Gerichtshofes, hatte gesehen, was in den anderen Staaten geschehen war, und war zu dem Schluss gekommen, dass der Klan keine Macht hatte, diesen Zug aufzuhalten. Es gab nicht viel, was er tun konnte, außer (so Davidson), »dazu beitragen, dass die Aufhebung der Rassentrennung für weiße Kinder weniger schmerzlich wurde«[8] – einschließlich seiner eigenen. Und dazu musste er Bill Riddicks Einladung annehmen. Als er erfuhr, dass Ann Atwater Ja gesagt hatte, folgte er ihrem Beispiel.

So wie das erste Planungstreffen war auch das erste Treffen der beiden Ausschussvorsitzenden eine Katastrophe. Es fand in einem Café im Zentrum von Durham statt, und Ellis verbrachte die meiste Zeit damit, auf und ab zu marschieren, weil er nicht bereit war, in einer öffentlichen Einrichtung mit einer Schwarzen an einem Tisch zu sitzen. Als er sich schließlich doch setzte, weigerte er sich, direkt mit Atwater zu sprechen. Er kommunizierte mit ihr durch Riddick, der dazugekommen war, um den beiden die Sache zu erleichtern. Nach dem Treffen war es allen dreien – Atwater, Ellis und Riddick – ein Rätsel, wie die Ausschussvorsitzenden je zusammenarbeiten sollten.

Einige Tage später klingelte abends bei Ellis zu Hause das Telefon. »Wenn du weiter mit diesen Niggern zusammenarbeitest, wirst du erschossen«[9], sagte die Person am anderen Ende der Leitung. Dann legte sie auf. Es war nicht der erste fiese Anruf, den Ellis bekommen hatte, seit er im Desegregations-Ausschuss saß. Nachdem er sich einverstanden erklärt hatte, zusammen mit Atwater dessen Leitung zu übernehmen, hatten Leute angerufen, die ihn beschuldigten, ein Verräter zu sein, und ihn fragten: »Warum zum Teufel arbeitest du mit Niggern zusammen?« Doch es war die erste eindeutige Todesdrohung, und Ellis traf eine Entscheidung. Er rief postwendend Atwater an und sagte, er wolle sein Bestes dafür tun, dass das Programm funktioniere.

Nicht lange danach fanden sich Ellis und Atwater alleine in einem Vortragssaal wieder, in dem gerade einer der Workshops stattgefunden hatte. Irgendwie begannen die beiden, die normalerweise nicht dazu neigten, viel von sich zu erzählen, über die Schulerfahrungen ihrer eigenen Kinder zu reden. Zufällig besuchten Ellis Sohn und Atwaters Tochter beide die Hillside High in Durham, die Schule in diesem Verwaltungsbezirk, die am meisten von ethnischen und wirtschaftlichen Problemen betroffen war. Als Atwater ihre Sorgen beschrieb – die Schwierigkeit, ihre Kinder davon zu überzeugen, dass sie trotz ihrer Armut nicht weniger wert waren als andere Kinder und dass sie sich ihrer Herkunft nicht zu schämen brauchten –, kam das Ellis irgendwie bekannt vor. Atwaters Kampf war auch sein Kampf. Zu seiner wie auch Atwaters Bestürzung begann er zu weinen: um sich selbst und seine Kinder, aber auch – erstaunlicherweise – um Atwaters Kinder und um Atwater selbst.

Später erzählte er Studs Terkel, dass sich in diesem Moment im Vortragssaal seine Beziehung zu Atwater verändert habe – die Beziehung zu Atwater und dadurch auch zu allem anderen. Zum ersten Mal sah er in ihr ein anderes menschliches Wesen. »Mir wurde klar, dass wir beide dieselben Probleme hatten, nur dass sie schwarz und ich weiß war«, erinnerte er sich. »Von diesem Moment an, das können Sie mir glauben, haben das Mädchen und ich gut zusammengearbeitet. Ich habe angefangen, das Mädchen zu lieben, wirklich.«[10]

Für C. P. Ellis wurde das Leben nicht besser, als er begann, seine rassistische Ideologie infrage zu stellen. Es wurde schwierig, verwirrend und trostlos. Er hatte Alpträume, in denen sein Vater, der ebenfalls Mitglied des Ku-Klux-Klan gewesen war, wieder lebte und auf ihn zukam, jedoch unfähig schien, ihn zu erkennen. Und wenn die Alpträume ihn nicht aus dem Schlaf rissen, dann taten es die Todesdrohungen. Schlimmer noch, seine Kinder wurden wie er zur Zielscheibe von Drohungen und Spott – eine besonders schmerzliche Folge, da er doch wegen ihnen überhaupt erst bei den Workshops mitgemacht hatte.

Doch die Veränderung, die in Ellis vorging, war genauso stark wie die gesellschaftliche Umwälzung, die die Integration hatte unvermeidbar werden lassen. Auf der Schattenseite des Lebens aufgewachsen, war Ellis schon immer sensibel für Armut gewesen und hatte selbst vor seiner Erfahrung mit Atwater, wenn auch widerwillig, das wirtschaftliche Leid der Afroamerikaner von Durham registriert. »Ich sah einen Schwarzen die Straße entlanggehen«, erzählte er Terkel, »und der Typ trug kaputte Schuhe und zerlumpte Kleidungsstücke. Das ließ mich nicht völlig kalt.«[11]

Die Workshops überführten dieses leichte Unbehagen in einen Fragenkatalog und schließlich in Antworten, die unruhig stimmten. Schwarze Menschen waren nicht das Problem, wurde Ellis klar: nicht sein Problem, nicht das Problem von Durham, nicht das Problem von Amerika. Die meisten Afroamerikaner, die er in den Workshops kennenlernte, lebten in üblen Wohnungen, schickten ihre Kinder auf zweitklassige Schulen und hatten, wenn überhaupt, minderwertige, schlecht bezahlte Jobs (manchmal zwei oder drei gleichzeitig). Mit anderen Worten, sie waren wie er, jedoch mit einem entscheidenden Unterschied: *Er* war *ihr* Problem. »Was, so fragte [sich Ellis], hatte der Klan mit seinen endlosen Treffen und erbitterten Kämpfen gegen die Aufhebung der Rassentrennung für die weiße arbeitende Bevölkerung eigentlich erreicht?«, schreibt Davidson. »*Rein gar nichts*, fand El-

lis. Der Klan hatte lediglich dafür gesorgt, dass die elende Existenz der armen und ungebildeten Schwarzen noch ein bisschen
elender wurde.«[12]

Noch vor Ende der Integrationsworkshops ging Ellis zur ortsansässigen Ku-Klux-Klan-Gruppe und gab seine Schlüssel ab. Alles in allem hatten die Workshops nur zehn Tage umfasst. Von
dem Moment an, in dem Joe Becton ihn zur Teilnahme eingela-
den hatte, bis zu dem Augenblick, in dem Ellis bei der Abschluss-
zeremonie das Wort ergriff, waren nur ein paar Wochen vergangen. Es war eine erstaunlich kurze Zeitspanne – ein Bruchteil
seiner vierundvierzig Lebensjahre –, um sein gesamtes Leben
auf den Kopf zu stellen. Dennoch sagte er den Versammelten:
»Etwas ... ist mit mir passiert.« Er machte eine lange Pause, bevor er fortfuhr. »Ich glaube, zu meinem Besten.«[13] Viele Menschen, so Ellis, hatten ihm gesagt, dass seine Teilnahme an dem
Programm ihn sein Ansehen unter konservativen Weißen gekos-
tet habe – die Drahtzieher seiner Gemeinde und auch des Landes. »Das mag stimmen«, gab Ellis zu. »Aber ich habe getan, was
ich für richtig hielt.«

C. P. Ellis starb im Jahr 2005. Von 1970 – kurz nachdem er den
Klan verlassen hatte – bis 1994 arbeitete er als Gewerkschaftssekretär der International Union of Operating Engineers. Schon in
Rente und nach seiner größten beruflichen Leistung gefragt, erklärte er, ohne zu zögern, diese bestünde darin, dass er vierzig
Afroamerikanerinnen mit geringem Einkommen geholfen habe,
das Recht auszuhandeln, den Martin-Luther-King-Tag als bezahl-
ten Urlaub zu nehmen – der erste Vertrag in Durham, mit dem
des großen Bürgerrechtsführers gedacht wurde[14].

Die Geschichte von C. P. Ellis ist, wenn im Detail auch besonders, so doch in groben Zügen vertraut. Es ist eine typische Be-
kehrungsgeschichte, und Bekehrungsgeschichten gehören zu

den klassischen westlichen Erzählungen über das Selbst. Denken Sie an Saulus (später Paulus), den eifrigen Pharisäer und Peiniger der Christen, dem auf dem Weg nach Damaskus in einer visionären Lichterscheinung der auferstandene Jesus erschien. Oder denken Sie an Augustinus, den ehemaligen Anhänger des Manichäismus – der gnostischen Religion, die damals zu den wichtigsten Glaubensrichtungen der Welt gehörte –, der sich zum Christentum bekannte, nachdem er in seinem Garten eine Stimme gehört hatte, die ihm befahl, die Bibel zu lesen. Dass Bekehrungsgeschichten in den Annalen des Irrtums eine Sonderstellung einnehmen, liegt daran, dass sie nicht nur die Zurückweisung eines alten Glaubens zugunsten eines neuen Glaubens beinhalten. Sie enthalten auch einen völligen Identitätswandel. In diesen Geschichten stellt die Erfahrung des Irrtums unser Selbstempfinden infrage und verändert es.

Bislang habe ich dargelegt, dass uns der Irrtum zumeist erschreckt, beunruhigt und manchmal auch erfreut, indem er uns zeigt, dass die Welt anders ist, als wir sie uns vorgestellt haben. Doch die Irrtümer in Bekehrungsgeschichten zeigen, dass auch wir *selbst* nicht immer so sind, wie wir glauben. Rein theoretisch verstehen wir alle, dass das Selbst, wie auch die Welt, durchaus in der Lage ist, uns zu überraschen. Von unserem eigenen konkreten Selbst glauben wir jedoch gerne, dass wir es kennen und dass wir morgen noch dieselbe Person sind wie heute. Diese Annahme infrage zu stellen ist eine der eindrucksvollsten Fähigkeiten des Sich-Irrens. Da die Erfahrung des Irrtums dazu führen kann, dass wir zentrale Aspekte der Person, die wir immer zu sein glaubten, infrage stellen und eine Wandlung vollziehen, die wir uns nie hätten vorstellen können, zeigt sie uns unser Selbst als etwas Statisches wie auch im Fluss Begriffenes. Manchmal heißen wir diese Vorstellung des Selbst willkommen, manchmal lehnen wir sie ab – doch in beiden Fällen rührt ein Großteil der emotionalen Kraft des Irrtums daher, unsere Vorstellung von uns selbst zu hinterfragen.

Die Geschichte von C. P. Ellis macht das besonders deutlich, doch bis zu einem gewissen Grad haben alle Irrtümer – selbst geringfügige – das Potenzial, unser Selbstempfinden zu stören. Der Schritt vom lokalen Führer des Ku-Klux-Klan zum Gewerkschaftssekretär, der mit afroamerikanischen Gewerkschaftsmitgliedern arbeitet, heißt, sich derart zu verändern, dass man sich selbst – und anderen – fremd wird. Diesem Phänomen sind wir bereits begegnet, als ich über die Beziehung zwischen Glauben und Identität gesprochen und aufgezeigt habe, wie Menschen mit den Auswirkungen ihrer Irrtümer auf ihr Selbstbild kämpfen – von Abdul Rahmans Bekehrung zum Christentum bis hin zu Anita Wilsons »intensiver Trauer um die eigene Identität«.

So wie unsere Selbstwahrnehmung zutiefst erschüttert werden kann, wenn wir liebgewonnene Überzeugungen hinter uns lassen müssen – Überzeugungen in Bezug auf den Glauben, die Familie, die Politik –, so kann sie auch durch eine Neubewertung unserer selbst erschüttert werden. Tatsächlich hat diese Art der Irrtumserfahrung die deutlichsten Auswirkungen auf unsere Identität: weil wir aus ihr den Schluss ziehen können, dass wir uns in dem, wer wir zu sein glaubten, geirrt haben. Unsere Selbstwahrnehmung und unser Weltbild setzen sich schließlich aus einem Bündel von Überzeugungen zusammen – und diese können, wie alle Überzeugungen, falsch sein. Wir alle haben Vorstellungen von uns selbst gehabt, die entweder abrupt zerstört wurden oder im Lauf der Zeit auf der Strecke geblieben sind. Wir dachten, wir wollten keine Kinder, wir dachten, wir würden Arzt werden, wir dachten, wir könnten in L. A. nicht glücklich werden, wir dachten, wir würden nie einer Depression erliegen oder süchtig werden oder eine Affäre beginnen. Unsere eigene Geschichte ist – wie die Geschichte der Wissenschaft; wie die Geschichte der Menschheit – übersät mit verworfenen Theorien.

Dieses Problem ist nicht auf Zukünftiges beschränkt – auf unsere Fähigkeit (oder Unfähigkeit), unsere Gefühle und Überzeugungen vorherzusagen. Wie wir gesehen haben, gelingt es uns auch nicht immer, uns an vergangene Gefühle oder Überzeugungen zu erinnern. Manchmal können wir nicht einmal unsere gegenwärtige innere Landschaft genau einschätzen. Das ist der Grund dafür, dass die blinde Hannah sich hinsichtlich ihres Sehvermögens und eine Gruppe Käuferinnen sich bei ihrer Strumpfhosenwahl irren konnte. Ob wir über unsere Vergangenheit nachsinnen, über unsere Gegenwart nachdenken oder unsere Zukunft vorhersagen, unser Verständnis von uns selbst kann sich als Irrtum erweisen.

Wie der Irrtum selbst ruft die Vorstellung, dass wir uns selbst missverstehen können, sehr widersprüchliche Gefühle hervor. Obwohl wir rein theoretisch verstehen, dass wir uns selbst nicht genau kennen, widersetzen wir uns doch immer wieder der Vorstellung, dass wir uns in diesem bestimmten Moment hinsichtlich eines bestimmten Aspekts unseres Selbstverständnisses irren könnten. Und das aus gutem Grund. Wie bereits dargelegt, entspringt der Irrtum einer Kluft zwischen unserer mentalen Darstellung einer Sache und der Sache selbst. Was aber geschieht, wenn wir selbst diese Sache sind? Um zu verstehen, dass wir uns auch mit uns selbst irren können, müssen wir anerkennen, dass es eine Kluft gibt zwischen dem, was dargestellt wird (unser Bewusstsein), und dem, was diese Darstellung vornimmt (ebenfalls unser Bewusstsein).[15]

Oft akzeptieren wir *tatsächlich*, dass es Dinge gibt, die der Geist nicht über sich selbst weiß. Dank Freud bezeichnen wir nun dieses Reich der Dunkelheit – von dem wir jedoch schon lange vor seiner Zeit wussten – als das Unbewusste. Augustinus (der aufgrund seiner eigenen Bekehrungserfahrung Grund genug hatte, sich zu fragen, wie es möglich ist, Dinge falsch zu verstehen), setzte sich mit dem Problem der unvollkommenen Selbsterkenntnis mit dem für ihn charakteristischen Scharfblick auseinander. Das Gedächtnis, so schrieb er, ist »gewaltig groß ... ein Tempel, weit und unermeßlich. Wer kann es ergründen?«[16] Nicht er, so gab er zu, erkannte aber, dass dies auf ein seltsames Paradoxon hinwies. »Eine Kraft meines Geistes ist's, zu meiner eigenen Natur gehörig, aber ich vermag nicht ganz zu erfassen, was ich bin. Ist denn der Geist zu eng, sich selbst zu fassen? Wo ist denn das, was er von sich selbst nicht fassen kann? Ist's etwa außer ihm und nicht in ihm? O nein, und doch kann er's nicht fassen.«

Das Hirn ist weiter als das Zelt des Himmels[17], schrieb Emily Dickinson, eine andere große Philosophin, die sich mit der Frage des Selbstseins beschäftigte. Doch es ist, wie Augustinus feststellte, *noch* weiter. Wir überschreiten unsere eigenen Grenzen. Wir sind mehr und anders, als wir selbst uns kennen. Diese Fülle und Rätselhaftigkeit, dieses gewaltige Potenzial zu wer weiß was – dies sind Eigenschaften, die aufregend, aber auch notwendig sind. Dennoch sind sie auch beängstigend. Es fällt uns schon schwer, Unerklärlichkeit und Unvorhersagbarkeit in der uns umgebenden Welt anzunehmen, doch zuweilen noch schwerer, diese Elemente bei uns selbst zu akzeptieren. Die Ursachen unseres eigenen Verhaltens zu ergründen, zu wissen und zu erklären, wer wir sind, und vorherzusagen, wie wir in der Zukunft denken, fühlen und handeln werden, all dies ist für uns von großer Bedeutung. Was unsere Selbsteinschätzung betrifft, wollen wir nicht weniger unrecht haben wie bei allem anderen auch: weil dieses Rechthaben uns ein Gefühl des Geerdetseins, der Zuversicht und Sicherheit vermittelt – ja, sogar der geistigen Gesundheit.

Dieses Bedürfnis schürt auch unser Verlangen nach vollkommener Selbsterkenntnis. Und es schürt auch unser Verlangen nach etwas anderem: vollkommener Übereinstimmung mit uns selbst. So wie im Fall der vollkommenen Selbsterkenntnis wissen wir rein theoretisch auch, dass ein unveränderliches Selbst nicht Teil der Aufgabe des Menschseins ist. Denken Sie nur an die Selbsthilfeabteilungen in den Buchläden, wo in Hülle und Fülle positiver Wandel versprochen wird, oder sehen Sie sich in einem anderen Gang die Memoiren an, von denen viele im Grunde genommen zeitgenössische Bekehrungserzählungen sind – Berichte über drastische, das Selbst verändernde Irrtümer. Es ist kein Zufall, dass all die Shows, Selbsthilfebücher und Memoiren so populär sind, so wie es auch kein Zufall ist, dass die Geschichten von Paulus und Augustinus im westlichen Kanon eine zentrale Rolle einnehmen – und dass die Männer selbst heiliggesprochen wurden. Wir lassen uns von Geschichten über lebensverändernden Wandel mitreißen, wir möchten gerne glauben, dass ein solcher Wandel möglich ist, und wir glauben *tatsächlich*, dass er uns erlösen kann.

Das Seltsame an dieser Begeisterung für radikalen Wandel ist, dass sie mit der Abneigung gepaart ist, Teile unseres Selbst aufzugeben, und einem gleichermaßen tiefen Argwohn, wenn andere Menschen sich stark verändern. So sehr wir jene bewundern, die in der Lage sind, ihre Überzeugungen neu zu bewerten, Fehler zuzugeben und ihr Leben zu verändern, so sehr misstrauen wir jenen, die sich zu stark verändern (wie das Beispiel von John Kerry gezeigt hat), fragen uns, ob wirklicher Wandel überhaupt möglich ist (*der Mensch ist ein Gewohnheitstier*, so sagen wir), und sind davon überzeugt, dass es etwas Tugendhaftes hat, sich eine bleibende Identität zu bewahren. So schrieb Augustinus im 4. Jahrhundert in einer Art Anklageschrift gegen die Wankelmütigen, er sei sich »gewiß«, dass das, »was keinen Wandel erleidet, besser ist als was sich wandeln kann«[18] – die Menschen eingeschlossen.

Die meisten von uns haben ihren Frieden damit gemacht, dass ihre Identität *nicht* konstant ist, dass Dinge wie ihre Fertigkeiten und Prioritäten (und Körper) sich im Lauf der Zeit verändern. Das gilt jedoch nicht für andere Aspekte unseres Selbst. Hierzu gehören unser Charakter (»Ich bin pflichtbewusst«, »Ich bin aufbrausend«, »Ich bin schüchtern«), unsere grundlegenden Talente und Defizite (»Ich kann gut mit Zahlen umgehen«, »Ich kann mich schlecht konzentrieren«) und gewisse Grundüberzeugungen, sowohl im Hinblick auf uns selbst (»Ich bin jemand, auf den meine Freunde sich verlassen können«) als auch, was die Welt im Allgemeinen betrifft (»Es gibt einen Gott«, »Bildung ist wichtig«, »Wir leben in einer Ellbogengesellschaft«). Die wesentlichen Elemente unseres Charakters, unsere Talente und Unzulänglichkeiten, unsere Moral und unsere intellektuellen Vorlieben, unsere Art, eine Beziehung zu uns selbst, zu anderen und zur Welt zu finden: Dies sind die Dinge, die unser »Ich« ausmachen. Und wie Augustinus glauben wir im Großen und Ganzen, dass dieses zentrale »Ich« unverändert bleiben sollte, eine Art Erdgeschoss, das die Integrität der gesamten Struktur stützt.

Doch dann kommt der Irrtum daher und stellt all dies infrage – die Vorstellung, dass wir wissen, wer wir sind, wie auch die Vorstellung, dass wir *sind*, wer wir sind. Wir haben bereits gesehen, dass die Kategorie des Wissens die Möglichkeit ausschließt, sich zu irren – etwas, das auch für die Selbsterkenntnis gilt. Betrachten wir das Selbst als unveränderliche Einheit, die zu kennen wir in der Lage sind, dann können wir uns nur schwer vorstellen, dass wir uns irren oder auch verändern können. Möglichkeiten, die für einen unbeteiligten Beobachter ganz klar auf der Hand liegen.

Nehmen wir den Fall von Whittaker Chambers. 1925 verließ Chambers, ein vielversprechender junger Student der Columbia University, das College und schloss sich der kommunistischen Partei an. Bis Ende dreißig war Chambers bekennender Atheist und leidenschaftlicher Kommunist – und fünf Jahre lang ein sowjetischer Spion. 1938 brach er dann mit der Partei, fand Gott und wurde ein unversöhnlicher Anti-Kommunist. Zehn Jahre später sagte er vor dem House Un-American Activities Committee (Ausschuss für unamerikanische Umtriebe) aus und danach bei einem der berühmtesten Prozesse des 20. Jahrhunderts: dem gegen Alger Hiss, Chambers' ehemaligem Freund, der angeblich ebenfalls Spion gewesen war.

So radikal wie Chambers' Glaube an den Kommunismus – er hatte sein Land betrogen und sein Leben riskiert –, so radikal war auch sein Bruch damit. Er wandte sich nicht nur von der Partei ab, er griff sie an und brandmarkte sie als »böse, absolut böse«[19]. Hier haben wir es mit einem Mann zu tun, dessen ideologische und religiöse Überzeugungen, dessen Handeln und Identität sich so drastisch verändert hatten, wie es in einem Menschenleben nur möglich ist. Dennoch schrieb er in seiner Autobiografie *Witness*: »Ich kann nicht behaupten, ich hätte mich verändert.« Vielmehr passierte Folgendes, so Chambers: »In mir fand ein Wandel statt mit der Kraft eines Flusses, der, ein Leben lang gestaut und umgeleitet, plötzlich wieder den Weg zurück in sein wahres Bett findet. Ich wurde, was ich war. Ich hörte auf, der zu sein, der ich nicht war.«[20]

Statt sich zu ändern, so glaubte Chambers, hatte er nur seine wahre Identität angenommen. Diese Behauptung ist ein geläufiges Merkmal von Bekehrungserzählungen. Tatsächlich geht das Wort »Konversion« (Bekehrung) auf ein lateinisches Verb zurück, das »zurückkehren« und nicht »sich verändern« bedeutet. So werden Menschen, die zum Islam konvertieren, manchmal als Revertiten bezeichnet, und viele andere religiöse Traditionen sprechen bei neuen Mitgliedern davon, diese seien »nach Hause gekommen« oder »zur Herde zurückgekehrt«. Der französische Schriftsteller André Gide, ebenfalls Kommunist, brachte die Idee der Rückkehr zu einem versteckten Selbst wunderbar zum Ausdruck, als er »erklärte, dass er, selbst in seiner Zeit als Christ, im Grunde seines Herzens, ohne es zu wissen, immer Kommunist gewesen sei«[21]. (Auch Gide wurde schließlich seiner Illusionen über den Kommunismus beraubt.)

Die Unglaubwürdigkeit dieser Behauptung – dass wir schon immer genau das Gegenteil von dem waren, was wir zu sein schienen – macht die Schwierigkeit deutlich, in die wir uns bringen, wenn wir persönlichen Wandel ausschließen. Wir begegnen dieser Schwierigkeit in Whittakers grammatikalisch unmöglicher Aussage: »Ich wurde, was ich war.« Und wir begegnen ihr in Augustinus' seltsam verdrehter Beschreibung seines Lebens, bevor er Gott gefunden hatte: »Du aber, Herr … drehtest mich um, hin zu mir selber, sodass ich mir nicht länger den Rücken zukehrte, wie ich es tat, solange ich mich selbst nicht sehen wollte.«[22] Und dennoch, so unglaubwürdig diese Vorstellung auch klingen mag, sie ist ein Eckpfeiler sowohl der Populärpsychologie als auch der professionellen Psychologie.

Diese laienhafte Vorstellung wurde vom Psychologen Carl Gustav Jung, der argumentierte, dass unsere bewussten und unbewussten Überzeugungen im Gegensatz zueinander stehen, zu einer formalen Theorie erhoben.[23] Je lautstärker jemand eine Überzeugung verteidigt, desto sicherer können wir uns Jung zufolge sein, dass er sie in erster Linie um seiner inneren Zweifel willen verteidigt, die eines Tages ins Bewusstsein drängen und einen Perspektivwechsel erzwingen werden. Laut Jung galt dies vor allem für die dogmatischsten Überzeugungen – denen man, auch wenn sie allen bewussten Zweifel unzulässig machen, umso mehr unbewusst Widerstand leisten muss und die folglich umso instabiler sein müssen. (Diese Aussage impliziert, dass unsere Überzeugungen und unsere Identität umso stabiler sind, je besser wir mit Ambivalenzen, Gegenbeweisen und Zweifeln fertig werden.)

Die Vorstellung, dass wir ein wahres Selbst besitzen, dient einem enorm wichtigen psychologischen Zweck. Wenn wir eine unveränderliche Identität haben, eine, die wir früher oder später entdecken werden, dann sind weder die Überzeugungen, denen wir anhängen, noch die Entscheidungen, die wir treffen, noch die Person, die wir werden, Zufall. Stattdessen ist der gesamte Verlauf unseres Lebens unausweichlich und wird diktiert von der Gewissheit, dass unser wirkliches Selbst schließlich an die Oberfläche dringen wird. Seine Entscheidung, gegen Alger Hiss auszusagen, erklärt Whittaker Chambers so: »Dafür hatte ich mein ganzes Leben gelebt. Dafür war ich Kommunist gewesen, dafür hatte ich aufgehört, Kommunist zu sein. Dafür waren mir die ruhigen, Kraft gebenden Jahre gewährt worden. Diese Herausforderung war der schreckliche Sinn meines gesamten Lebens.«[24] Demnach musste selbst Chambers' falsches Selbst – der engagierte Kommunist – solange existieren, um dem höheren Zweck seines wahren Selbst zu dienen, dem Kreuzzug gegen die Kommunisten.

Diese Erzählung ist zugleich reizvoll und problematisch und zwar aus folgendem Grund: Wir können nichts falsch machen. Unsere falschen Überzeugungen waren vorherbestimmt, unsere gröbsten Irrtümer standen ausschließlich im Dienst einer größeren Wahrheit. Diese Vorstellung kommt deutlich in der religiösen Beteuerung »Gott ist unfehlbar« zum Ausdruck: Selbst die scheinbar dummen Fehler in unserem Leben sind Teil eines größeren Plans.[25] Das impliziert, dass Geschichten, in denen ein wahres Selbst die Hauptrolle spielt, teleologisch sind. Unsere scheinbaren Fehltritte bringen uns genau dorthin, wo wir sein sollten. Auch das macht den Reiz der Vorstellung von einem wahren Selbst aus, zeigt aber gleichzeitig ihre Schwäche. Sie legt nahe, dass unser Leben vorherbestimmt ist, dass die Überzeugungen von gestern – von denen wir glaubten, wir hätten sie aufgrund ihrer intellektuellen, emotionalen oder spirituellen Verdienste gewählt – lediglich eine Falle waren, in die wir zugunsten eines prädeterminierten zukünftigen Selbst hineingetappt sind. Die Bedeutung oder der Wert, den unsere Vergangenheit als solche auch gehabt haben mochte, ist vollkommen ausgelöscht.

Noch problematischer ist, dass die Vorstellung von einem wahren Selbst nahelegt, dass wir nie wieder einen größeren Wandel vollziehen werden. Wie könnten wir auch? Nachdem wir endlich entdeckt haben, wer wir wirklich sind und schon immer waren, können wir uns nicht weiter wandeln. Wenn das Selbst sich ständig verändert, können wir ständig vorwärtsschreiten und ständig ein anderer Mensch werden – doch wenn jeder von uns einen festen Kern besitzt, können wir nur zu diesem zurückkehren. Entsprechend kann unser vergangenes Abweichen von diesem wahren Selbst nur ein einzelner, unerklärlicher Irrtum sein, der sehr oft mit Verrat, Verstoß und Sünde assoziiert wird. (Denken Sie nur daran, wie Chambers den Kommunismus, seinen einstigen Glauben, als »böse, absolut böse« verurteilte.)

Einmalig, anormal, sündig, böse: Diese Gedanken sind uns nicht neu. Wir haben sie bereits im Zusammenhang mit dem pessimistischen Modell des Irrtums kennengelernt, demzufolge Irrtümer eine unwillkommene Anomalie sind, ein Kennzeichen unseres Ausgeschlossenseins vom heiligen Reich der Wahrheit. Hilfreicherweise erinnert uns das daran, dass uns noch ein anderes Irrtumsmodell zur Verfügung steht – eines, das nicht nur ein anderes Licht auf unsere Irrtümer, sondern auch auf uns selbst wirft. Hier ist Irrtum ein natürlicher, andauernder Prozess, der uns nicht deformiert, sondern transformiert. »Die Knospe verschwindet in dem Hervorbrechen der Blüte«, schrieb der deutsche Philosoph Friedrich Hegel, »und man könnte sagen, dass jene von dieser widerlegt wird; eben so wird durch die Frucht die Blüte für ein falsches Dasein der Pflanze erklärt.«[26] Aber natürlich sagen wir dies *nicht* von organischen Einheiten wie Knospen und Blüten und Obst. Und wir brauchen es auch nicht über uns selbst zu sagen. Im optimistischen Modell des Irrtums ist der Irrtum kein Zeichen dafür, dass unser altes Selbst falsch war. Er gehört vielmehr zu jenen Kräften, wie Saft und Sonnenlicht, die unmerklich einer anderen organischen Einheit – nämlich uns Menschen – aufzuwachsen hilft.

Als Kleinkinder haben wir uns ständig geirrt, und das in jeder Hinsicht. Zum großen Teil lag das an unserem Informationsdefizit: Zu viel gab es, das sich noch völlig unserer Kenntnis entzog. Um nur ein Beispiel zu nennen: Wir wussten wenig über unseren Körper.[27] Entwicklungspsychologen haben aufgezeigt, dass Kinder unter vier keine Ahnung von der Tätigkeit des Gehirns haben und glauben, dass Puppen wahrscheinlich ebenso wie Menschen eines besitzen. Kinder unter sieben können normalerweise nur drei Dinge unseres Körperinneren benennen (Blut, Knochen und das Herz) und liegen völlig daneben, wenn es um die Natur und die Funktion anderer innerer Organe geht. (Ein Psychologe zitiert ein Kind, das denkt, Lungen »sind für die Haare. Ohne sie könnte man keine Haare haben.«) Ebenso glauben die meisten Kinder unter acht, Jungen könnten Mädchen und Mädchen Jungen werden, indem sie einfach ihre Frisur und ihre Kleidung verändern.

Das bedeutet nicht, dass Kinder nicht klug sind oder dass sie keine komplizierten Theorien über die menschliche Biologie oder sonst was aufstellen. Sie sind klug und stellen solche Theorien auf. (Wie Sie sich vielleicht erinnern, theoretisieren wir schon über die Welt, noch bevor wir den Windeln entwachsen sind.) Das Problem ist, dass Kinder unter einem Mangel an Daten leiden – und zwar nicht nur was ihren Körper angeht, sondern alles: Menschen, Objekte, Sprache, Kultur, Politik, die Gesetze, die die physikalische Welt regieren. Manchmal sind sie noch nicht auf die notwendigen Informationen gestoßen, manchmal haben sie noch nicht die Entwicklungsstufe erreicht, um die Informationen zu verstehen. Und manchmal werden ihnen Informationen auch bewusst vorenthalten – was erklärt, warum Kinder sich oft besonders stark irren, wenn es um Sexualität und Fortpflanzung, die Identität ihrer biologischen Eltern und die Umstände geht, wie (oder sogar die Tatsache, dass) ein Familienmitglied gestorben ist.[28]

Zum Problem spärlicher Informationen kommt das Problem schlechter Informationen. Kinder glauben nicht an Dinge wie den Nikolaus oder die Zahnfee, weil sie besonders leichtgläubig sind, sondern aus denselben Gründen, aus denen wir alle an unsere Überzeugungen glauben.[29] Ihre Informationen über diese Phänomene entstammen Quellen, denen sie vertrauen (normalerweise ihre Eltern), und werden oft durch Beweise gestützt (Kekskrümel beim Kamin, 25-Cent-Stücke unter dem Kopfkissen). Es ist nicht der Fehler der Kinder, dass die Beweise erfunden sind und dass ihre Quellen sie in die Irre führen. Und es ist auch nicht ihr Fehler, dass die Gemeinschaft, in der sie sich außerhalb der Familie bewegen, immer aus anderen Kindern besteht, die gleichermaßen schlecht informiert sind. Da unsere Gemeinschaften, wie wir an früherer Stelle gesehen haben, einen großen Einfluss auf unsere Überzeugungen haben, können Sie sich sicher vorstellen (oder auch erinnern), wie leicht sich Fehlinformationen in Kantinen und auf Spielplätzen verbreiten. Die Erinnerungen eines meiner Freunde fangen diesen seltsamen

Zustand kindlicher Informationsgewinnung wunderbar ein: »Irgendwann in der Grundschule hat mir jemand erzählt, Kakao sei aus Milch hergestellt, in der sich Blut befinde, was ich ihm auch geglaubt habe, aber ich habe nicht geglaubt, meine Eltern würden ihre Kleider ausziehen und Sex haben, um Kinder zu bekommen.«

Schließlich werden Kinder erwachsen und lernen die Wahrheit über Sex und Tod und Kakao. In der Zwischenzeit leben sie jedoch in einer an Irrtümern reichen Welt. Ich wähle bewusst das Wort »reich«. Fraglos können Kindheitsirrtümer wie Irrtümer überhaupt demütigend und traumatisierend sein. Die meisten von uns haben Erinnerungen an entsetzliche Fehler aus ihrer Kindheit (Leute haben mir erzählt, sie könnten sich noch erinnern, wie peinlich es ihnen war, in einer Menschenmenge Trost suchend nach einem Elternteil zu greifen, nur um hochzuschauen und festzustellen, dass es sich bei dem »Elternteil« um einen Fremden handelte), und manche Kinder werden regelmäßig für ihre Irrtümer gerügt. (Gerügt zu werden, oder noch schlimmer, »korrigiert« zu werden, kann unter anderem Prügelstrafe bedeuten.)

Alles in allem handelt es sich bei unseren Irrtümern, wenn wir noch sehr jung sind, jedoch weniger um einzelne Vorfälle (als welche wir sie als Erwachsene betrachten), als vielmehr um einen fortlaufenden Prozess – untrennbar verbunden mit Lernen und Aufwachsen. Theorien über die Welt aufzustellen, sie zu testen und dann herauszufinden, wo sie fehlerhaft sind, ist das, was die Kindheit ausmacht. Tatsächlich ist es genau das, was die Kinder zum Spielen antreibt. Wissenschaftler, Eltern und Erzieher sind sich darin einig, dass Kinder spielen, um herauszufinden, wie die Welt funktioniert. Was für einen Erwachsenen wie ein Spiel mit Bauklötzen oder ein ganz normaler Besuch der Sandkiste aussieht, ist in Wirklichkeit ein vergnügliches wissenschaftliches Experiment. Und jüngste Studien der Entwicklungspsychologie weisen darauf hin, dass Irrtümer bei Kindern dieselbe Rolle spielen könnten wie bei Wissenschaftlern – sie nämlich dazu anzuregen, aufzuhorchen, neue Theorien zu entwickeln und den Versuch zu unternehmen, das Geschehen um sie herum zu verstehen.[30] Mit anderen Worten, Irrtümer scheinen für Kinder ein wichtiges Lernmittel zu sein, das zudem mit dem Reiz des Neuen, mit Aufregung und Spaß verbunden ist.[31]

Wenn wir älter werden, verlangsamt sich die Lernkurve, und all diese Dinge lassen exponentiell nach. Wir machen weniger Fehler, funktionieren effizienter und teilen schließlich mit anderen Erwachsenen bestimmte Grundüberzeugungen, was die Welt betrifft. Aber wir verbringen auch viel weniger Zeit mit Dingen, die entfernt an Forschung, Lernen und Spiel erinnern. Die angenehmen Fehler der Kindheit bringen unser Leben viel seltener durcheinander, was zum Teil daran liegt, dass die Welt für uns nicht mehr neu ist, zum Teil aber auch daran, dass wir nicht mehr nach neuen Dingen suchen – oder zumindest nicht mehr mit demselben Eifer wie Kinder.

Es gibt natürlich Ausnahmen. Lange nachdem wir das an Irrtümern reiche Königreich der Kindheit verlassen haben, finden wir Möglichkeiten, Wege des Irrtums zu beschreiten, um zu wachsen und uns zu verändern. Nehmen wir das Beispiel des Reisens. Wie Kinder erforschen Reisende das Unbekannte – und machen dabei wie Kinder regelmäßig sprachliche Fehler, verstoßen gegen gesellschaftliche Regeln und verirren sich, im buchstäblichen wie im übertragenen Sinn. Deswegen kann jeder Reisende mit Geschichten über krasse Irrtümer aufwarten: Je weiter wir uns ins Unbekannte vorwagen, desto mehr setzen wir uns der Verwirrung, der Überraschung, aber auch dem Infragestellen unserer Weltbilder aus. Wenn wir weit genug reisen könnten – etwa zu einem entfernten Planeten, der anderen physikalischen

Zwängen unterliegt und von fremden Lebensformen bevölkert wird –, wären wir wohl noch unwissender, verwunderter und irrtumsanfälliger als Kinder.

Der Wunsch, diese Art des Irrtums zu erfahren, ist selten der explizite Grund für unsere Reisen (und ganz gewiss nicht der *einzige* Grund; wir reisen auch, um Freunde zu besuchen, um unser Portugiesisch aufzufrischen, um das Great Barrier Reef zu sehen), doch oft der implizite Grund. Manchmal *wollen* wir das Kleinkind auf dem Times Square sein. Wir reisen, um uns wieder wie ein Kind zu fühlen: weil wir hoffen, die Welt neu zu erleben, und weil wir glauben, dass der beste Weg, etwas über sie zu lernen, der ist, in ihr zu spielen. Beim Reisen (wie auch bei anderen Abenteuern, denen wir im letzten Kapitel begegnen werden) bereichert die Irrtumserfahrung unser Leben.

Wir müssen als Erwachsene nicht unbedingt ins Ausland reisen, um derlei willentliche Irrtumserfahrungen zu machen. Manchmal befinden sich die unbekannten Orte, die wir besuchen, in uns selbst. Die Psychotherapie zum Beispiel basiert ausdrücklich auf der Vorstellung, dass wir uns verändern können, indem wir jene Bereiche unseres Selbst erforschen, die unserem bewussten Bewusstsein verborgen sind – insbesondere indem wir lernen, unsere Illusionen und Fehler zu verstehen. Der Psychologe Ronnie Janoff-Bulman ist der Ansicht, dass therapeutische Interventionen »als Versuche betrachtet werden können, den Klienten dahin zu bringen, alte Annahmen und Deutungen der Realität infrage zu stellen und zu verändern«[32]. Ähnlich stellte der Psychoanalytiker Heinz Hartmann fest, »dass ein Großteil der Psychoanalyse als eine Theorie der Selbsttäuschungen beschrieben werden kann«[33] – wie und warum wir uns selbst falsch verstehen und wie das Aufdecken dieser Irrtümer uns verändern kann.

Wir wagen uns also aus denselben Gründen nach innen, aus

denen wir uns auch nach außen wagen: um die unbekannten Orte auf der Karte kennenzulernen und unsere Wahrnehmung dessen, was dort vor sich geht, angemessen zu korrigieren. Im Verlauf dieses Prozesses lernen wir uns besser kennen – und verändern uns im Idealfall auch positiv. Schließlich geht es in der Therapie nicht allein darum, dass wir verstehen lernen, warum wir so fühlen und handeln, wie wir es tun. Sie soll uns auch helfen, unser Fühlen und Handeln zu *verändern*: Überzeugungen zu fördern, die weniger rigide, angemessener und versöhnlicher sind, sowohl in Bezug auf uns selbst als auch auf unsere Mitmenschen. Das Gleiche gilt für alle anderen Methoden, die uns dazu bringen, unsere Fehlbarkeit zu akzeptieren – vom Gebet, über 10-Schritte-Trainingsprogramme bis hin zur buddhistischen Meditation. Sie alle helfen uns, eine Infragestellung unseres Weltbildes mit Geduld, Neugier und Verständnis zu überstehen.

Eine der wichtigsten Veränderungen, die die Irrtumserfahrung bewirken kann, ist die, dass wir mitfühlender werden. Recht zu haben mag vielleicht Spaß machen, doch es bringt auch gerne unsere negativen Seiten zum Vorschein. Im Gegensatz dazu macht Unrechthaben überhaupt keinen Spaß – und doch bringt es letztlich unsere guten Seiten zum Vorschein. Als ich Anita Wilson fragte, wie die Irrtumserfahrung sie ihrer Meinung nach verändert hat, antwortete sie: »Heute bin ich viel umgänglicher als früher.«

Eine meiner Freundinnen brachte einen ähnlichen Gedanken zum Ausdruck: »Meine Geschichte ähnelt sicher der vieler Frauen«, sagte sie mir. »Ich wurde katholisch erzogen und habe immer geglaubt, Abtreibungen seien falsch. Damals war ich davon überzeugt, dies sei das Einzige, an das ich hundertprozentig glauben würde – abzutreiben war falsch, und ich würde es nie tun. Dann wurde ich schwanger, und obwohl ich verheiratet war, war es einfach nicht der richtige Zeitpunkt für uns. Also habe ich abgetrieben. Ich hatte daran zu knabbern, gelangte jedoch zu der Überzeugung, dass ich keine Mörderin war, einfach nur ein ganz normaler Mensch.« Die Erfahrung, das eigene Glaubenssystem neu bewerten zu müssen, so sagte sie, »half mir, nicht immer gleich Urteile zu fällen«.

Letzten Endes also verhilft der Irrtum uns zu Wandel, vorausgesetzt, wir akzeptieren ihn. Wertungen vorzunehmen erfordert, dass wir Richtig und Falsch sauber trennen. Doch die Irrtumserfahrung belehrt uns eines Besseren. Sie erinnert uns daran, dass wir uns immer wieder irren können – nicht nur theoretisch, sondern ganz konkret. Und sie erinnert uns auch daran, anderen Menschen Mitgefühl entgegenzubringen und sie zu respektieren, auch mit ihren Fehlern.

Einer, der das konnte, war C. P. Ellis. Während der im Fernsehen übertragenen Democratic Convention (Parteitag der Demokraten) des Jahres 1988, so erzählte er Studs Terkel, »ging die Kamera nah an ein Mitglied des Ku-Klux-Klan heran. Der Typ sagte: ›Ich hoffe, Jesse Jackson bekommt Aids und stirbt.‹ Er tat mir leid. Das war die Art, wie meine alten Freunde dachten. Und ich auch.«[34] Auf den ersten Blick ist das schockierend. In der amerikanischen Durchschnittsbevölkerung hören wir selten jemanden (oder wollen jemanden hören), der Verständnis für Rechtsextreme hat. Doch Ellis billigte nicht die Meinung dieses Mannes. 1988 war er bereits achtzehn Jahre lang nicht mehr Mitglied des Klans. Er brachte nur sein Mitgefühl zum Ausdruck, in all der vielsagenden Doppeldeutigkeit des Wortes: ein Gefühl des Mitfühlens, gepaart mit einem Gefühl des Mitleids. Denken Sie nur an Whittaker Chambers, der nach seiner Abkehr vom Kommunismus behauptete, er habe »aufgehört zu sein, was er nicht war«. Chambers' Geschichte von Irrtum und Wandel liegt die Aussage zugrunde: *Das war nicht wirklich ich.* Ellis' Geschichte dagegen die Aussage: *Das war ich.*

Es erfordert Mut, das alte Ich hinter sich zu lassen. Doch es erfordert noch mehr Mut, dazu zu stehen: zu akzeptieren, dass wir uns geirrt haben, zu erkennen, dass wir uns verändert haben, uns mitfühlend unseres alten Raupendaseins zu erinnern. So schwierig es auch sein mag, es zahlt sich aus. »Das Wichtigste im Leben und in der Arbeit ist, etwas zu werden, das man am Anfang nicht war«[35], sagte Foucault. Ein solcher Wandel vollzieht sich natürlich nicht nur aufgrund von Irrtümern. Wie ich schon an früherer Stelle gesagt habe: Wenn wir von all unseren Fehlern ein Standbild machen könnten, würden wir in dessen Zentrum jedes Mal Wandel entdecken.

Wandel ist immer anders, doch letztlich kennt der Wandel keine Grenzen. Irrtümer können unsere Überzeugungen, Beziehungen, uns selbst verändern. In gewissem Sinne können sie unsere ganze Welt verändern. Wir können uns – voller Unbehagen, Angst, Erregung – an einem Ort wiederfinden, an dem wir Dinge erleben, die wir nie zuvor erlebt haben. »Es heißt, dass es immer schwieriger wird, sich zu ändern, je älter man wird«, sagte C. P. Ellis. »Das stimmt nicht unbedingt. Seit ich mich verändert habe, habe ich mir Bandaufnahmen von Martin Luther King angehört. Ich höre sie mir an, und mir kommen die Tränen, weil ich jetzt verstehe, was er sagt. Ich verstehe jetzt, was los ist.«[36]

TEIL IV

Den Irrtum annehmen

Kapitel 14
Das Paradoxon des Irrtums

Ich war dreigeteilt,
Wie ein Baum,
In dem drei Amseln sitzen.

Wallace Stevens, »Eine Amsel dreizehnmal gesehen«

An einem Tag im Sommer 2008, kurz vor dem 4. Juli, dem amerikanischen Unabhängigkeitstag, wurde eine Patientin im Roll-
stuhl in einen Operationssaal des Beth Israel Deaconess Medical
Center (BIDMC) in Boston geschoben. Das BIDMC gehört zu
den besten medizinischen Einrichtungen des Landes und fun-
giert als Lehrkrankenhaus der Harvard Medical School. Sein Personal kümmert sich um etwa eine Viertelmillion Menschen pro
Jahr und führt rund 175 Operationen pro Woche durch. Die Operation, von der hier die Rede sein wird, verlief wie die meisten anderen Operationen auch. Die Patientin wurde betäubt, der zu
operierende Bereich vorbereitet und der erste Schnitt gemacht.
Nachdem der Chirurg seine Arbeit beendet hatte, wurde die Patientin, noch immer bewusstlos, auf die Wachstation geschoben.
Als sie aufwachte, sah sie an sich herab, schaute zu ihrem Arzt
empor und fragte, warum die falsche Seite ihres Körpers banda-
giert sei.

Ein Großteil dieses Buches ist der Aufgabe gewidmet, die positive Seite des Irrtums zutage zu fördern: die Lehren, die wir aus
ihm ziehen können, die Art und Weise, wie er uns verändern
kann, seine Beziehung zu unserer Intelligenz, Fantasie und
Menschlichkeit. Doch bei medizinischen Irrtümern gibt es keine

positive Seite. Wenn Sie eines Tages so wie die Patientin in einem Krankenhaus aufwachen und feststellen, dass man Sie an der falschen Körperseite operiert hat, werden Sie nicht über die Möglichkeiten nachdenken, aus Irrtümern zu lernen und sich durch sie weiterentwickeln zu können. Sie werden nicht neugierig und aufgeschlossen sein, und Sie werden keine Dankbarkeit empfinden – es sei denn, Dankbarkeit dafür, dass Sie überlebt haben. Laut dem Institute of Medicine sind in den USA alljährlich zwischen 690 000 und 748 000 Patienten von medizinischen Irrtümern betroffen, und zwischen 44 000 und 98 000 sterben an ihnen[1]. Selbst bewusst zu niedrig veranschlagten Schätzungen zufolge liegen medizinische Fehler auf Platz acht der führenden Todesursachen der Nation – vor Brustkrebs, Aids und Autounfällen. Das heißt, dass die Medizin viel anfälliger für Irrtümer, und zudem gefährliche Irrtümer, ist als die meisten anderen Arbeitsfelder. Medizinische Fehler fordern in den USA so viele Menschenleben, dass in der Luftfahrt alle drei Tage eine voll besetzte 747 abstürzen und alle Passagiere sterben müssten, um auf die gleiche Anzahl von Opfern zu kommen.

Diese Statistiken sind alarmierend. Fast noch schlimmer ist jedoch die übliche Reaktion der Ärzteschaft auf diese Zahlen: Ausweichen, Vernebeln, Herunterspielen, Abwehren und Leugnen. Dies gilt natürlich nicht für alle, ist jedoch eine Haltung, die seit Langem die medizinische Kultur charakterisiert. In ihrem 2005 erschienenen Buch über medizinische Irrtümer, *After Harm*, beschreibt die Bioethikerin Nancy Berlinger, wie dieses Ethos aufrechterhalten wird. »Wenn Studenten erfahrene Chirurgen beobachten, dann lernen sie, dass ihre Mentoren und Dienstvorgesetzten die Verheimlichung von Irrtümern für möglich halten, sie praktizieren und belohnen«, schrieb Berlinger. »Sie lernen, so über unerwartete Ergebnisse zu sprechen, bis aus einem ›Fehler‹ eine ›Komplikation‹ wird. Vor allem aber lernen sie, dem Patienten nichts zu sagen.«[2] Berlinger beschreibt dann, »wie stark Ärzte sich gegen die Offenlegung ihrer Fehler sträuben und was manche von ihnen alles unternehmen, um diesen Umstand zu rechtfertigen – es war nur ein technischer Fehler, solche Dinge passieren einfach, der Patient wird es nicht verstehen, der Patient muss es nicht wissen«. Übereinstimmend stellte eine im Jahr 2002 durchgeführte Studie zur Haltung von Ärzten fest, eine ehrliche Offenlegung sei »so weit von der Norm entfernt, dass sie ›ungewöhnlich‹ ist«[3, 4].

Wenn dem so ist, dann war das, was am Beth Israel Medical Center geschah, ungewöhnlich. Als die Patientin den Chirurg auf den Fehler aufmerksam machte, erkannte dieser sofort, was passiert war, erklärte es so genau wie möglich und entschuldigte sich – obwohl ihm das sicherlich unzureichend vorgekommen sein muss. Dann unterrichtete er den Leiter seiner Abteilung sowie Paul Levy, den CEO des Krankenhauses, von der Situation. Als Levy und andere Mitglieder der Führungsriege des BIDMC den Fall überprüften, kamen sie zu dem Schluss, dass der Fehler so gravierend sei, dass sowohl das Krankenhaus als auch die Gemeinde, der es diente, davon in Kenntnis gesetzt werden müssten. Innerhalb kürzester Zeit informierten sie per E-Mail das gesamte Krankenhauspersonal und schickten eine Pressemitteilung an die Medien. Dieses Vorgehen war die Folge einer damals völlig neuen Politik dieser Institution. Im Januar 2008, sechs Monate vor der verpfuschten Operation, hatten Levy, sein Verwaltungsrat und sein Personal eine Art Neujahrsbeschluss gefasst: Bis zum 1. Januar 2012 würden sie sämtliche vermeidbaren medizinischen Fehler ausmerzen. Zwar streben die meisten Krankenhäuser danach, Fehler zu reduzieren, doch das BIDMC ist eines der wenigen im Lande, das sich ein so wagemutiges Ziel gesetzt hat.

Schon zu Beginn dieses Buches habe ich angemerkt, dass eine der wiederkehrenden Fragen über den Irrtum die ist, ob er sich ausrotten lässt oder eben nicht. Aus philosophischer Sicht ist diese Frage wichtig, da die Antwort viel über unsere Einstellung zu Irrtümern aussagt. Aus praktischer Sicht ist es völlig klar, dass die Antwort irgendwo dazwischen liegt: Viele Irrtümer können und sollten verhindert werden, einige wenige lassen sich ausrotten, und bei anderen sollten wir das gar nicht erst versuchen. Doch das Interessante an der Frage, aus philosophischer *und* aus praktischer Sicht, ist das Paradoxon, das in ihrem Kern lauert: Wenn man versuchen will, den Irrtum auszumerzen, muss man als Erstes anerkennen, dass er passieren kann.

Die Initiative zur Patientensicherheit im Beth Israel Deaconess Medical Center veranschaulicht dieses Paradoxon. Als ersten Schritt zur Eliminierung von Irrtümern untersuchte das Krankenhaus eingehend, »auf welche Weise Patienten zu Schaden kommen«, wie Kenneth Sands, der Direktor für Qualität im Gesundheitswesen, damals einem Reporter des *Boston Globe* erklärte. Das Krankenhaus fing an, seine medizinischen Irrtümer auf seiner Website zu veröffentlichen, und zwar bewusst völlig freimütig. Die Krankenhausverwaltung verpflichtete sich, »fortlaufend alle vermeidbaren und unvermeidbaren Schadensvorfälle zu überwachen«, wie es in dem ursprünglichen Beschluss hieß. Das erklärt, warum man auf die erwähnte Operationspanne so schnell, umfänglich und offen reagierte. »Wir sind der Ansicht«, sagte Levy mir, »dass man die Wahrscheinlichkeit, dass Fehler wieder passieren, nie ausmerzen wird, wenn man abstreitet, dass sie passiert sind.«

Levys Prinzip lässt sich verallgemeinern. Wenn man wirklich recht haben will (oder zumindest die Chance dazu erhöhen will), muss man sich zuerst seine Fehlbarkeit eingestehen, bewusst seine Fehler erforschen und herausfinden, was zu ihnen geführt hat. Diese Einsicht findet schon seit Langem Anerkennung in Bereichen, in denen das Rechthaben nicht nur eine Form der

Selbstbestätigung, sondern unerlässlich ist: Transport, Industrie-design, Lebensmittel- und Medikamentensicherheit, Kernenergie und so weiter. Im Idealfall herrscht in solchen Bereichen eine produktive Irrtumsbesessenheit. Man versucht dort, sich alle möglichen Gründe vorzustellen, aus denen es zu Fehlern kommen kann, um so viele wie möglich zu verhindern, und führt bei denen, die dennoch passieren, gründliche Analysen durch. Wenn Irrtümer schon unvermeidlich sind, dann sollten diese Industrien sie vorhersehen, verhindern oder wenigstens angemessen reagieren können, wenn die Vorsichtsmaßnahmen scheitern.

Von den risikolastigen Industrien setzt derzeit die Luftfahrt die Maßstäbe für das Fehlermanagement. Wie so oft ist das Engagement der Luftfahrtindustrie, Irrtümer einzudämmen, Ergebnis eines unvorhergesehenen Fehlers von tragischem Ausmaß. 1977 stießen zwei Boeing 747 auf dem Flughafen von Teneriffa zusammen.[5] Bei diesem Zusammenstoß kamen fast 600 Menschen ums Leben – das bis heute größte Unglück in der Geschichte der Luftfahrt. Eine Untersuchung ergab, dass der Zusammenstoß durch eine Verkettung von Fehlern verursacht worden war, die einzeln betrachtet unbedeutend waren, zusammengenommen jedoch katastrophale Folgen hatten. Die Luftfahrtindustrie reagierte mit der Einführung strenger Protokolle für jeden Bereich – von der Frage, wie Start- und Landebahnen gekennzeichnet sein sollen, bis hin zum Wortgebrauch bei der Kommunikation von Luftfahrtkontrolleuren und Piloten. Mithilfe dieser Protokolle wurden in den USA die schweren Unglücke in der Luftfahrt von 0,178 pro Million Flugstunden im Jahr 1998 auf 0,104 pro Million Flugstunden im Jahr 2007 reduziert[6].

Ein weiteres bekanntes Beispiel für die Anstrengungen von Unternehmen, Fehler zu verhindern, ist der als Six Sigma bezeichnete Prozess der Qualitätskontrolle. Six Sigma, erstmals

1986 von Motorola angewendet, wird inzwischen von der Mehrzahl der Fortune-500-Unternehmen sowie zahllosen kleineren Unternehmen eingesetzt. Der Name Six Sigma kommt aus der Statistik: Der griechische Buchstabe Sigma (σ) bezeichnet die Standardabweichung von einer gegebenen Norm. In diesem Fall gilt jede Abweichung als unerwünscht – ein Fehler in einem Herstellungsprozess oder seinem Endprodukt. Bei einem Unternehmen mit Six-Sigma-Erfahrungen kommen auf eine Million Möglichkeiten, sich zu irren, nur 3,4 tatsächliche Fehler, eine lobenswert niedrige Misserfolgsrate (oder, positiv ausgedrückt, eine 99,9997-prozentige Erfolgsrate). Was dies konkret bedeutet, zeigt uns folgendes Beispiel: Ein Unternehmen, das pro Jahr 300 000 Pakete mit einer 99-prozentigen Erfolgsrate verschickt, sendet 3000 Pakete an die falsche Adresse. Würde in diesem Unternehmen Six Sigma angewendet, gäbe es nur ein einziges fehlgeleitetes Paket.

Heute werden unzählige Variationen von Six Sigma eingesetzt (und das Programm selbst baut auf älteren Maßnahmen zur Qualitätskontrolle auf), doch ihnen allen sind Leitlinien und Ablaufprotokolle gemein. Zu den wichtigsten gehören das Vertrauen in Fakten und Zahlen und, wie der Name impliziert, eine Abweichungsphobie. Üblicherweise bewerten viele Unternehmen ihren Erfolg danach, wie gut sie *im Durchschnitt* arbeiten – ob es etwa durchschnittlich drei Tage dauert, das Paket zu versenden, oder ob die Bremsklötze, die man herstellt, durchschnittlich soundso dick sind. Das Problem mit dem Durchschnitt ist jedoch, dass er viele potenzielle Fehler verdecken kann. Wenn es im Durchschnitt drei Tage dauert, bis Ihre Pakete das Ziel erreichen, könnten manche innerhalb von neun Stunden am Zielort sein, andere erst nach zweieinhalb Wochen. Sind einige Bremsklötze 1,75 cm dick, andere aber nur 0,87 cm, passen sie nicht zu den anderen Fahrzeugteilen oder sie entsprechen nicht den Sicherheitsstandards beziehungsweise den Anforderungen der Automobilhersteller, die Sie beliefern. Bei der Six-Sigma-Methode[7] geht es also nicht darum, *den Durchschnitt* zu verbessern, sondern die Abweichung von diesem Durchschnitt zu verringern. Hierzu nutzen Six-Sigma-Analysten eine Methode, die normalerweise zusammengefasst wird als »Definieren, Messen, Analysieren, Verbessern, Steuern«. Im Grunde genommen beinhaltet diese Methode die Isolierung und Bewertung aller Variablen eines bestimmten Prozesses. Anschließend korrigieren die Analysten diese Variablen, um ein optimales Ergebnis, bezogen auf das Endprodukt eines Unternehmens, die Kundenzufriedenheit und die Profitabilität zu erzielen und aufrechtzuerhalten.[8]

All diese Fehlervermeidungs-Techniken – von Six Sigma über die Innovationen in der Luftfahrtindustrie bis hin zu den Anstrengungen des Beth Israel – haben drei Schlüsselelemente gemein. Das erste ist (wie schon gezeigt) die Akzeptanz der Wahrscheinlichkeit von Irrtümern. Das zweite Element, das diese Fehlervermeidungs-Strategien gemein haben, ist Offenheit. Die Erkenntnis ihrer Bedeutung spornte etwa die Luftfahrtindustrie an, eine Unternehmenskultur zu schaffen, die Besatzungen und das Bodenpersonal dazu ermutigt (und in manchen Fällen sogar verpflichtet), Fehler zu melden, aber auch vor Strafe und Prozessen schützt, wenn sie dies tun[9]. So behauptet General Electric, eines der Unternehmen, das die Six-Sigma-Methode schon sehr früh anwendete, dass es, um Fehler zu eliminieren, »für alles offen sei, was die Bürokratie verringere und eine Firmenkultur pflege, die von Offenheit, Nachdenklichkeit und Natürlichkeit geprägt sei«[10, 11].

Das letzte Element, das allen Fehlervermeidungs-Systemen gemein ist, ist ihr Vertrauen auf verifizierbare Daten – was Six-Sigma-Analysten als »Management durch Fakten« statt durch »Meinungen und Annahmen«[12] bezeichnen. Zu dem, was unerklärlicherweise bei der Operation im BIDMC schiefging, gehörte, wie Kenneth Sands darlegte, dass »[der Chirurg] aus welchen Gründen auch immer einfach das Gefühl hatte, auf der richtigen Seite [der Patientin] zu stehen«[13]. »Aus welchem Grund auch immer« und »einfach das Gefühl« sind genau die Art von Hinweisen, die durch Fehlervermeidungsprozesse überwunden werden sollen. Deswegen legen diese Prozesse so viel Wert darauf, sogar kleine, scheinbar alltägliche Verfahrensaspekte zu überprüfen. Denken Sie an das letzte Mal, als Sie Ihre Schlüssel im Auto eingeschlossen haben, weil Sie davon ausgingen, dass Sie sie wie immer in Ihre Tasche gesteckt hatten: Wir wissen aus eigener Erfahrung, dass routinierte Abläufe eine mögliche Fehlerquelle darstellen.

Sich auf Fakten und Zahlen zu verlassen, sich zu einer offenen und demokratischen Kommunikation zu verpflichten und sich einzugestehen, dass Fehler möglich sind: Dies sind die zentralen Lehrsätze von Fehlervermeidungssystemen. Darüber hinaus unterscheiden sie sich auch deutlich von unserem Alltagsdenken – unserem oberflächlichen und interessegeleiteten Umgang mit Beweisen, von den Ausschlussmechanismen enger Gemeinschaften und unser aller Rückgriff auf Abwehr und Leugnung. All die Fehlervermeidungstechniken haben deshalb ein Ziel: Sie sind das Gegengift zu unserem Festhalten am Status quo. Wenn wir diese Techniken über Bord werfen und uns auf unsere eigenen Mittel verlassen, werden wir – wie wir bereits gesehen haben – unreflektiert davon ausgehen, dass wir recht haben, und nur nach Fehlern suchen, nachdem etwas komplett schiefgegangen ist.

General Electric, Motorola oder American Airlines haben sehr gute Gründe, in diese Fehlervermeidungs-Strategien zu investieren. Ohne sie bestünde das Risiko, Menschenleben zu gefährden, eine schlechte Publicity auf sich zu ziehen, Gerichtsprozesse zu provozieren und Geld zu verlieren – vielleicht sogar das gesamte

Unternehmen. Mit anderen Worten: Es zahlt sich für Unternehmen aus, auf Irrtümer zu achten. Zwischen 1986 und 2006 brachte die Six-Sigma-Methode Motorola Einsparungen von mehr als 17 Milliarden Dollar ein[14]. Als die medizinische Abteilung der University von Michigan ein Entschuldigungs-und-Erklärungs-Programm einführte, sanken ihre jährlichen Rechtskosten von drei Millionen auf eine Million Dollar[15]. Auf nationaler Ebene könnten die Einsparungen ähnlich bedeutsam sein: Laut dem Institute of Medicine kosten medizinische Irrtümer die USA jährlich zwischen siebzehn und neunundzwanzig Milliarden Dollar[16].(Deswegen gilt die Verhinderung medizinischer Irrtümer weithin als Möglichkeit, die in die Höhe schießenden Kosten im Gesundheitswesen auszugleichen.) Und das schließt nicht einmal die Kosten ein, die sich nur schwer oder gar nicht quantifizieren lassen, vom Ruf des Unternehmens bis hin zur Kundenzufriedenheit – ganz zu schweigen vom Leben der Kunden.

Wenn es für Unternehmen sinnvoll ist, Fehlbarkeit zu akzeptieren und Fehler zuzugeben, dann gilt das Gleiche wohl auch für uns als Individuen – und für uns als Gemeinschaften, Kulturen und Nationen. Wir haben uns bereits ausführlich mit den Hindernissen beschäftigt, die uns dabei im Wege stehen: der Schwierigkeit, die Grenzen unseres Wissens zu erkennen, dem Reiz der Gewissheit und der Abwehrhaltung und dem Abstreiten, zu denen wir oft Zuflucht nehmen. Dennoch sind wir manchmal in der Lage, Ungewissheit und Irrtümer auszuhalten – und das nicht nur in Bereichen, in denen Leib und Leben auf dem Spiel stehen und die Finanzen dies erfordern, sondern auch in den Turbulenzen des Alltags.

Eines der ersten Wörter, die wir lernen, ist: Nein. Mag sein, dass »Papa« und »Mama« oder »mehr« oder »Arm« diesem Nein den Rang ablaufen, doch die Fähigkeit zur Ablehnung und Weigerung erwerben wir sehr, sehr früh – typischerweise in den ersten zwölf bis achtzehn Monaten. Diesem Nein folgt bald das »Ja« (seltener geht es ihm auch voraus), und eine Weile ist das die Welt, in der wir leben: ein Schwarz-Weiß-, Ja-und-Nein-Universum. Psychologen sprechen im Zusammenhang mit dieser Entwicklungsphase von »Spaltung«.[17] Doch etwa um das fünfte Lebensjahr passiert etwas Interessantes: Wir lernen das Wort »vielleicht«[18]. Mit diesem zaghaften Vorstoß lernen wir erstmalig, Unsicherheit zuzugeben, zu ermessen und über sie zu sprechen. Dieses ist ein wichtiger Schritt auf unserem Weg, so wie die Unternehmen und Krankenhäuser, mit denen wir uns gerade befasst haben, zu lernen, die Möglichkeit des Irrtums in unser Leben zu integrieren.

Von diesem ersten »Vielleicht« entwickelt sich unsere Sprache zu einem Glossar und einer Grammatik des Zweifels. An anderer Stelle dieses Buches habe ich die These aufgestellt, dass wir uns von Unveränderlichem angezogen fühlen, dass wir unsere Annahmen behandeln wie Fakten und uns angesichts von Vieldeutigkeit und Irrtum unwohl fühlen. All das trifft zu. Es trifft jedoch auch zu, dass wir, wenn die Umstände es erlauben, nicht nur in der Lage sind, unsere Unsicherheit mitzuteilen, sondern dies auch auf außergewöhnlich kreative und einfallsreiche Weise zu tun. Das beginnt mit einzelnen Wörtern *(vielleicht, wahrscheinlich, hypothetisch, zweifelhaft, fraglich, manchmal, gelegentlich, durchaus)* und erstreckt sich dann auf ganze grammatische Konstruktionen.

Der Konjunktiv – könnte, sollte, würde – bringt auf perfekte Weise Bedauern und Unsicherheit zum Ausdruck und suggeriert Unwahrscheinlichkeit, falsche Annahmen und vor allem Mehrdeutigkeit. Er dient uns dazu, Träume, Hoffnungen, Mutmaßungen, kontrafaktische Situationen, Unglauben und Zweifel zu beschreiben. Aus diesem linguistischen Baustein konstruieren wir unzählige verbale Strategien, um Unsicherheit und Irrtum Rechnung zu tragen: Wir schlagen vor (»ohne lange nachzudenken«), wir überprüfen (»Wie schätzt du die Situation ein?«), wir verallgemeinern (»grob gesagt«), wir schränken ein (»Ich bin geneigt, dir zuzustimmen«), wir sichern unsere Wetten ab (»nach bestem Wissen«), wir wägen ab (»Ich würde sagen, die Chancen stehen sechzig zu vierzig«), und wir verwischen unsere Spuren (»Aber das hast du nicht von mir!«). Auf seltsame Weise vervielfachen wir uns auch, um Platz für konkurrierende Überzeugungen zu schaffen. So sagen wir etwa, dass zwei Seelen in unserer Brust wohnen, so als würden zwei widersprüchliche Hypothesen es erforderlich machen, dass aus uns zwei unterschiedliche Menschen werden – ein Gedanke, der sich vereinbaren lässt mit der Vorstellung, dass Glaube und Identität nicht voneinander zu trennen sind.

In diesem Paralleluniversum zweier Seelen gibt es viele mögliche richtige und falsche (oder irgendwie richtige und irgendwie falsche) Antworten. Wir greifen zu diesem Bild, um die Bandbreite möglicher Haltungen zu einer Frage abzustecken, bevor wir Stellung beziehen – oder um anzuzeigen, dass Unsicherheit selbst unsere Haltung ist.

Bewusst oder unbewusst nutzen wir diese linguistischen Strategien auch, um unser Publikum zu beeinflussen. Widerspruch oder kategorische Aussagen anderer können beim Zuhörer Verstocktheit und Abwehr hervorrufen und seinen Widerspruchsgeist wecken. Im Gegensatz dazu kann eine Wortwahl, die Unsicherheit zum Ausdruck bringt, geradezu entwaffnend sein. Hier ein banales, aber typisches Beispiel: In einem Hochschulseminar, das ich früher einmal besucht habe, schickte eine Studentin ihrem Beitrag Folgendes voraus: »Ich könnte mich hier zu weit aus dem Fenster lehnen.« Vorher waren die Anwesenden streitlustig gewesen; es schien vorrangig darum zu gehen, den anderen immer eine Nasenlänge voraus zu sein und seine Vorredner zur Schnecke zu machen. Nach dieser Aussage schien sich die Atmosphäre im Raum jedoch zu entspannen. Da diese Studentin es wagte, die Vorläufigkeit ihres Gedankens zuzugeben, waren ihre Studienkollegen in der Lage, über dessen potenzielle Vorzüge nachzudenken, statt ihn voreilig für Unsinn zu erklären.

Solche entwaffnenden, selbstkritischen Kommentare (»Das könnte falsch sein, aber ...«, »Vielleicht liege ich hier daneben ...«) gelten eher als typisch für Frauen als für Männer. Es ist kein Zufall, dass man Frauen oft vorwirft, allzu schüchtern zu sein und ihr Selbst unter den Scheffel zu stellen. Aber ich denke nicht, dass das die ganze Wahrheit ist. Sich der eigenen Skrupel bewusst zu sein, auf Widersprüche zu achten, die Möglichkeit des Irrtums anzuerkennen: Dies sind in meinen Augen Zeichen für differenziertes Denken, das in den meisten Fällen den immer zuversichtlichen, holzhammerartigen, undifferenzierten Behauptungen vorzuziehen ist. Auch Philip Tetlock verteidigt diese und ähnliche Sprachmuster (oder eher die mentalen Gewohnheiten, die sie spiegeln) und beschreibt sie bewundernd als »das Selbst verändernde Denken«[19]. Das heißt, sie lassen uns als unser eigener intellektueller Sparring-Partner fungieren und damit an unseren Überzeugungen feilen. Sie helfen uns auch, schwierigen Themen gerechter zu werden und machen, dass wir im Denken mutiger sind. Doch durch kritische Reflexion werden auch die Unterhaltungen interessanter. Die vielleicht bemerkenswerteste und paradoxeste Wirkung der Bemerkung der Studentin, sie könne sich hier zu weit aus dem Fenster lehnen, war, dass ihre Studienkollegen ihre Idee ernster nahmen, obwohl sie angedeutet hatte, dass diese potenziell falsch sein könne.

Das ist wichtig, wie Harville Hendrix feststellte, denn Zuhören bedeutet Platz für unsere eigene Fehlbarkeit zu schaffen. Sie denken vielleicht, das sei ganz leicht – sicherlich leichter als technische Methoden wie Six Sigma –, doch wie wir bereits gesehen haben, ist es schwer. Zumindest ist es schwer, genau und für längere Zeit zuzuhören. Das trifft auch auf Situationen zu, in denen sorgfältiges Zuhören wirklich notwendig ist. Studien haben gezeigt, dass Ärzte ihre Patienten in der Regel schon achtzehn Sekunden, nachdem diese begonnen haben, den Grund ihres Besuches zu erklären, unterbrechen[20]. Darauf trainiert, so schnell wie möglich zu einem Krankheitsbild zu kommen, beginnen sie oft, eine Diagnose zu stellen, noch bevor der Patient seinen Zustand richtig beschrieben hat. Das ist für den Patienten, der unterbrochen wird, frustrierend und sollte uns besorgt machen: Niemand will so von einem Arzt behandelt werden, und keiner glaubt im Ernst, dass ein solches Verhalten zu optimalen medizinischen Resultaten führt. Doch dank unseres interpretationsfreudigen Verstands machen sich die meisten von uns im Alltag eben genau dieses Verhaltens schuldig. Sobald wir recht zu haben meinen, schauen wir nicht mehr nach rechts oder links, sondern schenken nur noch den Details Aufmerksamkeit, die unsere Überzeugung stützen, oder hören gar nicht mehr zu.

Wenn uns hingegen bewusst ist, dass wir uns irren könnten, sind wir viel geneigter, andere ausreden zu lassen. Auch das erleben wir im Bereich der Medizin, denn Ärzte, die *keine* Diagnose finden – oder Grund zu der Annahme haben, dass die von ihnen gestellte falsch ist –, können zu ganz geduldigen Zuhörern werden, die sich auf der Suche nach dem einen aufschlussreichen Detail eine Krankengeschichte immer wieder anhören. Doch mein Lieblingsbeispiel für das Verhältnis von Zuhörenkönnen und der Fähigkeit, Irrtümer auszuhalten, bietet ein Mann namens John Francis – der 1973 ein Schweigegelübde ablegte, das er dann siebzehn Jahre lang einhielt[21].

John Francis war kein Mönch und auch nicht besonders mönchisch. Der in Philadelphia geborene und aus der Arbeiterklasse stammende Afroamerikaner legte sein Schweigegelübde eher durch Zufall im Zusammenhang mit einem anderen Versprechen ab. Als es 1971 in der Bucht von San Francisco, wo Francis damals lebte, zu einer Ölkatastrophe kam, beschloss Francis, nicht mehr Auto zu fahren. »Wenn ich die Straße entlangging«, erzählte Francis dem Umweltmagazin *Grist*, »sind die Leute stehen geblieben und haben darüber geredet, was ich tat, und jedes Mal habe ich mich mit ihnen gestritten. Und da wurde mir klar, dass ich das eigentlich gar nicht wollte. Also beschloss ich an meinem Geburtstag« – er war gerade siebenundzwanzig geworden –, »meiner Gemeinde ein bisschen Ruhe zu gönnen, denn, Mensch, ich hab mich immer nur gestritten.«

Francis hatte ursprünglich nicht vor, lange zu schweigen. »Ich beschloss, einen Tag nicht zu sprechen und zu sehen, was passiert.« Das Ergebnis dieses Experiments war jedoch so interessant, dass er es weiter ausdehnte. Übereinstimmend mit Harville Hendrix' Forderung, dass wir »zuhören und noch mal zuhören« sollten, wenn wir unsere Beziehungen positiv verändern wollen, stellte Francis fest, dass sein Schweigen die Art, wie er andere Menschen und ihre Ideen sah, sehr veränderte. »Als mir klar wurde, dass ich nicht zugehört hatte«, sagte Francis, »war das so, als ob ich die Hälfte meines Lebens weggeschlossen hätte.« Schweigen, so betonte er, »heißt *nicht* nur nicht sprechen... Du hörst Dinge, die du nie zuvor gehört hast, und du hörst die Dinge so, wie du sie nie zuvor gehört hast. Und mit Dingen, mit denen ich früher ganz und gar nicht einverstanden war, konnte ich mich nun anfreunden.«

Nur zuzuhören, um zu widersprechen, sich zu streiten, den anderen zu beschuldigen: Diesen Reflex kennen die meisten von uns allzu gut. Nicht mehr zu sprechen mag ein krasses Gegenmittel sein, doch schlichtes Zuhören wäre möglich. Denn wollen wir die Möglichkeit zu irren nicht länger ausschließen, bleibt uns nur eins: Wir müssen aufhören, uns zwanghaft zu verteidigen – zumindest ab und an. Ob in der Liebe, der Medizin und im Leben überhaupt: Zuhören ist ein Akt der Demut, der dafür steht, dass auch die Ideen anderer interessant und relevant sind, dass unsere eigenen falsch sein können, und wir noch dazulernen.

Wir haben verschiedene Möglichkeiten, Fehler zu vermeiden: Wir können die Fähigkeit fördern, einander zuzuhören, und die Freiheit, offen unsere Meinung zu sagen. Wir können offene und transparente Umgebungen schaffen statt eine Kultur der Verschwiegenheit und Verschleierung. Und wir können es jedem gestatten – nicht nur einem mächtigen inneren Zirkel – und jeden dazu ermutigen, offen zu äußern, wenn er Anzeichen für einen Irrtum erkennt.

Diese Maßnahmen sind vielleicht ein Rezept zur Identifikation und Eliminierung von Fehlern, aber sie klingen nach etwas anderem: einem Rezept für Demokratie. Das ist kein Zufall. Denn auch wenn wir das nicht immer so sehen, stellt die Demokratie doch eine weitere Methode dar, die Irrtümer anzuerkennen und ihre gefährlicheren Inkarnationen einzudämmen hilft.

Wir sehen den Bezug zum Irrtum klarer, wenn wir uns die Entstehung der modernen Demokratie vor Augen führen. Im Europa des Mittelalters ging man allgemein davon aus, dass die Regierungsmacht von Gott verliehen werde – ein Glaube, von dem die politische und religiöse Lehre zeugt, die wir als Gottesgnadentum kennen. Dieser Lehre zufolge unterstanden politische Führer explizit keiner irdischen Macht und waren implizit als Gottes Auserwählte auch unfehlbar. (In gewissem Sinne sind diese beiden Vorstellungen identisch. So zeigte der französische Philosoph Joseph Marie Maistre auf, dass praktisch kein Unterschied besteht zwischen einem unfehlbaren Führer und einem, dessen Unfehlbarkeit man nicht anzweifeln darf[22].) Als im 15. Jahrhundert in Europa eine Säkularisierung der Politik einsetzte, verlor diese Lehre allmählich an Bedeutung. Im Verlauf der nächsten dreihundert Jahre nahm der Einfluss des Klerus stark ab, der Glaube wurde in seine eigene Sphäre zurückgedrängt und definierte nicht mehr das öffentliche Leben, und die politischen Führer wurden zunehmend als bloße Sterbliche gesehen. Das hatte die positive Folge, dass korrupte oder inkompetente Herrscher rechtmäßig abgesetzt werden konnten. Doch die Kehrseite der Medaille war, dass man nun davon ausging, dass *alle* Führer Fehler zu machen imstande waren. Deswegen machten sich die Philosophen der Aufklärung – die ja, wie wir gesehen haben, vom Problem des Irrtums besessen waren – Gedanken darüber, was man gegen die politische Fehlbarkeit unternehmen könne.

Bei den Antworten, mit denen sie aufwarteten, ging es immer wieder um die Idee der Demokratie. So argumentierte etwa Rousseau in seinem *Gesellschaftsvertrag* von 1762, dass »der Gemeinwille immer auf dem rechten Weg ist«[23], auch wenn einzelne Herrscher fehlbar sind. (Rousseau wurde stark von der damals aufkommenden Wahrscheinlichkeitstheorie und Statistik beeinflusst. Seine Vorstellung, dass aus dem Gemeinwillen des Volkes eine unfehlbare Politik erwachsen könne, verdankte er zum großen Teil der Theorie der Fehlerverteilung.) Auf der anderen Seite des Atlantiks beteuerte Thomas Jefferson, »dass die Wahrheit groß ist und sich durchsetzen wird, wenn man sie sich selbst überlässt. Sie ist die eigentliche und hinlänglich starke Gegnerin des Irrtums und hat von diesem Streit nichts zu befürchten, außer sie wird durch menschliche Eingriffe ihrer natürlichen Waffen – der freien Auseinandersetzung und Diskussion – beraubt.«[24] Rousseau zufolge konnte der Irrtum besiegt werden, wenn man das Volk die Führer und die Politik seiner Nation wählen ließ. Jefferson zufolge konnte er besiegt werden, indem man die Menschen ihre Meinung sagen ließ. Direkte Wahlen und Redefreiheit – beide gehören zur Definition beziehungsweise sind das Wahrzeichen der Demokratie.

Als einer der Gründungsväter der Vereinigten Staaten brachte Jefferson deren Gründungsideal zum Ausdruck: dass die politische Führerschaft nicht von einem einzelnen, angeblich unfehlbaren Herrscher ausgehen sollte, sondern von einem für alle sichtbar unvollkommenen Gemeinwesen, aus dessen Turbulenzen und Irrtümern ein Weg zu Freiheit und Gerechtigkeit für alle entstehen würde. So jung die Nation auch war, schon gab es einen Präzedenzfall dafür, selbst schwerste Fehler zu tolerieren. So schrieb der Historiker Richard Hofstadter in *The Idea of a Party System*, Amerikas politische Freiheit fahre als blinder Passagier auf dem Schiff der religiösen Freiheit. »Wenn [in den Kolonien] in Angelegenheiten tiefsten Glaubens der Irrtum ertragen werden konnte«, schrieb Hofstadter, »so war damit für das politische Spiel ein Modell geschaffen, um den Irrtum im Interesse des sozialen Friedens zu ertragen.«[25]

Tatsächlich ertrugen Jefferson und die amerikanischen Gründerväter ihn nicht nur. Sie hießen ihn praktisch willkommen, und das nur um des sozialen Friedens willen. Ganz im Ethos der Aufklärung begriffen diese Denker, dass Wahrheit und Irrtum im ersten Moment oft nicht als solche zu erkennen sind. Deswegen kamen sie zu dem Schluss, dass man allen Ideen, unabhängig von ihrem offen erkennbaren Verdienst, Raum lassen müsse. So sagte Benjamin Franklin, kurz bevor er seinen Namen unter die berühmteste Urkunde in der amerikanischen Geschichte setzte: »Ich gebe zu, dass die Verfassung mehrere Artikel enthält, die ich derzeit nicht gutheiße, aber ich bin mir nicht sicher, dass ich sie nie gutheißen werde. Denn in meinem langen Leben hat es mehrere Situationen gegeben, in denen ich aufgrund besserer

Informationen oder genauerer Überlegungen verpflichtet war, selbst zu wichtigen Themen meine Meinung zu ändern, weil ich eines Besseren belehrt wurde.« Keine Rede hätte in dieser Situation passender sein können, denn die Gründung der Vereinigten Staaten basierte nicht zuletzt auf der Erkenntnis, dass ein politisches System ohne Toleranz des Irrtums keinen Erfolg haben kann.

Und so war es tatsächlich. Die oft frustrierende, aber letztlich positive politische Entdeckung Amerikas ist die: Wir sind gezwungen, in Zusammenarbeit mit Leuten zu regieren, deren politische Überzeugungen wir nicht teilen. Dies zeigt sich im Föderalismus (der Machtteilung zwischen der Bundesregierung und den Regierungen der einzelnen Staaten) wie auch im System der Gewaltenteilung (zwischen Legislative, Exekutive und Judikative). In beiden Fällen ist das Recht zu regieren unter verschiedenen Instanzen aufgeteilt, um vor Machtkonzentration zu schützen und sicherzustellen, dass ein Standpunkt nicht alle übrigen verdrängen kann. Die Toleranz gegenüber Irrtümern zeigt sich auch darin, dass unsere Gesetze geändert werden dürfen. Auch steht es uns frei, die politische Vergangenheit zu kritisieren. (Dieser Gedanke, der für uns so selbstverständlich ist, dass wir uns gar nichts anderes vorstellen können, wäre für die meisten Regierungsformen der Geschichte ein Gräuel gewesen.) Vor allem aber kommt diese Toleranz durch zwei Kennzeichen der Demokratie zum Ausdruck: politische Parteien und Redefreiheit.

Politische Parteien zu akzeptieren fiel den Vereinigten Staaten nicht leicht. In den Anfangsjahren lag die Notwendigkeit, Uneinigkeit und Irrtum zuzulassen, im Widerstreit mit einer anderen Gründungsidee: dass Amerika ein politisches Utopia sein würde, ein Ort der Vollkommenheit, in dem sich Meinungsverschiedenheiten erübrigen würden. Diese utopischen Ziele führten zu einem starken Anti-Parteien-Affekt. Obwohl praktisch alle Politiker der jungen Nation einer Partei angehörten (entweder Alexander Hamiltons Föderalisten oder Jeffersons und James Madisons' Demokratischen Republikanern), stempelten sie Parteilichkeit als gefährlich ab und hofften, sie bald beendet zu sehen – sobald ihre eigene Partei als die einzig legitime anerkannt würde. Die Vereinigten Staaten stabilisierten sich erst als Nation, wie Hofstadter schrieb, als sie den Traum aufgaben, ein Einparteien-Utopia zu sein, und die Existenz politischer Opposition als entscheidend für den Erhalt der Demokratie akzeptierten.

Zweieinhalb Jahrhunderte später fällt es uns schwer anzuerkennen, wie radikal dieser Wandel war – nicht nur für Amerika, sondern für die ganze Welt. Bis dahin wurde politische Opposition normalerweise als »äußerst subversiv und illegitim« eingestuft, wie Hofstadter es formulierte, und die normale Politik war die, »sie zu ersticken oder zu unterdrücken«[26]. Dies geschieht auch heute noch in totalitären Systemen, in denen abweichende Meinungen als gefährlich gebrandmarkt und dementsprechend vom Staatsapparat unterdrückt werden.[27] Im Gegensatz dazu sind Mehrparteiensysteme offen gegenüber Irrtümern. Sie erlauben nicht nur konkurrierende Ansichten, sie erachten sie sogar als *wünschenswert*.

Das zeigt, dass die Existenz politischer Parteien den Weg für die Meinungsfreiheit ebnet. Regierungen, die ihre Fehlbarkeit verneinen, können keinen Dissens gebrauchen (sondern müssen ihn vielmehr zerstören). Doch jene, die sich die Gefahr eingestehen, Irrtümern zu erliegen, und bereit sind, ihre Fehler zu verringern oder zu korrigieren, müssen die freie Meinungsäußerung zulassen – selbst wenn das Geäußerte merkwürdig, unpatriotisch oder sogar unwahr zu sein scheint. »Man braucht keine Freiheit«, so sagte Gandhi, »die nicht die Freiheit einschließt, Fehler zu machen.«[28] Ich würde sogar so weit gehen, zu sagen:

Freiheit ist *nicht* Freiheit, wenn sie nicht das Recht einschließt, Fehler zu machen. Eine wirklich aufgeschlossene Regierung muss begreifen, dass sie sich (wie wir alle) jederzeit irren kann, man nur nicht immer sofort weiß, wann dies der Fall ist. Dann muss sie sich auf ihre Dissidenten und Skandalaufdecker verlassen und ihnen ermöglichen, ohne Angst vor Repressionen ihre Meinung zu vertreten. Womit wir wieder bei unserem Paradoxon sind: Die einzige Möglichkeit, sich vor Irrtümern zu schützen, ist die, sie zu akzeptieren. Demokratien wie Menschen müssen erkennen, dass sie sich manchmal irren; und sie müssen sich mit dem Gedanken trösten, dass diese Fehler ein Zeichen ihrer Freiheit sind.

Schön und gut – Demokratie ist ganz prima ... –, aber was passiert, wenn die Irrtümer freier und offener Gesellschaften unzumutbar sind? In Kapitel 7 haben wir gesehen, dass die demokratische Schweiz sich bis 1971 weigerte, auch Frauen das Wahlrecht zu gewähren. Die demokratische Regierung der Vereinigten Staaten hat im Verlauf ihrer Geschichte die Versklavung von Menschen sanktioniert, ihre eigenen Bürger in Internierungslager gesteckt, die politische Opposition in vielen anderen Ländern ausspioniert, mögliche Staatsfeinde gefoltert und damit demonstriert, in welchem Maße und wie grundlegend eine demokratische Nation zu irren imstande ist.

Man könnte behaupten, dass diese hässlichen Episoden eher den Zusammenbruch als das Ergebnis der Demokratie repräsentieren, doch das wäre, im besten Fall, die tröstliche Halbwahrheit des Abweichlers. Wenn ein System die Unvermeidbarkeit des Irrtums akzeptiert und dementsprechend die Äußerung jedweder Überzeugung zulässt und wenn dann eine dieser Überzeugungen – sagen wir, dass Schuldner inhaftiert oder Ehen zwischen verschiedenen Rassen verboten werden sollten – zur allgemeinen Politik wird, wer will dann sagen, dass es sich um eine Perversion und nicht um Demokratie handelt?

Auch in dieser Hinsicht ähnelt die Politik der Fehlerakzeptanz und -vermeidung den Methoden, die wir im ersten Teil dieses Kapitels kennengelernt haben. Ob in der Politik, der Industrie oder im Alltagsleben, wir können ein System einführen, um Fehler zu verhindern, aber wir können unser Leben darauf verwetten, dass wir nie alle verhindern werden. Der Irrtum, so scheint es, ist uns immer einen Schritt voraus.

Wir werden also nie all unsere Fehler erwischen, dürfen aber auch nicht die Jagd nach ihnen aufgeben, da der Preis – in Form von Menschenleben oder Geld oder schierer Torheit – einfach zu hoch wäre. Unsere einzige Möglichkeit ist also die, weiterhin mit Irrtümern zu leben und nach ihnen zu suchen. Sie lauern eh überall. Deshalb möchte ich nun eine letzte und berühmte Methode vorstellen, die Wahrscheinlichkeit des Irrtums anzunehmen (und damit zu verringern). Diese Methode verdanken wir Descartes, dessen Irrtumsbesessenheit ausgesprochen produktiv war. In *Meditationen über die Grundlagen der Philosophie* machte Descartes sich daran herauszufinden, wie (und ob) wir zwischen falschen Überzeugungen und wahrem Wissen unterscheiden können. Er stellte zunächst fest, dass der Schwere unserer Irrtümer theoretisch keine Grenzen gesetzt sind – weil, wie Descartes sagte, Gott uns auch bei scheinbar völlig klaren Sachverhalten täuschen lassen könne.

Dieses Verhalten mutet nicht gerade fromm an, was vielleicht der Grund dafür war, dass Descartes als gedankliche Figur den bösen Geist einführte[29]. Dies schuf die Voraussetzung für die wohl gründlichste Auseinandersetzung mit der Möglichkeit, dass wir uns irren könnten. Der böse Geist verleitete Descartes dazu, alles anzuzweifeln, was sich nur anzweifeln lässt, einschließlich seiner eigenen Existenz – obwohl unsere Existenz das

Einzige ist, wie er schließlich einräumte, auf das wir uns verlassen können. Außerdem muss es ein »Ich« geben, das dieses Denken unternimmt. Und hier die Schlussfolgerung: *cogito, ergo sum.*

Es ist schön, dass man uns versichert, dass wir denken können, doch man wird uns an diesem Punkt sicherlich die Frage verzeihen: zu welchem Zweck? Die philosophische Irrtumsforschung lehrt uns, dass unsere Gedanken existieren, doch womöglich wenig Ähnlichkeit mit dem tatsächlichen Zustand der Welt haben. Untersuchungen der Industrie und der Politik lehren uns, dass selbst die größten Anstrengungen, vor Irrtümern auf der Hut zu sein, uns und unsere Gesellschaft nicht immer vor katastrophalen Fehlern bewahren können. Und denken Sie auch an die pessimistische Metainduktion – die Vorstellung, dass sich manchmal schon die besten Ideen als falsch erwiesen haben und dass sich manch neue Idee zukünftig ebenso erweisen wird.

Was sollen wir nur mit so viel Pessimismus, so viel radikaler Ungewissheit anfangen? Brauchen wir diesen Pessimismus? Nützt er uns? Der Pragmatiker Charles Peirce verneinte dies. Er spottete über Descartes und riet dazu, »in der Philosophie [nicht] das anzuzweifeln, was wir in unseren Herzen nicht anzweifeln«[30]. Schön und gut: Wie wir gesehen haben, haben wir alle Vorstellungen (und müssen sie haben), die sich entweder unserem bewussten Bewusstsein entziehen oder unserer Ansicht nach unanfechtbar sind, und deshalb glaube ich, dass Pierce sich irrte. Zweifeln heißt, unsere Überzeugungen infrage zu stellen. Wenn wir formale Methoden entwickelt haben, dies zu tun, dann deswegen, weil unser Herz, wie ich gezeigt habe, nicht sehr gut darin ist.

Auch bezahlen wir einen Preis für diese Schwäche. Damit meine ich nicht nur, dass wir Fehler machen, die sich vermeiden ließen. Es stimmt, dass diese Fehler uns teuer zu stehen kommen können, doch der Preis, den wir zahlen, wenn wir unsere Fehlbarkeit ignorieren, ist weitaus höher. Er erstreckt sich, in der Tat, auf unsere gesamte Lebenseinstellung. Als Sokrates seine Studenten unterrichtete, ging es ihm nicht darum, sie mit Wissen vollzustopfen. Vielmehr versuchte er, sie in die Aporie zu führen: einen Zustand des Zweifels, der Verblüffung und der Verwunderung angesichts der Komplexität und der Widersprüche der Welt. Wenn wir Fehlbarkeit nicht zulassen können, verlieren wir diese Art des Zweifelns. Hier geht es nicht um Hamlets Zweifel – den der Qual angesichts einer schwierigen Entscheidung. Und es ist auch nicht der Zweifel der Unsicherheit, der Besorgnis oder Gleichgültigkeit. Dies ist ein aktiver, forschender Zweifel: einer, der uns dazu anhält, uns auf unsicheres Terrain zu begeben und über den Tellerrand hinauszuschauen; einer, der den Geist nicht spaltet, sondern vervielfacht, wie ein Baum, in dem drei Amseln hocken und der gesamte Bronx-Zoo noch dazu. Dies ist der Zweifel, den wir opfern, wenn wir den Irrtum nicht zulassen können – den Zweifel der Neugier, der Möglichkeit, der Verwunderung.

Aber wir lassen uns auch noch etwas anderes entgehen, wenn wir unserer Fehlbarkeit den Rücken zukehren. In diesem Kapitel ging es vor allem um die Bedeutung, unsere Fehler als Chance anzuerkennen, sie einzudämmen oder zu eliminieren. Manchmal ist die Akzeptanz von Irrtümern jedoch kein Mittel zum Zweck, sondern der Zweck an sich. Und so möchte ich mich nun einem ganz anderen Grund zuwenden, Irrtümer zuzulassen: um des reinen Vergnügens willen.

Kapitel 15
Die optimistische Metainduktion

>*»Das Geheimnis des Lebens besteht darin,*
>*daß es einem noch Spaß macht, wenn man*
>*ganz, ganz abscheulich betrogen wird.«*
>Oscar Wilde, Eine Frau ohne Bedeutung

Seit mindestens zweieinhalbtausend Jahren versuchen Schriftsteller, Philosophen und Kritiker, die Natur dieser Beziehung zwischen Humor und Irrtum zu verstehen. Hartnäckig hält sich die gemeine Behauptung, dass wir über Situationen lachen, in denen wir auf andere Menschen herabsehen. Diese Behauptung ist bekannt als die Überlegenheitstheorie des Humors[1], deren berühmtester Vertreter Thomas Hobbes war. Laut Hobbes erwächst Humor »aus einem plötzlichen Überlegenheitsgefühl, das durch den Vergleich mit den Schwächen anderer beziehungsweise früheren eigenen Schwächen ausgelöst wird«. Der Überlegenheitstheorie zufolge bringen Fehler uns zum Lachen, weil sie alle, die sie begehen, dumm und uns im Vergleich dazu gut aussehen lassen. Nach diesem Erklärungsmodell bestätigt die Komik unsere fehlerhafte (und erwünschte) Beziehung zur Wahrheit: die Tatsache, dass wir sie besitzen, die anderen hingegen nicht.

Die Überlegenheitstheorie erklärt auch, warum wir über Leute lachen, die aus Versehen gegen Glastüren rennen. Doch Überlegenheit scheint weder ein notwendiger Bestandteil (was hat ein Elefantenwitz mit Überlegenheit zu tun?) noch ein ausreichender Bestandteil der Komik zu sein (was ist lustig an der Gebrechlichkeit eines alternden Elternteils?). Auch scheint sie dem Humor zwei seiner zentralen Elemente zu rauben: seine Heiterkeit und Leichtigkeit, und sie durch ein böses »Jeder ist sich selbst der Nächste« zu ersetzen.

Den Zusammenhang von Komik und Irrtum zu sehen heißt zu verstehen, dass wir nicht aus einem Gefühl der Selbstzufriedenheit, sondern der Selbsterkenntnis über andere lachen. Manche Denker sind sogar der Ansicht, der Sinn der Komödie bestehe darin, uns unsere Fehler deutlich zu machen. Diese Vorstellung – wir könnten sie die Selbstverbesserungstheorie des Humors nennen – wurde von Sir Philip Sidney, dem Kritiker des Elisabethanischen Zeitalters zusammengefasst, der dafür plädierte, dass die Komödie als »Nachahmung der Fehler unseres Lebens«[2] dienen sollte. Fast ein Jahrhundert später brachte auch der große Komödiendichter Molière diesen Gedanken zum Ausdruck, als er sagte, es sei »die Pflicht der Komödie, den Menschen zu bessern, indem sie ihn amüsiere«[3].

So unterschiedlich sie uns auch erscheinen mögen, die Selbstverbesserungstheorie und die Überlegenheitstheorie des Humors haben eins gemeinsam. Bei beiden geht es um das Wesen des Irrtums: Ihnen zufolge lachen wir über bestimmte Fehler, ob aus einem Gefühl der Überlegenheit oder des bedauernden Erkennens. Eine andere Hypothese jedoch verzichtet auf das Wesen des Irrtums zugunsten seiner Struktur. Die Rede ist von der Inkongruenztheorie des Humors[4] – meines Erachtens die beste. Sie hat am meisten Substanz. Aristoteles verschrieb sich der Inkongruenztheorie (und erfand sie womöglich), ebenso die Philosophen Schopenhauer, Kierkegaard und Kant. In jüngerer Zeit erforschte Ward Jones (dem wir im Zusammenhang mit dem Weil's-wahr-ist-Gebot bereits begegnet sind) das Reich der Komik und kam zu dem Schluss, dass Fälle von Inkongruenz »in aller Regel den Humor ausmachen«.[5]

Wie ihr Name zeigt, postuliert die Inkongruenztheorie, dass der Humor einem Missverhältnis entspringt – vor allem einem zwischen Erwartung und Wirklichkeit. Dieser Theorie zufolge beginnen lustige Situationen mit dem Festhalten an einer Vorstellung, die bewusst oder unbewusst, flüchtig, tief oder ehrlich sein kann oder aber dem Betroffenen bewusst von einem Komödianten oder Schelm untergejubelt wurde. Diese Vorstellung wird dann zerstört, was Überraschung, Verwirrung und eine Ersatzvorstellung nach sich zieht – und nebenbei auch noch Vergnügen und Gelächter hervorruft. Mit anderen Worten, die Struktur des Humors ist – plus minus ein bisschen Vergnügen – die Struktur des Irrtums.

Diese strukturelle Ähnlichkeit ist deutlich erkennbar in Shakespeares *Komödie der Irrungen* (worin sonst?). Die Handlung dreht sich um zwei Zwillingspaare – zwei Diener, eineiige Zwillinge, und ihre jeweiligen Herren, ebenfalls eineiige Zwillinge –, die in frühester Kindheit getrennt wurden und später, ohne es zu wissen, in der Stadt Ephesus (der heutigen Türkei) zusammentreffen. Wie vorauszusehen, kommt es zu einem Strudel von Verwechslungen. Ein Diener wird zu einer Besorgung losgeschickt, der andere geschlagen, weil er seinen Auftrag nicht erfüllt hat; ein Zwilling macht unwissentlich der Schwägerin des anderen einen Antrag, die natürlich über seine vermeintliche Untreue entsetzt ist, usw.

Warum ist die *Komödie der Irrungen* komisch? Dem Kritiker Bertrand Evans zufolge ist sie das nicht – gemessen an üblichen Standards. Keine der Gestalten ist komisch per se (es gibt hier weder einen Witzbold noch einen Hanswurst), und fast keiner der Dialoge reicht heran an den Schlagabtausch aus Witz und Erotik, der für Shakespeares spätere Werke so charakteristisch ist. Die *Komödie der Irrungen* ist genau das, was sie zu sein behauptet: Wir lachen (und das beinahe ausschließlich), weil die handelnden Personen sich fortwährend irren. Wie Evans sagte: »Die Quelle der Heiterkeit ist die Kluft zwischen dem Verständnis der Beteiligten und unserem.«

Diese »ausbeutbare Kluft«[6], die für die Komik in der *Komödie der Irrungen* sorgt, wurde im Lauf der Geschichte immer wieder angezapft. Falsche Vorstellungen mögen dem Irrtum zugrunde liegen, aber sie sind auch *die* Ursache einer komischen Handlung, von *Tartuffe* (womöglich die lustigste Sittenkomödie aller Zeiten) bis *Tootsie* (womöglich die lustigste romantische Komödie aller Zeiten).[7] Diese Kluft ist auch verantwortlich für einen Großteil der ungewollten Komik im Alltagsleben.

Vergnüglichen Irrtümern sind wir schon begegnet, vor allem in der Form optischer Täuschungen. Tatsächlich sind Komödie und Illusion enge Verwandte. In seinem einflussreichen Essay über das Lachen aus dem Jahr 1900 postulierte Henri Bergson Folgendes: »*Komisch ist eine Situation immer dann, wenn sie gleichzeitig zwei völlig unabhängige Ereignisreihen hervorbringt und gleichzeitig auf zwei ganz verschiedene Arten gedeutet werden kann.*«[8] Wenn eine Situation zwei unterschiedliche visuelle Interpretationen zulässt, haben wir es mit einer optischen Illusion zu tun (wie die Bilder mit Vasen/Gesichtern und alter Frau/junger Frau). Wenn eine Situation zwei unterschiedliche intellektuelle Interpretationen zulässt, haben wir es unter anderem mit der *Komödie der Irrungen* zu tun. Oder mit Abbot und Costellos *Who's on First?*. Oder mit Wortspielen, bei denen ein Wort oder Ausdruck auf zwei unterschiedliche Arten interpretiert werden kann. Oder mit dem Kinderspiel »Stille Post«, bei dem das Vergnügen dem Vergleich der ursprünglichen Botschaft mit der späteren entspringt, in die sich immer mehr Fehler eingeschlichen haben.

Ich will damit nicht sagen, dass Inkongruenz zu einer Einheitstheorie des Humors führt. Schließlich habe ich dieses Buch mit einem Zitat von Bergson begonnen, in dem er sich dagegen verwahrt, »die komische Phantasie ... in eine Definition zu zwängen«. Nicht immer entspringt Komik einem Irrtum – der »ausbeutbaren Kluft« zwischen Erwartung und Realität. Und nicht jeder Irrtum ist komisch. Wir wissen aus schmerzlicher Erfahrung, dass die Zerstörung einer Erwartung uns verwirren oder niederschmettern kann statt uns zum Lachen zu bringen.[9] Doch auch wenn Humor ohne Irrtum möglich ist, so würde er in einer Welt ohne Fehler nicht gedeihen. Wenn die Irrtümer fehlen, droht die Quelle des Humors zu versiegen – vielleicht nicht vollständig, aber sie tröpfelt dann nur noch.

Seltsam diese Kluft, über die ich immer wieder spreche. Einerseits bildet sie einen Spalt zwischen uns und dem, was uns umgibt. Sie beschert uns sowohl Irrtümer als auch (wenn wir zu tief in den Spalt blicken) ein existenzielles Schwindelgefühl – das Bewusstsein, dass wir in Wahrheit allein sind. Andererseits beschert sie uns auch eine Komik, die wir bewusst erschaffen, um uns das Leben leichter zu machen. Und das ist nicht die einzige Form der Kreativität, die wir ihr verdanken. Der Psychologe Rollo May argumentierte, dass *alle* Kunst »durch diese Begegnung zwischen einem Menschen ... und einer objektiven Realität ... entsteht«[10]. Bergson pflichtete ihm bei. »Würde die Wirklichkeit unmittelbar an unsere Sinne und unser Bewusstsein rühren«, so schrieb er, »könnten wir mit den Dingen und mit uns selbst in direkte Beziehung treten, so wäre die Kunst wohl reichlich überflüssig.«[11] Wie der Irrtum entsteht auch die Kunst, weil wir Dinge nicht ohne Umwege so verstehen können, wie sie sind.

Die Tatsache, dass es sich bei Kunst an sich um eine ungenaue Darstellung der Realität handelt, ist schon seit Menschengedenken ein philosophischer Einwand gegen dieses Unternehmen. In einer der berühmtesten Passagen der *Republik* behauptet Platon, dass eine ideale Zivilisation alle Künstler mit der Begründung verbannen würde, dass sie die Wahrheit verzerren[12]. Wie gewöhnlich zieht er Sokrates als seinen Sprecher heran, der seinen Angriff auf die Kunst damit beginnt, dass er uns auffordert, (ausgerechnet) an ein Bett zu denken. Ein Bett, sagt Sokrates, hat drei Formen. Die erste Form ist göttlich. Da Gott alles erschaffen hat, muss er die Idee des Bettes erschaffen haben, weswegen das einzige wirklich perfekte Bett nur in der Vorstellung Gottes existiert. Die zweite Form ist die, die wir bei Ikea kaufen können. Sie verzerrt zwar das göttliche Ideal, verdient aber dennoch einen Platz in der Republik, da selbst ein Philosophen-König irgendwo schlafen muss. Die dritte Form jedoch ist das Bild eines Bettes, und genau dort zieht Sokrates die Grenze. Denn hier wird das göttliche Ideal nicht aus einem praktischen Grund zerstört: Schließlich kann niemand auf den Matratzen schlafen, auf denen all die Aktmodelle der Uffizien lagern. Bilder, so Sokrates, sind deshalb nichts weiter als Imitationen von Imitationen, »drei Grade von der Wahrheit entfernt«. Das Gleiche gilt für die literarischen Künste. »Wir können also festsetzen, daß das ganze Geschlecht der Dichter, um von Homer anzufangen, bloß aus Leuten besteht, die bloß die Bilder der Tugend nachahmen ... von der Wahrheit hingegen nichts berühren.«

Sokrates' Einwand gegen diese Imitationen lautet nicht, dass sie, wie Abbildungen von Möbeln, nutzlos seien. Für ihn sind sie sogar *schlimmer* als nutzlos. Wie Narrenfeuer und Luftspiegelungen führt die Kunst uns in die Irre, indem sie das Abbild der Realität als Realität selbst ausgibt. Mit welchem Teil unseres Selbst, so fragt Sokrates, wertschätzen wir die Kunst? Mit unseren Sinnen natürlich – und wir wissen bereits, wie verlässlich *die* sind. Nicht nur »daß seine Arbeiten [die des Künstlers] im Vergleich mit der Wahrheit jämmerlich sind«, sagt Sokrates, der Künstler nährt auch »den niedrigern Theil der Seele«. Für ihn besiegelt dies den Handel: »Ebendieses Geständnis hatte ich zur Absicht, als ich sagte, daß die Mahleren, und überhaupt die ganze nachahmende Kunst, sehr weit von der Wahrheit entfernt, an den Gegenständen ihrer Bearbeitung sich belustige; und auf der anderen Seite sich an denjenigen Theil in uns, der weit von der Besonnenheit entfernt ist, halte, sich mit ihm befreunde und ihn liebe, ohne etwas Gesundes und Wahres zur Absicht zu haben.«

Platons Kritik an Künstlern hat schon so manchen Studenten angewidert aus dem Philosophieeinführungskurs stürmen lassen. Und das zu Recht: Die meisten von uns wollen sich ein Leben ohne Literatur und Kunst nicht vorstellen, und wir verbinden nichts Gutes mit Gesellschaften, die danach streben, ihre Künstler zu zensieren, zum Schweigen zu bringen oder ins Exil zu schicken. Doch das Problem ist nicht Platons Beobachtung, dass Kunst eine Art Irrtum darstellt. Damit hatte er recht. Das Problem ist, dass er sich dem pessimistischen Modell des Irrtums verschreibt. Die Erkenntnis der Verbindung zwischen Darstellung und Irrtum führt dazu, dass er die Kunst als Kennzeichen unserer Gottferne betrachtet, Ausdruck des Schlechten unserer Seele, als Schande für unseren Verstand und damit etwas, das wir eliminieren sollten. Sein Wunsch, die Kunst zu verbannen, ist Teil einer langen und oft unheilvollen Tradition, durch die Ausrottung aller Irrtümer ideale Gesellschaften schaffen zu wollen.

Die erbosten Studenten hingegen sind jedoch zum Teil – ob sie es wissen oder nicht – durch das optimistische Modell des Irrtums motiviert. Sie wissen, wie so viele von uns, nicht nur um die Notwendigkeit, sondern auch die potenzielle Schönheit und Macht der individuellen, ja gebrochenen Darstellung der Wirklichkeit. Abgeschnitten vom absoluten Wesen der Dinge – der Idealform, die nach Platon nur in der Vorstellung Gottes existierte –, sucht unser Bewusstsein und sieht stattdessen die Gemälde *Wasserlilien* oder *Sternennacht* oder *Les Demoiselles d'Avignon*. Und so wie wir Fehler machen, machen wir auch Filme, ob *Beowulf*, *Star Wars* und *Horton hört ein Hu!*: Weil wir die Welt erfinden, wie sie ist, und – wie sie nicht ist. Dass wir uns irren können, ist nicht zuletzt unserer Fantasie geschuldet.

Die Beziehung zwischen Kunst und Irrtum kann subtil sein. Tatsächlich *wollten* Künstler (zumindest westliche Künstler) noch bis vor Kurzem gar nicht über diese Beziehung nachdenken. Ihr Ziel war es, die Welt so realistisch wie nur möglich darzustellen: uns dazu zu bringen, eine Darstellung für Realität zu halten oder bewundernd festzustellen, dass Kunst und Illusion fast nicht zu unterscheiden sind – mit anderen Worten, die Kluft zwischen ihnen zu übertünchen, statt die Aufmerksamkeit auf sie zu lenken.

Doch der Modernismus änderte all dies. Im Tanz, der Musik, dem Theater, der Literatur und den darstellenden Künsten verschob sich der Schwerpunkt von der Verschleierung der Beziehung zwischen Kunst und Illusion hin zur Aufdeckung derselben. Die Kunst interessierte sich nun dafür, ihre verzerrte Beziehung zur Realität und ihren Status als Darstellung derselben zu erforschen – weswegen die großen viktorianischen Romane, etwa die von George Eliot, durch die modernistischen Gruselkabinette von Gertrude Stein und die Gemälde des Realisten Gustave Courbet durch die Werke von Picasso verdrängt wurden. Mit dem Interesse an Illusionen ging der Argwohn allem vermeintlich Realistischen gegenüber einher, eine Weltsicht, die Tristan Tzara auf den Punkt brachte. Tzara war ein rumänischer Dichter, der zu den Mitbegründern des Dadaismus zählt, eines Vorläufers des Surrealismus, der vor allem als Reaktion auf das Gemetzel des Ersten Weltkriegs entstand. In einem seiner Manifeste über das Wesen und die Aufgabe der Kunst rief Tzara seine Künstlerkollegen dazu auf: »Lasst uns versuchen, ausnahmsweise einmal nicht alles richtig zu machen.«[13]

Der Versuch, nicht alles richtig zu machen, war künstlerisch gesehen eine radikale Neuerung. Doch auch wenn der Modernismus unsere Sicht auf die Kunst stark veränderte, so änderte er doch nichts an ihrem Wesen. Während der Irrtum eher zufällig und stolpernd die Kluft zwischen Darstellung und Realität erkundet, ist die Kunst wie eine bewusst unternommene Reise zu diesem Ort.

Es überrascht also nicht, dass Künstler sich dieser Kluft bewusst sind und sich mit ihr sogar wohlfühlen. Die berühmteste Formulierung der Beziehung zwischen Kunst, Zweifel und Irrtum stammt denn auch von dem romantischen Dichter John Keats. Wie er 1817 in einem Brief an seine Brüder schrieb, hatte er mit einem Freund über dies und das gesprochen, als ihm »mit einem Mal bewusst wurde, welche Eigenschaft einen Mann großer Taten vor allem in der Literatur ausmacht, die Shakespeare in außerordentlichem Maße besaß – ich spreche von Negative Capability [negative Befähigung] –, dass ein Mensch also fähig ist, sich in einem Zustand voller Unsicherheiten, Geheimnisse und Zweifel zu befinden, ohne sich ärgerlich nach Tatsachen & Vernunft umzusehen.«[14]

Keats' Einstellung zur Ungewissheit – und auch zu »Tatsachen & Vernunft« – ist nicht die übliche. Er akzeptierte Unfassbarkeit und Fehlbarkeit, doch nicht aus den utilitaristischen Gründen, die wir im letzten Kapitel kennengelernt haben. Dort ging es darum, Irrtümer zuzulassen, um sie zu verringern – eine Art homöopathische Fehlerkur. Doch Keats war nicht daran interessiert, Unrichtigkeit zu heilen. Er betrachtete Irrtum und Kunst als Zwillinge, aus derselben Quelle stammend und wichtig für die Existenz des jeweils anderen. Im Leben wie in der Sprachwissenschaft haben *Kunst* und *künstlich* – das Nichtwahre, das Unwirkliche – die gleichen Wurzeln, so wie eine *Fiktion* sowohl eine Schöpfung als auch eine Unwahrheit ist.

Keats' Feststellung ist zwar berühmt, doch gar nicht so ungewöhnlich. Wenn man Künstler über ihr Handwerk sprechen hört, taucht oft die »Negative Capability« auf – die Fähigkeit, Geheimnisvolles und mangelnde Gewissheit genussvoll zu erleben. »Was immer auch Inspiration sein mag«, sagte die polnische Dichterin Wislawa Szymborska 1996, als sie den Nobelpreis für Literatur entgegennahm[15], »sie wird geboren aus einem ständigen ›Ich weiß nicht‹.«[16] Eine ihrer Kolleginnen, die kanadische Dichterin Anne Carson, drückte dies in einem Gedicht aus dem Jahr 2000, dem sie den Titel »Essay on What I Think About Most« gab, noch deutlicher aus. »Gedichte schreiben heißt«, so Carson, »sich mit dem Irrtum zu beschäftigen.«[17] Für mich bedeutet diese Aussage dreierlei: Erstens besteht Dichtung aus Wörtern, und Wörtern ist die Illusion immer schon eigen. Jede Silbe ist ein Sprungbrett über die Kluft. Zweitens beinhaltet Schreiben, ob von Poesie oder anderem, immer ein gewisses Maß an Illusion – die Erkenntnis, dass die Wahrheit immer auf der Flucht ist, dass sie, sobald man sie auf Papier gebannt zu haben glaubt, schillert, sich uns entzieht. Und drittens – und das ist vielleicht das Wichtigste – ist es für die Dichtung wie für die Illusion bezeichnend, dass beide uns verwirren, weil sie unseren Erwartungen zuwiderlaufen.

Fehler so zu machen, wie man womöglich Gedichte schreibt, die Gewissheit abzulehnen, bewusst Vieldeutigkeit und Irrtum zu erforschen: Dies ist das optimistische Modell des Irrtums in Bestform. Es hat (um noch einmal bei Carson eine Anleihe zu machen) nichts zu tun mit »Furcht, Angst, Scham, Reue / und all den anderen dummen Gefühlen, die mit Irrtümern verbunden sind«. Ich halte solche Gefühle nicht für dumm, teile aber die Ansicht, dass sie kein guter Ort sind, um unser Gepäck abzuladen und uns niederzulassen. Künstler locken uns an ihnen vorbei in eine Welt, indem es beim Irrtum nicht um Angst und Scham geht, sondern um kreative Verunsicherung und Vergnügen. Kunst ist eine Einladung, uns im Land des Irrtums zu vergnügen.

Das legt nahe, dass der Irrtum nicht nur den Künstlern, sondern auch ihren Nutznießern – Ihnen und mir –, großen Spaß bereitet. Denken Sie an die »Aussetzung des Zweifels«, die Voraussetzung dafür, Literatur zu genießen. Als Leser, Zuschauer oder Zuhörer erklären wir uns, wenn auch nur vorübergehend, bereit, etwas zu glauben, von dem wir wissen, dass es nicht wahr ist. Als Gegenleistung erwarten wir Unterhaltung. Die wir dann auch haben. Doch dieses Vergnügen erwächst oft aus Umständen, die wir – leiten sie sich doch vom Irrtum her – normalerweise gar nicht mögen.

Nehmen wir die Spannung. Unter normalen Umständen mögen wir es gar nicht, nichts zu wissen, doch wenn es um Kunst geht, sind wir wahre Spannungsjunkies. Ich will damit nicht sagen, dass wir uns nur von Werken angezogen fühlen, die ausdrücklich als Thriller konzipiert und beworben werden, obwohl wir auch diese zweifellos lieben. Fast alle Erzählungen enthalten ein Element des strategischen Vorenthaltens, des Hereinlegens und des Enthüllens, und wir können einfach nicht genug davon kriegen. Wir wollen raten müssen – und wir sind am glücklichsten, wenn sich all unsere Vermutungen als falsch erweisen. Deswegen lösen einige der besten Erzählungen *(Der Mord an Roger Ackroyd, Unser gemeinsamer Freund, Stolz und Vorurteil* und *Die üblichen Verdächtigen,* um nur einige zu nennen) die Spannung nicht nur am Ende auf, sondern tun dies auf eine Weise, die sich mit den Fakten vereinbaren lässt, uns aber dennoch in Erstaunen versetzt.[18]

Eins der seltsamen Genüsse mit der Kunst ist also das Vergnügen, die Orientierung zu verlieren. (Normalerweise ist diese Verwirrung vorübergehender Natur und löst sich am Ende in Wohlgefallen auf. In der modernen Kunst mit ihrem größeren Interesse am Irrtum dauert das Gefühl, verloren zu sein, oft an: siehe Gertrude Stein.) Doch ein anderer Genuss besteht darin, in einem anderen Sinne verloren zu sein: darin, unerforschtes Terrain zu erforschen, ob in der Welt oder im Selbst. Wenn uns ein Werk fesselt, so sagen wir, dass wir uns *in ihm verloren haben* – so als seien wir durch die Beschäftigung mit ihm in eine unbekannte Welt gewandert, als seien unsere Grenzen der Identität ein wenig aufgeweicht. Das Gefühl, völlig in etwas versunken zu sein, von der ersten bis zur letzten Seite oder vom ersten bis zum letzten Akt, ist das ursprüngliche Vergnügen der Kunst, eines, das lange vor dem Erfassen einer Tradition oder der Bewunderung einer Technik einsetzt. Es ist das kindliche Glück, sich in einer anderen Welt zu verlieren.

Dies weist auf ein merkwürdiges Paradoxon hin: Wenn Kunst aus der Isolation unseres Geistes entsteht – daraus, dass uns ein direkter Zugang zur Welt verwehrt ist –, so befreit sie uns doch auch aus dieser. Für eine Weile lässt uns die Kunst in anderen Welten leben, einschließlich der inneren anderer Menschen; wir können ihre Gedanken hören, ihre Gefühle fühlen, sogar an ihre Vorstellungen glauben. (Merkwürdig, wie gut uns das im Reich der Fiktion gelingt und wie gerne wir dies tun, wo wir doch im wirklichen Leben so große Probleme damit haben.) Mit anderen Worten: Kunst ist eine Übung im Mitgefühl. Durch sie schütteln wir die Fesseln der Subjektivität ab; es gelingt uns, für wie kurze Zeit auch immer, alte Ziele zu erreichen, die Welt durch die Augen eines anderen zu sehen.

Wenn wir den Irrtum so schätzen könnten wie die Kunst, würden wir merken, dass er uns genauso beschenkt. Durch Irrtum – wie durch die besten Kunstwerke – verlieren und finden wir uns selbst.

Die Beziehung zwischen Irrtum und Kunst, die ich gerade beschrieben habe, sollte uns vertraut vorkommen. Überraschenderweise ähnelt sie nämlich stark der Beziehung zwischen Irrtum und Wissenschaft. Beide Bereiche versuchen, die Kluft zwischen Bewusstsein und Welt zu überbrücken, und beide sind darauf angewiesen, dass Künstler beziehungsweise Wissenschaftler immer wieder Fehler machen. (Wissenschaftler wie Dichter könnten geradezu behaupten, dass »das, womit wir uns beschäftigen... der Irrtum ist«.) Mit anderen Worten, für das Warum und das Wie von Wissenschaft und Kunst ist der Irrtum zentral: Er gibt uns den Grund wie auch ein Mittel, sie zu betreiben.

Auch wenn beide Bereiche vom Irrtum abhängen, haben sie doch höchst unterschiedliche Vorstellungen von Wahrheit. Für Künstler ist das, was Wissenschaftler (wie auch wir) normalerweise weit von uns weisen, von grundlegender Bedeutung: dass die Wirklichkeit, so wie wir sie kennen, zwangsläufig schief ist, gebrochen durch den individuellen, idiosynkratischen Geist, der immer ein bisschen aus dem Takt ist. Einfacher gesagt: Kunst ist subjektiv. Picasso formulierte dies so: »Wir wissen alle, dass Kunst nicht die Wahrheit ist. Kunst ist eine Lüge, die uns die Wahrheit erkennen lässt, zumindest die Wahrheit, die wir verstehen können.«[19]

Ich übertreibe mit Sicherheit nicht, wenn ich sage, dass keins der wissenschaftlichen Genies je erklärt hat: »Wir alle wissen, dass Wissenschaft nicht die Wahrheit ist.« So sehr sich auch einzelne Wissenschaftler ihrer Grenzen bewusst sein mögen, die Disziplin selbst stützt sich stark auf den Gedanken der Objektivität. Doch was heißt Objektivität? Schauen wir ins Wörterbuch: Im Merriam Webster wird »objektiv« definiert als »Wirklichkeit, unabhängig vom Dafürhalten«. Diese Bedeutung von »objektiv« ist im Grunde genommen ein Synonym für »wahr«. Die zweite Definition hingegen ist synonym für »unparteiisch«. »Das Zum-Ausdruck-Bringen oder sich Befassen mit Tatsachen oder Bedingungen, die ohne Verzerrung durch persönliche Gefühle, Vorurteile oder Interpretationen wahrgenommen wurden.«

Diese Definitionen haben zwei Dinge gemein. Erstens spiegeln sie unsere Vorstellungen von der Funktion des Bewusstseins wider: den Glauben des Kleinkinds an (und den Rückfall des Erwachsenen in) naiven Realismus beziehungsweise die reifere, wenn auch immer noch idealisierte Vorstellung von der Existenz eines zuverlässigen rationalen Denkers. Zweitens ist ihnen gemeinsam, dass sie etwas auslassen. Einmal wird Objektivität als die Abwesenheit des Geistes, dann wieder als die Abwesenheit von Gefühlen, Vorurteilen und Interpretationen definiert. In beiden Fällen fehlt der menschliche Faktor. Mit anderen Worten, Objektivität ist die Abwesenheit des Selbst. Rechthaben zu wollen ist deshalb vor allem der Wunsch, uns selbst aus dem Bild zu nehmen. Wir wollen, dass unsere Weltsicht der Welt entstammt, nicht aber unserer Fantasie. Die Erkenntnis, dass wir uns geirrt haben, vereitelt jedoch diesen Wunsch, frustriert unsere Erwartung.

Ich sage »frustriert«, denn so fühlen wir uns, wenn wir versagen: gereizt, verwirrt und verstört. Diese Gefühle kann man nicht einfach abtun. Ein Hauptanliegen dieses Buches jedoch ist es, sie zu überwinden, indem wir den Irrtum anders bewerten – und ihnen so gelegentlich zuvorzukommen.

Wer sonst noch kann schließlich Anspruch auf Irrtümer erheben? Gott anscheinend nicht, da er zumindest im Monotheismus allwissend und unfehlbar ist. Und, soweit wir wissen, außer uns auch keine Tiere.

Auch Maschinen können sich nicht im menschlichen Sinne irren. Wie sehr ein Computer oder ein Blackberry oder ein ATM sich auch dadurch auszeichnen mag, unsere Fehler (als Designer und Benutzer) zu enthüllen, weder er noch seine elektronischen Verwandten können selbst Fehler machen. Erstens hängt der Irrtum von Annahmen ab, und obwohl Maschinen Dinge »wissen« – in dem Sinn, dass sie über exakte Informationen verfügen –, können sie im Unterschied zu Ihnen und mir nichts »glauben«. Zugegeben, bestimmte fortgeschrittene Formen künstlicher Intelligenz können Annahmen über die Welt aufstellen und sie angesichts von Gegenbeweisen revidieren, eine Fähigkeit, die, wie man sagen könnte, auf eine simple Form des Glaubens hinausläuft. Doch selbst die modernsten Maschinen sind darin nicht besonders gut, aber das ist hier auch nicht der Punkt. Entscheidend ist, dass sie es ohne Gefühle tun, und Gefühle sind sowohl für die Idee des Glaubens als auch für die des Irrtums von zentraler Bedeutung. Überraschung, Verwirrung, Verlegenheit, Vergnügen, Angst, Reue, Freude: Nimmt man all das weg, ist auch die spezifisch menschliche Erfahrung des Irrtums aufgehoben. Wenn Maschinen mit Informationen konfrontiert werden, die ihre (begrenzte) Darstellung der Welt infrage stellen, verlegen sie sich nicht aufs Abstreiten. Sie geben auch nicht ihren Programmierern die Schuld oder werden rot oder fangen laut an zu lachen. Wenn sie entwickelt genug sind, bringen sie ihre Darstellungen auf den neuesten Stand; wenn nicht, hängen sie sich auf oder versagen. Dies wird wunderbar eingefangen durch die beiden Standardantworten, zu denen Science-Fiction greift, wenn ein Androide mit Input konfrontiert wird, der seiner Datenbank widerspricht. Im ersten Fall hängt sich das System auf: »Rechnet nicht«, im zweiten versagt es komplett: Selbstzerstörung sofort.[20]

Soweit wir wissen, gibt es den Irrtum also nur beim Menschen. »Irren ist menschlich«, »Ich bin auch nur ein Mensch«: Unsere Fehlbarkeit macht unsere Zwischenstellung aus zwischen dem Reich der niedrigeren Tiere und dem Reich Gottes. Als einzige Lebewesen können wir verrückte Ideen ausbrüten, Hirngespinste verfolgen, wild spekulieren, selbst weit hergeholten Fantasien anhängen. Manchmal blüht unsere Fantasie und trägt Früchte, manchmal fällt sie in sich zusammen. Doch im Unterschied zu Androiden zerstören wir Menschen uns bei Versagen nicht. Im Gegenteil: Wir erschaffen uns, und das immer wieder neu.

Diese Idee der Selbsterschaffung sagt noch etwas über den Irrtum. Uns zu irren macht uns nicht nur menschlich; es hilft auch, wir selbst zu sein. Im Unvollkommensein, in unseren Geschichten, zeigt sich der Umriss des Selbst. Darauf wollte Benjamin Franklin in dem Zitat hinaus, das ich als Motto für dieses Buch gewählt habe. Der Irrtum, so schrieb er, »ist schlicht und einfach eine Schöpfung des Geistes«, ein Ort, wo »die Seele Raum genug hat, sich zu entfalten«. Fehler, so meinte er, sind der Beweis und Ausdruck der eigenen Identität.

Diese Vorstellung hat eine lange Tradition in unserer Geistesgeschichte. Sie ist im Grunde genommen die entscheidende Erkenntnis der Evolutionstheorie. Aufgrund von Fehlern bei der Replikation genetischer Sequenzen gibt es schließlich Unterschiede zwischen einzelnen Mitgliedern einer Spezies. Und aufgrund dieser Unterschiede kann sich die Spezies als Ganzes anpassen und überleben. Eine Population, die zu klein oder zu homogen ist, um mit genetischen Veränderungen fertig zu werden, ist dem Untergang geweiht. Demzufolge ist die Korrektur für jede Spezies ein Mechanismus des Überlebens und des Wandels. Bei uns menschlichen Organismen, mit unserer komplexeren Beziehung zum Irrtum, ermöglichen Fehler nicht nur die biologische Evolution, sondern auch die soziale, emotionale und intellektuelle.

Und Irrtümer helfen uns auch noch auf eine andere Weise, uns zu entfalten. Zu Beginn dieses Buches habe ich darauf hingewiesen, dass wir glauben, das Rechthaben sei notwendig für unser Überleben und Glück, doch in gewisser Weise stimmt das ganz und gar nicht. Unzählige Studien haben gezeigt, dass Menschen, die unter Depressionen leiden, ein exakteres Weltbild haben als Menschen, die nicht depressiv sind. Menschen mit Depressionen geben sich nicht der fröhlichen Illusion hin, den Lauf ihres Lebens kontrollieren zu können. Die für die meisten so typische Haltung, ziemlich überdurchschnittlich zu sein, haben sie gerade nicht. Und sie verstehen nur allzu genau die Grundlagen der Existenz: dass ihre Lebensdauer nichts als ein kurzer Moment im großen, kalten Fluss der Geschichte ist, dass es fortdauerndes Leid gibt, dass sie und alle Menschen, die sie lieben, sterblich sind. Diese Einstellung ist bekannt als depressiver Realismus. Depressive Menschen sind vielleicht unglücklich, liegen jedoch – wenn es um diese existenziellen Dinge geht – im Allgemeinen richtig.

Es erübrigt sich eigentlich zu sagen, dass diese Art des Rechthabens *keinen* Spaß macht. »Die Welt so zu sehen, wie sie wirklich ist, ist schrecklich und macht Angst«, schrieb der Philosoph Ernest Becker. »… Es macht ein sorgloses Leben in der Welt unmöglich. Es liefert ein zitterndes Tier auf Gedeih und Verderb dem Kosmos und dessen Bedeutung aus.«[21] Das zeigt, dass die Beziehung zwischen Exaktheit und Depression reziprok ist: Deprimierte Menschen nehmen die raue Wirklichkeit des Lebens deutlicher wahr und umgekehrt. Wenn es um diese existenziellen Angelegenheiten geht, findet also eine merkwürdige Umkehr des normalerweise Üblichen statt: Je größer und wichtiger eine Überzeugung, desto weniger zahlt es sich aus, recht zu haben. Deswegen besteht das Ziel einer Therapie, wie ich bereits gesagt habe, nicht unbedingt darin, unsere Überzeugungen akkurater zu machen, sondern sie *funktionaler* zu machen. Der Psychologe Ronnie Janoff-Bulman hat sogar behauptet: »Der Schlüssel zu einem guten Leben könnte sein, im tiefsten Sinne Illusionen zu haben, dagegen realistisch und präzise im Konkreten zu sein.«[22] (Glücklicherweise sind diese beiden Perspektiven kompatibel: Forschungsergebnisse weisen darauf hin, dass es Menschen mit einer überwiegend positiven Einstellung leichter fällt, sich ihre alltäglichen Fehler einzugestehen und ihre Meinung zu ändern.)

Wenn ein übertrieben realistisches Selbstbild oder Weltbild mit Depressionen in Verbindung steht, so gilt auch das Gegenteil. Es kann glücklich machen, sich getäuscht zu haben. Denken Sie nur an Don Quichotte, der seinen Namen der Tatsache verdankt, dass er voller Illusionen steckt. Er ist hässlich, glaubt aber, schön zu sein; er ist gewöhnlich, glaubt aber, ritterlich zu sein; und selbst noch in fortgeschrittenerem Alter hält er sich für jugendlich. Ein einfaches Bauernmädchen ist die Dame seines Herzens, ein beschränkter Nachbar sein treuer Knappe, eine bescheidene Herberge sein Schloss, Windmühlen seine ehrenwerten Gegner. Die ritterliche Version des Quichotte ist glücklich. Erst als er am Ende des Romans seiner Illusionen beraubt und gezwungen ist, der ungeschminkten Wahrheit ins Gesicht zu sehen, verfällt er der Melancholie und stirbt.

Michel Foucault hat einmal gesagt, Quichotte repräsentiere eine extreme Version des Menschen – »die eingebildete Beziehung, die dieser [der Mensch im Allgemeinen] mit sich unterhält«[23]. Wie Don Quichotte glauben die meisten von uns, sie seien ein bisschen jünger, würden ein bisschen besser aussehen und seien wichtiger, als der strenge Realismus dies nahelegt. In den Augen der meisten sind ihre Lieben ein bisschen schöner, ihre Häuser ein bisschen vornehmer, das Handeln heldenhafter. Gott sei Dank ist das so. Diese Überzeugungen verzerren vielleicht die Wahrheit, doch sie lindern die Depression, geben unserem Leben Sinn und machen uns und unsere Lieben glücklich.

Diese nützlichen Selbsttäuschungen können weitreichend und existenziell sein – etwa wenn wir die Tatsache ignorieren oder leugnen, dass wir kaum Kontrolle über den Lauf des Lebens und überhaupt keine über die Unausweichlichkeit des Todes haben.

In diesem Sinne sind Illusionen Optimismus. Wir hegen Illusionen, weil wir vor allen Dingen an uns selbst glauben: Egal wie oft wir uns in der Vergangenheit geirrt haben, wir legen einen bleibenden und rührenden Glauben an unsere eigenen Geschichten und Theorien an den Tag. Deswegen ist der Irrtum, so sehr er manchmal auch der Verzweiflung ähnelt, tatsächlich der Hoffnung näher. Wir irren uns, weil wir ein bleibendes Vertrauen in unseren eigenen Geist haben; und wir sehen diesem Irrtum in dem Glauben ins Auge, dass wir, da wir etwas gelernt haben, es beim nächsten Mal richtig machen werden. Diesen Optimismus brachte auch der verstorbene Philosoph Richard Rorty zum Ausdruck, als er unsere Fehlbarkeit einfach als »die ewige Möglichkeit [beschrieb], dass jemand eine bessere Idee hat«[24]. Der große Vorteil der Erkenntnis, nur eine Geschichte über die Welt erzählt zu haben, ist, dass wir noch eine bessere erzählen können: mit besseren Ideen, mehr Möglichkeiten – vielleicht sogar besseren Menschen.

Danksagung

Apropos Irrtum: Als ich mit dem Schreiben dieses Buches begann, hatte ich keine Ahnung, worauf ich mich da einließ – keine Ahnung, welche Herausforderung es darstellen würde, keine Ahnung, wie viel ich lernen würde (und würde lernen müssen), und ganz gewiss keine Ahnung, wie viele intellektuelle und emotionale Schulden ich auf meinem Weg anhäufen würde. Womöglich hätte ich dieses Projekt nie in Angriff genommen, wenn ich all das gewusst hätte. Doch ich bin froh, dass ich es getan habe, und sollte als Erstes all jenen Menschen danken, die es gewusst und diese Information klugerweise für sich behalten haben.

Einer dieser Menschen war meine Agentin Kim Witherspoon, die mich aus dem Nichts hervorholte, mir dazu verhalf, festen Boden unter den Füßen zu bekommen, und mir auch noch das Gefühl gab, mich wie im siebten Himmel zu fühlen – wenn das kein schöner Hattrick ist! Ich bin ihr zutiefst dankbar für ihre Ermutigung, ihr Engagement und ihre Integrität. Danke auch allen anderen freundlichen und hilfsbereiten Menschen bei Inkwell Management. Zu Dank verpflichtet bin ich auch Daniel Halpern und Virginia Smith, meinen Lektoren bei Ecco, für ihren großen Enthusiasmus für dieses Projekt und ihre gleichermaßen große Geduld, als ich zu dessen Fertigstellung viel länger brauchte als zunächst vorgesehen. Es war ein beständiges Vergnügen, mit ihnen wie auch mit dem Rest des Ecco/Harper-Teams zusammenzuarbeiten, und ein wahrer Segen für dieses Buch.

Bei Danksagungen ist es üblich, allen zu danken, die einem geholfen haben, und dann die höfliche Warnung hinzuzufügen, dass für sämtliche Fehler im Buch einzig und allein der Autor verantwortlich ist. In diesem Fall haben jedoch viele der Menschen, die mir am meisten halfen, dies gerade dadurch getan, dass sie mich an den Fehlern, von denen auf diesen Seiten die Rede ist, haben teilhaben lassen. Ohne all jene, die sich bereit erklärten, mit mir über ihre eigenen Irrtumserfahrungen zu sprechen (und dies mit enormer Großzügigkeit und Einsicht taten), wäre ich nicht in der Lage gewesen, dieses Buch zu schreiben. Insbesondere möchte ich den Menschen danken, deren Geschichten und Betrachtungen schließlich in dieses Buch eingegangen sind: Ross Gelbspan, Amy Herzog, Bonnie Scott Jones, Donald Leka, Jonathan Minkoff, Kathy Misak, Elizabeth O'Donovan, Anita Wilson, Mark Zumwalt und vor allem Penny Beerntsen.

Unzählige andere Menschen haben auf unterschiedliche Weise dazu beigetragen, dieses Buch zu formen. Danken möchte ich hier Raoul Felder, Stephen Frug, Irna Gadd, Steve Hendricks, Harville Hendrix, William Hirst, Ward Jones, Patricia Kimble, Paul Levy und Heidi Voskuhl (mit besonderem Dank für *The Story of Human Error*). Zu Dank verpflichtet bin ich Lee Ann Banaszak und Regina Wecker, die mir geholfen haben, die Geschichte des Frauenwahlrechts in der Schweiz zu verstehen, sowie Peter Neufeld und anderen Mitgliedern des Innocence Projects, sowohl landesweit als auch in Wisconsin, für ihre unschätzbare Hilfe zum Thema strafrechtliche Fehlurteile. Ein großes Dankeschön auch Tod(d) Hymas Samkara, dem außergewöhnlichen Fakt-Checker, der sein Bestes tat – tatsächlich *das* Beste –, um mich vor meinem eigenen Thema zu retten. In diesem Fall stimmt es tatsächlich, dass alle noch verbleibenden Fehler ausschließlich meine eigenen sind.

Während der Anfangsphase dieses Projekts habe ich mehrere Monate in Boston verbracht, wo ich das Glück hatte, eine ideale intellektuelle Gemeinschaft zu finden, die mir half, die in diesem

Buch enthaltenen Ideen auszubrüten. Vielen Dank Rebecca Saxe, Allan Adams, Peter Godfrey Smith, Josh Tenenbaum, Mira Bernstein, Tom Griffiths, Tania Lombrozo und Yi-Ping Ong. Mein spezieller Dank gilt Rebecca Saxe, die mich nicht nur auf William Hirstein und Ward Jones hingewiesen hat, sondern auch ein anhaltendes, uneingeschränktes und unglaublich hilfreiches Interesse an diesem Projekt gezeigt und mich an ihren Einsichten dazu hat teilhaben lassen. Danke auch dem Brain and Cognitive Science Department des MIT, das mir die Chance gab, einige der in diesem Buch enthaltenen Ideen erstmals öffentlich darzulegen.

Andere Freunde ließen mich großzügig an ihren Ideen teilhaben und waren noch großzügiger, was ihre Unterstützung, ihren Humor und ihre Geduld während eines langen und manchmal schwierigen Prozesses anbelangte. Mein Dank kann gar nicht groß genug sein, doch gilt meine tiefe Dankbarkeit: Jill Krauss, Meg Thompson, Robyn Mierzwa, Amy Cohen, Laura Helton, Jen Friedman, Janet Paskin, Jessi Hempel, Lassie Krishnaswami, Cat Hagarty, Chip Giller, Camille Robcis, Yael Kropsy, Kevin Neel, Deborah Schimberg – und vor allem Leslie Brooks, Emily Siegel und Liv Gjestvang, die immer für mich da waren. Danke auch James und Anne Altucher für das einmalige Geschenk, mehr Zeit in Spy Hill verbringen zu dürfen; Ann und Howard Katz für ihre großzügige Unterstützung dieses Buches und seiner Autorin (und dafür, dass sie mir in letzter Minute in Vermont einen dringend benötigten Rückzugsort zum Schreiben geboten haben); Denise Bilbao für die Musikdateien und andere Überraschungen; Yoruba Richen, Noy Thrupkaew und Stéphanie Giry für Kameradschaft im wahrsten Sinne des Wortes; Amanda Griscom für tropische und lexikalische Abenteuer; Jennifer Margulies, meiner ältesten Freundin, mobiler Rückzugsort zum Schreiben und hervorragende Last-Minute-Lektorin; meinen

Freunden in Oregon, die sich um mein Zuhause gekümmert haben, und vor allem Celeste Baskett, ohne die ich nicht mehr weitergewusst hätte.

Einige Menschen verdienen ein spezielles Dankeschön – ja, mehr Dank, als ich zum Ausdruck bringen kann. Da wären als Erstes meine Eltern, Margot und Isaac Schulz, die mich in einer Atmosphäre der Zuneigung und grenzenlosen Neugier aufgezogen haben (und es immer noch tun). Ich habe von ihrem unerschütterlichen Glauben an dieses Projekt mehr profitiert, als sie wissen können. Meine Großmutter, Madeline Kann Price, hat ebenfalls nie in ihrer Liebe geschwankt und mir immer Mut zugesprochen. Meine Schwester, Laura Schulz, hat mehr recht, wenn sie unrecht hat, als die meisten von uns, wenn sie recht haben. Ihr erstaunlich großer Beitrag zu diesem Buch (intellektuell und überhaupt) mag allerdings klein sein im Vergleich mit dem Platz, den sie in meinem Herzen einnimmt. Ich bin ihr und der Familie, die sie in mein Leben gebracht hat, grenzenlos dankbar: meiner Schwägerin Sue Kaufman, die wertvolle Einsichten zu diesem Buch beigetragen und nie gezögert hat, mich mit ihren vernünftigen Ratschlägen zu unterstützen und mir ein Heim fern von zu Hause zu bieten; meiner Nichte Martha Jane Philofsky Kaufman und meinem Neffen Henry Kaufman Philofsky, die seit langem die Lichter meines Lebens sind und in letzter Zeit zu den besten Lesern und Freunden gehören; und ihrer kleinen Schwester, Adele Rosalie Kaufman Schulz, die uns alle Freude brachte, als wir sie nötig hatten.

Schließlich bin ich mir nicht sicher, ob dieses Buch ohne Michael Kavanagh und Amanda Katz überhaupt geschrieben worden wäre (und ich bin mir wirklich nicht sicher, *wie* es geschrieben worden wäre). Einige der besten Ideen und der tiefsten Gefühle auf diesen Seiten stammen auf die eine oder andere Weise von den beiden. Michael war der Erste, dem ich von meinem Interesse erzählt habe, über Irrtümer zu schreiben, und er war immer an meiner Seite – sowohl wissentlich als auch unwissentlich. Ich habe unerklärliches Glück und bin unglaublich froh, ihn in meinem Leben zu haben. Amanda sollte sich aufmachen, ein Buch zu erwerben, und gewann schließlich die Autorin – ohne Frage das schwierigere Projekt. Ich kann ihr gar nicht genug danken für ihre Geduld, ihre Zärtlichkeit, ihren Humor, ihre Scharfsinnigkeit, ihre Brillanz als Lektorin und vor allem ihre beharrliche Zuversicht. Ich weiß, dass dieses Buch – und mein Leben – ohne sie nur halb so gut wären.

Während der Arbeit an diesem Projekt habe ich oft an eine Aussage des Autors Philip Gourevitch gedacht. »Man schreibt nicht, was man schreiben möchte«, stellte er fest. »Man schreibt, was man schreiben *kann*.« Dies ist eine Form des Sich-Irrens, um die es im letzten Kapitel geht: der Kluft zwischen dem idealen Tisch (oder dem idealen Buch) und dem tatsächlichen – zwischen dem, was wir uns vorstellen, und dem, was wir umsetzen können. Letzten Endes habe ich mir das, worum es in diesem Buch geht, angeeignet, indem ich es geschrieben habe. Zielen und das Ziel verfehlen, hinter den Erwartungen zurückbleiben, vom Weg abkommen, etwas falsch verstehen: Das war wirklich eine schmerzhafte Lektion, doch auch vergnüglich. Ich bin dankbar, beides erfahren zu haben.

Anmerkungen

Ganz unterschiedliche Quellen – Kommentare von Freunden, Unterhaltungen mit Fremden, offizielle und informelle Interviews, Nachrichten, Radiosendungen, Zeitschriftenartikel, Websites, Bücher – haben unmerklich, doch grundlegend geholfen, dieses Buch zu formen. Viele werden in der endgültigen Fassung nicht ausdrücklich erwähnt, und sie sind zu zahlreich, um sie alle zu zitieren. Wo immer möglich habe ich jedoch versucht, nicht nur die Herkunft von bestimmten Fakten und Zitaten, sondern auch von Hintergrundinformationen und Einflüssen zu benennen. Grundsätzlich stehe ich tief in der Schuld all jener Schriftsteller und Denker, die sich mit der Idee des Irrtums befasst und deren Werke meines möglich gemacht haben. Dort, wo es mir angebracht erschien, habe ich den Anmerkungen zu einem Kapitel eine kurze Beschreibung besonders wertvoller Quellen vorangestellt.

Ein Wort zu Wikipedia: Ich kenne keinen heutigen Schriftsteller, der Wikipedia nicht erstens als ziemlich fragwürdige und zweitens unglaublich nützliche Quelle betrachtet. Was den zweiten Punkt angeht, bin ich dankbar für das erstaunliche und weitgehend anonyme gemeinschaftliche Bemühen, das diese Quelle ausmacht. Ich habe ständig von ihr Gebrauch gemacht, um Fakten nachzuschlagen (wurde Rousseau vor Laplace geboren oder umgekehrt?) oder um mir einen ersten Überblick über ein unbekanntes Thema zu verschaffen (die indogermanische Ursprache). In diesen Fällen haben entweder mein Fakt-Checker oder ich die Informationen mit anderen, konventionelleren Quellen verglichen, um Exaktheit zu gewährleisten. Zum ersten Punkt: So dankbar ich für die Existenz von Wikipedia bin, ich habe vermieden, es als definitive Quelle in diesem Buch zu verwenden, geschweige denn für substanzielle philosophische, psychologische, wissenschaftliche und historische Ideen, die ich hier darlege. Dementsprechend habe ich Wikipedia im Folgenden auch nicht zitiert.

Kapitel 1
Irrtumsforschung

1 Massimo Piattelli-Palmarini, *Inevitable Illusions: How Mistakes of Reason Rule Our Minds* (Wiley, 1996), S. 141. Um fair zu sein, das Zitat wurde ein bisschen aus dem Kontext gerissen. Als Kognitionswissenschaftler konzentriert sich

Piattelli-Palmarini vorrangig auf die kognitiven Tendenzen, die bestimmte vorhersagbare Fehler hervorrufen. Die anderen Gründe führt er vor allem an, um das Gebiet zu skizzieren, das er *nicht* erforscht.

2 Dieses Zitat stammt aus Augustinus' Werk *Vom Gottesstaat* (Artemis-Verlag, 1955), Bd. 2. Die fragliche Stelle wurde von Wilhelm Thimme folgendermaßen übersetzt (S. 47): »... bin ich dessen ganz gewiß, daß ich bin, weiß und liebe. Bei diesen Wahrheiten machen mir die Argumente der Akademiker keinerlei Sorge. Mögen sie sagen: Wie, wenn du dich täuschst? Wenn ich mich täusche, bin ich ja. Denn wer nicht ist, kann sich auch nicht täuschen; also bin ich, wenn ich mich täusche. Da ich demnach bin, wenn ich mich täusche, kann es keine Täuschung sein, daß ich bin; denn es steht fest, daß ich bin, wenn ich mich täusche.«

3 Die westliche Kultur kennt noch eine Technik, Fehler zuzugeben. Ihre Undurchsichtigkeit macht nur einmal mehr deutlich, dass derlei leider selten vorkommt. Es handelt sich dabei um eine Form der Dichtung, die Palinodie, die sich der Aufgabe widmet, die Aussage eines früheren Gedichts zu widerrufen. Die berühmteste Palinodie stammt von Stesichoros, einem Dichter des 7. Jahrhunderts, und dient dazu, seine frühere Behauptung zurückzunehmen, Helena von Troja sei allein für das Blutbad des Trojanischen Kriegs verantwortlich. Meine Lieblings-Palinodie stammt jedoch von Ogden Nash. Nachdem er bekanntermaßen bemerkte: »Candy / Is dandy / But liquor / Is quicker /« und es offensichtlich bedauerte, schickte er dies hinterher: »Nothing makes me sicker / than liquor / And candy / Is too expandy.«

4 »Gibt nicht der Gang der Untersuchung volles Recht zu einem Vorwurf gegen uns, indem sie zeigt, daß wir unrichtig verfahren, wenn wir die falsche Meinung früher suchen als das Wissen, indem wir von diesem absahen? Und dies, obschon man die falsche Meinung unmöglich begreifen kann, ehe man zu einer ausreichenden Erklärung des Wissens gelangt ist.« Platon, *Sämtliche Dialoge*, Bd. IV, übersetzt von Dr. Otto Apelt (Verlag Felix Meiner, 1911), S. 127.

5 James Reason, *Menschliches Versagen* (Spektrum Akademischer Verlag, 1994), S. 29. Ungeachtet seines gedrängten Stils gelingt es Reason, auf geschickte und interessante Weise die praktischen Anwendungen der Erkenntnisse von Kognitionswissenschaftlern (vor allem von Amos Tversky und Daniel Kahneman) über vorhersehbare Fehler der menschlichen Kognition aufzuspüren – die sogenannten »kognitiven Illusionen«. Und auch wenn solche Illusionen uns zu Irrtümern verleiten, so verhelfen sie uns doch, wie Reason erkennt, zu schnellem und oft verlässlichem Denken. Siehe vor allem Kapitel 5, »Der Entwurf einer fehleranfälligen Maschine«.

6 Murdoch schreibt: »Die Darstellung moralischer Reflexion und moralischen

Wandels (Verfall/Fortschritt) spielt die wichtigste Rolle in jedem ethischen System.« Auf diese Passage bin ich in folgendem Buch der Philosophin Sissela Bok gestoßen: *Lying: Moral Choice in Public and Private Life* (Vintage, 1999), S. xxvi.

7 Erstens mag ich wirklich keinen Rhabarberkuchen. Tut mir leid. Zweitens könnten einige Leser darauf hinweisen, dass viele ästhetische Vorlieben untrennbar an Unterschiede geknüpft sind, die tiefgreifender sind als der Geschmack – an Kultur, Schicht und Werdegang. Das stimmt, doch wie ich in Kapitel 7 aufzeigen werde, lässt sich dasselbe auch über die große Mehrheit unserer »echten« Überzeugungen sagen: unserer ideologischen Überzeugungen, metaphysischen Annahmen und Interpretationen von Fakten.

8 Updikes Kommentar war Teil einer Rede, die er am 19. Mai 1987 an der New York University hielt, als er mit dem Elmer Holmes Bobst Award for Fiction ausgezeichnet wurde. Die Rede ist nachzulesen in John Updike, *More Matter: Essays and Criticism* (Ballantine Books, 2000), S. 810.

9 Henri Bergson, *Das Lachen. Ein Essay über die Bedeutung des Komischen*, übersetzt von Roswitha Plancherel-Walter (Luchterhand Verlag, 1988)

10 Ich bin auf Greens »Höhere Gewalt auf mentaler Ebene«-Analogie online gestoßen unter http://www.expertlaw.com/library/malpractice/medical_error. html6

11 Sigmund Freud, *Zur Psychopathologie des Alltagslebens* (Fischer Taschenbuch Verlag, 1974), S. 119 (Fußnote). Dort sagt Freud – in Anbetracht des Zusammenhangs ohne rechte Überzeugungskraft – über die Patientin: »der merkwürdigste Fall meiner letzten Jahre, welcher mir eine Lehre hinterlassen, die ich kaum je vergessen werde.«

12 Für viele religiöse Denker ist das Problem des Irrtums einfach eine Teilmenge des Problems des Bösen. So wie es bekanntlich schwierig ist, eine moralisch und theologisch befriedigende Erklärung dafür zu finden, warum ein allwissender, liebender Gott die Existenz des Bösen erlauben sollte, ist es schwierig zu verstehen, warum ein solcher Gott uns den Irrtum gewähren sollte, vor allem, wenn er uns schadet oder uns von der göttlichen Wahrheit wegführt. Eine einfache Antwort ist die, dass der Fehler nicht der Gottes sein kann und von daher unserer sein muss – weshalb viele religiöse Denker Irrtum als eine Form der Sünde behandelt haben. Augustinus, zum Beispiel, setzt sich lange mit der Frage auseinander, ob jeder Irrtum böse sei. Schließlich kommt er zu dem Schluss, dass Fehler im religiösen Bereich als Sünde zählen, unsere alltäglichen Fehler jedoch nicht – zumindest nicht als schwere Sünden: »Wenn man einem Irrtum über sie [die alltäglichen Dinge] verfällt... jedenfalls begeht man damit meiner Meinung nach keine Sünde, oder wenn man eine begeht, dann jedenfalls eine sehr kleine und leichte.« Augustinus, *Enchiridion / Hand-*

büchlein über Glaube, Hoffnung und Liebe, übersetzt von Joseph Barbel (Wissenschaftliche Buchgesellschaft, 1960), S. 57.

13 Zu weiteren Ausführungen von Aquin, Platon, Locke und vielen anderen zum Irrtum siehe Keeler, dessen Werk, soweit ich weiß, den einzigen Überblick über die Behandlung dieses Themas aus philosophischer Sicht darstellt. Leo W. Keeler, *The Problem of Error from Plato to Kant: A Historical and Critical Study* (Apud Aedes Pontificiae Universitatis Gregorianae, 1934).

Kapitel 2
Zwei Modelle des Irrtums

1 Ross hat mir von dieser Geschichte ursprünglich per E-Mail berichtet. Die Zitate entstammen einem späteren Telefonat.

2 Dieses wie auch alle weiteren in diesem Kapitel enthaltenen Zitate von William James stammen aus seinem Vortrag »Der Wille zum Glauben«, den er 1896 vor den Philosophical Clubs of Yale and Brown Universities gehalten hat und der abgedruckt ist in: William James, *Der Wille zum Glauben und andere popularphilosophische Essays,* übersetzt von Dr. Th. Lorenz (Fr. Frommans Verlag, 1899). Das obige Zitat findet sich auf S. 20.

3 Keeler, S. 87.

4 Ich fand diese Definition wie auch die aus Diderots *Encyclopédie* in David Bates' *Enlightenment Aberrations: Error and Revolution in France* (Cornell University Press, 2002), eine äußerst nützliche intellektuelle Geschichte des Irrtums. Die erste Definition findet sich auf S. 20, die zweite auf S. 25.

5 James Sully, *Die Illusionen. Eine psychologische Untersuchung* (F. A. Brockhaus, 1884), S. 197. Sully führt dann eine Vielzahl von Argumenten dafür an, dass Irrtümer bei der menschlichen Spezies rückläufig seien, eine Behauptung, die er größtenteils auf die damals aufkommende Evolutionstheorie stützt: »Alles Entsprechen, sagt er [der Evolutionist], heisst Anpassung an äussere Bedingungen und praktische Wirksamkeit, alles mangelnde Entsprechen bedeutet praktische Unwirksamkeit. Folglich werden diejenigen Menschen, deren Entsprechen vollständiger und genauer war, im Kampfe ums Dasein einen Vortheil haben, und so erhalten werden ... Folglich müssen die bei der Einwirkung des Menschen auf den Menschen und der Gesellschaft auf den Einzelnen thätigen Kräfte infolge der Assimilation der Ueberzeugung im Verlauf der Zeit dahin streben, zwischen Vorstellungen und Thatsachen eine Uebereinstimmung zu erzeugen. Auf diese Weise würde die natürliche Zuchtwahl wol dazu beitragen, unsere Vorstellungen der Wirklichkeit anzupassen und die Möglichkeit eines dauernden, allgemeinen Irrthums auszuschliessen.« Das Ganze

ist nur eine Sache der Übung: »Wie eine Function durch Uebung weiter entwickelt wird, so muss auch unser Wahrnehmungsvermögen durch die blosse Wiederholung immer genauer werden... denn äussere Beziehungen, welche dauernd sind, werden schliesslich sich dem Gefüge unserer Nerven und unsers Geistes tiefer und unzerstörlicher einprägen als schwankende und zufällige.« Siehe S. 319f.

6 Joseph Jastrow, *The Story of Human Error: False Leads in the Stages of Science* (D. Appelton-Century Company, Inc., 1936), S. 11. Das Buch ist ein riesiger Wälzer – neben den eher üblichen Verdächtigen nimmt Jastrow in seinen Katalog der »Wissenschaften« auch die Anthropologie, die Soziologie, die Psychologie und die Psychiatrie mit auf – doch die Einleitung ist kurz und anregend. Ähnlich wie ich versteht Jastrow sein Werk als »Irrtumsforschung«, ist jedoch weitgehend an Irrtümern interessiert, die den Beteiligten unbekannt blieben und erst der Nachwelt enthüllt wurden.

7 Roland Barker, Hg., *Official Guide Book: New York World's Fair 1939. The World of Tomorrow* (Exposition Publications, 1939), S. 2.

8 Sully, S. 308.

9 Ralph Linton, »Error in Anthropology«, in: Jastrow, Hg., S. 298.

10 Systematische Methoden, die natürliche Welt zu untersuchen, gibt es seit einer Ewigkeit: Alte griechische Naturalisten praktizierten eine Form des Empirismus, und mittelalterliche muslimische Wissenschaftler entwickelten eine Untersuchungsmethode, die sich auf das Experimentieren stützte, um konkurrierende Hypothesen zu prüfen. Doch die wissenschaftliche Methode, so wie wir sie heute verstehen, wurde der Welt durch Francis Bacons *Neues Organon* (1620) und René Descartes' *Abhandlungen über die Methode des richtigen Vernunftgebrauchs und der wissenschaftlichen Wahrheitsforschung* vorgestellt. Ob diese Methode als solche je angewendet wurde (inwieweit also Wissenschaftler, vor allem als Einzelne, danach streben, Experimente zu wiederholen und Hypothesen zu widerlegen), ist unklar, wie Thomas Kuhn in *Die Struktur wissenschaftlicher Revolutionen* darlegte. Doch mir geht es hier eher um die Methode als intellektuelles Ideal als um ihre tatsächliche Anwendung.

11 *Die Bibel, Einheitsübersetzung* (Katholische Bibelanstalt GmbH, 1980), 2 Korinther 11,14.

12 Bates, S. 46.

13 Bates geht gegen Ende von *Enlightenment Abberations* (S. 248) kurz auf diese Entwicklung ein, doch meine Hauptquelle in diesem Zusammenhang war Steven M. Stiglers *History of Statistics: The Measurement of Uncertainty Before 1900* (Harvard University Press, 1990), vor allem S. 31–38 und S. 109–148.

14 Louis Menand, *The Metaphysical Club: A Story of Ideas in America* (Farrar, Straus und Giroux, 2002). S. 182.

15 Viele Beobachter beunruhigt die Anwendung der Glockenkurve auf die Sozial-
    wissenschaften, denn dadurch, dass man Menschen wie Datenpunkte behan-
    delt, wird ein angenommener Durchschnitt oder eine Idealversion einer be-
    stimmten menschlichen Eigenschaft geschaffen – mit entsprechend unerfreu-
    lichen Folgen für alle, die sich am unteren Ende der Kurve wiederfinden.
    Schlimmstenfalls beinhalten diese Folgen die Brandmarkung von Andersar-
    tigkeit, die Gleichsetzung von Unterschiedlichkeit mit abweichendem Verhal-
    ten, die Schaffung von Idealen der Normalität und den Versuch, alles auszu-
    merzen, was davon abweicht: kurz gesagt, alle klassischen Kennzeichen des
    Faschismus.

    Ein Kritiker der Glockenkurve war der belgische Astronom Adolphe Quetelet.
    Er sammelte Daten über Menschen – ihre Größe, ihre Verbrechen, die Anzahl
    ihrer Kinder und ihr Alter zum Zeitpunkt ihres Todes – und stellte sie grafisch
    dar so wie Laplace die Sterne. In der Theorie der Fehlerverteilung, so stellte er
    fest, repräsentierten die besonderen Marotten und Merkmale des jeweiligen
    Menschen die Fehler: Abweichungen von einer Norm, die nur durch die An-
    häufung all dieser Marotten sichtbar wurden. Diese Neuerung verstärkte die
    Vorstellung, die implizit bereits seit der Antike bestand, von der Norm abwei-
    chend sei gleichbedeutend mit falsch – und umgekehrt, normal sei gleichbe-
    deutend mit richtig –, und prägte den Begriff des »Durchschnittsmenschen«,
    eine Erfindung mit einigem heimtückischem Potenzial.

    So findet man in der dystopischen Literatur fast ausschließlich Gesellschaften,
    in denen es nur »Durchschnittsmenschen« gibt, klonartige Kopien unheim-
    lich farbloser, austauschbarer Menschen. Nicht dass dieses Problem auf die Li-
    teratur begrenzt wäre. Die Geschichte zeugt auf tragische Weise von dem
    Drang, solch angeblich ideale Gesellschaften zu schaffen.

    Diese Fähigkeit, Menschen als potenziell falsche Datenpunkte zu behandeln,
    ist der Grund dafür, dass einige Denker das intellektuelle Vermächtnis der
    Aufklärung für die Genozidverbrechen des 20. Jahrhunderts verantwortlich
    machen. In historischen Berichten symbolisiert die Aufklärung normalerwei-
    se den Höhepunkt der westlichen Kultur; alle nachfolgenden Rückfälle in die
    Barbarei sind die Folge des Verzichts auf die zentralen Werte dieser Epoche.
    Andere Denker hingegen behaupten, die Werte der Aufklärung seien die Ur-
    sache für die Barbarei. Indem sie die Rationalität über alle anderen Tugenden
    gestellt, abstrakten und angeblich universellen Wahrheiten einen höheren
    Wert als Einzelleben beigemessen und allem menschlichen Tun die Werte
    und Methoden der Wissenschaft aufgezwungen habe, habe die Aufklärung, so
    die Denker, das Motiv, die Mittel und die Rechtfertigung für systemische Ge-
    walt geschaffen. Diese Kritik wurde erstmals während der Französischen Re-
    volution laut, deren unglaubliche Brutalität man damit rechtfertigte, dass sie

für die Schaffung einer perfekten Regierung notwendig gewesen sei. Da es keinen rationalen Einwand gegen eine perfekte Regierung geben kann (so die Argumentation), war alle politische Opposition gefährlich falsch und konnte – ja, musste – eliminiert werden. Die Kritik an der Aufklärung wurde im 20. Jahrhundert als Folge der Ausbrüche ideologisch motivierter und technologisch perfektionierter Gewalt wieder aufgegriffen (vor allem vom deutschen Philosophen Theodor Adorno und der Frankfurter Schule).

16 Übersetzungen der Texte von Al-Ghazali unterscheiden sich stark, bis hin zu den Titeln seiner Werke und der Schreibweise seines Namens. Ich habe für dieses Buch zwei unterschiedliche Übersetzungen verwendet: Abu Hamid Muhammad Al Ghazzali, *The Confessions of Al Ghazzali*, übersetzt von Claude Field (Cosimo, Inc., 2007) und Abu Hamid Muhammad Al-Ghazali, *Al-Ghazali's Path to Sufism: His Deliverance from Error*, übersetzt von R. J. McCarthy (Fons Vitae, 2006). Dieses Zitat stammt aus der ersten Übersetzung und findet sich auf S. 17.

Dieselbe Stelle ist in der zweiten Übersetzung so wiedergegeben: »Versteht ihr nicht, dass ihr, wenn ihr schlaft, bestimmte Dinge glaubt und euch bestimmte Umstände vorstellt, von denen ihr annehmt, dass sie unveränderlich und dauerhaft sind, und dass ihr keinen Zweifel daran hegt, dass dies tatsächlich der Fall ist? Dann erwacht ihr und wisst, dass all eure Vorstellungen und Überzeugungen gegenstandslos und unbegründet waren ... welche Sicherheit habt ihr, dass ihr euch nicht plötzlich in einem Zustand befindet, der dieselbe Beziehung zu eurem Wachzustand hat wie Letzterer zu euren Träumen, und dass es sich bei eurem Wachzustand in Beziehung zu diesem neuen Zustand nicht um Träume handelt?« (S. 22)

17 Sowohl diese Definition als auch das Zitat von François Boissier de Sauvages im nächsten Abschnitt stammen aus Michel Foucaults *Wahnsinn und Gesellschaft: Eine Geschichte des Wahns im Zeitalter der Vernunft*, übersetzt von Ulrich Köppen (Suhrkamp Verlag, 1989), S. 179 bzw. 243. Das Zitat von Foucault in ebendiesem Abschnitt findet sich auf S. 63.

18 Siehe etwa Caroline Bunker Rosdahl und Mary T. Kowalski, *Textbook of Basic Nursing* (Lippincott Williams & Wilkins, 9. Auflage, 2007), S. 1469. Die Kursivierungen sind meine.

19 Desiderius Erasmus, *Das Lob der Torheit*, übersetzt von Anton J. Gail (Philipp Reclam jun. GmbH & Co., 1949), S. 48f.

20 Sully, S. 4.

21 William Shakespeare, *König Lear*, in: *Shakespeares Dramatische Werke*, Bd. 6 (Bibliographisches Institut, o. J.). Die ersten beiden Zitate in diesem Absatz finden sich auf S. 30, das dritte auf S. 87.

22 Siehe zum Beispiel den Eintrag zu »to move« des Center for Indo-European

Language and Culture of the University of Texas in Austins Linguistics Research Center (http://www.utexas.edu/cola/centers/lrc/iedocctr/ie-ling/ie-sem/MO/ MO_MO.html) und deren Tabelle proto-indogermanischer Wortstämme (http://www.utexas.edu/cola/centers/lrc/ielex.PokornyMaster-X.html).

23 Auch hier lässt sich der Zusammenhang von Irrtum und Wahnsinn erkennen. Das Wort *halluzinieren* stammt aus dem Lateinischen und bedeutet *im Geiste umherwandern*.

24 Diese Erkenntnis verdanke ich David Bates. Seine Ausführungen zu diesen beiden Wandervögeln sowie zur Etymologie von Irrtum finden sich auf S. 19ff., das Zitat auf S. 21.

Kapitel 3
Unsere Sinne

Bei der Geschichte von Kapitän John Ross' Missgeschick in der Arktis stütze ich mich auf mehrere Quellen: auf Ross' eigenen Bericht *Entdeckungsreise unter den Befehlen der Britischen Admiralität mit den königlichen Schiffen Isabella und Alexander, um die Baffins-Bay auszuforschen und die Möglichkeit einer nordwestlichen Durchfahrt zu untersuchen*, übersetzt von P. A. Nemnich (Friedrich Fleischer, 1820); (Das Blockzitat findet sich auf S. 99); auf den Artikel von Clive Holland und James M. Savelle »My Dear Beaufort: A Personal Letter from John Ross's Arctic Expedition of 1829–33«, in: *Arctic*, Bd. 40, Nr. 1 (März 1987), S. 66–77; auf Earnest S. Dodges *The Polar Rosses: John and James Clark Ross and Their Explorations* (Faber and Faber, 1973); und auf *Antarctica: Exploration, Perception, Metaphor* von Paul Simpson-Housley (Routledge, 1992). Den Ausführungen zur Peary-Expedition liegen ein zeitgenössischer Zeitungsbericht über die MacMillan-Expedition zugrunde (»To Seek New Land Peary Saw in Arctic«, *The New York Times*, 14. Febr. 1912) sowie die eigenen Berichte von Peary bzw. MacMillan: Robert Edwin Peary, *Dem Nordpol am nächsten* (R. Voigtländer Verlag, 1907) und Donald Baxter MacMillan, *Four Years in the White North* (Harper and Brothers, 1918).

Die Informationen über obere Luftspiegelungen und über Reisende (andere als John Ross), die sich von ihnen haben täuschen lassen, verdanke ich Simpson-Housley, der *Encyclopedia of Weather and Climate*, 2. überarbeitete Auflage (Oxford University Press, 1996) sowie den folgenden beiden Artikeln von Keith C. Heidorn: »The Superior Mirage: Seeing Beyond« (http://www.islandnet.com/~see/ weather/history/artmrge.htm) und »The Arctic Mirage: Aid to Discovery« (http:// www.islandnet.com/~see/weather/elements/supmrge.htm).

Edward Adelsons Schachbrett-Illusion und eine vollständige Erklärung, wie sie funktioniert, findet sich auf seiner Website unter http://web.mit.edu/persci/people/adelson/, die Videos zur selektiven Wahrnehmung unter http://viscog.beckman.illinois.edu/djs_lab/demos.html. Die Geschichte vom Absturz des Eastern-Airlines-Fluges 401 stammt von Marc Green, dem Psychologen, der den Begriff »höhere Gewalt auf mentaler Ebene« prägte.
(http://www.visualexpert.com/Resources/inattentionalblindness.html)

1   1778 unternahm James Cook, vor allem bekannt als Antarktis-Forscher, den Versuch, die Nordwest-Passage zu finden, und zwar von ihrem vermuteten westlichen Ende her. Da die Durchfahrt jedoch nördlich der Beringstraße durch Eis blockiert wurde, gab er den Versuch auf und verwarf die Existenz der Durchfahrt als Fantasie.

2   Ironischerweise wurde Ross' Ruf durch eine Expedition wiederhergestellt, die ziemlich katastrophal verlief. 1829 kehrte er in die kanadische Arktis zurück, nur um mit seinem Schiff südlich des Lancaster-Sund im Eis stecken zu bleiben. Er und seine Männer erforschten das Gebiet, während sie darauf warteten, dass das Eis auseinanderbrach, was es jedoch nicht tat. Schließlich verließen sie 1832 das Schiff und gingen über das gefrorene Meer nach Norden zur Stätte eines anderen früheren Schiffbruchs. Als sich das Eis um dieses Schiff zurückzog, suchten sie Zuflucht in dessen großen Beibooten, ruderten davon und wurden schließlich gerettet – wie der Zufall es wollte von ebendem Schiff, dessen Kapitän Ross 1818 gewesen war. Insgesamt saßen Ross und seine Mannschaft vier Jahre lang fest, so lange wie keiner vor ihnen. Doch auch wenn die Expedition unter einem schlechten Stern gestanden hatte, sie rehabilitierte Ross in den Augen der Nation als fähigen, mutigen Menschen. Parry erwarb sich inzwischen einen Ruf (den er auch verdiente) als hervorragender Arktisforscher, doch der Ruhm, die Nordwest-Passage entdeckt zu haben, und der damit verbundene Reichtum blieben ihm verwehrt. Und das gelang auch sonst niemandem, obwohl der norwegische Forscher Roald Amundsen diese Passage 1906 schließlich vollständig durchfuhr. Doch dieser Wasserweg und die anderen, die schließlich weit im Norden entdeckt wurden, erwiesen sich als zu weit entfernt und gefährlich, um als Handelsrouten zu dienen – außerdem hatte man mit der Erfindung der Eisenbahn inzwischen eine völlig andere Lösung für das Problem gefunden, Güter quer durch Nordamerika zu transportieren (John Ross, *Zum Magnetpol in der Arktis. Bericht über die Expedition von 1829 bis 1833*, übersetzt und herausgegeben von Gerhard Grümmer, Hinstorff Verlag GmbH, 1983).

3   Die größte Luftspiegelung, die je verzeichnet wurde, war die eines gesamten Kontinents. 1906 erkundete der amerikanische Forscher Robert Peary den ho-

hen Norden Kanadas zu Fuß, als er aufs Meer hinausblickte und in einer Entfernung, die er auf etwa 120 Meilen schätzte, eine Landmasse sah, die den Horizont so weit überspannte, dass Peary sie für einen Kontinent hielt. Diese Landmasse nannte Peary (nicht zu verwechseln mit Parry, dem Stellvertreter von John Ross) Crocker Land (nicht zu verwechseln mit Ross' Croker Mountains). Peary berichtete bei seiner Rückkehr in die Vereinigten Staaten von dieser Landmasse, und sieben Jahre später brach einer seiner ehemaligen Leutnants, Donald MacMillan, auf, um den neuen Kontinent zu erforschen. MacMillan schlug sein Lager in der kanadischen Arktis auf und überquerte dann das Polarmeer, sobald es gefroren war. Nachdem er und seine Männer fast 960 Kilometer zu Fuß und mit Hundeschlitten zurückgelegt hatten, entdeckten sie ein riesiges Gebiet, das genau Pearys Beschreibung entsprach. Doch als sie weitergingen, schien die Landmasse sich zu verändern, und wenn die Sonne am Abendhimmel unterging, verschwand sie völlig. Die Männer zogen trotzdem weiter, vorbei an dem Punkt, an dem sie den geheimnisvollen Kontinent hätten erreichen sollen, trafen jedoch nie auf Land.

Da, wie wir heute wissen, einige hundert Kilometer entfernt kein großer Kontinent lauerte, war dies eigentlich keine arktische, also obere Luftspiegelung, sondern eher eine untere Luftspiegelung – eine Illusion der Vergrößerung und Verzerrung. Die Forscher sahen tatsächlich nur die gewellte Oberfläche des gefrorenen Meers, die durch das launische Polarlicht extrem vergrößert war.

4 Harlan T. Stetson weist in »Error and Astronomy«, einem Beitrag zu Jastrows *Story of Human Error*, ebenfalls auf diesen Punkt hin (S. 40): »So paradox es auch erscheinen mag, die Hauptquelle des Irrtums war die Neigung [des Menschen], die Natur für bare Münze zu nehmen und den Augenschein mit der Realität zu verwechseln. Doch auch ohne astronomische Kenntnisse kann man leicht das Drama des menschlichen Irrtums beim Erwerb von Wissen über das Universum nachvollziehen, indem man in einer klaren Nacht nach draußen geht und das Gewölbe über sich betrachtet.«

5 Platon widmet den größten Teil des *Theätet* der Aufgabe, Protagoras' Theorie des Wissens zu widerlegen. Platon, *Sämtliche Dialoge*, Bd. IV, übersetzt von Dr. Otto Apelt (Verlag Felix Meiner, 1911); Keeler liefert beträchtliches Hintergrundwissen zu den Gedanken der Sophisten, von Platon und anderen frühen Philosophen, über das Problem der Wahrnehmungsfehler (siehe vor allem S. 1–21).

6 Steven Pinker, *Wie das Denken im Kopf entsteht*, übersetzt von Martina Wiese und Sebastian Vogel (Kindler Verlag GmbH, 1998), S. 18.

7 Ich konzentriere mich hier auf universelle Wahrnehmungsfehler, doch unsere Sinne können sich auf individuelle, ja typische Weise irren. Hiermit hat

sich im 18. Jahrhundert der deutsche Philosoph Immanuel Kant ernsthaft auseinandergesetzt. Die meisten Philosophen der Antike (Platon, Protagoras und andere), die sich mit der Wahrnehmung beschäftigten, waren in erster Linie an physischen Vorgängen interessiert: daran, wie die Mechanismen des Tastens, des Geschmacks, des Geruchs und des Hörens mit den Eigenschaften der Welt interagieren. Kant war jedoch vorrangig an psychischen Prozessen interessiert, und er argumentierte, dass unsere Überzeugungen, Wünsche, Gedanken und Gefühle ebenfalls die Art beeinflussen, wie wir unsere Umgebung wahrnehmen. Dieser Beitrag zur Philosophie der Wahrnehmung war sehr wichtig, weil er erklärte, wie es nicht nur zu universellen Irrtümern wie den Luftspiegelungen kommen kann, sondern auch zu individuellen, durch unsere Sinne verursachten Fehlern – wie zwei Menschen, die dasselbe sehen oder hören, völlig unterschiedliche Eindrücke davon gewinnen können. Protagoras erklärte dies damit, dass die Realität unterschiedlich sei. Kant hingegen meinte, dass die Menschen unterschiedlich seien, bis hin zu ihrer Art, die Welt wahrzunehmen.

8   Das Phantomglied und der Phantomhut verdeutlichen etwas Wichtiges: dass wir nicht nur auf Informationen der Außenwelt reagieren und diese interpretieren, sondern auch auf Informationen unserer inneren Welt. Und manchmal – wie bei diesen Phantomempfindungen – interpretieren wir sie falsch. Im nächsten Kapitel werden wir hierzu einem weiteren, noch drastischeren Beispiel begegnen.

9   David Brewster, *Letters on Natural Magic* (Chatto and Windus, Piccadilly, 1883), S. 91. Auf diesen Text wurde ich durch Sullys *Die Illusionen* aufmerksam (dt. Übers.: David Brewster, *Briefe über die natürliche Magie an Sir Walter Scott*, übersetzt von Friedrich Wolff, Enslin Verlag, 1833).

10 Die Geschichte über Robert-Houdins Wirken in Algerien ist nachzulesen in Jim Steinmeyers *Hiding the Elephant* (De Capo Press, 2004), S. 145f. Robert-Houdins Arbeit in Algerien ist im Grunde genommen ein Vorläufer moderner militärpsychologischer Operationen oder PSYOPS. Bei vielen, wenn auch nicht allen PSYOPS ist die Manipulation der Wahrnehmung im Spiel. Der Irakkrieg liefert hierfür (mindestens) zwei denkwürdige Beispiele: das In-Szene-Setzen der Demontage von Saddam Husseins Statue in Bagdad und die in den Medien weitverbreitete Verzerrung und Dramatisierung der »Rettung« von Private Jessica Lynch.

11 Bei beiden Täuschungen geht es um eine einzige Abbildung, die zwei unterschiedliche Interpretationen zulässt. Bei der ersten sieht man, wenn man sich auf den weißen Vordergrund konzentriert, eine Vase, und wenn man sich auf den (schwarzen) Hintergrund konzentriert, zwei Gesichter. Bei der zweiten sieht man, wenn man sich auf gewisse Details konzentriert, das Profil einer

wunderschönen jungen Frau, wenn man sich auf andere Details konzentriert, eine deutlich weniger attraktive ältere Frau. Bei den Bildern handelt es sich um die folgenden beiden:

Kapitel 4
Unser Geist, Teil eins: Wissen, nicht wissen und erfinden

Ich bin Rebecca Saxe dankbar für die Anregung, mich mit der Konfabulation zu befassen, und vor allem dafür, dass sie mich auf William Hirsteins ausgezeichnetes Werk *Brain Fiction: Self-Deception and the Riddle of Confabulation* (The MIT Press, 2005) aufmerksam gemacht hat. Andere nützliche Quellen zu Anosognosie und Konfabulation sind u. a.: George Prigatano und Daniel L. Schacter, Hg., *Awareness of Deficit After Brain Injury: Clinical and Theoretical Issues* (Oxford University Press, 1991); Gabriel Anton, »Gabriel Anton and ›Anton's Symptom‹: On Focal Diseases of the Brain Which Are Not Perceived by the Patient (1898)«, eingeleitet und übersetzt von Hans Förstl, Adrian M. Owen und Anthony S. David, in: *Neuropsychiatry, Neuropsychology, and Behavioral Neurology*, Bd. 6, Nr. 1 (1993), S. 1–8. Einen Einblick in diese Problematiken verdanke ich auch einem Gespräch mit dem Neurologen Eric Altschuler von der Mt. Sinai School of Medicine. Über die Geschichte von »Hannah« berichten Georg Goldenberg, Wolf Tollbachert und Andreas Nowak in »Imagery Without Perception: A Case Study of Anosognosia for Cortical Blindness«, in: *Neuropsychologia*, Bd. 33, Nr. 11 (1995), S. 1373–1382. Michael Gazzanigas Experimente mit Split-Brain-Patienten sind in Hirstein, S. 153 f., aufgeführt. Auch auf das Strumpfhosen-Experiment bin ich bei Hirstein gestoßen; siehe auch: »Telling More Than We Can Know: Verbal Reports on Mental Processes«, Richard E. Nisbitt und Timothy DeCamp Wilson, in: *Psychological Review*, Bd. 84, Nr. 3 (Mai 1977), S. 231–259.

Folgende Quellen waren hilfreich für die Ausführungen zum Thema Gedächtnis: Daniel Schacter, *Aussetzer. Wie wir vergessen und uns erinnern*, übersetzt von Hainer Kober (Gustav Lübbe Verlag, 2005); Daniel Schacter, Hg., *Memory Distortions: How Minds, Brains and Societies Reconstruct the Past* (Harvard University Press,

1995); Daniel Schacter und Elaine Scarry, Hg., *Memory, Brain, and Belief* (Harvard University Press, 2000); und Interviews mit Daniel Schacter von Harvard, William Hirst von der New School of Social Research und Elizabeth Phelps von der New York University. Hirst war der Erste, der mir die Geschichte von Ulric Neissers falscher Blitzlichterinnerung erzählt hat, obwohl sie in der Literatur zum Thema Gedächtnis häufig erwähnt wird. Über die *Challenger*-Studie (einschließlich des Zitats »Ich weiß, dass das meine Handschrift ist«) berichten Neisser und Nicole Harsh in dem Aufsatz »Phantom Flashbulbs: False Recollections of Hearing the News About Challenger«, in: Eugene Winograd und Ulric Neisser, Hg., *Affect and Accuracy in Recall* (Cambridge University Press, 1992), S.9–31. Die Behauptung, dass die Genauigkeit von Blitzlichterinnerungen im Laufe der Zeit genauso schnell abnimmt wie die unserer alltäglichen Erinnerungen, stellten Jennifer Talarico und David Rubin auf in ihrem Aufsatz »Flashbulb Memories Result From Ordinary Memory Processes and Extraordinary Event Characteristics«, in: Olivier Luminet und Antonietta Curci, Hg., *Flashbulb Memories: New Issues and New Perspectives* (Psychology Press, 2009), S.79–98. Informationen zum 9/11 Memory Consortium finden sich online unter http://911memory.nyu.edu/.

Darüber hinaus berufe ich mich zu Erinnerungen, die sich falsch im Gedächtnis eingenistet haben, auf folgende Quellen: Austin Sarat, Nadav Davidovitch und Michal Alberstein, Hg., *Trauma and Memory: Reading, Healing, and Making Law* (Standford University Press, 2008). Die Geschichte von Chris, dem Jungen, dem man erzählte, er habe sich als Kind in einem Einkaufszentrum verlaufen, stammt aus: Elizabeth F. Loftus, Julie Feldman und Richard Dashiell, »The Reality of Illusory Memories«, in: Schacter, Hg., S.62. Die Studie selbst führte Loftus 1994 zusammen mit einem Kollegen durch.

Obwohl ich dieses Kapitel mit dem Appell, die Kategorie des Wissens außer Acht zu lassen, sowohl beginne als auch beschließe, möchte ich betonen, dass ich damit nur sagen will, dass »Wissen« beim Nachdenken über Irrtümer nicht viel bringt, und nicht, dass es grundsätzlich keine nützliche Kategorie ist. Im Alltagsleben sagen wir »Ich weiß«, um anzuzeigen, dass wir sicher, und »Ich glaube«, um anzuzeigen, dass wir unsicher sind – Unterscheidungen, die äußerst hilfreich sind und die wir nicht über Bord werfen können, ohne in Dauerskepsis zu verfallen.

1 Steven Pinker, *Das unbeschriebene Blatt. Die moderne Leugnung der menschlichen Natur,* übersetzt von Hainer Kober (Berlin Verlag GmbH, 2003), S.368.
2 Wissenschaftler glauben, dass es zur Verdrängung einer Krankheit kommt, wenn ein Teil des Gehirns, nämlich die supplementär-motorische Rinde, von

der Gehirnverletzung unbeeinträchtigt bleibt. Die supplementär-motorische Rinde ist für mentale Simulationen bestimmter Bewegungsabfolgen verantwortlich, wenn Sie nachts im Bett liegen und sich vorstellen, wie Sie triumphierend die Arme hochreißen, wenn Sie beim New-York-Marathon unter drei Stunden die Ziellinie überqueren. Bei gelähmten Patienten, die ihre Lähmung leugnen, funktioniert dieser Teil des Gehirns noch gut, während der Schaden in anderen Hirnregionen (oder ein Konflikt zwischen dieser Region und anderen) sie davon abhält, tatsächlich die Bewegungen auszuführen und zwischen der simulierten und der tatsächlichen Bewegung zu unterscheiden (Sandra Blakeslee, »Discovering that Denial of Paralysis Is Not Just A Problem of the Mind, *The New York Times*, 2. August 2005).

3 James, S. 14.

4 Das legt nahe, dass eine Erinnerung nicht traumatisch sein muss, um das Gefühl des Wissens hervorzurufen. Sie muss nicht einmal real sein. Das ist das überraschende und provokative Ergebnis von Studien zu falschem Erinnern. Die Probanden dieser Studien werden in einer Reihe von Sitzungen mit einem Psychologen und unter Zustimmung und Mithilfe ihrer Familien davon überzeugt, dass sie als Kind etwas erlebt haben, was in Wirklichkeit nicht der Fall war: dass sie sich etwa in einem Geschäft verlaufen oder eine Fahrt in einem Heißluftballon unternommen haben. Insgesamt akzeptiert rund einer von vier Probanden eine falsche Erinnerung. (Bei kleinen Kindern ist die Zahl signifikant höher; sie reicht von vierzig bis sechzig Prozent.) Für diese Teilnehmer werden die »Erinnerungen«, die sich in ihrem Gedächtnis eingenistet haben, zu etwas, das sich kaum von der Realität unterscheiden lässt – und zwar in einem Maß, dass es schwierig ist, sie später davon zu überzeugen, dass das Ereignis sich nie zugetragen hat. Ein vierzehnjähriger Proband namens Chris, den man glauben machte, dass er sich als Kind in einem Einkaufszentrum verlaufen habe, reagierte mit Ungläubigkeit auf die Nachbesprechung des Experiments: »Ich habe gedacht, ich würde mich daran erinnern, dass ich mich verlaufen habe – und nach euch gesucht habe. Ja, ich erinnere mich daran«, behauptete er beharrlich. »Und wie ich dann geweint habe und Mom gekommen ist und gesagt hat: ›Wo bist du gewesen? Tu das nie, nie wieder.‹« Obwohl das Ereignis erfunden war, stieß Chris durch Nachdenken irgendwie auf das deutliche Gefühl, sich verlaufen zu haben. In gewissem Sinne unterscheiden sich diese falschen Erinnerungen nicht von den Irrtümern bei Blitzlichterinnerungen. Auch Ulric Neisser »erinnerte sich« an etwas, das nicht passiert war. Doch die meisten von uns empfinden diese falschen Erinnerungen als verstörend, da sie deutlich machen, wie unbegründet das Gefühl des Wissens sein kann – und wie stark unsere Erinnerungen folglich manipuliert werden können, bewusst oder auch nicht.

5 Platon, S. 111. Die Diskussion über das Gedächtnis geht bis S. 121.

6 Unser Zögern, ein nicht-intuitives Modell des Gedächtnisses (oder von irgendetwas anderem) anzuerkennen, ist in gewisser Weise mit dem Gefühl des Wissens verbunden. Nennen wir es das Gefühl zu verstehen: Wir sind weitaus
eher geneigt, Erklärungen zu akzeptieren, die wir als richtig empfinden, als
solche, bei denen wir das nicht tun. Das Problem ist, dass Erklärungen, die
uns richtig vorkommen, falsch sein können, und Erklärungen, die wir als verwirrend empfinden oder verwerfen, richtig sein können. Nichtsdestoweniger
lassen sich selbst Menschen mit einem guten Verständnis für das, was Wissen
ausmacht, von diesem Gefühl, dass etwas richtig ist, verführen. Der Philosoph
J. D. Trout zitierte als Beispiel Kopernikus, diesen frühen Verfechter des helio-
zentrischen Weltbildes, der einst von den beiden anderen Theorien über die
Struktur der Galaxie sagte: »Jede dieser Hypothesen lässt den Geist erschau-
dern.« Nun, Kopernikus hatte recht – die Erde dreht sich wirklich um die Sonne –, doch wenn ein erschaudernder Geist für ihn der einzige Grund gewesen
wäre, andere Hypothesen zurückzuweisen, hätte seine Argumentation nicht
überzeugt. So schreibt Trout: »Die wichtige Frage ist die, ob das heliozentrische Weltbild richtig ist, und nicht die, ob der Gedanke an eine Alternative für
den Intellekt zu schmerzlich wäre« (J. D. Trout, »Scientific Explanation and
the Sense of Understanding«, in: *Philosophy of Science*, Bd. 6 [Juni 2002],
S. 212–233).

7 Dieses Zitat wie auch das folgende (»Einer der an einem inneren Dialog Beteiligten ...«) stammen von Hirstein, S. 3f.

8 Bei zwei anderen weitverbreiteten neurologischen Problemen, der Alzheimer-
Krankheit und der Demenz im Allgemeinen, spielt die Konfabulation ebenfalls eine Rolle. Ältere Menschen, die an diesen Krankheiten leiden, scheinen
oft als Reaktion auf einen Gedächtnisverlust zu konfabulieren, so etwa die
Zweiundneunzigjährige, die für ihren Arzt ihre Krankengeschichte erfindet
oder behauptet, jemand habe die Geldbörse gestohlen, die sie verlegt hat. Tatsächlich sind Gedächtnisdefizite nicht allein an Konfabulationen beteiligt,
doch zwischen beidem besteht ein Zusammenhang. Wir wissen zum Beispiel,
dass Menschen, die unter Amnesie leiden (Menschen mit einem schweren
kurzfristigen Gedächtnisverlust) oft fiktive Geschichten zum Besten geben,
um die gähnenden Lücken in ihrer Vergangenheit zu füllen. Hirstein etwa berichtet von einem Patienten, der auf die Frage seines Arztes, wie sein Wochenende gewesen sei, sehr detailliert von einer Fachkonferenz erzählte, die er in
New York besucht hatte. In Wirklichkeit war der Patient nicht nur während des
Wochenendes, sondern während der vergangenen drei Monate im Krankenhaus gewesen.

9 Hirstein, S. 2. Das Zitat »als Antwort auf eine Frage Unwissenheit zuzugeben«

steht ebenfalls auf Seite 2. Zu den beiden anderen Zitaten – »eine leicht konfabulatorische Persönlichkeit« sowie »Stur und sehr rechthaberisch« siehe S. 4.

10 Es gibt einige Anhaltspunkte dafür, dass leicht konfabulatorische Persönlichkeiten Gefahr laufen, sich zu stark konfabulierenden Menschen zu entwickeln. Im Rahmen einer Studie (1996) bat der Psychologe E. A. Weinstein Familienangehörige von Anosognosikern – von denen einige ebenfalls konfabulierten, andere nicht –, die Persönlichkeit ihres Verwandten vor dem Ausbruch der Krankheit zu beschreiben. Er stellte fest, dass die Konfabulierer in der Gruppe immer folgendermaßen charakterisiert wurden: »Stur und sehr rechthaberisch.«

11 Bertrand Russell, *The Collected Papers of Bertrand Russell*, Vol. 11, John Slater und Peter Köllner, Hg. (Routledge, 1997), S. 92.

Kapitel 5
Unser Geist, Teil zwei: Glaube

Zu meinem Bedauern hat Alan Greenspan es (höflich) abgelehnt, sich für dieses Buch interviewen zu lassen. Die vollständige Abschrift der Kongressanhörung vom 23. Oktober 2008 findet sich unter http://oversight.house.gov/images/stories/documents/20081023100438.pdf. Wenn nicht anders aufgeführt, stammen alle Zitate von Greenspan und Waxman aus dieser Abschrift. Biografische Informationen zu Greenspan habe ich seiner Autobiografie *Mein Leben für die Wirtschaft*, übersetzt von Michaela Pelz und Jürgen Neubauer (Campus-Verlag, 2007) entnommen.

Ich bin Rebecca Saxe zu Dank verpflichtet für die vielen interessanten Gespräche über naiven Realismus, Glaube und Irrtum, die dazu beitrugen, diesem Kapitel Gestalt zu verleihen, sowie für ihre vielen Quellenhinweise.

1 »Alan Greenspan«, *The Economist*, 12. Jan. 2006.
2 Motoko Rich, »The Plan To Push That Book Goes Poof«, *The New York Times*, 7. Sept. 2007.
3 »Job Losses Continue at Accelerated Pace«, Heather Boushey, Center for American Progress, 6. Febr. 2009.
4 Peter S. Goodman und Jack Healy, »663,000 Jobs Lost in March; Total Tops 5 Million«, *The New York Times*, 3. April 2009.
5 Carl Mortished, »Global unemployment heads towards 50 million«, *The London Times*, 29. Jan. 2009.

6 Megan Davies and Walden Siew, »45 percent of word's wealth destroyed: Blackstone CEO«, Reuters, 10. März 2009.

7 Dieses Zitat stammt aus »The End«, einem wie immer bemerkenswerten Artikel von Lewis, der 2008 in der Dezemberausgabe der Zeitschrift *Portfolio* erschien.

8 »The Born Prophecy«, Richard B. Schmitt, *ABA Journal*, Mai 2009; und »Clinton's Belated Advice Should be Heeded«, Liam Halligan, *The Telegraph*, 23. Mai 2009.

9 Die Pressemitteilung, aus der dieses Statement stammt, ist zu finden unter http://www.ustreas.gov/press/releases/rr2426.htm.

10 »Prophet and Loss«, Rick Schmitt, *Stanford Magazine*, März/April 2009.

11 Und so fort: Die philosophische Definition von Glauben im Sinne von Überzeugung impliziert unter anderem, dass jeder von uns genau genommen unendlich viele Überzeugungen hat. (Wenn Sie glauben, dass sich unter dem Bett Ihres Kleinkinds kein Monster befindet, dann glauben Sie auch, dass es dort keine zwei Monster oder drei Monster... usw. gibt.) Natürlich ist sich niemand der unendlichen Zahl an Überzeugungen bewusst. Doch der springende Punkt an dieser Definition von Glauben ist der, dass das Bewusstsein keine Rolle spielt. Was zählt ist, dass unsere alltäglichen Handlungen auf einer im Grunde genommen unendlichen Anzahl impliziter Überzeugungen basieren.

12 William James, *Die Vielfalt religiöser Erfahrung*, übersetzt von Eilert Herms und Christian Stahlhut (Insel Verlag, 1997), S. 437. Die Worte stammen von James (und er stand zu ihnen), doch hier paraphrasiert er seinen Philosophenkollegen Charles Sanders Peirce und beschreibt dessen damals neue Philosophie des Pragmatismus.

13 Das Datenblatt der National Science Foundation zu LIGO (einschließlich des Zitats über Wellen in der Raumzeit) findet sich unter http://www.nsf.gov/news/news_summ.jsp?cntn_id=103042.

14 Dieses Zitat stammt aus Wertheims Beitrag zu John Brockman, Hg., *Das Wissen von morgen*, übersetzt von Hans Günter Holl (Fischer Taschenbuch Verlag, 2008), S. 207.

15 Das Konzept der abgeleiteten Überzeugungen habe ich von dem Philosophen Robert P. Abelson übernommen. Siehe seinen Artikel »Beliefs are Like Possessions«, in: *Journal for the Theory of Social Behavior*, Bd. 16, Nr. 3 (Okt. 1986), S. 223–250. Wie Abelson aufzeigt, sind wir auch mit dem Gegenteil des Problems abgeleiteter Überzeugungen konfrontiert: Wir haben viele Überzeugungen, aufgrund derer wir handeln könnten – etwa dass es schrecklich ist, dass verarmte Menschen in unserer Heimatstadt nichts zu essen und keine Bleibe haben –, es aber nicht tun.

16 William James, *Talks to Teachers on Psychology: And to Students on Some of Life's Ideals* (Holt, 1906), S. 47.

17 Auf die Gefahr hin, die Sache nur noch verworrener zu machen, sind die Worte »Überzeugung« und »Theorie«, so wie ich sie in diesem Buch verwende, fast austauschbar. Einige Denker haben die Unterscheidung der beiden Begriffe gefordert und argumentiert, dass Theorien expliziter, komplexer und erklärender als Überzeugungen seien. Doch solche Unterscheidungen sind unhaltbar oder zumindest äußerst gefährlich. Versuchen Sie doch mal, sie auf die Aussage »Ich glaube an Gott« anzuwenden. Wenn Sie fünf Jahre alt sind, zeugt diese Aussage zweifellos von einer Überzeugung: wenn auch keiner komplexen, erklärenden oder expliziten Überzeugung. Wenn Sie jedoch der Papst sind, handelt es sich eindeutig um eine Theorie. Außerdem – und für meine Zwecke viel wichtiger – hat keiner der Unterschiede, die wir zwischen Überzeugungen und Theorien postulieren können, eine Auswirkung auf deren Funktion. Theorien wie Überzeugungen dienen dem Zweck, die uns umgebende Welt zu repräsentieren.

18 Forscher haben nämlich aufgezeigt, dass fünf Monate alte Babys nichts über Schwerkraft und andere grundlegende physikalische Eigenschaften der Welt zu wissen scheinen, da sie sich überhaupt nicht wundern, wenn etwa Gegenstände durch die Luft schweben oder ein Ball, der über den Tisch gerollt wird, über ein Hindernis hüpft, statt dagegen zu stoßen. Demgegenüber scheinen sieben Monate alte Babys schon mehr zu wissen, was bedeutet, dass dieses Wissen entweder angeboren ist oder während der ersten Lebensmonate erworben wird. Siehe auch Susan Hespos und Renée Baillargeon, »Décalage in Infants' Knowledge About Occlusion and Containment Events: Converging Evidence from Action Tasks«, in: *Cognition*, Bd. 99 (2006), B31–B41; und Yuyan Luo, Lisa Kaufman und Renée Baillargeon, »Young Infants' reasoning about events involving inert und self-propelled objects«, in: *Cognitive Psychology*, Bd. 58 (2009), S. 441–486.

19 Alison Gopnik, »Explanation as Orgasm and the Drive for Causal Understanding: The Evolution, Function and Phenomenology of the Theory-Formation System«, in: Frank C. Keil und Robert A. Wilson, Hg., *Explanation and Cognition* (The MIT Press, 2000), S. 299–323.

20 Das False-Belief-Experiment wurde vom Philosophen Daniel Dennett entwickelt und später von den österreichischen Psychologen Heinz Wimmer und Josef Perner durchgeführt. Sie hielten es fest in »Beliefs About Beliefs: Representation and Constraining Function of Wrong Beliefs in Young Children's Understanding of Deception«, in: *Cognition*, Bd. 13 (1983), S. 103–128. Die Variation mit den Smarties und Stiften stammt von J. Perner, U. Frith, A. M. Leslie und S. R. Leekam, »Exploration of the Autistic Child's Theory of Mind:

Knowledge, Belief, and Communication«, in: *Child Development*, Bd. 60 (1989), S. 688–700. Zur Version mit der Polaroid-Kamera siehe Zaitchik, D., »When Representations Conflict with Reality: The Preeschooler's Problem with False Beliefs and ›False‹ Photographs«, in: *Cognition*, Bd. 35 (1990), S. 41–68.

21 Erinnern Sie sich an die pessimistische Meta-Induktion in der Wissenschaft? Hier ist sie in Reinkultur. Während ich dieses Buch schrieb, wurde plötzlich die einst unumstrittene Behauptung, für kleine Kinder gäbe es keinen Unterschied zwischen Geist und Welt, zur Disposition gestellt. Neuere Ergebnisse von Experimenten mit Kleinkindern (bei denen die Augenbewegungen als Maßstab für die Annahmen der Babys gelten) legen nahe, dass Kinder vielleicht mehr von falschen Überzeugungen verstehen, als die Psychologen bislang dachten. Obwohl Drei- und Vierjährige noch immer zuverlässig die Sally-und-Ann-Aufgabe falsch lösen, scheinen sie Kinder im Alter von 14 Monaten bewältigen zu können. Zu den jüngsten Einwänden gegen die bisher geltenden Annahmen zu Kleinkindern und falschen Überzeugungen siehe Hyunjoo Song und Renée Baillargeon, »Infants' reasoning about others' false perceptions«, in: *Developmental Psychology*, Bd. 44, Nr. 6 (Nov. 2008), S. 1789–1795; Gergely Csibra und Victoria Southgate, »Evidence for Infants' Understanding of False Beliefs Should Not Be Dismissed«, in: *Trends in Cognitive Sciences*, Bd. 10 (2006), S. 4f.; Kristine H. Onishi und Renée Baillargeon, »Do 15-Month-Old Infants Understand False Beliefs?«, in: *Science*, Bd. 308 (2005), S. 255–258. Es bleibt abzuwarten, wie diese Ergebnisse sich miteinander vereinbaren lassen.

22 Rebecca Saxe, »Reading Your Mind: How Our Brains Help Us Understand Other People«, in: *Boston Review*, Bd. 29, Nr. 1 (Febr./März 2004), S. 39ff.

23 Eine andere Variante der Sally-und-Ann-Aufgabe illustriert besonders deutlich den Unterschied zwischen gesunden und autistischen Kindern, wenn es darum geht, die Bewusstseinsvorgänge anderer Menschen zu verstehen. Bei dieser Variante zeigt der Versuchsleiter dem Kind eine Polaroid-Kamera, erklärt, was sie tut, macht zur Demonstration ein paar Fotos und erlaubt es dem Kind, mit der Kamera zu spielen, bis es mit deren Funktionsweise vertraut ist. Dann kommt das Puppenspiel wie im ursprünglichen Experiment – nur dass der Versuchsleiter, wenn Sally die Tafel Schokolade in den Korb gelegt hat, ein Foto davon macht, wie sie dort liegt. Nachdem Sally schließlich den Raum verlassen und Ann die Schokolade in den Schrank gelegt hat, wird das Kind nicht gefragt, wo sich die Schokolade Sallys Meinung nach befindet, sondern wo sie auf dem Foto auftauchen wird. Dieser Test und das ursprüngliche Sally-und-Ann-Experiment scheinen, was Entscheidungen der Kinder angeht, gleich zu sein, doch Neurowissenschaftler haben gezeigt, dass wir beim Nachdenken über Bewusstseinsvorgänge andere Bereiche des Gehirns benutzen als beim

Nachdenken über Objekte. Gesunde Kinder finden die Kamera-Version des Experiments *schwieriger* als die ursprüngliche: Auch noch einige Monate, nachdem sie begonnen haben, über die Vorstellungen anderer Menschen nachzudenken, lösen sie die Aufgabe falsch. Autistische Kinder hingegen können den False-Belief-Test bestehen, wenn die Kamera mit im Spiel ist, aber nicht, wenn es um die Bewusstseinsvorgänge anderer Menschen geht. Die Funktionsweise der Kamera, eines mechanischen Objekts, ist für sie offensichtlich, Bewusstseinsvorgänge hingegen eine Blackbox.

24 Unsere Gewohnheit, viele unserer Überzeugungen wie Tatsachen zu behandeln, zeigt sich an der speziellen Art, wie wir den Ausdruck »Ich glaube« benutzen. Wenn ich eine Aussage als Glauben kennzeichne, betone ich nicht die Tiefe meiner Überzeugung; ich bemühe mich, meinen Zweifel zu vermitteln. Stellen Sie sich vor, Sie und ich wären auf einer Party, und ein entfernter Bekannter komme zur Tür herein. Sie stupsen mich an und bitten mich, Ihrem Gedächtnis nachzuhelfen, weil Ihnen sein Name entfallen ist. Wenn ich sage: »Er heißt Victor«, wäre es gut möglich, dass Sie ausrufen: »Victor! Wie schön, Sie wiederzusehen.« Doch wenn ich sage: »Ich glaube, er heißt Victor«, werden Sie hoffentlich so klug sein, sich zurückzuhalten. Sie werden in diesem »Ich glaube« zu Recht den impliziten Vorbehalt hören: »Ich glaube das *nur*; ich könnte mich auch irren.« Wenn wir uns sicher fühlen, bringen wir derlei Vorbehalte jedoch nicht zum Ausdruck. In diesen Fällen sagen wir dann: »Rudy Giuliani (ehemaliger Bürgermeister von New York) ist ein reaktionärer Kontrollfreak«, nicht: »Ich glaube, dass Rudy Giuliani ein reaktionärer Kontrollfreak ist«.

25 Ich bin Rebecca Saxe dankbar dafür, dass sie mich auf dieses Konzept hingewiesen hat. Mein Dank gilt auch dem Philosophen Ward Jones, dessen veröffentlichtes Werk und private Korrespondenz mit mir für die Formulierung des Weil's-wahr-ist-Gebots von unschätzbarem Wert waren. Die Zitate von Jones in diesem Abschnitt stammen aus »Explaining Our Own Beliefs: Non-Epistemic Believing and Doxastic Instability«, in: *Philosophical Studies,* Bd. 111, Nr. 3 (Dez. 2002), S. 217–249.

26 Das ist ein logischer Trugschluss. Die Tatsache, dass ich von einer bestimmten Überzeugung profitiere, könnte Fragen nach meiner Objektivität aufwerfen, aber sie hat keinen Einfluss auf den Wahrheitsgehalt der Überzeugung selbst. Schließlich profitieren Menschen von wahren wie von falschen Überzeugungen.

27 Zu diesem Thema habe ich folgende vier Aufsätze zurate gezogen: Emily Pronin, Thomas Gilovich und Lee Ross, »Objectivity in the Eye of the Beholder: Divergent Perceptions of Bias in Self Versus Other«, in: *Psychological Review,* Bd. 111, Nr. 3 (2004), S. 791–799. Joyce Ehrlinger, Thomas Gilovich und Lee

Ross, »Peering Into The Bias Blind Spot: People's Assessments of Bias in Themselves and Others«, in: *Personality and Social Psychology Bulletin*, Bd. 31, Nr. 5 (Mai 2005), S. 1–13; Emily Pronin, Daniel Y. Lin und Lee Ross, »The Bias Blind Spot: Perceptions of Bias in Self Versus Other«, in: *Personality and Social Psychology Bulletin*, Bd. 28, Nr. 3 (März 2002), S. 369–381; und Emily Pronin, Justin Kruger, Kenneth Savitsky und Lee Ross, »You Don't Know Me, But I Know You: The Illusion Of Asymmetric Insight«, in: *Journal of Personality and Social Psychology*, Bd. 81, Nr. 4 (2001), S. 639–656. Pronins Zitat stammt aus »Objectivity in the Eye of the Beholder«, S. 784.

Kapitel 6
Unser Geist, Teil drei: Beweise

Ich schulde meiner Schwester, Laura Schulz, einer Kognitionswissenschaftlerin am MIT, Dank, denn ihre Arbeit über das zweischneidige Schwert der menschlichen Kognition war für mich von unschätzbarem Wert. Zudem hat Laura mir zu einem besseren und tieferen Verständnis des Induktionsschlusses verholfen. Neben vielem anderen verdanke ich ihr die Idee zum Induktionsschluss-Quiz und den Hinweis auf die Arbeit von Willard Van Orman Quine über die Unbestimmtheit der Übersetzung, die er ursprünglich in seinem Werk *Wort und Gegenstand* vorgestellt hat (übersetzt von Joachim Schulte in Zusammenarbeit mit Dieter Birnbacher, Philipp Reclam Jun., 1981). Laura hat mich auch auf die Verbindung zwischen dem Induktionsschluss und Noam Chomskys »Argument mit der Unzulänglichkeit des Reizes« sowie mit dem Beispiel von Neptun und Uranus bekannt gemacht.

Von Richter William Stoughton habe ich zum ersten Mal gehört, als ich durch die Stadt gleichen Namens, nämlich Stoughton, Massachusetts, fuhr. Die Informationen über ihn und über Geistererscheinungen als Beweise habe ich den biografischen Informationen entnommen, die mir die Stadt zur Verfügung gestellt hat (einzusehen unter: http://www.stoughtonhistory.com/williamstoughton.htm), sowie Francis Hills *Salem Witch Trials Reader* (De Capo Press, 2000), S. 90. Interessanterweise war die Kontroverse darüber, ob Geistererscheinungen als Beweise zugelassen werden sollten, sowohl theologischer als auch juristischer Natur, da sie sich um die Frage drehte, ob der Teufel die Erlaubnis der Menschen brauche oder nicht, ihr Bild dafür zu verwenden, die (angeblichen) Opfer der Hexerei zu quälen. Menschen, die glaubten, dass der Teufel tun könne, was ihm beliebe, sprachen sich gegen die Verwendung von Geistererscheinungen als Beweise aus, und zwar mit der Begründung, dass die Goody Proctors dieser Welt nicht nur unschuldig, sondern auch selbst Opfer seien. Menschen, die demgegenüber glaubten, dass der Teufel die Erlaubnis der Sterblichen brauche, um ihr Bild zu benutzen, befürworteten die Verwendung von Geistererscheinungen als Beweise, da jeder, der in Träumen oder im Rahmen von Geistererscheinungen als Übeltäter erscheine, eindeutig einen Pakt mit dem Satan geschlossen habe. Siehe David Levins »Shadows of Doubt: Specter Evidence in Hawthorn's ›Young Goodman Brown‹«, in: *American Literature*, Bd. 34, Nr. 3 (1962), S. 344–352.

Donald Leka und Elizabeth O'Donovan gehören zu denjenigen, die auf meine allgemeine Bitte um Geschichten über Irrtümer reagiert haben. Die Zitate in diesem Kapitel entstammen Gesprächen mit den beiden.

1 Rebecca Saxe, »Against Simulation: The Argument from Error«, in: *Trends in Cognitive Sciences*, Bd. 9, Nr. 4 (April 2005), S. 174–179.

2 Siehe Keeler, S. 161: »dass es dort, wo sie [die Übereinstimmung] nicht völlig evident ist, kein wahres Wissen geben kann; und wenn ich einer Sache zustimme, bei der dies der Fall ist, ohne die völlige und sichere Gewissheit, dass es der Fall ist, begehe ich einen Irrtum. Ein Irrtum besteht nicht eigentlich darin, etwas als existent zu betrachten, was nicht existiert, sondern darin, übereilt und in Ermangelung von Beweisen Stellung zu beziehen.« Einigen Lesern wird auffallen, dass dies die Position war, gegen die William James sich in »Der Wille zum Glauben« aussprach, wobei er sich statt Descartes jedoch William Clifford (James nannte ihn »das köstliche *enfant terrible*«) zum Gegner erwählte. Clifford schrieb: »Der Glaube wird entweiht, wenn er unerwiesenen und ungeprüften Behauptungen geschenkt wird, nur zum Trost und Privatvergnügen des Gläubigen... Wird ein Glaube ohne ausreichenden Beweis angenommen, so ist die Freude nur eine gestohlene... Sie ist sündhaft, weil sie in Mißachtung unserer Pflicht gegen die Menschen gestohlen ward. Diese Pflicht besteht darin, daß wir uns vor solchem Glauben wie vor einer ansteckenden Seuche hüten, welche bald unseren eigenen Körper überwältigen und sich dann über die ganze Stadt ausbreiten kann... Es ist immer, überall und für jeden ein Fehler, etwas ohne ausreichenden Beweis zu glauben.« (James, *Der Wille zum Glauben*, S. 8)

3 Keeler, S. 74f.

4 Monotheistische Religionen haben eine besonders interessante, doch problematische Beziehung zum Konzept der Beweise. Der Glaube an Gott sollte explizit auf Vertrauen und nicht auf Beweisen basieren: »Selig sind die, die nicht sehen und doch glauben«, sagt Jesus zu dem zweifelnden Thomas in Johannes 20,29. Doch die Frommen haben seit Urzeiten versucht, Beweise für ihre Überzeugungen zu finden. Das Grabtuch von Turin wird als Beweis für Jesu

Kreuzigung angeführt, weinende Statuen der Jungfrau Maria sollen ihre Heiligkeit untermauern, die katholische Kirche hat eine formale Prozedur zur Verifizierung von Wundern als Beweis für das Wirken Gottes, und Vulkane, heiße Quellen und geothermische Schlote galten – bevor die moderne Wissenschaft diese Behauptung unhaltbar machte – als Beweise für die Existenz der Hölle. Noch allgemeiner wird oft die gesamte großartige Schöpfung, vom menschlichen Auge bis hin zu den Muscheln am Strand, als Beweis für einen Schöpfergott herangezogen. Der Autor Sam Harris traf eine ähnliche Aussage in *The End of Faith: Religion, Terror, and the Future of Reason* (W. W. Norton, 2005). Siehe S. 66: »Doch der Glaube ist ein Hochstapler. Das wird dadurch deutlich, dass die Gläubigen alle außergewöhnlichen Phänomene des religiösen Lebens – eine weinende Statue der Jungfrau, ein Kind, das seine Krücken zu Boden wirft – als *Bestätigung* ihres Glaubens ansehen. In diesen Augenblicken wirken Gläubige wie Männer und Frauen in der Wüste der Unsicherheit, denen man einen kühlen Datendrink reicht. Es lässt sich nicht bestreiten, dass wir nach Rechtfertigungen für unsere Grundwerte suchen und nur an sie glauben, weil wir denken, dass solche Rechtfertigungen zumindest in Sicht sind.«

Die religiöse Beziehung zu Beweisen mag widersprüchlich sein, doch überraschend ist sie nicht. Wie ich am Ende dieses Kapitels behaupte, erkennen wir alle den Wert von Beweisen als Fundament unserer Überzeugungen, und es wäre uns sehr recht, wenn sie unsere Annahmen stützten.

5 Das Gesamtkonzept dieses Quiz und seine zweite Frage stammen von dem Philosophen Willard Van Orman Quine, der sich unter anderem mit dem Thema Sprache und Epistemologie beschäftigt hat. Stellen Sie sich vor, dass ein Sprachforscher, der versucht, eine ihm unbekannte Sprache zu übersetzen, beobachtet, wie ein Einheimischer auf ein Kaninchen zeigt und »Gavagai« sagt. Die natürliche Schlussfolgerung wäre, dass »Gavagai« die Bedeutung »Kaninchen« hat – doch, so Quine, könnte »Gavagai« auch heißen, »Lass uns auf die Jagd gehen« oder »Ein Sturm zieht auf« oder alles mögliche andere. Quine bezeichnete dieses Problem als »die Unbestimmtheit der Übersetzung«.

6 Hume legt das Problem der Induktion dar in *Eine Untersuchung über den menschlichen Verstand*, hgg. von Jens Kulenkampff (Akademie Verlag, 1977).

7 Der große Linguist Noam Chomsky glaubte, dass der Spracherwerb angeboren sein müsse, und zwar unter anderem deshalb, weil der gesamte Korpus gesprochener Sprache (wobei die Sprache, die mit Kindern unter vier gesprochen wird, unberücksichtigt bleibt) nicht genug Material enthalte, um alle Grammatikregeln zu erlernen. Dieses Problem bezeichnete er als »Unzulänglichkeit des Reizes« (Noam Chomsky, *Regeln und Repräsentationen*, übersetzt

von Helen Leuninger, Suhrkamp Verlag, 1981, S. 41ff.). Insbesondere hören Kinder, so Chomsky, nie Beispiele grammatischer Strukturen, die in ihrer Sprache nicht erlaubt sind, so wie »Mama Milch eingeschenkt hat« oder »hübsches Bild Laura gemalt hat«. Das wirft die Frage auf, woher Kinder *wissen*, dass solche Strukturen nicht erlaubt sind, da die Tatsache, dass sie solche Sätze nie hören, der formalen Logik zufolge nicht bedeutet, dass es sie nicht gibt. (Wie Logiker sagen: Der Mangel an Beweisen ist kein Beweis für einen Mangel.) Doch wenn wir Sprache induktiv lernen, dann ist die Unzulänglichkeit des Reizes vielleicht gar kein Problem. Höchstwahrscheinlich wird man, wenn man vier Jahre lang seine Aufmerksamkeit auf die Sprache gerichtet und nie eine bestimmte grammatische Form gehört hat, sie auch später nie hören. Induktiv *ist* der Mangel an Beweisen tatsächlich ein Beweis für einen Mangel.

8 Diese Geschichte über Neptun stellt meine frühere Behauptung infrage, verquastes Theoretisieren sei oft ein Zeichen, dass man schon verloren habe. Vor allem zeigt es, dass Theorien vor allem dann überzogen scheinen, wenn sie sich als falsch herausstellen. Gäbe es Neptun nicht, würde man die Tatsache, dass man Erklärungen für Abweichungen in der Umlaufbahn des Uranus sucht, indem man einen riesigen unentdeckten Planeten in den Weiten des Sonnensystems postuliert, für einen ziemlich verzweifelten Schritt halten. Oder lassen Sie sich einmal ein noch ungelöstes Rätsel durch den Kopf gehen: Derzeit glauben die Physiker, dass 96 Prozent aller Materie und Energie im Universum unsichtbar sind – sogenannte dunkle Materie und dunkle Energie. Der Vorteil dieser der Intuition völlig zuwiderlaufenden (um nicht zu sagen verwirrenden) Theorie ist der, dass sie wissenschaftlichen Ergebnissen Sinn verleiht, die ansonsten die Gravitationstheorie infrage stellen würden. Dies ist ein klassisches Beispiel dafür, dass extrem starke, bereits vorhandene Überzeugungen (wir glauben *wirklich* an die Schwerkraft) mehr Gewicht haben als extrem starke Gegenbeweise. Es bleibt abzuwarten, ob wir die Theorie von der dunklen Materie letzten Endes als so dumm empfinden werden wie die Behauptung, dass Orion sich alle zweiundfünfzig Jahre am Himmel herumtreibt, oder aber als so vorausschauend wie die Vorhersage der Existenz des Neptun.

9 http://oversight.house.gov/images/stories/documents/20081023100438.pdf

10 Thomas Kuhn, *Die Struktur wissenschaftlicher Revolutionen* (Suhrkamp Taschenbuch Verlag, 1976). Die Anekdote über chinesische und westliche Astronomen findet sich auf S. 128f.

11 George Packer, »History Boys«, *The New Yorker*, 11. Juni 2007.

12 Henry Petroski, *Success Through Failure: The Paradox of Design* (Princeton University Press, 2006), S. 166.

13 Auf dieses Zitat bin ich gestoßen in Daniel Gilberts *Ins Glück stolpern*, übersetzt von Burkhard Hikisch (Riemann Verlag, 2006), S. 172.

14 Jastrow, S. 15.

15 Caius Plinius Secundus, *Naturgeschichte*, übersetzt von Christian Friedr. Lebrecht Strack (Johann Georg Heyse Verlag, 1853), Theil 1, S. 303f.

16 Whittaker Chambers, *Witness* (Regnery Publishing, Inc., 1952). S. 79.

17 Albert Speer, *Erinnerungen* (Verlag Ullstein GmbH, 1969), S. 385f.

18 Zitiert in: Larry R. Squire, »Biological foundations of Accuracy and Inaccuracy in Memory«, in: Schacter, Hg., S. 197.

Kapitel 7
Unsere Gesellschaft

Bei der Geschichte des Frauenwahlrechts in der Schweiz stützte ich mich auf folgende Quellen: Lee Ann Banaszak, *Why Movements Succeed or Fail: Opportunity, Culture, and the Struggle for Woman Suffrage* (Princeton University Press, 1996), ein Vergleich der Wahlrechtsbewegungen in den Vereinigten Staaten und der Schweiz; auf Gespräche mit Banaszak (der ich unter anderem den Witz über die deutschen, Schweizer und amerikanischen Kinder verdanke) und mit Regina Wecker, Professorin für Frauen- und Geschlechtergeschichte an der Universität Basel; sowie auf damalige Zeitungsberichte über die Situation in der Schweiz: u. a. Michael L. Hoffman »Swiss Suffrage: The Men Have It, But – Being Swiss – Still Deny It to Their Women«, *The New York Times*, 6. Febr. 1955; »Swiss Males Deny Federal Vote to Women, But Yield a Canton«, *The New York Times*, 2. Febr. 1959; Edwin Newman, »Can 655,000 Swissmen Be Wrong?«, *The New York Times*, 30. Aug. 1959; Thomas J. Hamilton, »Swiss Woman Given the Federal Vote«, *The New York Times*, 8. Febr. 1971; und Thomas J. Hamilton, »Eight Women Win in Swiss Election«, *The New York Times*, 2. Nov. 1971.

Die Geschichte von Abdul Rahman habe ich dem Jahresbericht der United States Commission on International Religious Freedom entnommen, *USCIRF Annual Report 2008 – Afghanistan*, Mai 2008 (online zu finden unter http://www.uscirf. gov/images/AR2008/annual%20report%202008-entire%20document.pdf) sowie folgenden Zeitungsartikeln: Kim Barker, »Afghan man faces death for being a Christian«, *Chicago Tribune*, 21. März 2006; Tim Albone, »Afghan Faces Death Penalty for Christian Faith«, *The London Times*, 20. März 2006; Sanjoy Majumder, »Mood Hardens Against Afghan Convert«, *BBC News*, 24. März 2006; Abdul Waheed Wafa und David Rohde, »Kabul Judge Rejects Calls To End Trial of Afghan Convert«, *The New York Times*, 24. März 2006; »Clerics Call for Christian Convert's

Death Despite Western Outrage«, Fox News, The Associated Press, 23. März 2006; Rachel Morarjee, »Abdul Rahman's Family Values«, *Time*, 29. März 2006; und Syed Saleem Shahzad, »Losing Faith in Afghanistan«, *Asia Times*, 25. März 2006.

1 Eine umfassende Liste dazu, wann Frauen weltweit das Wahlrecht erteilt wurde, enthält die »World Chronology of the Recognition of Women's Right to Vote and to Stand for Elections« der Inter-Parliamentary Union unter: http://www.ipu.org/wmn-e/suffrage.htm.

2 Auf diesen und anderen Faktoren basierend, setzte das Magazin *The Economist* die Schweiz, was die Lebensqualität angeht, auf Platz zwei (hinter Irland). Der Weltbank zufolge hat die Schweiz weltweit das sechsthöchste Pro-Kopf-Einkommen (http://siteresources.worldbank.org/DATASTATISTICS/Resources/GNIPC.pdf).

3 Banaszak, S. 3.

4 Darüber hinaus gibt es noch eine weitere Gewaltenteilung: Die Kantone entscheiden, wer die Mitglieder des Ständerats wählen darf, während die Bundesregierung entscheidet, wer die Mitglieder des Nationalrats wählen darf.

5 Es zeugt vom Unterschied zwischen der Schweizer Wahlrechtsbewegung und den Bewegungen in Großbritannien und den Vereinigten Staaten, dass es in der Schweiz nur selten öffentliche Proteste gab. Die Schweizer Suffragetten lehnten es ab, sich an die Türen von Gerichtssälen zu ketten, vor den Häusern von Politikern zu demonstrieren, die das Frauenwahlrecht ablehnten, oder ins Gefängnis zu gehen. Stattdessen konzentrierten sie sich in erster Linie auf öffentliche Erziehung und Überzeugungsarbeit und mieden alles, was nach radikalem Aktivismus aussah. So ermahnte die nationale Frauenwahlrechtsvereinigung ihre Mitglieder in einem Grundsatzpapier zu Taktiken, dass sie sich, wenn sie öffentliche Demonstrationen erwägten, dessen bewusst sein müssten, »dass Aktionen, die ob in Ton oder Inhalt über das Ziel hinausschießen, der Sache schaden können« (Banaszak, S. 169).

6 Selbst bei einer weit vorsichtigeren Schätzung, die die Einführung der modernen Schweizer Bundesverfassung im Jahr 1848 als Ausgangspunkt nimmt, waren es immer noch 143 Jahre. Die einzigen Frauen auf der Welt, die länger auf das Wahlrecht warteten als die aus dem Appenzellerland, waren die Kasachinnen (1992), die Kuwaiterinnen (2005) und die schwarzen Frauen Südafrikas (1994). Und dann gibt es noch die Frauen aus Saudi-Arabien, die *noch immer* darauf warten.

7 Jastrow, S. 16.

8 Francis Bacon, *Neues Organon*, Teilband 1 (Felix Meiner Verlag, 1990), S. 101f.

9 Thomas Gilovich, *How We Know What Isn't So: The Fallibility of Human Reason in Everyday Life* (The Free Press, 1991), S. 112.

10 Cass Sunstein, *Why Societies Need Dissent* (Harvard University Press, 2005). S.v.

11 James Surowiecki, *The Wisdom of Crowds* (Anchor Books, 2005). S.43.

12 Um keine Missverständnisse aufkommen zu lassen: Gilovich, Surowiecki und Sunstein geben zu, dass dieser Folge-den-Massen-Logik ernsthafte Grenzen gesetzt sind. Gilovich weist neben anderen Problemen darauf hin, dass wir annähmen, die meisten rationalen Menschen würden das glauben, was auch wir glauben, sodass wir uns bei der Abschätzung, was der allgemeine Konsens sei, irren könnten. Surowiecki glaubt fest an die Weisheit der vielen – er ist der Autor eines 2004 erschienenen Buchs mit ebendiesem Titel –, doch nur dann, wenn deren Entscheidungen eine Vielzahl eigenständiger Ansichten spiegeln statt die Überzeugung weniger.

13 Informationen aus zweiter Hand als unzureichend abzulehnen ist Teil derselben epistemologischen Tradition, in der unter anderem auch Descartes (der davor warnte, gestützt auf spärliche Informationen, irgendetwas zu glauben) und William Clifford (James' Gegenpart in »Der Wille zum Glauben«) standen.

14 Aurelius Augustinus, *Bekenntnisse*, übersetzt von Wilhelm Thimme (Patmos Verlag GmbH & Co. KG, 2004), S.223.

15 Brockman, Hg., S.89f.

16 Avishai Margalit, *Ethik der Erinnerung. Max Horkheimer Vorlesungen*, übersetzt von Reiner Stach (Fischer Taschenbuch Verlag, 2002), S.86.

17 Michel de Montaigne, »Apology for Raymond Sebond«, *The Complete Essays of Michel de Montaigne*, übersetzt von Donald M. Frame (Stanford University Press, 1958), S.373.

18 Shankar Vedantam, »Why the Ideological Melting Pot is Getting So Lumpy«, *The Washington Post*, 19. Jan. 2009. Ich vermute, dass diese Diskrepanz zwischen unserem angeblichen Wunsch nach Vielfalt und unserer tatsächlichen Homogenität auf die Tatsache zurückzuführen ist, dass unsere Vorstellung von Vielfalt nicht unbedingt die Vielfalt von Überzeugungen mit einschließt. Uns gefällt der Gedanke, eine Gemeinschaft mit Menschen zu bilden, die einen anderen religiösen, rassischen und wirtschaftlichen Hintergrund haben – doch nur, wenn deren Vorstellungen (etwa zum Schulsystem der Gemeinschaft, zu Bauvorschriften, Steuersätzen, Lärmschutz und Ehegesetzen) mit unseren eigenen übereinstimmen. Doch natürlich bringen unterschiedliche Hintergründe normalerweise unterschiedliche Wertesysteme hervor. Wenn wir wirklich eine multikulturelle Gesellschaft sein wollen, müssen wir offen sein für Überzeugungen, die sich von unseren unterscheiden und diese infrage stellen.

19 Solomon Asch, »Effects of group pressure upon the modification and distorti-

on of judgement«, in: H. Guetzkow, Hg., *Groups, Leadership and Men* (Carnegie Press, 1951) und Solomon Asch, »Opinions and Social Pressure«, in: *Scientific American*, Bd. 193 (1955), S. 31–35.

20 Sandra Blakeslee, »What Other People Say May Change What You See«, *The New York Times*, 28. Juni 2005.

21 Siehe die offizielle Website des Appenzellerlands: http://www.appenzell.ch/en/pages/culture_customs/landsgemeinde.

22 Edwin Newman, »Can 655,000 Swissmen Be Wrong?«, *The New York Times*, 30. Aug. 1959.

23 Banaszak, S. 124. Das Zitat stammt von »einer [das Wahlrecht befürwortenden] Aktivistin in einem ländlichen Kanton«.

24 Doch nicht jeden. »Wenn wir Frauen das Wahlrecht wegnehmen würden«, so die rechtsgerichtete Nervensäge Ann Coulter, »bräuchten wir uns nie wieder Sorgen zu machen, noch einen demokratischen Präsidenten zu bekommen. Dies ist eine Art Hirngespinst, eine Fantasie von mir, die wohl nie Wirklichkeit werden wird.« (George Gurley, »Coulter Culture«, *The New York Observer*, 2. Okt. 2007)

25 Gilovich, S. 115.

26 Zitiert in Elizabeth Kolbert, »Place Settings: Emily Post, At Home«, *The New Yorker*, 20. Okt. 2008. Auch Gilovich stellt fest, dass Post davon abriet, in Unterhaltungen auf Konfrontation zu gehen (S. 119), zitiert jedoch andere Beispiele. (»Der taktvolle Mensch behält seine Vorurteile für sich« und »Bestimmte Themen sollte man, auch wenn man sich seiner Sache ganz sicher ist, am besten meiden; so zum Beispiel die Kritik an einem religiösen Glauben oder die Nichtübereinstimmung der eigenen politischen Überzeugung mit der eines anderen.«)

27 Nur bei Kindern machen wir häufig eine Ausnahme: Ihre Vorstellungen stellen wir sehr wohl infrage. Auch sprechen wir mit ihnen über die eigenen Ansichten, fast lieber als mit Erwachsenen. Das liegt zum Teil daran, dass wir bei Kindern mehr Verantwortung verspüren, aber auch, weil wir optimistischer sind, dass unsere Intervention etwas bewirkt.

28 Banaszak, S. 125. Das andere Zitat im selben Absatz findet sich auf S. 211.

29 Die Reaktion dieses Mannes ist ein Beispiel für das, was Psychologen als »insult effect« (wörtlich: Beleidigungseffekt) bezeichnen. Hierzu haben Studien Folgendes gezeigt: Wenn Sie und eine andere Person die Vorzüge einer bestimmten Idee diskutieren und die andere Person Sie plötzlich beleidigt, werden Sie sich noch stärker auf Ihren Standpunkt versteifen, und Ihre Überzeugung, dass der andere unrecht hat, wird sich noch verstärken. Das scheint eine natürliche Reaktion zu sein – doch die Manieren Ihres Gesprächspartners haben natürlich nichts damit zu tun, ob er recht oder unrecht hat. (Anderer-

seits könnten seine Manieren viel damit zu tun haben, ob Sie ein Mitglied seiner Gemeinschaft sein möchten oder nicht.) Dies weist auf eine ärgerliche, aber unabänderliche Tatsache im Leben hin: Manchmal haben unangenehme Menschen recht.

30 Irving Lester Janis, *Victims of Groupthink: A Psychological Study of Foreign-Policy Decisions and Fiascoes* (Houghton Mifflin Company, 1973). Die Definition steht auf S. 9. Zu Janis' Rat, wie man Gruppendenken vermeiden kann, siehe vor allem Kapitel neun.

31 Jake Tapper, »Barack Obama Unveils National Security Team, Taps Former Rival Hillary Clinton for State«, ABC News, Dez. 2008.

32 Siehe Ivan L. Tillem, *The Jewish Directory and Almanac*, Bd. 1 (Pacific Press, 1984), S. 221.

33 Jastrow, S. 12.

34 Ein berüchtigtes Beispiel hierfür ist der Lysenkoismus, die Praxis, wissenschaftliche Wahrheiten mittels des politischen Diktats zu etablieren. Der Lysenkoismus wurde nach Trofim Dennissowitsch Lyssenko benannt, einem Agrarwissenschaftler in der ehemaligen Sowjetunion, dessen falsche Theorien über Landwirtschaft, Biologie und Vererbung von Stalin abgesegnet wurden und deswegen in der Sowjetunion von den späten 1930er-Jahren bis 1964 unangefochten waren. Auf Lysenkos Drängen hin erklärte der Staat die Genetik als »eine bourgeoise Pseudowissenschaft«, und viele seriöse Wissenschaftler wurden in Arbeitslager geschickt oder hingerichtet. (Siehe z. B. Martin Gardner, »Lysenkoism«, *Fads and Fallacies in the Name of Science*, New York: Dover Books, 1957, S. 140–151.)

35 Morarjee, »Abdul Rahman's Family Values.«

36 Barker, »Afghan man faces death for being a Christian.«

37 Dieser Ansicht ist auch Sunstein; siehe S. 26f.

38 Shahzad, »Losing Faith in Afghanistan.«

Kapitel 8
Der Reiz der Gewissheit

1 Dieses Zitat stammt aus Flavius Josephus, *Jüdische Altertümer*, übersetzt von Dr. Heinrich Clementz, Bd. 2 (Otto Hendel Verlag, 1924), S. 508. Diesem Werk verdanke ich auch meine Kenntnis der Geschichte der Zeloten im Allgemeinen. Das Zitat »Kein Leid gab es« findet sich auf S. 505f. Die Geschichte über Engedi einschließlich des Zitats stammt aus Flavius Josephus, *De Bello Judaico*, Bd. II,1 (Wissenschaftliche Buchgesellschaft, 1963), S. 67. Josephus ist keine unproblematische Quelle, da er von manchen beschuldigt wird, ein Apolo-

get der Römer zu sein, von anderen, ein Apologet der Juden. Doch seine Schriften stellen den ausführlichsten Bericht über Judas von Galiläa und seine Anhänger dar, und selbst jene Historiker, deren Interpretationen des jüdischen Lebens sich von seiner unterscheiden, nehmen seine Berichte normalerweise als ihren Ausgangspunkt.

2 Bei den Zeloten von Masada könnte es sich auch um Sikarier, eine Splittergruppe der Sekte, gehandelt haben, die noch radikaler war. Josephus unterscheidet zwischen den beiden, jedoch nicht immer, und andere Berichte sind widersprüchlich.

3 Ich will hier nicht die Vorstellung erwecken, als ließen sich diese Ereignisse moralisch auf eine Stufe stellen, oder auch der Kampf einer versklavten Minderheit, ihr Volk zu befreien (so die ursprünglichen Zeloten), und der Kampf einer herrschenden Klasse, ihre eigene Macht zu mehren (so das Dritte Reich). Die Wurzeln gewaltsamer Konflikte sind immer vielschichtig und vor allem spezifisch. Auch gibt es große Unterschiede unter den verschiedenen Zelotengruppen, wenn es um ihr Verhältnis zur Macht oder ihre Verdienste geht. Doch mein Interesse gilt nicht den Unterschieden zwischen ihnen, sondern ihrer Gemeinsamkeit: dem unerschütterlichen Gefühl, im Recht zu sein.

4 Ambrose Bierce, *Aus dem Wörterbuch des Teufels,* übersetzt von Dieter E. Zimmer (Insel Verlag, 1966), S. 41.

5 Ich für meinen Teil gebe gerne zu, dass es sich um eine provisorische Definition handelt – eine, die doch auf jeden Fall nützlich ist, wenn es um die Erforschung der absoluten Gewissheit, etwas zu »wissen«, sowie deren Beziehung zum Irrtum geht. Einige neuere Philosophen, etwa Keith Frankish und Daniel Dennett, vertreten jedoch den Standpunkt, dass diese Definition überhaupt nicht provisorisch sei – Gewissheit sei immer eine Folge sozialer Interaktion und insbesondere der Kommunikation. In unserem Bewusstsein, so behaupten diese Philosophen, behandeln wir jede Aussage probabilistisch. Erst wenn wir uns äußern müssen, sind wir gezwungen, uns zu unbedingter Gewissheit zu bekennen. So gesehen sind der Streit mit dem Bruder, eine Rede vor dem Kongress und das Schreiben eines Leserbriefes gleichermaßen gute Möglichkeiten, Gewissheit zu erzeugen. (Ich bin dem Harvard-Philosophen Peter Godfrey Smith dankbar, dass er mich auf dieses Argument aufmerksam gemacht hat.)

6 James, *Der Wille zum Glauben,* S. 105.

7 James' Argumentation sagt, dass der Zweifel genau wie die Gewissheit gefährlich sein können, sind sie nur stark genug. Dafür gibt es ein hübsches Beispiel aus dem Feld der geistigen Gesundheit. William Hirstein, der Psychologe, der die Konfabulation erforschte, beschrieb diese als »pathologische Gewissheit«: Egal wie verrückt die Ansichten eines Konfabulierers sein mögen, er lässt sich

nicht erschüttern (Hirstein, S. 22). Einen Kontrapunkt zur Konfabulation sah Hirstein in der Zwangsneurose, die er »pathologischen Zweifel« nannte. Im Unterschied zu Konfabulierern heben Menschen mit einer Zwangsneurose »[die] Anforderungen für Gewissheit auf ein absurd hohes Niveau« (Hirstein, S. 97f.). Die Versicherung ihres Partners, dass er die Tür abgeschlossen habe, bevor er nach oben kam, ist für sie kein ausreichender Beweis dafür, dass die Türe tatsächlich abgeschlossen ist. Und auch die Tatsache nicht, dass sie selbst sie vor fünf Minuten abgeschlossen haben. Immer wieder schleichen sich Zweifel ein, selbst wenn sie sinnlos oder unberechtigt sind. Der Psychiater Thomas Szasz befasste sich zwar nicht ausdrücklich mit der Konfabulation, doch auch er betrachtete die unerschütterliche Gewissheit und die chronische Ungewissheit als zwei Pole der Geisteskrankheit. »Der Zweifel verhält sich zur Gewissheit«, so schrieb er, »wie die Neurose zur Psychose. Der Neurotiker zweifelt und hat Angst um Menschen und Dinge; der Psychotiker hat Überzeugungen und vertritt sie vehement.«

8 James, S. 105.

9 Ludwig Wittgenstein, *Über Gewißheit* (Suhrkamp Verlag, 1970). Das Zitat am Ende dieses Absatzes steht auf S. 69, ebenso das erste Zitat im nächsten Absatz. Das Zitat »nicht durch Hinschauen davon vergewissern« steht auf S. 40f.

10 Meine Lieblingsbeschreibung der Tücken des unbegründeten Glaubens stammt nicht von Wittgenstein, sondern vom Anthropologen Clifford Geertz. In seinem Buch *Dichte Beschreibung* berichtet Geertz: »Es gibt eine indische Geschichte – zumindest wurde sie mir als indische Geschichte erzählt – über einen Engländer, dem man erklärt hatte, die Welt stehe auf einem Podest, das auf dem Rücken eines Elefanten stehe, der selbst wiederum auf dem Rücken einer Schildkröte stehe; und dieser Engländer fragte daraufhin ... worauf denn die Schildkröte stehe? Auf einer anderen Schildkröte. Und diese Schildkröte? ›Oh Sahib, dann kommen nur noch Schildkröten, immer weiter hinunter.‹« (Clifford Geertz, *Dichte Beschreibung. Beiträge zum Verstehen kultureller Systeme*, übersetzt von Brigitte Luchesi und Rolf Bindemann, Suhrkamp Verlag, 1983, S. 41)

11 Hirstein, S. 6.

12 Wittgenstein, S. 49.

13 Daniel T. Gilbert, Douglas S. Krull und Patrick S. Malone, »Unbelieving the Unbelievable: Some Problems in the Rejection of False Information«, in: *Journal of Personality and Social Psychology*, Bd. 59, Nr. 4 (Okt. 1990), S. 601–613.

14 William Shakespeare, *Hamlet*, in: *Shakespeares Dramatische Werke*, übersetzt von Wilhelm von Schlegel und Ludwig Tieck, Bd. 4 (Bibliographisches Institut, o. J.), S. 188.

15 Jenkins wird zitiert in »A Critical History of Hamlet«, in: Susanne Wofford

(Hg.), *Hamlet* (St. Martin's Press, 1994), S. 185. Woffords kurzem historischen Abriss verdanke ich die Information, dass Prinz Hamlet nicht immer als die Verkörperung des Zweifels und der Unentschlossenheit galt.

16 Samuel Taylor Coleridge, *Lectures and Notes on Shakespeare [sic] and Other English Poets* (George Bell and Sons, 1904), S. 344.

17 John Yoklavich, »Hamlet in Shammy Shoes«, in: *Shakespeare Quarterly*, Bd. 3, Nr. 3 (Juli 1952), S. 217.

18 Shakespeare, S. 223.

19 Auch in Shakespeares eigenem Werk spricht nichts für diese Vorstellung. Die beiden Männer in seinem Werk (und vielleicht in der gesamten Literaturgeschichte), die die meisten Qualen leiden, sind Prinz Hamlet und König Lear – und wenn Sie der Ansicht sind, dass Ersterer vom Zweifel zerstört wurde, sollten Sie sich ansehen, was die Gewissheit Letzterem antat. Wie *Hamlet* endet auch *Lear* in einem Blutbad: Der König, seine drei Töchter und die meisten anderen Hauptfiguren sind tot. Hier wird die Tragödie jedoch durch Lears durch nichts zu erschütternde Überzeugung und die Hast, mit der er zu Werke geht, ausgelöst. Sein Führungsstil gleicht eher der Herzdame aus *Alice im Wunderland*, die immer Köpfe ihrer Untertanen rollen sehen will, als der Nachdenklichkeit des Prinzen von Dänemark. Für Lear, so der Kritiker Maynard Mack, »ist Handeln so natürlich wie Atmen, nur dass er das doppelt so schnell tut« (Maynard Mack, »*King Lear* in Our Time«, in: William Shakespeare, *King Lear*, Russell Fraser, Hg., Signet Classic, 1978, S. 227). Die Schnelligkeit des Handelns ist das, was Hamlet fehlt – und was den Kritikern zufolge so wünschenswert wäre –, doch Lear zeigt uns, dass eine solche Haltung genauso tödlich sein kann wie der Zweifel.

20 Siehe z. B. Michael A. Hogg et al., »Uncertainty, Entitativity, and Group Identification«, in: *Journal of Experimental Social Psychology*, Bd. 43, Nr. 1 (Januar 2007), S. 135–1421; und »Why Do People Join Groups? Three Motivational Accounts from Social Psychology«, in: *Social and Personality Psychology Compass*, Bd. 2, Nr. 3 (2008), S. 1269–1280.

21 Hirstein, S. 5.

22 Das gilt nicht nur für die Politik, sondern für alle Bereiche, die schnelle Entscheidungen erfordern. Nehmen wir z. B. den Sport: In einem Artikel der *New York Times* über das Schiedsrichtern bemerkte der Reporter Joseph Berger: »Da Basebälle eine höhere Geschwindigkeit haben als fahrende Autos, machen Schiedsrichter manchmal Fehler – wem wäre dies nie passiert? Doch sie dürfen sich nicht beirren lassen. Gib zu, dass du einen Fehler gemacht hast, und die Folge ist Chaos – oder noch schlimmer, der Spott.« Berger zitiert einen Schiedsrichter, der einmal sagte: »Ein guter Schiedsrichter trifft seine Entscheidungen immer ganz energisch. Er ist immer in der Lage, sie zu ver-

kaufen, selbst wenn er merkt, dass er einen Fehler gemacht hat.« (Joseph Berger, »Calling 'Em as They See 'Em«, *The New York Times*, 7. Juni 2009)

23 Zu Statistiken über die sich ändernde Unterstützung für den Irakkrieg siehe die Gallup-Umfragen, mit denen man kurz vor der Invasion begann und die bis heute durchgeführt werden: http://www.gallup.com/poll/1633/Iraq.aspx4.

24 Barbara Tuchman, *Die Torheit der Regierenden. Von Troja bis Vietnam*, übersetzt von Reinhard Kaiser (S. Fischer Verlag GmbH, 1984), S. 481.

25 Wer Zweifel mit Schwäche assoziiert, ist nur einen kleinen Schritt davon entfernt, ihn mit Weiblichkeit zu assoziieren. Hamlets Problem ist Boswell zufolge, dass »er sich vergeblich bemüht, seinen trägen Geist zu männlicher Kühnheit anzustacheln«. Auch John Kerry wurde mangelnde männliche Kühnheit vorgeworfen – er sei verweichlicht, so hieß es, feminin und laut Arnold Schwarzenegger ein »Girlyman« (ein Schwächling). Seltsamerweise bezieht sich der gleiche Vorwurf auch darauf, ein denkender Mensch zu sein – das heißt, einem exzessiven Intellektualismus zu frönen. (Ich sage »seltsamerweise« wegen des sich gleichermaßen haltenden Stereotyps, dass Frauen sich in der intellektuellen Domäne nicht behaupten können.) Coleridge wirft Hamlet eine »enorme intellektuelle Aktivität und eine daraus resultierende Aversion gegen tatsächliches Handeln« vor. Und der Schriftsteller Ariel Dorfman fragte sich in einem Leitartikel für *The Los Angeles Times* vom 22. Okt. 2004, ob die Menschen Kerrys »Komplexität [des Denkens] als übertriebene feminine Nachgiebigkeit« ansahen. Und es war auch kein Zufall, dass Kerrys Intellektualismus gerne daran festgemacht wurde, dass er fließend Französisch sprach – diese unmännlichste aller Sprachen, wie eine bestimmte gesellschaftliche Gruppe von Amerikanern findet. Unser Wunsch, dass unsere Führer Gewissheit ausstrahlen, scheint den frauenfeindlichen und anti-intellektuellen Strang amerikanischer Politik zu vereinen.

26 Die Folge, um die es geht, 13127, »The Stupid Vote«, wurde am 7. Okt. 2008 gesendet.

27 David Sedaris, »Undecided«, *The New Yorker*, 27. Okt. 2008.

28 Rollo May, *Der Mut zur Kreativität*, übersetzt von Brigitte Stein (Junfermann-Verlag, 1987), S. 17. Das zweite Zitat in diesem Absatz steht auf S. 18.

29 Leon Festinger, Henry W. Riecken und Stanley Schacter, *When Prophecy Fails* (Torchbooks, 1994).

30 Festinger zufolge ist die kognitive Dissonanz das Unbehagen, das durch zwei widersprüchliche Kognitionen verursacht wird. Die Dissonanz kann durch einen Konflikt zwischen einer Überzeugung und ihrer Nichtbestätigung hervorgerufen werden (»das Raumschiff wird am Dienstag landen«, »am Dienstag landet kein Raumschiff«) oder zwischen einer Überzeugung und einem Ver-

halten (»Rauchen ist schädlich«, »Ich bin heute schon bei der zweiten Schachtel«). Festinger schlug zwei Möglichkeiten vor, dieses Gefühl des Unbehagens zu lindern. Die direkteste sei die, seine Meinung oder sein Verhalten zu ändern, was jedoch schwierig sein könne, wenn man der widerlegten Überzeugung zu stark anhafte oder stark von dem kontraindizierten Verhalten abhängig sei. Die Möglichkeit sei die, sich selbst und andere davon zu überzeugen, dass der falsche Glaube nicht falsch sei, oder dass das schädliche Verhalten überhaupt nicht so schädlich sei. Deswegen sind größere Unnachgiebigkeit und der Drang zu bekehren, wie wir bald sehen werden, angesichts von Überzeugungen, die sich als falsch erwiesen haben, nicht unüblich.

Kapitel 9
Sich irren

Die Zitate von Anita Wilson und der Psychoanalytikerin Irna Gadd stammen aus meinen jeweiligen Interviews mit ihnen.

1 Markus, G. B., »Stability and Change in Political Attitudes: Observe, Recall, and ›Explain‹«, in: *Political Behavior*, Bd. 8 (1986), S. 21–44. Die Tendenz der Probanden, ihre derzeitigen Überzeugungen mit ihren vergangenen Überzeugungen zu vermischen, war so stark, dass man sich bei einem Vergleich, der angestellt wurde, um vorherzusagen, wie die Probanden die Frage »Was glaubten Sie früher?« beantworten würden, fast ausschließlich auf die Antworten von 1982 stützte und so gut wie gar nicht auf die Antworten von 1973 (siehe auch Robyn M. Dawes, »Biases of Retrospection«, in: *Institute for Psychological Therapies*, Bd. 3, Nr. 1 [1991]). Marcus' Studie gab auch einen interessanten Aufschluss über unsere Überzeugungen zur Frage des Glaubens. Seine Probanden setzten sich aus 1669 Highschool-Absolventen und mindestens je einem Elternteil zusammen. Entsprechend dem weit verbreiteten Glauben, dass ältere Erwachsene ihre Meinungen seltener ändern als Teenager und junge Erwachsene, glaubte die Elterngruppe eher als die Studentengruppe, dass ihre Überzeugungen von 1973 denen von 1982 ähnlich seien – tatsächlich hatten sich die Überzeugungen der älteren Erwachsenen jedoch *stärker* verändert als die ihrer Kinder.

2 Philip Tetlock, *Expert Political Judgment: How Good Is It? How Can We Know?* (Princeton University Press, 2006), S. 138.

3 Kuhn, S. 90.

4 Dass wir eine Überzeugung nicht aufgeben wollen, bevor wir nicht eine andere zur Hand haben, lässt sich empirisch nachweisen. Bei einem 1988 durchge-

führten Experiment machten die Psychologen David Klahr und Kevin Dunbar die Probanden mit einem neuen elektronischen Gerät bekannt – einem »Roboterpanzer«, der mittels einer obendrauf angebrachten Tastatur kontrolliert wurde. Den Probanden wurde die Bedeutung jeder Taste erklärt, mit Ausnahme einer mit »RPT« gekennzeichneten. Dann wurden sie gebeten, selbst herauszufinden, wozu diese Taste diente, und während des Versuchs, das Rätsel zu lösen, ihren Gedankengang laut mitzuteilen. Im Verlauf des Experiments mit dem Roboter widerlegten die Probanden häufig ihre eigenen ursprünglichen Hypothesen. Doch (so faßten die Psychologen Clark Chinn und William Brewer die Situation zusammen) »Probanden, die keine alternativen Hypothesen verfügbar hatten, gaben eine Hypothese, die sich aufgrund anomaler Daten als falsch erwiesen hatte, nicht so leicht auf wie Probanden, die über eine Alternative verfügten. Anscheinend war eine schlechte Theorie immer noch besser als gar keine.« Clark Chinn und Thomas Brewer, »The Role of Anomalous Data in Knowledge Acquisition: A Theoretical Framework and Implications for Science Instruction«, in: *Review of Educational Research*, Bd. 63, Nr. 1 (Frühjahr 1993), S. 22. Zum ursprünglichen Experiment siehe David Klahr und Kevin Dunbar, »Dual Space Search During Scientific Reasoning«, in: *Cognitive Science*, Bd. 12 (1988), S. 1–48.

5 Wie Kuhn feststellte: »Alle geschichtlich bedeutsamen Theorien haben mit den Fakten übereingestimmt, aber nur bis zu einem gewissen Grade. Eine genauere Antwort gibt es nicht auf die Frage, ob und wie gut eine einzelne Theorie zu den Fakten paßt ... Es ist durchaus sinnvoll zu fragen, welche von zwei miteinander konkurrierenden Theorien *besser* zu den Fakten paßt.« (Kuhn, S, 158). Kuhn sprach hier über formale wissenschaftliche Theorien, doch dasselbe gilt auch für unsere Überzeugungen.

6 Auf ihre Bitte hin habe ich ihren Namen und einige der biografischen Details geändert.

7 Al-Ghazali (2006), S. 25.

8 In einer anderen Übersetzung dieser Passage wird »unterwürfige Anhängerschaft« als »blinder Glaube« wiedergegeben. Diese alternative Übersetzung stammt aus Al-Ghazali (2007), S. 20f. Ihr Ton ist weniger bissig: »Hat man den blinden Glauben einmal aufgegeben, kann man nicht mehr zu ihm zurückkehren, denn das Wesen eines solchen Glaubens ist es, dass man sich seiner nicht bewusst ist. Sobald der Glaube nicht mehr unbewusst ist, zerspringt er wie Glas, dessen Scherben nicht wieder vereint werden können, außer man wirft sie wieder in den Schmelzofen und formt sie neu.« In beiden Fällen entspricht Al-Ghazalis Argumentation im Wesentlichen dem »Weil's-wahr-ist-Gebot«. Sobald wir das Gefühl haben, dass unser Glaube auf tönernen Füßen steht, können wir nicht länger an ihm festhalten.

9 Sully, S. 271 (Fußnote 1).

10 Das Zitat stammt aus Helen Merrell Lynds *On Shame and the Search for Identity* (Routledge, 1999), S. 46. Ich bin darauf in *The Three Christs of Ypsilanti: A Psychological Study* (Vintage Books, 1964), S. 22, gestoßen, einem Werk des Psychologen Martin Rokeach. Das Buch ist eine faszinierende Meditation über die Natur des Glaubens, eingerahmt von einem Bericht über Rokeachs Arbeit mit drei Männern in einer psychiatrischen Einrichtung in Ypsilanti, Michigan, die alle glauben, Jesus zu sein.

11 Zu Zwangsfunktionen (und dem Beispiel vom Schlüssel im Schloss) siehe Donald A. Norman, *Dinge des Alltags. Gutes Design und Psychologie für Gebrauchsgegenstände*, übersetzt von Katharine Cofer (Campus Verlag, 1989), S. 159–165.

12 Festinger, S. 5.

13 In einem Beitrag aus dem Jahr 2008 zu dem Blog, den sie für *The Atlantic Monthly* schreibt, rügte Megan McArdle, die Wirtschaftsredakteurin der Zeitschrift, die Gegner des Irakkriegs – zu denen sie selbst auch zählte –, genau in diese Falle zu tappen. »Mit jedem ›Das habe ich dir doch gleich gesagt‹ und jeder Forderung, dass sie sich bei dir persönlich für die Sünde, sich geirrt zu haben, entschuldigen sollen, wird es unwahrscheinlicher, dass sie ihre Meinung ändern«, schrieb sie. »Nach all den Schüssen aus dem Hinterhalt werden viele Leute sich in der Tat weigern, ihren Irrtum zuzugeben, eben weil es dich glücklich machen würde. Sie wollen dich nicht glücklich machen. Ehrlich gesagt hast du ihnen keinen Grund dazu gegeben.«

14 Mit Teenagern lassen sich im Bereich der Irrtumsforschung interessante Fallstudien durchführen, da ihr Verhältnis zum Irrtum genauso ist wie das zur voll aufgedrehten Lautstärke. Unabhängig vom Alter fallen den meisten von uns die Fehler anderer Menschen viel eher auf als unsere eigenen. Doch junge Erwachsene sind Meister dieser Asymmetrie, vereinen sie doch oft eine beinahe brutale Verachtung der Fehler anderer mit einem unglaublichen Vertrauen in die Richtigkeit ihrer eigenen Überzeugungen. Ich sage dies voller Zuneigung und sogar Bewunderung. Manchmal braucht die Welt die starre Überzeugung der Jugend: Jeanne d'Arc war ein Teenager (obwohl nicht unbedingt im modernen Sinne), Bob Dylan war Anfang zwanzig, als er den Soundtrack zur Bürgerrechtsbewegung lieferte, und viele der Organisatoren und Teilnehmer der demokratischen Revolutionen des 20. und 21. Jahrhunderts sind Studenten von Highschools und Colleges gewesen. Aber ich sage es auch mit einem leichten Gefühl der Reue und einer verspäteten Entschuldigung gegenüber meinen Eltern – und damit stehe ich nicht alleine da. Fast jeder Erwachsene, mit dem ich über dieses Buch gesprochen habe, gestand die glühende Intensität der Überzeugungen ein, denen er im Teenageralter anhing –

Überzeugungen, die in den meisten Fällen später im Leben in ihrer Intensität nachließen oder sogar in ihr Gegenteil umschlugen. Das unterstreicht nur die Tatsache, dass Teenager dieses spätere Eingeständnis des Irrtums als hoffnungslosen Akt des Verrats ansehen.

Kapitel 10
Wie falsch?

Meine Quellen für die Geschichte von William Miller und den Milleriten waren seine eigene *Apology and Defense* (J. V. Himes, Hg., 1845); Ronald L. Numbers und Jonathan M. Butler, Hg., *The Disappointed: Millerism and Millenarianism in the Nineteenth Century* (The University of Tennessee Press, 1993); und Everett N. Dick, *William Miller and the Advent Crisis* (Andrews University Press, 1994). Alle Zitate von Miller stammen aus seiner *Apology*. Die persönlichen Berichte von Luther Boutelle und Hiram Edson über die Große Enttäuschung sind im Index zu *The Disappointed* enthalten. Das Zitat von Enoch Jacobs stammt aus Lawrence Fosters Beitrag zu *The Dissapointed*, »Had Prophecy Failed?«, S. 181. Weitere spezielle Zitate sind nachstehend aufgeführt.

Philip Tetlocks Arbeit in *Expert Political Judgement* hat mir vor allem bei meinen Ausführungen zur Ja, aber-Ausrede geholfen.

1 Andere gaben ihr Geld wohl auf andere Weise aus. Die erste »Talk of the Town«-Kolumne in der ersten Ausgabe des *New Yorker* (vom 17. Februar 1925) handelt von der Miller-Bewegung, die damals nur drei Generationen zurücklag. In dem uns inzwischen vertrauten schelmischen Ton berichtete die Kolumne: »Zwei- oder dreitausend unserer Urgroßeltern kauften weiße Himmelfahrtsroben für das Ereignis ... Musselin für Himmelfahrtsroben konnte im Ballen gekauft werden oder in Form der jüngsten Pariser Modelle.«

2 Eigentlich laufen Anitas Problem und das der Milleriten auf dasselbe hinaus. Ob wir keine Theorie oder zu viele Theorien haben: Beides ist ein Zeichen dafür, dass wir uns mitten in einer Wissenskrise befinden.

3 Siehe Kuhn, vor allem Kapitel 8, »Die Reaktion auf die Krise«, S. 90–104.

4 Siehe vor allem Foster: »Had Prophecy Failed?« Dazu schreibt Enoch Jacobs (S. 182): »Wir dachten, die Schuld liege allein an etwas außerhalb von uns – bedauerlicher Fehler!! Sie lag *in uns*. Diese Erlösung unter freiem Himmel ist schon immer eine heikle Sache gewesen.«

5 Bei den meisten Milleriten hielt dieser Gemeinschaftssinn nicht lange an. Angesichts der engen Beziehung zwischen den Gemeinschaften, in denen wir le-

ben, und unseren Überzeugungen ist es kein Wunder, dass die Große Enttäuschung nicht nur das theologische Fundament, sondern auch den sozialen Halt der Miller-Bewegung zerstörte. In der Zeit unmittelbar nach der unerfüllten Prophezeiung waren die Milleriten in ihrem (und durch ihr) Leid vereint. Als der anfängliche Schock jedoch nachließ, begann die einst geschlossene Gemeinschaft, sich zu spalten – ein doppelter Schlag für jene, denen die Miller-Bewegung zuvor spirituellen und sozialen Halt gegeben hatte. Hierzu ein damaliger Gelehrter: »Vor der Enttäuschung waren die Adventisten angesichts des erwarteten Endes aller Dinge durch die gemeinsame Last, die Botschaft in die Welt hinauszutragen, und durch ein Band brüderlicher Liebe geeint. Jetzt spalteten die unterschiedlichen Meinungen und die Intoleranz gegenüber den Meinungen anderer sie in Fraktionen, und es kam zu erbitterten internen Kontroversen« (Dick, S. 159). Oder in den Worten von Luther Boutelle: »Keine *Verkündigung der Wiederkehr Christi*, keine Treffen wie früher. Alle fühlten sich einsam und verspürten kaum den Wunsch, miteinander zu sprechen (Dick, S. 156; Numbers und Butler, S. 211).

6 Siehe vor allem Jonathan M. Butler, »The Making of a New Order: Millerism and the Origins of Seventh-Day Adventism«, in: Butler und Numbers, S. 189–208. Die Siebenten-Tags-Adventisten stehen mit ihrem Glauben daran, dass das Jüngste Gericht kurz bevorsteht, bei Weitem nicht alleine da. Zwar hat seit den Milleriten keine größere religiöse Bewegung mehr ein Datum für die Wiederkehr Christi festgelegt, doch stellte eine Meinungsumfrage des Pew Forum on Religion and Public Life aus dem Jahr 2006 fest, dass 20 Prozent der US-Amerikaner glauben, Jesus werde zu ihrer Lebzeit auf die Erde zurückkehren, dass 33 Prozent glauben, das genaue Datum werde in der Bibel vorhergesagt, und dass sage und schreibe 79 Prozent glauben, dass er eines Tages auf die Erde zurückkehren wird.

7 Butler und Numbers, S. 199.

8 George W. Bush, »Status of the Nation and the War: The President's News Conference«, Washington, D.C., 20. Dez. 2006. Die Rede ist nachzulesen unter: http://www.presidentialrhetoric.com/speeches/12.20.06.html.

9 Die berühmteste Rechtfertigung der Vorsicht-ist-besser-als-Nachsicht-Ausrede bietet der Philosoph und Mathematiker des 17. Jahrhunderts Blaise Pascal mit dem, was als Pascal'sche Wette bekannt ist. Wenn wir Gottes Existenz nicht beweisen können, so Pascal, dann ist es für uns immer noch besser an ihn zu glauben. Deswegen die Wette: Selbst wenn man denkt, die Chancen, dass Gott überhaupt existiert, stünden abertausend zu eins, sollte man sich doch für den Glauben an ihn entscheiden. Es ist schwierig, dieser Logik mit Logik zu begegnen; die Wette stützt sich auf die gleiche Form der Entscheidungstheorie, die heute noch immer genutzt wird, um in vielen Bereichen Risiken zu minimie-

ren und Gewinne zu maximieren. Für die meisten ist diese Verteidigung des Glaubens jedoch sehr unbefriedigend, da ein berechnender Glaube überhaupt kein richtiger Glaube ist. Selbst die Wortwahl der Wette scheint unangemessen: Unsere Meditationen über den Sinn des Lebens, ganz zu schweigen über das Schicksal unserer sterblichen Seele, sollten doch nicht so nach Pferdewette klingen. Hinzu kommt, dass ein allwissender Gott, so er denn existiert, diese Pascalsche Wette sofort durchschauen würde. Dazu William James: »... und wenn wir an der Stelle der Gottheit ständen, so würde es uns wohl besonderes Vergnügen machen, Gläubige dieser Art um ihren unendlichen Lohn zu bringen« (James, *Der Wille zum Glauben*, S. 6). Selbst Gott, so scheint es, hält am Weil's-wahr-ist-Gebot fest: Wir sollen denken, dass wir Überzeugungen haben, weil sie wahr sind, nicht weil wir von ihnen profitieren.

Kapitel 11
Leugnen und Eingestehen

Ich bin Penny Beerntsen dankbar für das großzügige und ausführliche Interview, um das ich dieses Kapitel herumgebaut habe. Soweit nicht anders angegeben, stammen alle Einzelheiten des Angriffs und der anschließenden Rechtssituation von ihr selbst. Ebenso stammen die Zitate von Peter Neufeld, wenn nicht anders angegeben, aus einem Interview mit ihm. Dieses Interview und zahlreiche weitere mit dem Innocence Project haben mir sehr dabei geholfen, dieses Kapitel zu schreiben; ebenso das Buch *Actual Innocence: Five Days to Execution and Other Dispatches from the Wrongly Convicted* (Doubleday, 2000), das Neufeld zusammen mit dem Gründer des Innocence Projects Barry Scheck geschrieben hat.

Meine Diskussion des Leugnens und der Selbsttäuschung wurde beeinflusst vom Werk der Philosophin Sissela Bok: *Secrecy: On the Ethics of Concealment and Revelation* (Vintage Books, 1989), insbesondere Kapitel V, »Secrecy and Self-Deception«, sowie von Alfred R. Mele, *Self-Deception Unmasked* (Princeton University Press, 2001). Mele spricht sich gegen die allgemeine Vorstellung aus, Selbsttäuschung sei paradox, legt dabei jedoch ganz hervorragend die beiden Elemente dieses Paradoxons dar (erstens, dass Selbsttäuschung heißt, etwas zu wissen und doch nicht zu wissen; und zweitens, dass sie eine absichtliche Täuschung beinhaltet, ohne dass die Absicht den Erfolg des Aktes untergräbt). Meles Argument lautet, dass diese scheinbaren Paradoxe einfach von einem unzulässigen Rückgriff auf die Analogie von Selbsttäuschung und interpersonaler Täuschung herrühren. Dennoch stütze ich mich auf das traditionelle Verständnis der Selbsttäuschung.

1 Scheck et al, S. xv.

2 Solange die Probe nicht kontaminiert ist, wird die Fehlerrate bei DNA-Tests auf ungefähr eins zu einer Million geschätzt. Gemäß den Testverfahren des FBI liegt die Wahrscheinlichkeit, dass zwei nicht verwandte Menschen dieselbe DNA-Probe haben, bei eins zu einer Milliarde. Da die Gesamtbevölkerung auf unserem Planeten unter neun Milliarden liegt, können DNA-Beweise durchaus als zwingend betrachtet werden (»DNA-Evidence«, in: *Encyclopedia of High-Tech Crime and Crime-Fighting*, Michael Newton, Facts on File, 2003).

3 Genetische Tests werden nun im Rahmen von Strafverfahren schon lange genug routinemäßig durchgeführt, um eine ernüchternde Bilanz zu ziehen: Mehr als 25 Prozent der sogenannten »Hauptverdächtigen« werden durch DNA-Tests entlastet, sodass es erst gar nicht zu einer Anklageerhebung kommt. Das hat und hatte für Menschen, die eines Verbrechens beschuldigt werden, für das es keine biologischen Beweise gibt, oder die verurteilt wurden, bevor DNA-Tests üblich waren, natürlich üble Folgen.

4 Siehe z. B. Brian L. Cutler, Steven D. Penrod und Hedy Red Dexter, »Juror Sensitivity to Eyewitness Identification Evidence«, in: *Law and Humor Behavior*, Bd. 14, Nr. 2 (April 1990), S. 185–191.

5 Scheck et al, S. 42f. Eine der aufschlussreichsten Varianten der Liszt-Studie wurde 1973 durchgeführt, als der NBC-Nachrichtensender in New York einen kurzen (inszenierten) Clip sendete, in dem ein junger Mann mit Hut, Turnschuhen und Lederjacke in einem Gang herumlungert, auf eine Frau zuspringt, die ihn entlanggeht, sich ihre Handtasche schnappt und dann direkt auf die Kamera zuläuft. Nach dem Film zeigte der Sender sechs Verdächtige sowie eine Telefonnummer, unter der die Zuschauer anrufen konnten, wenn sie den richtigen »Dieb« identifiziert hatten oder auch glaubten, keiner der sechs Männer sei der wirkliche Verdächtige. Auf den tatsächlichen Dieb entfielen 302 Stimmen bzw. 14,1 Prozent der Gesamtstimmenzahl. Wenn man davon ausgeht, dass es sieben Möglichkeiten gab (die sechs gezeigten Verdächtigen plus die Möglichkeit, dass der tatsächliche Verdächtige »nicht dabei« war), entfiel auf alle Verdächtigen fast genau der gleiche Prozentsatz an Anrufen (14,3 Prozent). Und das Alarmierendste: Robert Buckhout, der Collegeprofessor aus Brooklyn, der das Experiment durchgeführt hatte, zeigte den Film später Anwälten und Richtern. Diese schnitten genauso schlecht ab wie die Allgemeinbevölkerung – und rechtfertigten ihre schlechte Leistung dann damit, der Dieb habe während der Gegenüberstellung andere Kleidungsstücke getragen als im Film. Unnötig zu erwähnen, dass auch Diebe mehr als nur ein Outfit besitzen. Siehe Scheck et al., S. 43f., und Robert Buckhout, »Nearly 2,000 Witnesses Can Be Wrong«, in: *Social Action and the Law*, Bd. 2, Nr. 3 (Mai 1975), S. 7.

6 Woodalls Geschichte ist bei Scheck et al., S. 107–114, nachzulesen, die Geschichte des Opfers auf S. 173.

7 Nur in der Hälfte aller Staaten gibt es Gesetze, die es zu Unrecht Verurteilten ermöglichen, einen Schadensersatz zu verlangen. Mit vielen dieser Gesetze sind strenge Bedingungen verknüpft – etwa dass man kein Schuldeingeständnis abgelegt hat oder ausdrücklich vom Gouverneur entlastet wurde –, auch sind viele Entschädigungssummen absurd gering (s. a. Scheck et al., S. 229f.).

8 Nach dem Nichtwahrhabenwollen folgen in dieser Reihenfolge: Zorn, Verhandeln, Depression und Zustimmung. Elisabeth Kübler-Ross, *Interviews mit Sterbenden* (Kreuz-Verlag, 1973).

9 Bok, *Secrecy*, S. 70.

10 Zitiert in Bok, *Secrecy*, S. 62.

11 Meine Diskussion des Rätsels der Selbsttäuschung wurde vor allem angeregt durch die Lektüre von Sisselas Boks *Secrecy*, insbesondere S. 60–64.

12 Weitere Informationen zu den Folgen von Mbekis Aids-Politik bieten Pride Chigwedere et al., »Estimating the Lost Benefits of Antiretroviral Drug Use in South Africa«, in: *Journal of Acquired Immune Deficiency Syndrome*, Bd. 49, Nr. 4 (16. Okt. 2008), S. 410–415.

13 Adam Liptak, »Justices Reject Inmate Right to DNA Tests«, *The New York Times*, 18. Juni 2009.

14 Hintergrundinformationen zum Fall Bromgard verdanke ich meinem Interview mit Neufeld. Ich bin ihm auch dankbar dafür, dass er mir eine Kopie der eidesstattlichen Aussage zur Verfügung gestellt hat, aus der die direkten Zitate stammen: »The deposition of Michael McGrath in the United States Judicial District Court for the District of Montana Billings Division, Jimmy Ray Bromgard, plaintiff, v. State of Montana, County of Yellowstone, Chairman Bill Kennedy, Commissioner John Ostlund, Commissioner Jim Reno, Arnold Melnikoff, and Mike Greely, defendants«, 29. Sept. 2006.

15 Clive Niels Svendsen und Allison D. Ebert, Hg., *The Encyclopedia of Stem Cell Research* (Sage Publications, 2008), S. 96.

16 Diese Geschichte hat mir Peter Neufeld erzählt. Ebenso die zweite Geschichte in diesem Absatz, nämlich die von Calvin Johnson; sie ist auch nachzulesen in Scheck et al., S. 193–210. Das Zitat (»Ihm geht es nicht um mich«) steht auf S. 209.

17 Die Geschichte von Margot Hill hat Neufeld mir erzählt.

18 In den 1970er-Jahren analysierten auf Ersuchen einer Bundesaufsichtsbehörde neunzig gerichtsmedizinische Labors je fünf verschiedene Haarproben. Bei diesen fünf Proben ordneten Analysten die Haare im Durchschnitt zu 50, 28, 54, 68 und 56 Prozent ihrem Spender zu. Sie hätten ebenso gut Münzen werfen können (Scheck et al., S. 162f.).

19 Ich bin Penny Beerntsen dankbar dafür, dass sie mir ihren Brief an Steven Avery gezeigt und zur Verfügung gestellt hat.

20 Zu Informationen über den Mord und Averys Verurteilung, siehe Tom Kertscher, »Avery Found Guilty of Killing Woman«, *The Milwaukee Journal Sentinel*, 19. März 2007.

Kapitel 12
Herzschmerz

Falls nicht anders angegeben, stammen die Zitate von Raoul Felder, Irna Gadd und Harville Hendrix aus meinen Interviews mit ihnen.

1 Natürlich wollen wir auch, was andere Menschen betrifft, nicht irren, denn diese versorgen uns mit Meinungen, die wir haben. Denken Sie an Avishai Margalits Aussage, dass wir in einem Netz aus Gewährsleuten gefangen sind und nicht in einem Netz von Glaubenssätzen. Oder denken Sie an die Milleriten: Schätzen wir unsere Prediger falsch ein, kann unser gesamtes Weltbild ins Wanken geraten.

2 Marcel Proust, *In Swanns Welt*, übersetzt von Eva Rechel-Mertens (Suhrkamp Verlag, 1953).

3 Proust, S. 502.

4 Wie der Titel »Herzschmerz« nahelegt, handelt dieses Kapitel zum größten Teil von der Art von Irrtum, um die es geht, wenn wir unsere Illusionen in Bezug auf einen Partner verlieren oder von diesem verlassen werden. Aber es gibt auch andere und bessere Arten, sich hinsichtlich der Liebe zu irren. Denken Sie nur an die beliebte Handlung von *Harry und Sally* oder *Stolz und Vorurteil* (um nur zwei von unzähligen Beispielen zu nennen): Junge trifft Mädchen; Junge und Mädchen hassen einander; Junge und Mädchen verlieben sich bis über beide Ohren.

5 Auf dieses Zitat bin ich gestoßen in Antonio R. Damasios *Ich fühle, also bin ich. Die Entschlüsselung des Bewusstseins*, übersetzt von Hainer Kober (List Verlag, 2007), S. 175.

6 Siehe Kapitel 1 dieses Buches, S. TK und Keeler, S. 214–221.

7 Auf die Spitze getrieben – das heißt, so weit zu behaupten, dass dies die *einzige* Art sei, wie wir andere Menschen verstehen können –, ist diese Idee bekannt als Simulationstheorie. Wie die Theorie des Geistes versucht die Simulationstheorie zu erklären, wie wir einander verstehen, doch ihre Erklärung unterscheidet sich deutlich von der Erklärung Ersterer: Statt zu behaupten, dass wir die »naive Psychologie« nutzen – eine Theorie über die Funktions-

weise des Geistes anderer –, um einander zu verstehen, behauptet die Simulationstheorie, dass wir einfach entsprechend der Funktionsweise unseres eigenen Geistes Rückschlüsse auf den Geist anderer ziehen. Diese Theorie erhält in letzter Zeit mit der Entdeckung der »Spiegelneuronen« Unterstützung von den Neurowissenschaften. Zur Simulationstheorie siehe Rebecca Saxe, »Against Simulation: The Argument from Error«, in: *Trends in Cognitive Sciences*, Bd. 9, Nr. 4 (April 2005), S. 174–179.

8 Thomas Nagel, »What Is It Like to Be a Bat?«, in: *Philosophy of Mind: Classical and Contemporary Readings*, David J. Chalmers, Hg., (Oxford University Press, 2002), S. 219–226.

9 Nagel, S. 220. Die Zeile: »wie es für *mich* wäre, sich so zu verhalten wie eine Fledermaus« steht ebenfalls auf S. 220.

10 Unsere Moral gründet auf diesem Paradoxon der Identität. Der grundlegendste und universellste ethische Grundsatz – die goldene Regel »Was du nicht willst, das man dir tu, das füg auch keinem andern zu« – erkennt stillschweigend an, dass wir mit anderen Menschen nur in Abhängigkeit von unseren eigenen Vorlieben, Abneigungen, Bedürfnissen, Hoffnungen und Ängsten richtig umgehen können. Eine effektive Art, die goldene Regel zu untergraben, ist folglich die Behauptung, dass andere Menschen anders sind als wir und deswegen nicht dieselben Bedürfnisse haben. So argumentierten die Befürworter der Sklaverei, Afroamerikaner seien intellektuell nicht weit genug, um von der Freiheit zu profitieren, und nicht empfindsam genug, um die Zerstörung von Familienbanden und Gemeinschaftsbindungen zu betrauern.

11 Diese Asymmetrie kann Beziehungen aller Art stark strapazieren. Psychologische Studien haben gezeigt, dass Menschen, die zusammenleben, im Allgemeinen denken, dass sie mehr Hausarbeit erledigen als ihre Mitbewohner, dass Verheiratete gerne denken, dass sie sich mehr Mühe geben als ihr Partner, Eheprobleme zu lösen, und dass jeder an einem Projekt beteiligte Kollege normalerweise denkt, dass er oder sie einen größeren Beitrag leistet als alle anderen. Zugegeben, manchmal herrscht wirklich Ungleichheit zwischen der Arbeit der einen und der anderen Person. Doch mindestens genauso oft ist die Stunde, die ich damit verbracht habe, die Fliesen im Badezimmer zu putzen (oder mit meinem Therapeuten über Näheprobleme zu sprechen oder ein Fünfjahresbudget für den Projektvorschlag zu erarbeiten) nur für mich besonders real, wohingegen jede Arbeit, die ein anderer getan haben mag, abstrakt bleibt – im schlimmsten Fall unbemerkt und im besten Fall nur flüchtig gewürdigt, jedoch ohne dass die aufgewandte Zeit und Energie genauestens registriert wird.

12 Pronin, et al., 2001. Die Wortvervollständigungstabelle (»Tabelle 2« im ursprünglichen Aufsatz) findet sich auf S. 649.

13 Coetzees Interesse an *Robinson Crusoe* ist klar. Er schrieb einen Roman mit dem Titel *Foe* über das Schicksal einer schiffbrüchigen Frau auf Crusoes Insel und deren anschließende Beziehung mit Daniel Defoe (geboren Daniel Foe), und er sprach 2003 in seiner Rede bei der Entgegennahme des Literaturnobelpreises über Crusoe. Doch ich konnte diese spezielle Aussage nicht verifizieren. [Anm. d. Red.: es gibt sie auf folgendem Link http://nobelprize.org/nobel_prizes/literature/laureates/2003/presentation-speech.html]

14 Kierkegaards Aussage wird wiedergegeben in May, S. 62.

15 Platon, *Das Gastmahl*, übersetzt von Otto Apelt (Verlag von Felix Meiner, 1960).

16 Platon, *Das Gastmahl*, S. 57.

17 Emily Brontë, *Die Sturmhöhe* (Insel Verlag, 1938), S. 100.

18 Der Song hat den Titel »Two Hearts«. Geschrieben und produziert von Collins und Lamont Dozier, gewann er einen Globe für den besten Originalsong und war zwei Wochen lang die Nr. 1 auf der »U.S. Hot 100«-Liste. Die einige Absätze weiter unten zitierte Zeile stammt aus demselben Song.

19 Das fragliche Sonett ist Nr. 116. *Du, meine Rose, bist das All für mich. Die Sonette von William Shakespeare*, ins Deutsche übertragen und kommentiert von Michael Mertes (Verlag Franz Schön, o. J.), S. 123.

20 Harville Hendrix, *Getting the Love You Want: A Guide For Couples* (HarperPerennial, 1988), S. 50f.

21 Arthur Conan Doyle, »A scandal in Bohemia«, Sherlock Holmes: *The Complete Novels and Stories, Vol. I* (Bantam Classic, 2003), S. 239. Die Zeile »wie Sand im Getriebe« steht ebenfalls auf S. 239.

22 Platon, »Phaidros«, in: *Werke in acht Bänden*, Bd. V (Wissenschaftliche Buchgesellschaft, 1981).

23 Erasmus, S. 24.

24 Zu einem besonders extremen Beispiel siehe Janine Willis und Alexander Todorov, »First Impressions: Making Up Your Mind After a 100-Ms Exposure to a Face«, in: *Psychological Science*, Bd. 17, Nr. 7 (Juli 2006), S. 592–598.

25 Thomas Gilovich hat darauf hingewiesen, dass dies vor allem für negative erste Eindrücke gilt, da die negative Einstellung uns davon abhält, nach zusätzlichen Beweisen zu suchen. Wenn ich Sie für einen rücksichtslosen Angeber halte, werde ich wohl Ihre Gesellschaft so weit zu meiden versuchen und damit die Chance verringern, je auf einen gegenteiligen Beweis zu stoßen (Gilovich, S. 47).

26 Auf diese Zeile bin ich gestoßen in Kenneth R. Hammonds *Human Judgement and Social Policy: Irreducible Error, Inevitable Error, Unavoidable Injustice* (Oxford University Press, 2000), S. 207.

27 Es gibt noch einen weiteren Unterschied zwischen Liebesirrtümern und anderen Irrtümern. Während wir bei den meisten unserer Fehler in der Regel ab-

geneigt sind, länger über sie nachzudenken, gestattet man es uns, ja ermutigt uns sogar dazu, über unsere Liebesirrtümer nachzudenken, um nicht zu sagen, uns in ihnen zu suhlen. Zugegeben, dies war nicht immer der Fall; früher war die Scheidung mit einem sozialen Stigma besetzt, und auch heute noch empfinden viele Menschen nach einer Trennung ein gewisses Maß an Beschämung über das Scheitern der Beziehung. Doch wegen einer verlorenen Liebe Trübsal zu blasen, ist ein solch respektabler Zeitvertreib, dass man praktisch von einem Übergangsritual sprechen könnte.

28 Ich habe die Liebe zu anderen Menschen als Balsam für unsere existenziellen Wunden beschrieben, doch auch die Liebe zu Gott erfüllt dieses Bedürfnis. Sie dürfte es sogar noch besser erfüllen, denn die Heilung dieser Wunden ist die explizite Prämisse und das Versprechen der meisten Weltreligionen. Durch Gottes Liebe und unsere Liebe zu Gott werden wir das Einssein und das ewige Leben finden. Wie die Sprache der romantischen Liebe spiegelt die Sprache der Religion diese Hoffnung wider. Wir sagen, dass wir eins mit Gott sind; dass wir, wenn wir mit Gott gehen, nie allein gehen; dass Gott uns nie verlassen wird; dass Gott in unser Herz eingezogen ist. (Manchmal macht die Sprache der Religion ausdrücklich Anleihen bei der Sprache der romantischen Liebe: Wir sprechen von Jesus als dem Bräutigam, von Menschen, die mit Gott oder der Kirche verheiratet sind.) Daraus folgt, dass es sich (wie wir gesehen haben) wie Liebeskummer anfühlen kann, wenn wir glauben, uns in Bezug auf Gott geirrt zu haben. Auch hier ist nicht nur der Irrtum als solcher so verheerend, ja nicht einmal der Verlust des Glaubens, sondern die existenzielle Kluft, die sich vor unseren Füßen auftut.

29 Siehe z. B. »Births, Marriages, Divorces, and Deaths: Provisional Data for June 2008«, in: *National Vital Statistics Reports*, Bd. 57, Nr. 11; oder die bei divorcerate.org gesammelten Daten. Die häufig für die Vereinigten Staaten angegebene Scheidungsrate von 50 Prozent ist inkorrekt, da sie auf einer falschen Berechnungsmethode basiert. Die tatsächliche Scheidungsrate ist wesentlich niedriger und sinkt anscheinend auch. Das ist die gute Nachricht. Die schlechte ist, dass die Rate immer noch hoch ist (zwischen 36 und 40 Prozent) und bei Zweit- oder Drittehen in astronomische Höhen steigt: auf 60 bzw. 73 Prozent.

Kapitel 13
Wandel

Ich hätte dieses Kapitel nicht schreiben können ohne Osha Gray Davidsons *The Best of Enemies: Race and Redemption in the New South* (Scribner, 1996) sowie Studs Terkels Interviews mit C. P. Ellis und Ann Atwater, »Occurence in Durham«, in:

Race: How Blacks and Whites Think and Feel About the American Obsession (Doubleday, 1992, S. 271–283). Falls nicht anders angegeben, stammen die Zitate von Atwater und Ellis aus Terkel. Davidson befasst sich ausführlich mit dem Hintergrund ihrer Lebensgeschichten und mit der Geschichte von Rasse und Klassenkonflikten in North Carolina.

Mein Bericht über das Leben von Whittaker Chambers stützt sich auf seine Autobiografie, *Witness* (siehe Anmerkungen zu Kapitel 6).

1 Terkel, S. 278.
2 Davidson, S. 189. Zu den Informationen über Helms siehe S. 118f., 149.
3 Terkel, S. 273.
4 Davidson, S. 251.
5 Terkel, S. 271.
6 Davidson, S. 253. Das anschließende Atwater-Zitat steht auf derselben Seite.
7 Davidson, S. 259.
8 Davidson, S. 261.
9 Davidson, S. 264. Die zweite Drohung im selben Absatz steht auf S. 261.
10 Terkel, S. 275f. Davidson berichtet auch von der Situation im Vortragssaal – zufällig auch auf S. 275f.
11 Terkel, S. 274.
12 Davidson, S. 282.
13 Davidson, S. 285f.
14 Davidson, S. 292.
15 Manchmal gibt es natürlich *keine* Kluft zwischen unserer Selbsterkenntnis und unserem Selbst. Wenn Sie glauben, dass Sie deprimiert sind, dann sind Sie deprimiert; wenn Sie glauben, dass Sie sich gut fühlen, dann fühlen Sie sich gut. Und wenn Sie glauben, dass Sie verliebt sind, dann sind Sie verliebt – selbst wenn Sie, wie Charles Swann, diesen Glauben später als Wahnsinn betrachten. Welchen anderen, besseren Test für Depression oder Glück oder Vernarrtheit könnte es schließlich geben? Im Unterschied zu äußeren Angelegenheiten (ob die Brise warm oder kalt ist, ob das Treffen am Dienstag oder Mittwoch stattfindet) gibt es manchmal keine Wahrheit über das Selbst, außer der, die wir schaffen. In diesen Fällen sind wir in jeder Hinsicht der, der wir zu sein glauben.
16 Augustinus, *Bekenntnisse*, S. 443.
17 *The Complete Poems of Emily Dickinson*, Thomas H. Johnson, Hg. (Black Bay Books, 1976), S. 312.
18 Augustinus, *Bekenntnisse*, S. 261.
19 Chambers, S. 80.
20 Chambers, S. 83.

21 Enid Starkie, »André Gide«, in: Richard H. Crossman, Hg., *The God That Failed* (Columbia University Press, 2001), S. 166.

22 Augustinus, *Bekenntnisse*, S. 341.

23 Siehe z. B. May, S. 62f.

24 Chambers, S. 533.

25 Es gibt auch eine säkulare Version dieser Vorstellung. Ich nenne sie: »Freunde lassen es nicht zu, dass Freunde sich irren.« Genau das passiert, wenn Sie versuchen, einer Freundin von einem Fehler zu erzählen, den Sie gemacht haben, und sie sich beeilt zu sagen, dass es eigentlich kein Fehler war – dass Sie Ihr Bestes getan haben oder dass Sie daraus gelernt haben und es deswegen nur »zu Ihrem Besten« war oder »so sein musste«. Natürlich haben wir manchmal *tatsächlich* unser Bestes getan, und manchmal lernen wir auch aus unseren Fehlern. Aber das heißt nicht, dass es keine Fehler waren.

26 G. W. F. Hegel, *Phänomenologie des Geistes* (Felix Meiner Verlag, 2006), S. 4.

27 Meine Informationen darüber, was kleine Kinder über sich selbst und über andere Menschen wissen bzw. nicht wissen, verdanke ich Susan Careys *Conceptual Change in Childhood* (The MIT Press, 1987). Siehe insbesondere Kapitel 2, »The Human Body«. Die Einzelheiten dazu, was Kinder über das Innenleben ihrer Körper wissen, finden sich auf S. 42f., das Zitat über die Bedeutung der Lunge für den Haarwuchs auf S. 47, die Informationen über Geschlechtskonstanz auf S. 52ff., eine Diskussion dazu, wie Kinder Sex und Fortpflanzung verstehen auf S. 54–59.

28 Die Entwicklungspsychologin Susan Carey erzählt die Geschichte eines Kindes, das auf die Frage, wie die Fortpflanzung vonstatten gehe, »ernsthaft erklärte, dass die Eltern, um ein Baby zu machen, zuerst eine Ente kaufen, die sich dann in ein Kaninchen verwandelt, das sich wiederum in ein Baby verwandelt«. Auf Nachfrage (von ziemlich verblüfften Forschern, wie man sich denken kann) erklärte der Junge, er habe dies aus einem Buch gelernt – wie sich herausstellte, aus einem, das einer Beschreibung des Geschlechtsverkehrs dadurch aus dem Weg ging, dass es von Häschen und Entlein erzählte (Carey, S. 59. Die Psychologen, die sie zitiert, sind Anne C. Bernstein und Philip A. Cowan, »Children's Concepts of How People Get Babies«, in: *Child Development*, Bd. 46 [1975], S. 77–91).

29 Diesen Standpunkt teilt auch Jacqueline Woolley, eine Psychologieprofessorin der University of Texas in Austin in einem Aufsatz in der *New York Times*, »Do You Believe in Surnits?«, 23. Dez. 2006.

30 Diese Studien werden zum größten Teil am Early Childhood Cognition Lab des Massachussets Institute of Technology von der Kognitionswissenschaftlerin Laura Schulz – meiner Schwester – durchgeführt.

31 Meine Behauptung, dass Irrtümer im Grunde genommen ein Lernmittel sind,

bedeutet nicht, dass Lernen im Grunde genommen von Irrtümern abhängt. Wir lernen aus unseren Fehlern, aber wir lernen auch auf viele andere Arten: z. B. durch Imitation, Intervention, Praxis, ausdrückliche Unterweisung.

32 Ronnie Janoff-Bulman, *Shattered Assumptions* (Free Press, 2002), S. 39.

33 Zitiert in Bok, *Secrecy*, S. 61.

34 Terkel, S. 278.

35 »Wahrheit, Macht. Selbst. Ein Gespräch zwischen Rux Martin und Michel Foucault (25. Oktober 1982)«, in: Luther H. Martin et al., Hg., *Technologien des Selbst*, übersetzt von Michael Bischoff (S. Fischer Verlag GmbH, 1993), S. 15.

36 Terkel, S. 278.

Kapitel 14
Das Paradoxon des Irrtums

Die Geschichte über die Operation an der falschen Körperseite verdanke ich folgenden Quellen: einem Interview mit Paul Levy, Levys Einträgen zu dem Vorfall in seinem Blog »Running a Hospital«, vor allem »The Message You Hope Never to Send« (http://runningahospital.blogspot.com/2008/07/message-you-hope-never-to-send.html) und den Berichten über den Vorfall im *Boston Globe*, insbesondere dem von Stephen Smith »Surgeon Operates on Patient's Wrong Side«, 3. Juli 2008; und Stephen Smith, »Hospital Tells of Surgery on Wrong Side«, 4. Juli 2008. Falls nicht anders angegeben, stammen alle Zitate von Paul Levy aus meinem Interview mit ihm. In der Berichterstattung des *Globe* über den Vorfall gibt es eine Unstimmigkeit: Dem Artikel vom 3. Juli zufolge wurde die Patientin von dem Chirurgen über den Fehler informiert. Paul Levy hat mir jedoch erzählt, dass die Patientin den Arzt darüber informierte und nicht umgekehrt.

Die Anstrengungen des BIDMC, medizinische Irrtümer auszumerzen, beschreibt Levy in seinem Blog-Eintrag »Aspirations for BIDMC and BID-Needham« vom 17. Jan. 2008. (http://runningahospital.blogspot.com/2008/01/aspirations-for-bidmc-and-bidneedham.html); ebenso Jeffrey Krasner, »Hospital Aims to Eliminate Mistakes«, *The Boston Globe*, 17. Jan. 2008.

Bei der Demokratiediskussion in diesem Kapitel stütze ich mich weitgehend auf Richard Hofstadters *The Idea of a Party System: The Rise of Legitimate Opposition in the United States, 1780–1840* (University of California Press, 1969), S. 56.

1 Linda T. Kohn, Janet M. Corrigan und Molla S. Donaldson, Hg., *To Err Is Human: Building a Safer Health System*, ein Bericht des National Institute of Me-

dicine (National Academies Press, 2000), S. 26. Dieser Quelle verdanke ich sowohl die Information über die Anzahl der Leute, die alljährlich durch medizinische Fehler sterben, als auch darüber, welchen Platz medizinische Irrtümer unter anderen Todesursachen in den Vereinigten Staaten einnehmen. Eine dritte Zahl, nämlich die der Gesamtzahl der von medizinischen Irrtümern betroffenen Menschen, ist eine Extrapolation. Dem Bericht zufolge sind mindestens eine Million Patienten von »negativen Ereignissen« betroffen, die auch Irrtümer einschließen, jedoch nicht auf diese begrenzt sind. Die »mindestens eine Million«-Angabe stammt aus zwei unterschiedlichen Studien; in diesen Studien betrug die Zahl der Menschen, die ausdrücklich von medizinischen Irrtümern betroffen waren, 57,9 bzw. 68,4 Prozent der gesamten negativen Ereignisse. Meine Behauptung, dass »zwischen 690 000 und 748 000 Patienten von medizinischen Irrtümern betroffen sind« basiert auf diesen Zahlen.

2 Nancy Berlinger, *After Harm: Medical Error and the Ethics of Forgiveness* (The Johns Hopkins University Press, 2005), S. 41.

3 Berlinger, S. 2. Die ursprüngliche Studie, »Patients' and Physicians' Attitudes Regarding the Disclosure of Medical Errors«, erschien in: JAMA, Bd. 289 (2003), S. 1001–1007.

4 Als Rechtfertigung für ihre Abwehrhaltung und ihr Schweigen weisen Ärzte oft auf die Gefahr hin, verklagt zu werden. Doch diese Angst ist wohl weitgehend unbegründet. Inzwischen haben nämlich 35 Staaten »Entschuldigungsgesetze« verabschiedet, die verhindern, dass die Entschuldigung eines Chirurgen bei einem Verfahren wegen eines von ihm begangenen Kunstfehlers gegen ihn verwendet werden kann. Zudem gibt es deutliche Anzeichen dafür, dass die Offenlegung von und Entschuldigung für Fehler die Wahrscheinlichkeit, verklagt zu werden, tatsächlich *verringern* könnte. Nachdem 1987 gegen das Veterans Affairs Medical Center in Lexington, Kentucky, eine Reihe kostspieliger, im Fokus der Öffentlichkeit stehender Kunstfehler-Prozesse geführt wurden, beschloss das Center als erstes Krankenhaus des Landes, eine Entschuldigungs-und-Offenlegungs-Politik für medizinische Irrtümer einzuführen. In den über dreißig Jahren, die seitdem vergangen sind, war das Krankenhaus nur dreimal vor Gericht. Die Rechtskosten haben in dieser Zeit stark abgenommen, und die durchschnittliche Abfindungszahlung pro Patient beläuft sich auf 16 000 000 Dollar; der landesweite Durchschnitt für ähnliche Krankenhäuser auf 98 000 000 Dollar. Diese Statistiken überraschen nicht, wenn man Folgendes bedenkt – dass zum Beispiel 40 Prozent aller Opfer von medizinischen Irrtümern sagen, dass eine ausführliche Erklärung sowie eine Entschuldigung sie davon abgehalten hätten, Klage zu erheben. (Siehe Berlinger, vor allem Kapitel 6, »Repentance«. Die Geschichte des Veterans Affairs Hospital in Lexington findet sich auf S. 69f., eine Diskussion der »Entschuldigungs-

gesetze« auf S. 52–58. Siehe auch Doug Wojcieszak, Dr. med. John Banja und
Dr. jur. Carole Houk, »The ›Sorry Works!‹ Coalition: Making the Case for Full
Disclosure«, in: *Journal on Quality and Patient Safety*, Bd. 32, Nr. 6 (Juni 2006).
S. 344–350; und Kevin Sack, »Doctors Say ›I'm Sorry‹ Before ›See You in
Court‹«, *The New York Times*, 18. Mai 2008.)

5 Über den Unfall auf Teneriffa ist ausführlich berichtet worden. Eine Zusam-
menfassung des Flugzeugunglücks bietet der Unfallbericht des Aviation Safety
Network unter http://aviation-safety.net/database/record.php?id=19770327-0.
Ausführlicher ist der Abschlussbericht des niederländischen Flugsicherheits-
ausschusses zu diesem Unglück (eins der beiden beteiligten Flugzeuge war eine KLM-Maschine, weswegen die niederländischen Behörden eingeschaltet
wurden), *Final Report and Comments of the Netherlands Aviation Safety Board of
the Investigation into the Accident with the Collision of KLM Flight 4805, Boeing
747-206B, PH-BUF, and Pan American Flight 1736, Boeing 747-121, N746PA, at
Tenerife Airport, Spain, on 27 March 1977* (online zu finden unter http://www.
project-tenerife.com/nederlands/PDF/finaldutchreport.pdf).

6 National Transportation Safety Board Aviation Accident Statistics, Tabelle 2:
»Accidents and Accident Rates by NTSB Classification, 1988–2007, 14 CFR
121« (siehe: http://www.ntsb.gov/aviation/Table2.htm). Das National Transportation Safety Board unterteilt Unglücke in der kommerziellen Luftfahrt in
»groß« und »schwerwiegend«. Ein großes Unglück wird definiert als eines, bei
dem entweder 1.) ein Flugzeug zerstört wurde oder es 2.) zahlreiche Todesopfer gab oder es 3.) ein Todesopfer gab und das Flugzeug stark beschädigt wurde. Ein schwerwiegendes Unglück bedeutet, dass es entweder ein Todesopfer
gab, ohne dass das Flugzeug stark beschädigt wurde, oder dass es mindestens
einen Schwerverletzten gab und das Flugzeug stark beschädigt wurde. Abgesehen vom Sinken der Gesamtunglücksrate in der kommerziellen Luftfahrt zwischen 1998 und 2007, wurde 2007 keines der Unglücke als groß klassifiziert.

7 Bei meinen Hintergrundinformationen zu Six Sigma stütze ich mich auf Peter S. Pande, Robert P. Neuman und Roland R. Cavanagh, *Six Sigma erfolgreich
einsetzen: Marktanteile gewinnen, Produktivität steigern, Kosten reduzieren*, übersetzt von Jürgen Hansen (Verlag Moderne Industrie, 2001). Das Beispiel mit
den 300 000 Paketen, das ich leicht abgeändert habe, findet sich auf S. 18. Mein
Verständnis der Methode »Definieren, Messen, Analysieren, Verbessern,
Steuern« wurde vertieft durch Forrest W. Beyfogles *Implementing Six Sigma:
Smarter Solutions Using Statistical Methods* (John Wiley and Sons, 2003).

8 Erinnern Sie sich an meine frühere Aussage, dass wir Irrtum mit Abweichung
von normalen oder zu erwartenden Bedingungen assoziieren – und im weiteren Sinne mit Sünde und dem Bösen? Six Sigma bietet in dieser Hinsicht
ein positives – und in der Tat lehrreiches Beispiel. Six-Sigma-Fans betrachten

Abweichungen nämlich nicht nur als Fehler, sondern bezeichnen sie auch regelmäßig (dies sind konkrete Zitate) als den »Feind« und das »Übel« (Pande et al., S. 41).

9 Siehe die Immunitätspolitik des Aviation Safety Reporting System, online zu finden unter: htttp://asrs.arc.nasa.gov/overview/briefing/br_1.html. Das AS-RS wird von der NASA im Auftrag der Amerikanischen Luftfahrtbehörde betrieben und widmet sich der »vertraulichen, freiwilligen, nicht strafrechtlich verfolgten« Meldung von Vorfällen.

10 Siehe den Bericht von GE »What is Six Sigma? The Roadmap to Customer Impact« (1999) unter http://www.ge.com/sixsigma/SixSigma.pdf.

11 Ein weiteres interessantes Beispiel dafür, durch Transparenz Fehler zu verringern, bietet die Open-Source-Bewegung. Sie wurde ursprünglich innerhalb der Computerwissenschaften entwickelt aus der Überzeugung heraus, dass Fehler schneller entdeckt und korrigiert werden können und ein System besser und robuster sein wird, je sichtbarer seine Funktionsweise ist. Obwohl Open Source noch sehr jung ist, kann es bereits bahnbrechende Erfolge in unterschiedlichen Bereichen wie Betriebssystemen, Enzyklopädien und der Beurteilung akademischer Schriften verzeichnen. (Ganz zu schweigen vom Internet, das fast vollständig durch einen Open-Source-Prozess entwickelt wurde.) Während konventionelle Verfahrensprozesse oft in sich geschlossen und zentralisiert sind, betont die Open-Source-Bewegung Transparenz, Inklusivität und Demokratisierung (die Informationen hierzu stammen von der Open-Source-Initiative, http://www.opensource.org/, vor allem Michael Tiemann, »History of the OSI«, 19. Sept. 2006, http://www.opensource.org/history).

12 Pande et al., S. 33.

13 Stephen Smith, »Surgeon Operates on Patient's Wrong Side.«

14 »About Motorola University: The Impact of Six Sigma«, http://www.motorola.com/content.jsp?globalObjectId=3081.

15 Hillary Rodham Clinton und Barack Obama, »Making Patient Safety the Centerpiece of Medical Liability Reform«, *The New England Journal of Medicine*, Bd. 354, Nr. 21 (25. Mai 2006), S. 2005–2008.

16 Linda T. Kohn et al., *To Err ist Human*, S. 1f.

17 Von Menschen, die an einer Borderline-Störung leiden, heißt es zuweilen, sie seien in dieser Phase steckengeblieben, weil sie die Welt weiterhin als einen Ort der Absolutheiten betrachten. Die Störung ist unter anderem durch ein überstarkes Bedürfnis gekennzeichnet, recht zu haben, sowie durch ein damit einhergehendes Unvermögen, die Möglichkeit des Irrtums oder die potenzielle Gültigkeit mehrerer Standpunkte zu akzeptieren. (Siehe z. B., »Borderline Personality Disorder: Splitting Countertransference«, in: *Psychiatric Times*, Bd. 15, Nr. 11, 1. Nov. 1988.)

18 Tetlock, S. 228.

19 Tetlock, S. 214.

20 Jerome Groopman, *How Doctors Think* (Hougthon Mifflin Company, 2007), S. 17.

21 Mark Hertsgaard, »John Francis, a ›Planetwalker‹ Who Lived Car-Free and Silent for 17 Years, Chats with Grist«, *Grist*, 10. Mai 2005. Francis' Buch heißt *Planetwalker: How to Change Your World One Step at a Time* (Elephant Mountain Press, 2005). Das Zitat steht auf S. 44.

22 Bates, S. 203.

23 Jean-Jacques Rousseau, *Vom Gesellschaftsvertrag oder Grundsätze des Staatsrechts*, hrsg. von Hans Brockard (Philipp Reclam jun. GmbH & Co., 2003). Siehe vor allem Kapitel 3, »Ob der Gemeinwille irren kann«, S. 30ff.

24 Diese viel zitierte Passage stammt aus dem ersten Abschnitt des Statute of Virginia for Religious Freedom, die Jefferson 1779 schrieb.

25 Hofstadter, S. 56.

26 Hofstadter, S. 7.

27 Langfristig ist die Unterdrückung von Meinungsverschiedenheiten wahrscheinlich für die Herrschenden ebenso schlecht wie für die Unterdrückten. So stellte der Rechtsgelehrte Cass Sunstein in *Why Societies Need Dissent* fest: »Diktatoren, große wie kleine, neigen zu Irrtümern und zu Grausamkeit. Das liegt daran, dass sie viel zu wenig lernen. Menschen, die befugt sind, Zwang anzuwenden, vom Präsidenten bis zum Polizeichef, fahren viel besser, wenn sie zu unterschiedlichen Ansichten ermutigen und sich selbst einer Vielfalt von Meinungen aussetzen« (Sunstein, S. 68). Das war auch die Lehre aus dem Gruppendenken, obwohl dort die Macht in den Händen einer kleinen Gruppe statt in den Händen eines Einzelnen aufgehoben war.

28 Auf dieses Zitat stößt man immer wieder. Dennoch ist es mir nicht gelungen, seine Quelle zu finden.

29 René Descartes, *Meditationen über die Grundlagen der Philosophie*, hrsg. von Luder Gäbe (Felix Meiner Verlag GmbH, 1992) S. 39.

30 Auf dieses Zitat bin ich in Jay F. Rosenbergs *Thinking About Knowing* gestoßen (Oxford University Press, 2002), S. 14.

Kapitel 15

Die optimistische Metainduktion

Bei der Humordiskussion in diesem Kapitel stütze ich mich vor allem auf Sypher, Hg. (siehe oben); und auf Ward Jones' »The Function and Content of Amusement«, in: *South African Journal of Philosophy 25*, Bd. 2 (2006), S. 126–137.

1 Siehe Jones (das Hobbes-Zitat steht auf S. 131) und John Morreall, *The Philosophy of Laughter and Humor* (State University of New York Press, 1987; mit dem Hobbes-Zitat auf S. 129), sowie Syphers Beitrag zu *Comedy*, »The Meaning of Comedy«, der ebenfalls das Hobbes-Zitat enthält, und zwar auf S. 203.

2 Auf dieses Zitat bin ich in Harry Levins Einleitung (S. xxv) zur Signet-Classic-Ausgabe von Shakespeares *Comedy of Errors* aus dem Jahr 1989 gestoßen.

3 Diese Zeile stammt aus einem Gesuch Molières, in dem er Ludwig XIV. um die Erlaubnis bat, *Tartuffe* aufführen zu dürfen (»First Petition Presented to the King Concerning the Comedy Tartuffe«). Der Text des Gesuchs fand Eingang in die dritte Auflage der Komödie.

4 Siehe »Humor«, in: *The Internet Encyclopedia of Philosophy*, Aaron Smuts, 2009 (http://www.iep.utm.edu/h/humor.htm); Morreall S. 172–189; und Jones, S. 128ff. Die Aussage, dass Fälle von Inkongruenz »in aller Regel den Humor ausmachen«, findet sich bei Jones, S. 129.

5 Eine andere traditionelle Erklärung der Ursprünge des Humors bietet die Befreiungstheorie, derzufolge Lachen dazu dient, aufgestaute mentale, emotionale, körperliche oder sexuelle Spannungen abzubauen. Die Befreiungstheorie erklärt, warum wir über dreckige und skatologische Witze lachen und warum wir manchmal angesichts von Stress, in ernsten Situationen und bei Katastrophen anfangen, herumzukichern. Da sie jedoch kaum Bezug zum Irrtum hat, gehe ich hier nicht weiter auf sie ein. Dasselbe gilt für jüngere im Zusammenhang mit der Entwicklungspsychologie entstandene Humortheorien, deren Grundlage soziale Hierarchien und/oder alte Spielgewohnheiten sind.

6 Bertrand Evans, »Shakespeare's Comedies«, zitiert in Levin, S. 164.

7 Oder vielleicht die zweitlustigste – zumindest laut dem Ranking des American Film Institute aus dem Jahr 2000. Ganz oben auf der Liste rangierte *Manche mögen's heiß*, was Leser, die beide Filme kennen, zu dem Schluss verleiten könnte, die wirkliche Quelle der Komik seien nicht Verwirrspiele und Irrtümer, sondern Männer in Frauenkleidern. (Die vollständige Liste ist auf der Website des Instituts einzusehen: http://www.afi.com/100years/laughs.aspx.) Es ist unbestreitbar, dass geschlechtliche Verwechslungen und echte Wechsel eine eigene (komplizierte) Quelle des Humors darstellen.

8 Bergson, S. 67. Bergson definiert die Inkongruenztheorie, verschreibt sich ihr aber nicht. Vielmehr lehnt er sie ab, weil sie rein deskriptiv sei, aber nicht erklärend. Das heißt, sie sagt uns, dass wir über Inkongruenz lachen, erklärt uns aber nicht, warum. Laut Bergson entsteht Komik »innerhalb einer Gruppe von Menschen, die einem einzelnen unter ihnen ihre volle Aufmerksamkeit zuwenden, indem sie alle persönlichen Gefühle ausschalten und nur ihren Verstand arbeiten lassen« (S. 16).

9 Bergson spielte hier den Advocatus Diaboli, indem er argumentierte, dass wir Irrtümer nur dann nicht lustig finden, wenn wir sehr stark an den Überzeugungen hängen, die sie zerstören. »Betrachten Sie das Leben als unbeteiligter Zuschauer«, schlug er vor, »und manches Drama verwandelt sich in eine Komödie« (Bergson, S. 15). Mit anderen Worten, mit genügend Abstand und Objektivität wären alle Irrtümer amüsant. Für die Götter ist das menschliche Spektakel vielleicht eine einzige lange Sitcom. Für die Nicht-Götter unter uns ist Bergsons Behauptung, dass Irrtümer immer lustig sind, wenn man sie aus einem genügend großen Abstand betrachtet, ziemlich unbefriedigend. Einige Fehler empfinden wir wirklich als tragisch, und der Versuch, ihnen durch Distanz und mangelndes Mitgefühl etwas Komisches abzugewinnen, hat etwas Grausames. Der Kritiker Harry Levin bot eine bessere Theorie dazu an, warum einige Fehler lustig sind, andere hingegen nicht. »Unsere tragischen Helden geraten mit Glanz und Gloria auf Abwege, indem sie einen einzigen, verhängnisvollen Fehler begehen«, schrieb er. »Komische Figuren hingegen machen eine ganze Reihe kleiner Fehler und schaffen es irgendwie, heil davonzukommen« (Levin, S. xxv). Das weist (trotz meiner Ausführungen in diesem Kapitel) darauf hin, dass sowohl die Komödie *als auch* die Tragödie vom Irrtum abhängen. Romeo beging Selbstmord, weil er die Beweise falsch interpretierte und irrtümlicherweise glaubte, dass Julia tot sei, und sowohl *König Lear* als auch *Othello* handeln von verheerenden Irrtümern der Menschenkenntnis. (Der Kritiker Maynard Mack nannte *Othello* eine »Tragödie der Irrungen«, ein hübscher Kontrapunkt zur *Komödie der Irrungen*.) (Mack, in Fraser, S. 230.)

10 May. S. 73.

11 Bergson, S. 98.

12 *Die Republik des Platon*, übersetzt von Herrn Kleuker (Franz Haas Verlag, 1805). Die betreffende Textstelle stammt aus Buch X. Die Zeile »drei Grade von der Wahrheit entfernt« steht auf S. 235; »das ganze Geschlecht der Dichter« auf S. 239, »in Vergleichung mit der Wahrheit jämmerlich« auf S. 248f. und »sich mit ihm befreunde und ihn liebe« auf S. 244.

13 Auf dieses Tzara-Zitat bin ich gestoßen bei Peter Schjeldahl, »Young At Heart: Dada at MOMA«, *The New Yorker*, 26. Juni 2006.

14 Auf Keats' Konzept der »Negative Capability« bin ich erstmals in dem großartigen (und relevanten) Essay »Poetry and Uncertainty« *(The American Poetry Review*, 1. Nov. 2005) der Dichterin Jane Hirshfield gestoßen. Das hier verwendete Zitat stammt aus *John Keats: His Life and Poetry, His Friends, Critics, And After-Fame, Sir Sidney Colvin* (Macmillan and Co., 1920), S. 253f.

15 Die gesamte Rede ist auf der Nobelpreis-Website zu finden: http://nobelprize.org/nobel_prizes/literature/laureates/1996/szymborska-lecture.html.

16 Szymborska stellte dem Dichter, der den Zweifel akzeptiert, ausdrücklich den Eiferer gegenüber, der sich die Gewissheit zu eigen macht. Das Problem mit »Peinigern, Diktatoren, Fanatikern und Demagogen« ist, so schrieb sie, dass »sie ›wissen‹ und dass das, was sie wissen, ihnen ein für alle Mal reicht. Sie wollen nichts anderes herausfinden, da dies die Kraft ihrer Argumente verringern könnte.«

17 Anne Carson, »Essay on What I Think About Most«, in: *Men in the Off Hours* (Vintage, 2001), S. 30–36.

18 Ich kann mich einer Fußnote zu Jane Austins *Stolz und Vorurteil* nicht enthalten, da dieser Roman wohl das beste Beispiel in der gesamten Literaturgeschichte ist, Vergnügen aus Irrtum zu beziehen – dazu eine wahrhaft große Meditation über Gewissheit und Irrtum. Der Roman beginnt mit dem berühmten Satz: »In der ganzen Welt gilt es als ausgemachte Wahrheit (daß ein begüterter Junggeselle unbedingt nach einer Frau Ausschau halten muß)« – doch in Wirklichkeit spielt Jane Austin in ihrem Roman mit dieser »ausgemachten Wahrheit«. Denn je vehementer eine »Wahrheit« verteidigt wird, desto wahrscheinlicher ist, dass sie nicht wahr ist. Das trifft vor allem zu, wenn es um angebliche Wahrheiten über die Romanfiguren geht. *Stolz und Vorurteil* ist ein Buch über Menschen, die sich in dem Glauben, dass sie Kenner der menschlichen Natur sind, fortwährend gänzlich missverstehen. Im Unterschied zur *Komödie der Irrungen* steht der Leser jedoch nicht daneben und lächelt süffisant. Im Gegenteil, wir sind mit dabei – mit dem wunderbaren Ergebnis, dass wir auch an dem angenehmen Schock beteiligt sind, wenn am Ende die Wahrheit enthüllt wird.

19 Diese Zeile stammt aus Picassos »Statement to Marius de Zayas«, 1923.

20 Das beste Beispiel ist meiner Meinung nach die Star-Trek-Folge »Ich heiße Nomad«, in der es um einen Roboter geht, der denkt, seine Mission bestehe darin, alles, was nicht perfekt und fehlerträchtig sei, auszurotten – einschließlich aller Lebewesen. Schließlich muss der Roboter erkennen, dass er sich getäuscht hat, was seine Herkunft und Mission angeht, und ist deswegen selbst ein Beispiel für Irrtum. Dementsprechend muss er sich selbst zerstören und tut dies auch.

21 Zitiert in Janoff-Bulman, S. 61.

22 Janoff-Bulman, S. 24.

23 Foucault, S. 60.

24 Richard Rorty, *Philosophy and the Mirror of Nature* (Princeton University Press, 1981), S. 349.

Register

A

Abstreiten 291, 293
Adelson, Edward 85
Al-Ghazali, Abu Hamid Muhammad
59, 241f.
Alltagswahrnehmung
91
Altschuler, Eric 423
Ängste 47
Anosognosie 94ff., 109, 112, 214
Anton-Syndrom 94f., 105
Aporie 386
Aquin, Thomas von 40, 48f.
Aristoteles 288, 388
Asch, Solomon 186
Asch-Studien 187f., 198
Aspirin 16
Ästhetik 31
Atwater, Ann 339, 341f.
Aufklärung 56, 379
Augustinus 18, 152, 181, 288, 347,
349, 352
Avery, Steven 279f., 282, 300, 302f.

B

Bacon, Francis 169, 179f.
Bacon, Roger 178, 180
Baillargeon, Renée 429f.
Banaszak, Lee Ann 191, 195
Barrow, John 71ff.
Bartlett, Robert 75f., 85, 180
Bates, David 66

Becker, Ernest 403
Becton, Joe 339
Bedürfnisse 308
Beerntsen, Penny 274ff., 279ff., 283,
296–304, 335
Befreiungstheorie 464
Bekehrungserzählungen 351
Beleidigungseffekt 439
Bergson, Henri 34, 390
Berlinger, Nancy 365
Berns, Gregory 187f.
Bestätigungstendenz 163f., 166–169,
171, 193, 301
Betriebsblindheit 88
Beweis(e) 148–173
–, sozialer 180
Bewusstsein(s) 125, 137
–, Funktion des 400
–zustände, veränderte 59f., 64
Bierce, Ambros 210
Bild, inneres 102
Blitzlichterinnerung(en) 101ff.
Blitzlichterinnerungs-Theorie
100
Bok, Sissela 288
Borderline-Störung 462
Born, Brooksley 121f.
»Böser Geist« (Descartes) 384f.
Boswell 220
Boutelle, Luther 261
Brewer, William 446
Brewster, David 89
Bromgard, Jimmy 292f.

Bush, George W. 168, 224, 227, 268
Butler, Jonathan M. 449

C

Carson, Anne 396
Chabris, Christopher 88
Chambers, Whittaker 351ff., 361
Chapman Catt, Carrie 175
Chauvinismus 179
Chinn, Clark 446
Chomsky, Noam 434
Clark, William 71
Clifford, William 438
Coetzee, M. 318
Coleridge, Samuel Taylor
  60
Collins, Phil 321f.
Courbet, Gustave 394

D

Dadaismus 394
Daldis, Artemidor von 61
Darwin, Charles 172
Davidson, Osha 340, 343
Defoe, Daniel 318f.
Demokratie 379–383
–, moderne 378
Depressionen 402ff.
Descartes, René 18, 152f., 157ff.,
  216, 384
Dickinson, Emily 348
Diderot, Denis 49, 62
Dissens 334
–, externer 334
–, interner 334
Dissonanz, kognitive 230

DNA-Test 277, 282, 290
Don Quichotte 404
Dorman, Ariel 444
Drogen 61f.
Dunbar, Kevin 446

E

Ebbinghaus'sche Vergessenskurve
  101
Edson, Hiram 265f.
Eingestehen 274–304
Einstellungsänderung 236
Eisman, Steve 121
Eliot, George 394
Ellis, Claiborne Paul 337ff., 341f.,
  346, 361f.
Empathie 212
Entrückung 259
Entscheidungsforschung 25
Epileptiker 109
Erasmus, Desiderius 62, 324
Erfahrung, persönliche 276
Erfinden 93–117
Erinnern 99
Erinnerungen 15, 102
Erkenntnistheoretiker 26
Erkenntnistheorie 24
Ethik 24
Evans, Bertrand 389

F

Fakt-Checker 107f.
False-Belief-Test *siehe* Sally-und-Ann-
  Aufgabe
Fantasie 212
Fata Morgana 73

Fehlbarkeit 18
Fehler 46, 160
–, Definition 26
–forscher 25
–kurve *siehe* Glockenkurve
–management 368
Fehlervermeidung(s) 378
– -Systeme 370f.
– -Techniken 370f.
Fehlleistungen 58
Fehlwahrnehmungen 58
Felder, Raoul 305ff., 329ff.
Festinger, Leon 230, 247, 250, 259
Finanzkrise 119
First Person Constraint on Doxastic
  Explanation-Theorie *siehe* Weil's-
  wahr-ist-Gebot
Fleck, blinder *(Medizin)* 81f.,
  (Psychologie) 143
Foucault, Michel 62, 362, 404
Francis, John 376f.
Franklin, Benjamin 18, 380, 402
Frauenwahlrecht, Schweizer 174ff.,
  191, 195, 198
Freud, Sigmund 36, 57, 61, 285, 347

G

Gadd, Irna 252, 308f.
Gandhi 382
Gazzaniga, Michael 109f.
Gedächtnismodell (Platon) *siehe*
  Wachstafelmodell
Geertz, Clifford 442
Gefühle 347
Gelbspan, Ross 44f.
Gemeinschaften und Überzeugun-
  gen 185

Gewissheit 101f., 206–231
Gide, André 352
Gilbert, Daniel 216f.
Gilovich, Thomas 179, 194
Glaube(ns) 98, 118–148, 184, 216
–, Definition 428
–, Wesen des 177f., 183
–gemeinschaften 202
Glockenkurve 56f.
Goldenberg, Georg 93
Gopnik, Alison 133
Gourevich, Philip 411
Great Awakening 256
Green, Mark 36
Greenspan, Alan 118, 120–123, 147,
  166
Große Enttäuschung 261, 263ff., 271
Größenkonstanz 81, 86
Gruppendenken 195ff.
Gruppendruck 187
Gruppenkonformität 198

H

Halbach, Teresa 302f.
Halluzinieren 60
Hamlet 219–222, 227
Harris, Sam 434
Hartmann, Heinz 359
Hegel, Friedrich 353
Heidegger, Martin 40
Heisenberg'sche Unschärferelation
  35
Helm, Jesse 337
Hendrix, Harville 332f., 375, 377
Herzschmerz 305–336
Hespos, Susan 429
Hill, Margot 295

Wie wir unsere Fehler vertuschen

ISBN 3-570-50116-0

Ob Finanzkrise, verfehlte Kriegseinsätze oder Umweltzerstörung – unermesslicher Schaden ist angerichtet worden, aber nirgends ist ein Schuldiger in Sicht, und schon gar keine Entschuldigung. Da sind die großen Sünder in der Öffentlichkeit nicht besser als die kleinen, die nicht zu ihren Fehlern stehen. Dieses Psychogramm der Selbstrechtfertigungen und des Selbstbetrugs öffnet die Augen über ein weit verbreitetes, aber verheerendes Verhaltensmuster. Aus Fehlern können wir lernen – aber nur, wenn wir zugeben, dass es sich überhaupt um Fehler handelte.

Gedächtnis-Genie kann jeder werden.
Der junge Joshua Foer erzählt seine
Erfolgsstory.

ISBN 978-3-570-50091-0

»*Moonwalk mit Einstein* macht uns klar, dass unser Gehirn Unglaub-
liches vollbringen kann. Je mehr wir es herausfordern,
desto größer sind unsere Leistungen. Das ist ein Fakt, den jeder
Lehrer, jeder Schüler und alle Eltern lernen sollten. Diese
Lektion ist unvergesslich.«
Marie Arana in der Washington Post

Wie wir die Welt
von morgen erschaffen

ISBN 978-3-570-50118-4

Wir leben im „Anthropozän", der Menschenzeit – einer Epoche,
in der der Mensch dabei ist, seinen Planeten in atemberaubender
Geschwindigkeit zu verändern. Ein Weiter-so wird unsere Lebens-
grundlagen zerstören. Nur mit radikaler Mäßigung und radikaler
wissenschaftlicher Erneuerung zugleich werden wir das Überleben
des homo sapiens ermöglichen.